【正誤表】

『政治思想研究』第19号の184ページに印刷ミスがありました。9行目の引用部分、「〔…〕その一歩」の箇所にある囲み枠は、正しくは3行後の「學者の節操」にあるべきものです。お詫びして、左記の通り訂正いたします。

「ユネスコの社會科學者がかように語りかけたのに對して、日本の學者がただちにこれに應えることができるか〔…〕その一歩手前に、われわれとして反省せねばならないことがあるのじゃないか。私はそこに疑問をもつのです。各部會からの御報告を伺っておりますと、實に美しい言葉が語られ、立派な決意がのべられています。〔…〕われわれは簡単にこういう言葉を吐く資格があるかどうか」〔…〕

學者の節操〔枠部分が書込〕〔…〕

「そもそも學者は、たれに對して責任をもたなければならないものなのでしょうか」

日本の学者としての自己批判　及び日本と日本人の問題 (cf p 68) **P 49 田辺氏所感**

〈政治思想研究　第19号〉

政治思想とダイバーシティ

政治思想学会 編

風行社

まえがき

『政治思想研究』第一九号をお届けする。特集のテーマは「政治思想とダイバーシティ」である。これは、前年の二〇一八年五月二六日から二七日にかけて甲南大学岡本キャンパスで開催された研究大会の統一テーマである。研究大会では、この統一テーマに関連して「初期近代における秩序・支配・差異」「グローバルな覇権と「文明」」「近代の統治権力とアイデンティティ・他者」の三つのシンポジウムが設けられた。これらのシンポジウムにおける報告は、いずれも、アイデンティティの多様性をめぐる問題の広がりと、そうした「ダイバーシティ」の問題が孕む政治的な意義や重要性を指し示すものであった。その詳細については「二〇一八年度学会研究会報告」を参照していただければと思うが、本号では、シンポジウムでの発表を基にした三本の論文を掲載することができた。

研究大会ではまた、第一日目にLSE（London School of Economics and Political Science）のアン・フィリップス教授による「差異を承認する――理由とリスク」と題した基調講演が行なわれた。差異やフェミニズムなどについての代表的な政治理論研究者である教授の講演は、アイデンティティの政治をめぐる議論の、まさしく「基調」となるものであった。それゆえ、本号では、特集企画の一環として、教授の講演原稿を原文のまま巻末に掲載することとした。平易な英語で書かれているため、企画者代表の辻康夫会員による前書きと、討論者を務めた田村哲樹会員による解説とともに、ぜひご一読されたい。また、原稿の掲載を承諾していただいたフィリップス教授に心より御礼申し上げたい。

公募論文には、前号を大きく上回る、二〇点を超える応募があった。厳正な審査をしたうえで、九本の論文が掲載されることになった。そのうち、七本が政治思想学会研究奨励賞受賞作である。現代政治理論の分野の投稿が多いという傾向は今回も見られたが、このように学会誌に多数の応募があり、フレッシュで厳選された論文が掲載されることは、本学会の活力の高さを示すものであり、とても喜ばしいことであると思われる。

その一方で、今回は投稿数の増加に比例して、さらに多くの方々に、時には複数の査読をお願いすることになった。

依頼先のあまりの多さと、学会全体の負担の大きさに不安を覚えたが、幸いにも、ほとんどの方は、責任の重い査読の作業を快諾され、公正かつ適切な報告をしていただいた。『政治思想研究』の水準を影で支えてくださった皆様に、心より感謝申し上げたい。加えて、このような査読の適正さを保つために、もう一段階、編集委員会による最終審査が行われた。とくに査読の評価が分かれた場合には、慎重な審議を何度も重ねることになった。多くの時間と労力を割いていただいた委員の皆様には、編集主任として改めて御礼申し上げたい。

もっとも、今回は、公募論文のエントリーを期間内に行わなかった投稿が複数あった。「論文公募のお知らせ」にもあるように、そうした場合の原稿の受理には「やむを得ない事情」が必要となるので注意してほしい。同様に、今回はまた、規定の分量を超過した原稿も複数見られた。Word などのカウンターだと設定や見方によって文字数が変わるので、本誌では、分量を一行四〇字×一頁三〇行の様式で二七頁以内としている。それゆえ、誤解が生じないように「論文公募のお知らせ」の文言を書き直し、原稿の分量が「四〇字×三〇行で二七頁以内」であることを強調した。次号への投稿を考えている方は、「論文公募のお知らせ」を熟読し、エントリー手続きや原稿の様式などで不備が生じないように留意されたい。また、言うまでもなく応募論文は未刊行のものに限られるが、たとえば外国語で発表した内容と一部重複するといった場合などは、エントリーが可能かどうか事前に編集委員会まで問い合わせてもらいたい。

書評の対象は、会員による学術的な単著で過去二年以内に出版されたものであるが、今回は「西洋政治思想史」「現代政治理論」「東洋日本政治思想」のどの分野も豊作であった。それゆえ、取り上げた冊数も例年よりも多く一三冊にのぼったが、それでも見送らざるを得ない作品もあった。書評を執筆していただいた方々に心より御礼申し上げたい。

本号の編集にあたっては多くの皆様からのご協力をいただいた。なかでも、風行社の犬塚満氏には今回も大変お世話になった。また、一般財団法人櫻田會からは、これまでと同様に出版助成をいただいた。変わらぬご支援に深く感謝申し上げたい。

編集主任　木村俊道

政治思想とダイバーシティ（『政治思想研究』第19号）〈目　次〉

【書評】

【二〇一八年度学会研究会報告】

【海外研究者招聘講演】

「振気」論へ
——水戸学派と古賀侗庵を手がかりに

●——高山大毅

一　はじめに——「振気」論について

江戸期と明治期の思想を一望の下に扱い、両者の関係を検討することは、日本政治思想史研究において定石的な手法である。新時代の始まりとともに従来の思想が一掃されるわけはなく、西洋思想の多大な影響下にある明治期の思想も江戸期の学問の展開を受け継いでいる——このような見方は学界の共通認識といっても良いであろう(1)。

その一方で、かつてとは異なり、荻生徂徠と福澤諭吉の間にある種の継承関係を見出す型の研究は後退しているように思われる。明治初期の思想家が仁齋学や徂徠学といった江戸中期の思想を深く理解しているのかは、しばしば疑わしい。もっとも仁齋学・徂徠学の流行した時代から明治までの間には、百年以上の歳月が流れており、江戸中期の思想と明治初期の思想に直接的な継承関係を跡付けられないのは、ある意味では当然といえる。江戸中期から後期にかけての思想の流れを単純な発展図式では捉えず、どのように理解するかが、現在においては重要な課題となっている。

本稿は、この課題に取り組むに当たり、明治期に頻出する、「気」を奮い立たせることをめぐる議論に注目したい。いくつか例を挙げよう。順に、副島種臣等「民撰議院設立建白書」、「戦争ハ国家ニ大益アルノ説」(『評論新聞』社説)、成島柳北「祭新聞紙文」の一節である(傍点は引用者)。

今我国既ニ草昧ニ非ラス。而シテ我人民ノ従馴ナル者既ニ過甚トス。然ラハ則今日我政府ノ宜シク以テ其目的トナス可キ者、則民撰議院ヲ立テ、我人民ヲシテ其敢為ノ気ヲ起シ、天下ヲ分任スルノ義務ヲ弁知シ、天下ノ事ニ参与シ得セシムルニ在リ。則闔国ノ人皆同心ナリ。(2)

今此ノ元気衰弱シテ国勢頽廃スルカ如キノ患ヲ免カレ、常ニ活潑旺盛ノ気力ヲ失ハス、威武ヲ宇内ニ振張スルユヘンヲ求メハ、特ニ長ク閑暇無事ニ安心シテ一日ノ姑息ヲ努ムル事ヲ止メ、一タヒ機会ヲ得ルアレハ一刀両断シテ迅速ニ其勢ニ乗シ、戦争攻伐ヲ事トシ以テ此ノ大患ヲ掃蕩スルアルノミ。(3)

シカルニ汝（新聞のこと―引用者注）ガ西ノ方万里ノ大洋ヲ航シテ我帝国ニ来リシヨリ、我ガ国人ハ始メテ頑陋ノ旧夢ヲ覚マシ、口ヲ張リ筆ヲ揮ヒ、正論讜議以テ全国ノ元気ヲ振起セリ。(4)

「気」は「元気」の他に「正気」「士気」「気力」「気風」といった熟語の場合もあり、奮い立たせることを表す言葉には、「振起」「振作」「鼓舞」といった語彙が用いられることもある。「気」が奮い立っていない「萎靡」した状態は惰弱や眠りと結び付けられる。何らかの刺戟を加えることで、人々の「気」を活発化させる――本稿では、このような議論を総称して「振気」論と呼ぶこととする。

従来の研究でも、「国家の元気」や「気力」といった「気」に関する言辞が明治期に盛んに用いられることは注目されてきた。坂本多加雄や梶田明宏が明らかにしているように、民権派はとりわけこのような言辞を好み、彼らは「元気」の振作という形象で、国内での自由の獲得と対外的な国力の拡張を連続的に論じた。(5) 圧政に抵抗し得る活発な「気」を有する国民ならば、外国との抗争にも勝利する――といった発想である。国民の「気」を奮い立たせる方法に関しては、教育や議会の設立の他に、右の例のように戦争を挙げる人々もおり、彼らは軍事的な冒険こそが、「気」を活性化する強力な刺戟たり得ると説いた。

文学研究においても、谷川恵一・ロバートキャンベル・青山英正が、志士の詩歌文章を読むことで自己の「気」を振るわせるという明治初期の読書のあり方について考察している。[6]「気」を振起するための素材として志士の詩歌集が次々と出版され、その中には『振気篇』と題する本さえある。[7]「振気」論は、政治に限らず文学の領域まで広く見られる思考の型なのである。

このような「振気」論の来歴を考える際に、これまでの研究は「気」概念の伝統に焦点を当ててきた。『孟子』の「浩然之気」などの儒学の「気」概念は明治期の議論の基礎となっている。しかし、梶田の論考に「「気」は思想史を語る上で重要な概念であるが、その研究は非常に困難であるといえよう」[8]とあるように、「気」概念の系譜論は余り成功していない。儒学では「気」は自明の概念として扱われることが多いため、その定義が議論の対象となることは稀であり、明治期の「気」概念も厳密な定義抜きに曖昧に用いられているため、両者の関係を明らかにすることは難しい。

「気」単体ではなく、「気」と動詞の連語関係について検討することで、このような困難を克服することができる。日本語辞典の「振気」の項目には、「元気をふるいおこすこと」[9]、「気を奮い立たせること」[10]といった語義が載っているのに対して、中国で編纂された最大規模の熟語辞典である『漢語大詞典』は「振気」をそもそも立項していない。「振気」の中国の典籍での用例は稀であり、「振」と「気」のそれぞれの類語を組み合わせて捜索の幅を広げても、その用例数はやはり多くない。一方、「養気」など「養」及びそれに類する語彙と結びついた「気」の用例は、中国の文献に膨大な量が見つかる。[11]「気」の養い方は修養論において重要な論点だからである。[12]中国思想の世界では、自己の「気」を如何に養うかという問題は繰り返し議論されてきたのに対し、外から刺戟を与えて「気」を如何に奮い立たせるかという問題は議論の蓄積が乏しい。[13]

近世日本においても、「振気」論は後期の著作に偏って出現し、仁齋学や徂徠学に「振気」論的な発想は見られない。管見の及ぶ範囲では「振気」に関わる語彙は、十八世紀の儒者の著作には少数例しか存在しない。[14]坂本多加雄は、明治期の「気」の議論を仁齋の「気」一元論及び「活物」論とに関連づける。[15]確かに仁齋は、「天地之間、一元気而已（天地の間は一元気のみ）[16]」といった議論を展開する。しかし、これは抽象的な「理」を「気」に先立つ存在として尊崇する朱子学者の批判を主眼としている。また、仁齋の「活物」論は、「天地」や「人」を空虚で固定的な「理」へと還元しようとする朱子学を否定して、「天地」や「人」を活動するものとして認識することを説く議論である。[17]徂徠も「活物」という概念を用いるが、それも「天地」や「人」の相互の活動には無限の変化があることを論じるものである。[18]仁齋学にしても、徂徠学にしても、何らかの刺戟を与えることで人々の「気」を活性化させるといった主張は見られない。

二　水戸学派の「振気」論

坂本・梶田ともに、明治の「気」の言説の前史に會澤正志齋の所説を挙げている。[19]「元気」や「正気」といった表現の流行に水戸学派の学者が果たした役割は大きく、「振気」論の淵源を考える上で、正志齋の議論は検討に価する。坂本・梶田の論考はともに『新論』の冒頭の「神州者太陽之所出、元気之所始（神州は太陽の出づる所にして、元気の始まる所）[20]」を引く。しかし、梶田も述べるように、このような日本に壮んな「気」が集まっているという主張は、西川如見『日本水土考』にも見える。[21]さらにつけ加えれば藤原惺窩も同様の説を述べている。[22]「気」概念によって日本の優越性を語る正志齋の議論は目新しいものではない。

正志齋は、江戸儒学の先行学説に通じた学者であり、彼の議論の大抵の部分は先儒の説の巧みな取り合わせである。[23]中でも主要な材源となっているのは仁齋学と徂徠学である。仁齋学・徂徠学ともに、この時代は既に流行遅れであり、この点で正志齋の思想は古い。ただし、彼の議論には仁齋学・徂徠学などの江戸中期の議論に由来しない要素も含まれており、「振気」論の来歴を考える上では、こちらの方が重要である。

たとえば、正志齋の「旅宿ノ境界」に対する評価は徂徠と正反対である。徂徠は『政談』で、武士が所領から離れて都市に集住している状態を「旅宿ノ境界」（旅暮らしの状態の意）であると呼び、武士は所領に居住すべきであるという。[24]一方で正志齋は、徂徠の議論を否定し、世の中に「生気」をもたらして「腐敗」を防ぐために、参勤交代を行軍演習の要領で行わせ、武士を「旅宿ノ境界」に置くことが有効であると説く。

扨又諸大名・御旗本衆江戸ニ居住シテ、旅宿ノ境界ユヘ、費多キコトヲ物徂徠ノ論ゼシハ卓見ニテ、実ニ其弊モアル事ナレドモ是亦其一ヲ知テ、未ダ其二ヲ不知ニ似タリ。前ニモ論ゼシ如ク、万物共ニ不用シテ寝セモノニナリテハ、腐敗スル道理ナル故、聖人ハ天下ノ諸侯・大夫・士ヲ常ニ用テ死物ニナラズ、世ノ中ニ生気アル様ニシテ治メラレタリ。《中略》是等ニテモ古ヘ天下ヲ旅宿ノ境界ニナシ置、宴安ノ酖毒ニ耽リ、腐敗ニ至シメザリシ深意アル事ヲ知べシ。(25)

正志齋は「死物」という仁齋学を思わせる語彙を用いている（仁齋は「死物」を「活物」の対義語に用いる）。しかし、ここでの「死物」は、仁齋とは異なり、仏老及び宋学に対する批判とは関係していない。正志齋が「死物」や「寝セモノ」といった言葉で語っているのは、活動性の低下に対する強い危惧である。

正志齋と対照的に徂徠は、人々が動き回ることを肯定的に評価しない傾向がある。徂徠は、「主人目前ヲカケマワリタガルモノハ、皆追従者ナリ」といい、「ネルモ奉公」という諺に賛同する。(26) また徂徠は、田舎のゆったりとした時間の流れの中での生活を理想視しており、都市の「せはしなき風俗」を嫌った。(27) このような徂徠とは違い、正志齋は人々が絶えず動くことを「生気」がある状態として肯定的に捉えるのである。

正志齋の考える「生気」を世の中にもたらす手段は、参勤交代の行軍演習化のほかに、人の意表に出るような果断な賞罰がある。正志齋は『尚書』洪範を引いて、寛保延享以降の世は、「沈潜剛克ノ時」、すなわち風俗が「懦弱」になっており、賞罰においても「剛断」の処置が必要な時代であるという。(28) このような一連の政策を、正志齋は、人々を眠りから起こし、「士気ヲ振」るわせることであると説く。

今ハ休息過ギテ、悉ク寐入リタル世トハナリシナリ。寐入リタルモノヲ寐過ルトテユリ起セバ、眠キトテ怒ルガ如ク、天下ノ眠ヲ覚マシ、士気ヲ振ントスレバ、庸人・懦夫ハ誹謗・妖言ヲ云フ事定リタル勢也。昇平懦弱ノ風ニ染ミ込ミタルモノハ、処詮相談相手ニハナラヌ事ナレドモ、東照宮今ノ世ニ生レマシマサバ、必ズ英断アリテ変通更張シ、天下ノ耳目ヲ一新サセ賜ハン事勿論也。(29)

安逸に溺れる惰弱な人々に衝撃を与えて、「気」を奮い立たせるという「振気」論の思考をここに見ることができよう。

このような正志齋の議論は師の藤田幽谷に由来すると考えられる。寛政九年、当時二十四歳であった幽谷は主君の徳川治保に意見書を上呈した。「丁巳封事」と称されるこの意見書について正志齋は、「幽谷先生次郎左衛門藤田君墓表」で言及している。(30)「丁巳封事」の中で幽谷は、正志齋と同じ『尚書』の言葉を用いて、治保には「沈潜之失（沈潜の失）」があるので、「剛克」に心掛けるべきであると説く。さらに、対露問題に関して次のように論じている。(31)今、人々は、「宴安」に溺れており、「兵事」を談じる人がいれば狂人扱いして、当面の事をやり過ごすことしか考えていない。ゆえに「英主」が「鼓舞作興」しても「其愉惰不振（其の愉惰 振るはず）」という事態が心配されるのに、要路の人々は人心の動揺を抑え込むだけの「鎮静之術（鎮静の術）」を用いている。現今、必要なのは、「激発一国士大夫之術（一国の士大夫を激発するの術）」である。幽谷は「激発」の「術」の一例として、北条氏が蒙古の使者を斬首し、必戦の覚悟を示した事跡を挙げている。彼は人々を静めるのではなく、活発化させるべきであると主張するのである。

「丁巳封事」の直言にその一端が示されているような幽谷の強烈な個性は、正志齋を始めとする後続の世代に大きな影響を与えた。正志齋は、幽谷の教育は「以砥励名節、振起士気為務（名節を砥励し、士気を振起するを以て務めと為す）」ものであったといい、また次のように説く。

生也為英、死亦為霊。先生所扶正気、分布在人。若能継遺志広遺緒、斯道之未墜於地。豈遂無裨益於天下国家者耶。(32)

生くるや英為り、死するも亦た霊為り。先生の扶する所の正気は、分布して人に在り。若し能く遺志を継ぎ遺緒を広め、斯の道の未だ地に墜ちざれば、豈に遂に天下国家に裨益する者無からんや。

幽谷の育んだ「正気」を受け継ぎ、さらにそれを拡げることが後学の務めであると正志斎は説くのである。

幽谷の子東湖は、同様の使命感から、「至発明神聖之大道、鼓舞天地之正気、則彪宿昔之志願（神聖の大道を発明して、天地の正気を鼓舞するに至りては、則ち彪（東湖の名─引用者注）の宿昔の志願なり）(33)」と語っている。主君齊昭に改革を促す封事においても、東湖は「正気次第々々にめりこ(34)」むことへの危惧を説いている。

公儀の命によって齊昭が隠居謹慎となり、改革が頓挫すると、蟄居に処せられた東湖は著述に力を注いだ。この時、執筆された『回天詩史』において東湖は、十九歳の時、大津浜に英人が上陸した際に父から受けた激烈な命令を記している。

> 汝速赴大津、窃伺動静、若審其放還之議決、則直入夷人之舎、掉膂力、鏖夷虜。然後従容就官請裁。雖出於一時権宜、庶乎足以少伸神州之正気矣(35)。
>
> 汝速やかに大津に赴き、窃かに動静を伺ひ、若し其の放還の議決を審らかにすれば、則ち直ちに夷人の舎に入り、膂力を掉ひ、夷虜を鏖《みなごろし》にせよ。然る後従容として官に就き裁を請へ。一時の権宜の出づと雖も、以て少しく神州の正気を伸ぶるに庶《ちか》からん。

英人暗殺は未遂に終わったが、この「振気」のための暗殺という考えは後の時代にも繰り返し現れる。たとえば大久保利通暗殺の際の斬姦状には、「今計をなす者、速に奸吏を斬滅し、上は国害を除き、下は民苦を救ひ、以て四方の義気を振起し、天下の衰運を挽回するにあり(36)」とある。東湖の著作は志士たちに盛んに読まれた。『回天詩史』に描かれた彼の生涯や「和文天祥正気歌」（いわゆる「正気歌」）は、志士たちの「気」を「鼓舞」し、彼らを過激な政治行動へと誘ったのであろう。[37]

水戸の人士の「振気」論は開鎖をめぐる議論にも影響を及ぼしている。ペリーが来航した嘉永六年、徳川齊昭が公儀に献じた意見書（「海防愚存」）には次のようにある。

> 和戦の利害、戦を主と致候得は、天下の士気引立、仮令一旦敗を取候ても、遂には夷賊を逐退け、和を主と致候得は、当座は平穏の様にても、天下の人気大に緩み、後には滅亡にも至り候儀、漢土の歴史の上にも明証有之。[38]

このような発想は、当時の議論を規定しており、横井小楠の「夷虜応接大意」も、「廟堂仮初にも彼と和する心ある時は、天下の人心弥益惰弛に趣、士気何れの日にか振起すべき[39]」といったように、「振気」論の語法を用いている。

三　古賀侗庵の「振気」論

「振気」論が水戸学派の専売特許なのかといえば、そうではない。頼山陽や古賀侗庵といった、その父（頼春水と古賀精里）が寛政正学派である学者も、水戸の学問の影響を受けることなく、独自に「振気」論を展開している。

頼山陽は『通議』において、「国家」が憂患とすべきことは、「士気」の「不振」であると述べる。その上で、「士有気而後有以自立。挙国之士、有以自立、則国立（士 気有りて後以て自ら立つこと有り。挙国の士、以て自ら立つこと有れば、則ち国 立つ）[40]」という。ここでの「自立」は「独立」とも言い換えられている。福澤諭吉の「国中の人民に独立の気力なきときは一国独立の権義を伸ること能はず[41]」といった説に代表されるような、「気」と国家の「独立」を結び付ける議論の一つの原型であろう。

ただし、山陽が「振気」論について語ることは多くない。侗庵の議論は、山陽以上に「振気」論的な思考法が顕著であり、また先駆的な主張が見られる点でも興味深い[42]。

文化六年、二十二歳の侗庵は、将軍への意見書という体裁に仮託して時局について論じた「擬極論時政（事）封事」を著している（正志斎の『新論』成立は文政八年であり、それに先立つこと十六年である）。その第二条は「講武事振士気（武事を講じ士気を振るふ）」と題する。[43] 侗庵によれば、日本は、「其俗尚威武、其人猛鷙虓勇（其俗 威武を尚び、其の人 猛鷙虓勇）」であり、古代以来、武力の強い国であった。しかし、「北狄」（ロシア）の侵入に対しては、慌てふためくばかりで対処できずにいる。それは、「太平」が続き、人々が「頽靡萎薾」しているためである。このような弊害を克服するため侗庵は、将軍自ら武事に励み、模範を示すべきであると主張する。毎月武術上覧によって武士を賞罰し、隔月で自ら兵を指揮して軍事演習を行う。このように将軍が率先して行動することで、「士気」を振起できると侗庵はいう。

> 然則当今之計、孰先於振起士気。士気苟不振、雖有奇策石画、将何所施、然欲振起士気而不本於躬行、勢有所不行。惟殿下嘗膽席蓼、痛自激励以率先天下、則夫勇鷙之気得於天性者、自当存感奮発強之心、其転而復古之俗無難矣。[44]
>
> 然れば則ち当今の計、孰《いづ》れか士気を振起するより先ならん。士気 苟しくも振るはざれば、奇策石画有りと雖も、将《は》た何の施す所ぞ。然るに士気を振起せんと欲して躬行に本づかざれば、勢ひ行はれざる所有り。惟だ殿下 膽を嘗め蓼に席し、痛く自ら激励して以て天下に率先すれば、則ち夫れ勇鷙の気 天性に得る者、自から当に感奮発強の心を存すべくして、其の転じて古の俗に復すること難きこと無し。

本来、日本は勇猛な気風な国であり、何らかの方策で「士気」を振起すれば、外患に対応可能である——このような思考は侗庵の議論の基本型となっている。

後年の侗庵は「気」を振起するために、儒学に「武道」（武士道）を合成した教えを立てるべきであるという。

但宣聖之道、藹然慈仁長厚、以謙己推人為主、尚武之訓、自蘊乎其中、而有較不易窺測者。本邦中古、有武道者、盛行乎世。可以振士気強民俗。異日有聡哲出類之士出、必主孔聖之道、而参以本邦武道、斯為尽善之教、以施於修内攘外、斯為大裨。(45)

但だ宣聖の道は、藹然として慈仁長厚、己を謙し人を推すを以て主と為し、尚武の訓、自ら其の中に蘊して、較々《やや》窺測し易からざる者有り。本邦中古、武道なる者有り、盛んに世に行はる。以て士気を振るひ民俗を強くす可し。異日聡哲 類を出づるの士 出づること有れば、必ず孔聖の道を主として、参ずるに本邦の武道を以てして、斯を善を尽くすの教へと為し、以て内を修め外に攘ふに施して、斯を大裨と為さん。

侗庵が儒学に対して微妙な評価を下している背景には、彼の中国認識がある。侗庵は、漢人の文弱を侮蔑し、満洲人などの勇猛さに共感を示す。日本は中国と異なり、本来勇武の気風の国であり、往昔に立ち返り、「士気」を振るうためには儒学と武士道の結合が最善の策であると侗庵は見るのである。

侗庵は『葉隠』についても、「方今靡々之俗（方今靡々の俗）」への「対病良剤（対病の良剤）」になるという。(46) 実は父の精里も同様に説を述べている。『葉隠』に示されている「剛強自守」の「士風」は、「軟媚奔競」で恥知らずの現今の風俗に勝っており、「世道」に裨益する章段を選んで一書を編纂したい——と精里はいう。(47) また精里の門人の齋藤拙堂は、『士道要論』において武士道と儒学の聖人の道を融合させている。古賀門流による武士道の再発見とでも呼ぶべき現象がここには見られる。

侗庵は武士道の復興のために、『良将達徳鈔』と『横槊餘韻』を編纂した。

『良将達徳鈔』は、戦国期から江戸初期の武辺咄の選集である。本書は「知」「仁」「勇」の三部で構成されているが、とりわけ「勇」の部には、儒学の道徳的な尺度からすれば矯激な事跡が採録されている。中正からは逸脱していても「勇往不撓之気（勇往不撓の気）」、「虓勇不屈之気（虓勇不屈の気）(48)」といった勇猛な「気」が示されているためである。

ちなみに、この『良将達徳鈔』は、大槻磐渓の『近古史談』の種本の一つとなっている。『近古史談』は武辺咄を漢文に翻訳したもので、明治期に『日本外史』とともに、初学者向けの漢文読み物として広く受容された。昌谷精溪が本書に寄せた題辞には、「叙事潚灑、議論明快、有足以震起日本膽、而奮発丈夫洲気者。可謂偉矣（「叙事潚灑にして、議論明快、以て日本膽を震起して、丈夫洲（日本を指す―引用者注）の気を奮発するに足る者有り。偉と謂ふ可し」）[49]」とあり、『近古史談』は『良将達徳鈔』の系譜を継ぐ「振気」の武辺咄集であると位置づけることができよう。

『横槊餘韻』は、室町から慶長元和にかけての武士の漢詩集である。侗庵の序には次のようにある。[50] 現在、江戸時代初めの「驍摯戇直之気（驍摯戇直の気）」は失われ、人々は軟弱で軽薄になっている。室町から慶長元和にかけての詩は、率直で勇壮な感情が行間にあふれており、また技巧は拙劣であっても、勇壮な志や優れた見識が見られる。これらの詩を吟詠して、当時の人々を想像することは、「士風」を復古する上で有効である。中国で張巡・曹翰・岳飛といった武人の詩は嘆賞されている。中国の武人の詩には、文人墨客の詩とは異なる「一種果毅英爽之気（一種果毅英爽の気）」があり、「足振軟俗鼓作暮気（軟俗を振るひ暮気を鼓作するに足る）」という点では日本の武士の詩と同じである。

このような、巧拙を問わず、「振気」の材料として詩を集める侗庵の発想は、明治初期に多く編纂された国事殉難者の詩歌集を思わせる。たとえば『近世殉国一人一首伝』の序文に次のようにある。

此編ハ洋警アリシ以来、国事ニ周旋シ、或ハ貶謫憂憤シテ死シ、或ハ鼎鑊ニ就ク人々ノ詩歌ヲ得ルニ随ヒ録ス。固ヨリ其工拙ヲ論ズルニ非ズ。但其赤心報国ノ誠忠ヲ主トシ、以テ懦夫ヲ興起セシメント欲スル也。[51]

『横槊餘韻』と国事殉難者の詩歌集の間に直接的な影響関係は恐らくないが、その発想は同型といって良いであろう。

正志齋などと異なる侗庵の「振気」論の特徴は、彼が「善悪」に構わず、強烈な「気」を賛美する傾向を有することである。侗庵は「書海陵庶人紀後」で、淫虐の君主として著名な金王朝の完顔亮に対して独特の評価を下す。[52] 侗庵によれば、「魏晋」以降、中国が軟弱になったのと異なり、西北の異民族の地には、「天地間剛強之気（天地間の剛強の気）」

が集まり、「英偉非常之人（英偉非常の人）」が生まれた。「剛強之気」を「善」の方向に発揮したのが、「小堯舜」と称された金の世宗であり、「悪」の方面に発揮したのが完顔亮である。

剛強之気、善用之、則為果断、為英武、為慎密、為弘大、有非常人之所及者。不善用之、則為奢麗、為淫蕩、為驕傲、為酷暴、亦能為常人之所不敢為。逆亮蓋為常人之所不敢為而尤其甚者也。(53)

剛強の気、善もて之を用ふれば、則ち果断為り、英武為り、慎密為り、弘大為り、常人の及ぶ所に非ざる者有り。不善もて之を用ふれば、則ち奢麗為り、淫蕩為り、驕傲為り、酷暴為り、亦た能く常人の敢へて為さざる所を為す。逆亮（完顔亮─引用者注）は蓋し常人の敢へて為さざる所を為して尤も其の甚しき者なり。

ここから侗庵は、旗本と「強藩」の家中の比較に議論を転じる。「浮薄」な旗本は善事をなすにも悪事をなすにも力を欠くのに対し、放蕩無頼の「強藩」の武士は、その「剛強」を「善」へと導けば、「士風」の「復古」が容易であると侗庵は説く。

このような侗庵の論法は、弟子の阪谷素に継承されている。阪谷は『明六雑誌』第四十一号の「養精神一説」二において次のように論じる。(54)日本の「風習」は、太古から「武ヲ重ンジ名ヲ惜ム」もので、とりわけ戦国時代は「精神胆力」が壮んであった。江戸時代になると、人々は太平の世に甘んじ、「戦国猛暴ノ気」を斥けるようになったものの、外国船の来航は古来の気風を激発させ、それは「天誅暗殺」として噴出した。明治以降は、西洋の「文明ノ治法風習ヲ表明シテ、猛暴殺伐ノ悪風ヲ変」じようとし、それが行き過ぎた結果、「上下滔々軽薄浮靡ノ中ニ陥」っている。そこで、「武術」や軍事教練を教育に取り入れ、「本邦固有ノ勇気」を失わないように努めるべきである――と。この文章の中で阪谷は、ドイツやロシアが、「開化」のために勇猛な習俗を意識的に保持していることを引き、「勇気」の重要性を説く。

勇気ナキノ順良ハ敗物ノミ。何ゾ以テ文明ヲ開クニ足ン。小子嘗テ以為ク色ヲ愛シ金ヲ愛シ国ヲ愛シ親ヲ愛ス。愛ハ一也。愛ノ用ユル所異ナルノミ。辛苦賊ヲ為シ猛暴虐ヲ為ス。皆胆力ニ発ス。胆力ニ二ナシ。之ヲ善ニ用ユレバ則正大勇偉国勢ヲハル精神タリ。(55)

阪谷の説く「勇気」「胆力」は、侗庵の説く「剛強之気」に対応しよう。

では、侗庵の「振気」論の淵源はどこにあるのであろうか。彼の「振気」論を考える上で、寛政正学派が将軍家・大名家の士風刷新の気運に応じて登用されたことは重要である。公儀の寛政改革を主導した松平定信は、武士の「義気」の衰退を危惧していた。(56) 寛政三年、盗賊が町家だけでなく、公儀の直臣の家にも押し入ったという風説が流れ、江戸城下は物情騒然となった。定信は、事実でなかったとしても、盗賊が武家の屋敷に押し入る事態があり得ると人々に認識されていたことを問題視した。本来ならば、さしもの盗賊も御旗本・御家人の武威の前には手も足もでない――と信じられているべきだと定信は考えたのであろう。定信は、原因は「必竟義気相衰へ人々柔弱に成り、下々之勢ひ増長いたし候故」であるという。定信は、「義気」を「引立」てるために、武術上覧を毎年行い、「聖堂」の教育施設を拡充する案を提言した。この提言に沿って「聖堂」改革のための正学派の儒者が登用された。寛政正学派の学問は、武士の「義気」の「引立」の要請に応じる性格を多分に有しており、彼らの学問から「士気」の振起といった議論が現れるのは自然な流れであったといえよう。

四　「振気」論の登場

水戸学派にせよ、寛政正学派にせよ、「振気」論は寛政期に萌芽的に発想が現れ、化政期に明確な議論として打ち出されるようになる。

寛政期に「振気」論の原型が出現する一つの背景は、対露関係の緊張に求められよう。ただし、外患に対する危機感が高まれば、「士気」の振起が説かれるようになる——といった説明は短絡的である。なぜなら対外的な危機意識が高まっても、「振気」論を展開しない事例は存在するからである。たとえば熊澤蕃山の『大学或問』がそうである。「北狄」（満洲人）の侵入に警鐘を鳴らす蕃山が「急務」と考えるのは兵糧の確保であり、「士気」の問題を彼は議論の俎上に載せない。[57]「振気」論の出現に関しては、さらに別の背景を探す必要があろう。

「義気」の「引立」てを説いた定信は、「人々柔弱に成り」という現状認識を抱いていた。この「柔弱」という語は単なる貶辞ではなく、特殊な歴史的背景を有している。神澤杜口『翁草』は、田沼時代について次のように述べる。

> 今の権家は、田沼氏に不限、名に遇ふ人々も、至つて柔和にして、夫々への挨拶も丁寧に下主近く、人の思ひ付く様の仕懸なり。[58]

田沼時代の権官は「柔和」で下々にもやさしかったというのである。これは角を立てず、「柔和」や「やはらか」であることを賛美する当時の思潮と関係していよう。この時代は「通人」がもてはやされ、安永年間には「大通」論が流行した。「大通」は次のように「やはらか」であることと結びつけられる。

> 抑我大通の道は遊興奢の座席はもちろん義理順義の出会あるひは参るぞか丶るぞの場所におよんでもものごとやわらかにかたからず、悪振《いやみ》邪工《からみ》の無理《こじつけ》を止め我心を察して他の心を察するの義、則我をつめりて他のいたさをしれといふゆゑん也。[59]

このような「柔和」礼賛は、田沼時代の政治腐敗とも結びついている。事を荒立たせず、相手の心情を忖度し、「やはらか」に対応する態度は、阿諛追従にしばしば堕するからである。[60] 杉田玄白は、宝暦から天明にかけての風俗について次のように述べる。

世の風俗は次第に変じ、やんごとなき方々も、文の往復、言葉のあや、位に似ぬ事のみ多く、唯巧言令色を以て人の心にさからはぬ輩あれば、是なん今の世の大通人と云者也、と誉称し侍りし程に、讒諂面諛を能事とおもひ、尊卑の分を別ち知者なし。[61]

賄賂は物事を丸く収める手段であり、「通人」的な処世術であるとする見方も当時あった[62]。ちなみにこの時代、堅苦しい野暮な国である中国を嘲笑し、「やはらか」な色好みの国である日本を賛美するといった議論も盛んであった[63]。定信の「人々柔弱に成り」という観察は、このような十八世紀後半の「柔和」を善しとする風潮を念頭に置いたものなのである。

別稿で論じたように、江戸中期は、様々な立場の人々の感情（「人情」）を理解することで人柄が丸くなる——という発想が広くみられる[64]。荻生徂徠や伊藤東涯、堀景山などは、このような発想に基づいて、『詩経』を学ぶ意義を論じる。また、当時の流行語である「粋」や「通」に関する議論でも、「粋人」や「通人」は廓遊びを通じて「人情」の酸いも甘いも嚙み分け、角が取れた人であるとされる（本居宣長の「物のあはれを知る」説も、このような思潮に連なっている）。「人情」に通じた人柄はしばしば、「やはらか」「柔和」といった語で表される。

「人情」に練熟し、「圭角」のない「通人」がもてはやされることと「士気」の「不振」とは一つながりの現象として語られる。

俗称善熟人情世態、渾然無圭角者、曰通人。少年才子欽之、与世浮沈、士気不振、多為蘇摸稜之徒。[65]

俗　善く人情世態に熟して、渾然として圭角無き者を称して、通人と曰ふ。少年才子　之を欽《つつ》しみ、世と浮沈し、士

気 振るはず、多く蘇摸稜の徒と為る。

「蘇摸稜之徒」とは、高位にありながら決断を避け、曖昧な態度を取った唐代の蘇味道にちなみ、優柔不断で明確な意志を表明しない人々をいう。「人情」の機微に通じた「柔和」な人物は、柔弱で活力に乏しく、決断力がないとされるのである。「振気」論は「柔和」に偏する世の風潮への反発を一つの源としていると見ることができよう。

以上のような理解に対して、武士の思想の中に、「振気」論的な発想は存在しており、「振気」論の盛行は江戸後期特有の現象ではない——といった反駁があるかもしれない。確かに橋本左内は、武士道的な語彙で「振気」を説明している。

気トハ人ニ負ヌ心立アリテ、恥辱ノコトヲ無念ニ思フ処ヨリ起ル意気張ノ事也。振トハ折角自分ノ心ヲト、メテ振立振起シ、心ノナマリ油断セヌ様ニ致ス義ナリ。(66)

このように「振気」論を従来の武士道の思考に引きつけて理解し、主張することも多くあったろう。

しかし、元来、江戸期の武士にとってのあるべき秩序像は、活発であることより、厳粛な静けさを志向するものであったように思われる。清朝の皇帝の行幸が民衆の歓呼の声に迎えられたのに対して、(67)将軍の御成りは水を打ったような静けさの中を進んだ。将軍の輝かしい「御威光」に対して人々は静かに畏服すべきであるとされるのである。(68)江戸期において望ましい社会状態を表現するのに「静謐」の語が用いられるのもこれと関係していよう。織豊政権は天下の「静謐」を掲げ、それを乱す(と彼らが見なす)各地の戦国大名の紛争を武力によって封殺することで全国を統一していった。(69)徳川政権の支配もその延長に存在する。徳川公儀の「御武威」「御威光」の下に人々が騒擾を停止することによって天下の泰平は実現しているという感覚が「静謐」の語の多用の背景にはあろう(「静謐」を破る強訴や打ちこわしは「騒立」といった言葉で表現される)。意外に思われるかもしれないが、『葉隠』も、望ましいの政治の仕方について、「日峯院泰盛院様（鍋島直茂・勝茂のこと―引用者注）之御仕置、御指南を上に下にも守り候時は、諸人落着、手強、物静に治まり申事に候[70]」と説く。

この問題に関して、藤田東湖の「人気を動かす」ことをめぐる議論は示唆に富む[71]。東湖は、「俗論」派はとかく「人気」（人々の気）を動かすことを忌避することを指摘し、次のようにいう。

戦国新に治まり候砌にも候はゞ、幾重にも人気取りしづめ候儀肝要と存候へ共、太平久しく打続き一統衰弱の風に流候砌には幾重にも士風引起不申候ては不相成儀、古人も申置候御儀に御座候[72]。

東湖は、江戸初期は戦乱の鎮静化が課題であったので「人気」を動かさず、「取りしづめ」ることが肝要であったが、今は「人気」を「振起」すべき時節であるという。彼のいうように、「静謐」の維持に努めることから、人心の動揺を忌避する事なかれ主義は発生したのではなかろうか。

以上見てきたように、「振気」論の登場は相当に新しい。寛政期以前の大名家の改革で、他の大名家への影響が大きかったのは、熊本の細川家の宝暦改革と米沢の上杉家の明和安永改革であろう[73]。管見の及ぶ範囲では、どちらの改革をめぐる著作にも、「振気」論的な発想は見られない[74]。職制改革や質素倹約、文武奨励、徳性の涵養は、「気」の振起に言及することなく論じられている。これらの著作はそもそも、「気」概念に限らず、人々の活力を論点として取り上げることがない。とりわけ、上杉鷹山の賓師であった細井平洲が「政の大体」について説いた次の一節は、「振気」論と対照的で興味深い。

人が人につれなくなり候ことは 政のからきより起り申候風儀にて御座候へば、この風儀をうつしかへ候て、人が人にやさしう相成候やうにと申こと、大体にて御座候[75]。

「人が人にやさし」くなる政治――野性的な活力の横溢を礼賛する「振気」論の秩序像とはかけ離れた温柔な秩序像である。

五 「振気」論の諸相

江戸中期、仁齋や徂徠は、道徳や政治を「接人」――人づきあい――の問題として思索した[76]。朱子学を代表とする宋明性理学の議論は、人間に生得的に賦与されている道徳性の発揮を軸としており、人間関係の問題は「心」の修養の問題に還元して語られることが多い。朱子学の用語を借りて、人間に本来具わった道徳性に立ち返るという宋明理学の発想法を「復初」の思想と呼ぶならば、「復初」の思想に対して違和感を抱き、「接人」の問題に関心を向けたのが江戸中期の思想の特徴であるといえよう。前章で見た、「人情」に通じることで「柔和」な人柄になるといった説も、他者への共感を重視する「接人」の思想と結びついている。江戸後期は、「接人」に対する関心が後退し、「振気」の問題が浮上したと見ることができよう。

「振気」論において、「気」を振るわせる刺戟とされるものは様々である。江戸末期を中心に「振気」論の諸相について検討していきたい。

先ず果敢な「決断」は「振気」の契機となるとされる。水戸の豊田香窓の手になる意見書（齊昭の内奏として流布した）には次のようにある。

廟堂の議論さへ一決いたし候へば、是迄游嬉に溺れ屈候人気も立どころに勇猛の気に立帰、身命を抛ち御国恩を報じ候事無疑儀《以下略》[77]

「因循姑息」に陥らない、決められる政治が称揚される[78]。君主自身による「決断」は効果抜群である。真木和泉は、攘夷のための行幸を主張して次のようにいう。

朝廷にも尋常の事をなされては、とても其懦気を引きおこし、天下一般攘夷の心を振起したまはん事は、いと難かるべし。されば御みづから一大決断を以て九重を出でたまひ、蹕を郊外に移したまひ、しばしの御自由をこらへさせられて《以下略》(79)

真木が「一大決断」の先例の一つとして引くのは、乙巳の変における蘇我入鹿の暗殺である。(80) 既に『回天詩史』の例で見たように、暗殺は「振気」の手段と考えられていた。「振気」論は、士風引き締めといった体制側の改革の論理として用いられることもあれば、体制を揺るがす過激な政治行動の推進力にもなった。

言論も「振気」の契機となり得る。藤森弘庵は、「有国者、莫要於奨材桀作士気焉（国を有《たも》つ者は、材桀を奨め士気を作《おこ》すより要なるは莫し）」と説いた上で、「敵之不義（敵の不義）」を暴くことによって「士気」は奮い立つものであり、アメリカは「英人之罪（英人の罪）」を列挙し、各国に「檄告」することによって「士気」を鼓舞し、「独立国」となったという。(81) また、「書生」の議論が「士気」を振起するといった主張も見られる。

夫士気之萎爾不振、未有甚於此時者也。復之之方、不必在位者独任之也。書生建言、多唱節義、挽淳推漓、嘵嘵不已、則遠近響応、人々自能振起。然後士気可奮也。(82)

夫れ士気の萎爾振るはざるは、未だ此の時より甚だしき者有らざるなり。之を復するの方、必ずしも位に在る者のみ独り之に任ずるにはあらざるなり。書生の建言、多く節義を唱へ、淳を挽き漓を推し、嘵嘵として已まざれば、則ち遠近響応して、人々自ら能く振起せん。然る後士気奮ふ可きなり。

このような見地からいえば、江戸末期の処士横議は「振気」の「響応」の連鎖ということになろう。

また、活力に富んだ人の生きざまを記した文章は、「振気」の材料となる。森田節齋は、桜田門外の変及び坂下門外の変を起こした志士たちの伝記の執筆を計画し、次のように説く。

夫方今之務、在作士気。作士気、無如監古気節之士。監古気節之士、無如監今気節之士、而今気節之士、莫如桜田十七士及阪下六士(83)。

夫れ方今の務、士気を作すに在り。士気を作すは、古の気節の士を監《み》るに如く無し。古の気節の士を監るは、今の気節の士を監るに如く無し。而して今の気節の士は、桜田十七士及び阪下六士に如く莫し。

時代は下るが、中村正直『西国立志編』について大槻磐渓は、「立志成編張士気。自由説理奪天工（立志 編を成し士気を張り、自由 理を説きて天工を奪ふ）(84)」と詠じている。該書の偉人の事績に触発されて「気」を奮い立たせる人々もいたのであろう。これは江戸末期から明治にかけての「英雄豪傑」型の人間像の流行と関連していよう(85)。

古賀侗庵の議論のように、野蛮さは強い「気」の現れとしばしば認識される。よって儒学の「礼」からも武家の礼儀作法からも、逸脱した野卑な行動も「気」を奮い立たせるものとして肯定的に評価される。吉田松陰は、「温淳」な態本の人士を奮起させるために、大酒を食らって剣舞し、高歌放吟したと詩に詠んでいる。

鯨呑剣舞発浩歌、掲臂叱咤気始振。苟使此気塞天地、古道何曽憂荊榛(86)。

鯨呑剣舞 浩歌を発し、臂を掲げ叱咤して気 始めて振るふ。苟しくも此気をして天地に塞がらしめば、古道 何ぞ曽て荊榛を憂へん。

このような行動様式は民権運動の壮士に受け継がれるものであろう。
刺戟が波及する段階に関していえば、一度、強力な刺戟が加わり、「気」が奮い立つと、周囲の「気」も自然とそれに共鳴するとされ、影響の拡大について原理的な考察はなされない。(87)「接人」の思想においては、自己とは隔たっている他者の感情を「推量」することが、共感の前提として重視されていたが、(88)「振気」論では自己と他者の感性に相違があることは先ず想定されていない。「気」が奮い立てば、それに接した人々は自ずと感動すると見るのである。
「振気」を唱える人々はしばしば、繰り返し刺戟を与えないと「気」が衰退するという焦燥感を語る。現在の目から見れば激動の真っ只中であった文久元年においても、一度「奮激」した「気」の「退縮」の危惧が説かれている。前年のプロイセンとの条約締結を受けて長州の毛利慶親の上書には次のようにある。

先年外国へ和交御差許条約御取替しに相成候儀は素より無御拠御場合有之候ての儀に候得共、癸丑・甲寅以来、大に奮激の人気一旦屈擢仕り、偸安の人情一日の無事を貪り、終に一統退縮の世風に相成、御国体更張の期無之様相成可申哉。(89)

「振気」論は、ともかくも活力を盛大にすれば、様々な困難を克服できると考える傾向があり、最終的な目標地点やそれへ到る具体的な経路が不明確なまま、強い刺戟を与えて「気」を振起することが自己目的化しやすい。さらに、このような発想からは、安定は腐敗の原因であり、絶えず自らを死地に追い込み、変革を遂げることが望ましいとされがちである。不断の改革が必要であるという強迫観念は、やがて体制の土台を掘り崩していく。「振気」論的な思考は、江戸末期の政治秩序の流動化を促進した。

六　おわりに

「振気」論は、活力の刺戟を主軸とする思想である。活力の刺戟が政治改革の要諦であるといった考え方は普遍的であると思われるかもしれないが、そうではない。近世日本においては十九世紀になって、このような発想の型は一般化する。寛政期より前においては、政治改革論において人々の活力の問題が議論の中心となる例は管見の及ぶ範囲では見当たらない。よって「振気」論の登場を指標にして寛政期以降を日本思想史上の長い近代と区分することも可能であろう。

「振気」論は長く命脈を保った。たとえば、「国民精神作興ニ関スル詔書」の「国家興隆ノ本ハ国民精神ノ剛健ニ在リ。之ヲ涵養シ之ヲ振作シテ以テ国本ヲ固クセサルヘカラス」[90]といった一節には、「振気」論の残響を聴き取ることできよう。また、坂本多加雄が注目した京都学派の高山岩男の「道義的生命力」論——高山は「道義的生命力」と東湖の「正気歌」の「天地正大気」とを同一とする——は、「振気」論と西洋哲学の融合物と位置づけることができよう[91]。この他に、一九四七年の第九十二回帝国議会の衆議院議事速記録にも、「振気」論そのものといって良い議論が見える。日本自由党の大久保留次郎は次のようにいう[92]。「今日の日本人は、日向ぼつこをして、半眠りの状態に」にあり、「殊に日本の将来を負うべき青年男女が、また青年学徒が、ややもすれば遊惰に流れ、希望を失い、悶々たる有様にあることは、まことに同情にたえない」、ゆえに「国家再建五箇年計画」の策定は、「希望が生れ、大いに士気を振作する」ものである——と。政府の「英断」によって「気」を振るわせるといった江戸末期の議論そのままである。

今日、これほど分かりやすい「振気」論の末裔は見られないが、右派・左派ともに用いる「活力ある社会」といった標語は「振気」論以後の思考で政治を語るものといえるのではなかろうか[93]。ここで考えるべきは、活力にまつわる語彙が人々の思考を制約しているのではないか——という問題である。

社会の「元気」や「活力」「活気」を測る客観的な基準は果たしてあるのだろうか。「活力」があれば幸福なのであろうか（焦燥感に駆られて活動的であることはよくある事態である）。もし、江戸末期から明治期の変革にならい、「活力」や「元気」を刺激するとしても、暗殺といった過激な政治行動に走る人間の出現を抑制しながら、現今の秩序にとって利益となる「活力」ある人間を養成する――といったことは可能なのだろうか（江戸末期とは異なり、最近では「活力」を海外から呼び込む議論も盛んであるが[94]、自国に都合の良い「活力」ばかりがやってくるのであろうか）。

「活力」があれば何でもできると思われるがゆえに、議論はいかにして「活力」を刺戟するかに集中する。しかし、「活力」概念自体曖昧で、しかもその「活力」で何を成し遂げたいのかは、しばしば不明確である（職場や学会の「活気」を取り戻すことをめぐる議論なども想起されたい）。文明の進歩や社会の発展を願うとしても、「活力」や「活気」といった語彙を用いず、「振気」論的な思考の枠外に出ることによって見えてくる問題と解決策は多くありそうに思われる。

（1）松田宏一郎は近年の近世・近代日本思想史研究の成果を紹介するに当たって、この点を強調している（松田宏一郎「思想史（特集日本研究の道しるべ――必読の一〇〇冊）」、『日本研究』第五十七号、国際日本文化研究センター、二〇一八年）。

（2）副島種臣等「民撰議員設立建白書」、国立公文書館蔵、一八七四年。

（3）「戦争ハ国家ニ大益アルノ説」、『評論新聞』第九十一号、一ウ、一八七六年、国立国会図書館蔵。

（4）成島柳北「祭新聞紙文」、同『柳北遺稿』第一巻、成島復三郎、一八九〇年、四一頁。

（5）坂本多加雄「幸徳秋水における伝統と革命」、同『市場・道徳・秩序』、筑摩書房、二〇〇七年、梶田明宏「西南戦争以前の言説状況――士族民権論をめぐる「気」の問題について」、『書陵部紀要』第四十三号、宮内庁書陵部、一九九一年。明治期の「気」に関する議論については次の研究も参照。松田宏一郎「福澤諭吉における「知」の分権」、同『江戸の知識から明治の政治へ』、ぺりかん社、二〇〇八年、中村春作「「国民の元気」という言説――明治期、徳富蘇峰における」、井上克人（編著）『豊穣なる明治』関西大学東西学術研究所研究叢刊四十一、関西大学出版部、二〇一二年、河野有理「郡県の政治経済学」、同『田口卯吉の夢』、慶應義塾大学出版会、二〇一三年。

（6）谷川恵一「歌のありか」、同『歴史の文体　小説のすがた――明治期における言説の再編成』、平凡社、二〇〇八年、ロバート・キャンベル「獄舎の教化と「文学」」、『国語と国文学』第八十巻十一号、東京大学国語国文学会、二〇〇三年、青山英正「振気から教化へ――勤王志士詩歌集のゆくえ」、『国語国文』第七十五巻十号、京都大学文学部国語学国文学研究室、二〇〇六年。

（7）帝尨山人（編）・春荘冗史（補）『振気篇』、一八六九年。

（8）前掲「西南戦争以前の言説状況」、三四頁。

（9）新村出（編）『広辞苑』第七版、岩波書店、二〇一八年、一四九九頁。

（10）デジタル大辞泉、小学館、https://kotobank.jp/dictionary/daijisen/（二〇一八年十二月十五日閲覧）。ちなみに『日本国語大辞典』第二版（小学館、二〇〇〇年～二〇〇二年）は「振気」を立項しており、「気をふるいたたせること」と語義を説明し、用例に宋玉「風賦」の「邸華葉而振気（華葉に邸《ふ》れて気を振るふ）」を挙げる。しかし、この一節は「風がかぐわしい植物に触れて、その香気を放たせる」という意味であり、用例として不適当である。

（11）『文淵閣四庫全書』電子版（迪志文化出版）を検索してみると次のような結果になる。「振気」二七件、「養気」二七四一件、「振元気」二件、「養元気」一六四件、「振正気」〇件、「養正気」二四件、「振士気」五六件、「養士気」七二件、「振起元気」〇件、「振起正気」〇件、「振起士気」八件、「鼓舞元気」〇件、「鼓舞正気」一件、「鼓舞士気」一〇件。文章の区切りや意味を顧慮せず、単純に検索結果を並べただけであり、さらなる精査が必要であるが、「振気」系統の語彙の用例が「養気」に比べて少ないことは見て取れよう。「作士気」は三三一件と比較的に多いが、士人の気風ではなく、軍隊の士気についていうものが多く含まれる。

（12）「気」を養うことをめぐる議論の諸相については、三浦國男『朱子と気と身体』、平凡社、一九九七年参照。

（13）「気」に関する文学作品として著名な文天祥「正気歌」は、歴史上の「正気」の現れを述べ、幽囚の身にある自己を詠ったもので、「気」の刺戟を説いたものではない。

（14）筆者の見つけた少数例を挙げる（いずれも「振気」は議論の柱となっていない）。「李公所以斬女子鼓士気也（李公の女子を斬り士気を鼓する所以なり）」（木下順庵『錦里文集』巻十七、十四オ、寛政元年刊、国立公文書館蔵）、「豈唯先人之開顔于九京哉。亦足以激励世風振起士気（豈に唯だ先人の顔を九京に開くのみならんや。亦た以て世風を激励し士気を振起するに足る）」（伊藤東涯「奉荅光禄藤公書」、『紹述先生文集』巻十一、宝暦九年、三宅正彦〔編集・解説〕『紹述先生文集』近世儒家文集集成第四巻、ぺりかん社、一九八八年）、「人君不聞将士之談、則無以作士気（人君 将士の談を聞かざれば、則ち以て士気を作すこと無し）」（松崎観海「常山紀談序」、明和四年、湯浅常山・森銑三（編）『常山紀談』上巻、一九三八年、一八頁）。

（15）坂本多加雄「「企業者」観念の発見と日本の伝統」、同『近代日本精神史論』、講談社、一九九六年、一〇三頁。

(16) 伊藤仁齋『語孟字義』上、天道、仁齋生前最終稿本、元禄十二年～宝永二年、天理大学附属天理図書館蔵。
(17) 伊藤仁齋『童子問』巻中、第六十六～六十八章、仁齋生前最終稿本、宝永元年～宝永二年、天理大学附属天理図書館蔵。
(18) 荻生徂徠『徂来先生答問書』巻下、二オ～二ウ、島田虔次（編）『荻生徂徠全集』第一巻、みすず書房、一九七三年。
(19) 前掲「西南戦争以前の言説状況」、一六頁、「幸徳秋水における伝統と革命」、二四二頁。
(20) 會澤正志齋『新論』、安政四年刊、今井宇三郎・瀬谷義彦・尾藤正英（校注）『水戸学』日本思想大系第五十三巻、岩波書店、一九七三年、三八一頁。
(21) 西川如見『日本水土考』、五オ、享保五年刊、早稲田大学図書館蔵。
(22) 藤原惺窩「答林秀才」、同『惺窩先生文集』巻十、慶安四年序、国民精神文化研究所（編）『藤原惺窩集』上巻、思文閣出版、一九四一年、一二八頁。
(23) 高山大毅「遅れてきた「古学」者——會澤正志齋の国制論」、同『近世日本の「礼楽」と「修辞」——荻生徂徠以後の「接人」の制度構想』、東京大学出版会、二〇一六年。
(24) 荻生徂徠『政談』、享保十一年頃成立、平石直昭（校注）『政談——服部本』、平凡社、二〇一一年、九一～九九頁。
(25) 會澤正志齋『江湖負暄』、嘉永元年成立、福田耕二郎（校注）『神道大系』論説編十五、神道大系編纂会、一九八六年、四七二～四七三頁。
(26) 荻生徂徠『太平策』、享保十五年成立、吉川幸次郎・丸山眞男・西田太一郎・辻達也（校注）『荻生徂徠』日本思想大系第三十六巻、岩波書店、一九七三年、四八一頁。徂徠は「人の心ね入りたる」という言葉を否定的な意味で用いることがある。この場合の「ね入る」は、活発に動き回ることの対義語ではなく、出世の見込みがないため職務に打ち込む意欲を失っている状態を指す（前掲『政談』一九七頁）。職務に打ち込んでいるがゆえに、妄動せず、しっかりと休息を取ることは「ネルモ奉公」といえよう。
(27) 前掲『政談』、九四～九九頁。
(28) 前掲『江湖負暄』、四五二～四五四頁。
(29) 前掲『江湖負暄』、四五一頁。
(30) 會澤正志齋「幽谷先生次郎左衛門藤田君墓表」、『正志齋文稿』、一八九一年序、無窮会図書館蔵。
(31) 藤田幽谷「丁巳封事」、寛政九年、前掲『水戸学』、三七五～三八〇頁。
(32) 前掲「幽谷先生次郎左衛門藤田君墓表」。

(33) 藤田東湖「答鈴木子明」、同『東湖遺稿』、一八七七年刊、菊池謙二郎（編）『東湖全集』、一九四〇年、二三四頁。同様のことは「大祓執中抄序」（前掲『東湖遺稿』、二五四頁）にも見える。東湖の「正気」をめぐる思想については、鈴木暎一「藤田東湖の思想――『弘道館述義』を中心として」、鈴木暎一『水戸藩学問・教育史の研究』、吉川弘文館、一九八七年参照。

(34) 藤田東湖等辛卯十一月二十四日封事・辛卯十一月二十九日封事、『東湖封事』、成立年未詳、前掲『新定東湖全集』、八三〇、八三一頁。

(35) 藤田東湖『回天詩史』、弘化元年成立、前掲『新定東湖全集』、四頁。海江田俊義によれば、ペリー来航に際して東湖は、「対談の席上」でペリーの首を斬れば、即日自分が死んだとしても、「一方の正気」が「全国に充満」すると語ったという（前掲「藤田東湖の思想」、一三三～一三四頁）。

(36) 島田一郎等「斬奸状」、一八七八年、宇田友猪・和田三郎（編）『自由党史』上巻、五車楼、一九一〇年、二七八頁。

(37) 「正気歌」の受容については次の論考を参照。佐藤温「幕末の志士における「正気歌」の受容」、鈴木健一・杉田昌彦・田中康二・西田正宏・山下久夫（編）『江戸の学問と文藝世界』森話社、二〇一八年。

(38) 徳川齊昭「海防愚存」、嘉永六年、東京大学史料編纂所（編）『大日本古文書　幕末外国関係文書』巻一、一九一〇年、五〇九頁。

(39) 横井小楠「夷虜応接大意」、嘉永六年頃、山崎正董『横井小楠遺稿』、日新書院、一九四二年、一三頁。

(40) 頼山陽『通議』、天保三年成立、木崎愛吉・頼成一（共編）『頼山陽全書』全集中巻、頼山陽先生遺跡顕彰会、一九三二年、二二頁。

(41) 福澤諭吉『学問のすゝめ』三編、一八七四年、慶應義塾（編）『福澤諭吉全集』第三巻、一九五九年、岩波書店、四三頁。

(42) 古賀侗庵の思想については、高山大毅「『良将達徳鈔』をめぐって――尚武の思想家としての古賀侗庵」、『駒澤国文』第五十四号、駒澤大学文学部国文学研究室、二〇一七年、同「暴君と「士風」――古賀侗庵再論」、『駒澤大學文學部研究紀要』第七十六号、駒澤大学、二〇一八年参照。

(43) 以下、古賀侗庵「擬極論時政（事）封事」、文化六年、同『侗庵秘集』、国立国会図書館蔵。

(44) 前掲「擬極論時政（事）封事」。

(45) 古賀侗庵「詹詹言」十六、天保十年、『侗庵文集』五集、西尾市岩瀬文庫蔵。

(46) 同「書葉隠後」、文政十三年、『侗庵文集』四集、西尾市岩瀬文庫蔵。

(47) 古賀精里「葉隠後」、同『精里全書』、文政四年頃成立、梅澤秀夫（編集・解説）『精里全書』、近世儒家文集集成第十五巻、ぺりかん社、一九九六年、三二九頁。
(48) 古賀侗庵『良将達徳鈔』巻九、四ウ、十六ウ、一八八二年。
(49) 大槻磐溪『近古史談』（外題『近古史譚』）、安政二年序、早稲田大学図書館蔵。
(50) 古賀侗庵「横槊餘韻序」、弘化二年、『侗庵文集』六集、西尾市岩瀬文庫蔵。
(51) 城兼文『近世殉国一人一首伝』、一オ、一八六九年。
(52) 以下、古賀侗庵「書海陵庶人紀後」、文政三年、『侗庵文集』二集、西尾市岩瀬文庫蔵。
(53) 同右。
(54) 以下、阪谷素「養精神一説」二、『明六雑誌』第四十一号、六ウ〜八ウ、一八七五年、大久保利謙（監修）『明六雑誌』、立体社、一九七六年。
(55) 同右、七ウ。
(56) 以下、松平定信「御相談」「養元論」、寛政三年、『東京市史稿』産業篇第三十六、東京都、一九九二年、一九四〜一九五頁、二〇五〜二〇八頁。
(57) 熊澤蕃山『大学或問』、天明八年刊、後藤陽一・友枝龍太郎（校注）『熊沢蕃山』日本思想大系第三十巻、岩波書店、一九七一年、四二五頁。
(58) 神澤杜口『翁草』巻百十、寛政三年成立、日本随筆大成編輯部（編）『日本随筆大成』第三期第二十二巻、吉川弘文館、一九七八年、一二二頁。
(59) 蘭爾『大通禅師法語』、安永八年序、水野稔（編）『洒落本大成』第八巻、中央公論社、一九七九年、三〇八〜三〇九頁。
(60) 小林勇「武士と通人」、『国語国文』第五十九巻八号、京都大学文学部国語学国文学研究室、一九九〇年。
(61) 杉田玄白『後見草』、天明七年成立、達磨屋五一・達磨屋活東子（編）・森銑三・野間光辰・朝倉治彦（監修）『燕石十種』第二巻、中央公論社、一四〇〜一四一頁。
(62) 前掲「武士と通人」。
(63) 小林ふみ子「やわらかな好色の国・日本、という自己像」、田中優子（編）『日本人は日本をどうみてきたか——江戸から見る自意識の変遷』、笠間書院、二〇一五年。

(64) 高山大毅「「物のあはれを知る」説と「通」談義――初期宣長の位置」、『国語国文』第八十四巻十一号、京都大学文学部国語学国文学研究室、二〇一五年。

(65) 東夢里『鉏雨亭随筆』巻一、三十ウ、嘉永五年刊、慶應義塾大学図書館蔵。本資料については島田英明氏の教示を得た。

(66) 橋本左内「啓発録」嘉永元年、滋賀貞（編）『橋本景岳全集』下巻、景岳会、一九三九年、三頁。

(67) 岸本美緒「清朝皇帝の江南巡幸」、同『地域社会論再考――明清史論集2』、研文出版、二〇一二年。朝鮮朝では、行幸の際に庶民の陳情が行われることがあった（原武史『直訴と王権――朝鮮・日本の「一君万民」思想史』、朝日新聞社、一九九六年）。

(68) 渡辺浩「「御威光」と象徴――徳川政治体制の一側面」、同『東アジアの王権と思想』、東京大学出版会、一九九七年。

(69) 黒嶋敏『秀吉の武威、信長の武威――天下人はいかに服属を迫るのか』、平凡社、二〇一八年。

(70) 山本常朝（談）・田代陣基（筆録）『葉隠』、宝永七年～享保年間、菅野覚明・栗原剛・木澤景・菅原令子（訳・注・校訂）『新校訂 全訳注 葉隠』、講談社、二〇一七年、二六頁。

(71) 以下、藤田東湖等辛卯四月十四日封事、『東湖封事』、前掲『新定東湖全集』、八〇六頁。「古人」は幽谷を指し、「乙巳封事」の議論を「人気」の語を用いて言い直したものであると考えられる。

(72) 同右。

(73) 磯田道史「近世中後期藩政改革と「プロト近代行政」――熊本藩宝暦改革の伝播をめぐって」、『史學』第八十巻一号、三田史学会、二〇一一年。

(74) 細川家の宝暦改革については高本紫溟『銀臺遺事』、成立年不明（古城貞吉（編）『肥後文献叢書』第一巻、隆文館、一九〇九年）、亀井南冥『肥後物語』、天明元年序（亀井南冥・昭陽全集刊行会（編）『亀井南冥・昭陽全集』第一巻、一九七八年）、上杉家の明和安永改革については、『国政談』、天明年間（山形県史編さん委員（編）『山形県史』資料篇第四、巌南堂書店、一九六一年）、莅戸太華『翹楚篇』、寛政元年（新貝卓次（編）『羽陽叢書』第五集、一八九八年）、細井平洲『嚶鳴館遺草』、天保六年刊、市立米沢図書館蔵、池田成章（編）『鷹山公世紀』、吉川弘文館、一九〇六年を確認した。『嚶鳴館遺草』は、上杉家以外の大名家に宛てられた文書も含まれると考えられるが、明和安永改革を導いた平洲の思想を知り得る著作として取り上げた。

公儀の享保改革に関しては、別途詳しく検討する必要があるが、『徳川実紀』の「有徳院御実紀附録」には「振気」論的な言辞はなく、唯一それに近い記事として、吉宗の人材登用は「つねに天下の政務に御心をつくされ、士風を励まさむとの盛慮にて」とあるに止まる（『徳川実紀』第九篇〔黒板勝美・国史大系編修会（編）『新訂増補 国史大系』第四十六巻、吉川弘文館、一九六六年」、二二九頁）。鷹狩の復活や武芸の奨励といった「振気」論的な言辞が用いられそうな記事においても、それが見られないのが興味深い。
(75) 前掲『嚶鳴館遺草』巻二、十八ウ。
(76) 前掲『近世日本の「礼楽」と「修辞」』。
(77) 『水戸藩史料』上編坤、吉川弘文館、一九一五年、三三三頁。
(78) 江戸後期の「決断」重視の思潮については、濱野靖一郎『頼山陽の思想――日本における政治学の誕生』（東京大学出版会、二〇一四年）、後藤敦史『開国期徳川幕府の政治と外交』（有志舎、二〇一五年）参照。
(79) 真木和泉「勢、断、労三条」、真木保臣先生顕彰会（編）『真木和泉守遺文』、伯爵有馬家修史所、一九一三年、二〇頁。
(80) 同右、一七〜一八頁。
(81) 藤森弘庵「重訳美利哥総記序」、魏源（輯録）・広瀬達（訳）『亜米利加総記』序一オ〜二オ、嘉永七年、早稲田大学図書館蔵。
(82) 林鶴梁「答藤田斌卿書」、同『鶴梁文鈔』巻二、二ウ、一八七七年、国立国会図書館蔵。
(83) 森田節斎「上中川親王書」、同『節斎遺稿』、奈良県宇智郡教育会、一九一〇年、三頁。
(84) 大槻磐渓「和敬宇君見示之作却呈」、『愛敬餘唱』、一ウ、一八七六年、国立国会図書館蔵。
(85) 島田英明『歴史と永遠――江戸後期の思想水脈』（岩波書店、二〇一八年）は、「永遠性獲得願望」という観点から江戸末期の志士的人物像の来歴を辿った著作として本稿も多くの示唆を受けた。古典世界への参入ではない形での「永遠性獲得願望」の充足の仕方を考える上で、「振気」論の登場は重要であるように思われる。
(86) 吉田松陰「示熊本諸友」、同『西征残稿』、安政四年序、山口県教育会（編）『吉田松陰全集』第三巻、岩波書店、一九三五年、四〇九〜四一〇頁。
(87) 吉田松陰「七生説」（『丙辰幽室文稿』、安政三年、前掲『吉田松陰全集』第三巻、二四〜二五頁）は、「気」の振起ではなく、時代や「気」の連続性を越えて「理」によって人々が「興起」することについて述べた文章であり、感動の連鎖を「理気」論の語彙で説明しており、興味深い。
(88) 高山大毅「「人情」理解と「断章取義」」、前掲『近世日本の「礼楽」と「修辞」』。
(89) 末松謙澄『防長回天史』第三編上、末松春彦、一九二一年、六一頁。
(90) 「国民精神作興ニ関スル詔書」、『官報』号外、一九二三年十一月十日。

(91) 高山岩男『日本の課題と世界史』、弘文堂書房、一九四三年、二六六頁、坂本多加雄「近代日本の時間体験」、前掲『近代日本精神史論』、六四頁。

(92) 以下、『官報』号外、一九四七年二月十六日。

(93) 「地方創生で、活力ある元気な地方をつくります」(『自民党政権公約2017』第四十八回衆議院議員選挙自由民主党届出パンフレット一号、二〇一七年、一三頁)、「二．未来への責任をまっとうし、活力ある共生社会をつくります」(「立憲民主党綱領」、二〇一七年)。

(94) 経団連の二〇一五年の「将来ビジョン」は「豊かで活力ある日本」の再生」と題して、「「グローバリゼーション」は、日本の強みや魅力などを世界に向けて発信しつつ、海外の活力・成長を積極的に取り込んでいくことである」と説く(一般財団法人日本経済団体連合会「「豊かで活力ある日本」の再生――Innovation & Globalization」(二〇一五年、一九頁)。ちなみに二〇〇三年の「ビジョン」の題も「活力と魅力溢れる日本をめざして」と「活力」の語が入っている。

＊引用の際に読みやすさを配慮し、適宜句読点を施した。

＊本稿は政治思想学会第二十五回(二〇一八年度)研究大会シンポジウムⅠ「初期近代における秩序・支配・差異」での報告「「復初」・「接人」・「振気」――曾澤正志齋と古賀侗庵を中心に」に修訂を加えて論文としたものである。司会の川出良枝氏・討論者の中田喜万氏、もう一人の報告者であった中村敏子氏、そして会場の質問者から貴重な意見を得た。また、修訂に際し、河野有理氏が幹事を務めた研究会(首都大学東京、二〇一八年六月八日)で発表をすることができ、討論者の島田英明氏をはじめ参加者から論文化に当たって有益な知見が得られた。各位に深く感謝申し上げたい。

グローバリズムと「中国化」

——新疆ウイグル自治区の危機から考える

——平野　聡

ある一定の秩序の中で利益を得る人々や主体は、その安定と永続のために総じて貢献するものであろう。しかし、このような前提は果たして真なのか。秩序から利益を受けつつも、その再生産のために貢献せず、逆に秩序を揺るがそうとする非道徳的存在もいる。

古今を問わず、かかる悪用者に対しては秩序の内側で何らかの制裁や処罰がなされる。また、そのような行為の蔓延を防ぐために道徳規範が形成される。ところが近代国際関係の場合、国家は究極のところ排他的な主権を有し、内政不干渉の原則を掲げるために、秩序を不適切に利用して弱める行為も相対的に容易である。そこで、国家による悪や不道徳を譴責し排除するために、国際社会は同時に国際法や国際組織を発達させ、主権国家といえども、国際関係の蓄積に照らして普遍的なものと確認されてきた規範に反するような政策・行為に訴えるのを抑止している。

それにもかかわらず、国家による非道徳的行為を止める手立てはない。かつて福澤諭吉が『文明論之概略』第二章「西洋の文明を目的とする事」の中で、人類の歴史が始まって以来未だ完璧な秩序は存在せず、一見「文明」を自称する西洋といえども実際には内輪での争いが絶えず、外国交際に至っては権謀術数の限りを尽くしていると主張する通りである。(1)

そして今、自らグローバリズムに積極的に参入した国家の行動としては、極めて理解に苦しむ人道上の危機が中国で起こっている。二〇一七年以後の中国西部・新疆ウイグル自治区における、巨大な強制収容所体制の出現がそれである。

一　中国の経済開放と少数民族・発展の中の矛盾

約四〇年前、一九七八年末に開催された「三中全会」（中国共産党第十一期中央委員会第三回全体会議）の前後まで、中国は自力更生を旨とした閉鎖的な国家であり、毛沢東の指導の誤りによる計画経済・集団化の失敗や混乱のため世界最貧国状態にあった。それを打開するため、中国共産党は毛沢東時代を批判的に総括しつつも、国家・社会全体に対する共産党の指導を存置させ、アジア・太平洋地域の活力を取り込むために改革・開放を開始した。もっとも一九八〇年代には、依然低開発な中での需給バランスの歪みが、許認可権を握る党官僚の利権を肥大化させ（「官倒」＝官僚ブローカー化）、それへの反発がついに官僚・エリート中心主義的な中国文明全体への批判を惹起し(2)、ついに民主化運動・六四天安門事件という結果を招来した。そこで正当性の危機に陥った中国共産党は、結局のところ経済発展によって人々の生活を改善し（あらゆる格差による「事実上の不平等」が政治・社会的不安定の根源にあると見なしている）、中国近現代史の課題である「富強」を真に実現させるためにも、中国の経済的な対外開放と市場経済導入を大胆に進めれば良いと割り切った。一九九二年初の鄧小平「南巡講話」でこのようなメッセージが発せられると、中国の内外の誰もが中国経済の無限の可能性に着目し、空前の高度成長が実現した。

しかし中国は、グローバリズムをさらに発展させるために、その規範をさらに遵守するというよりも、中国の独自な「発展」観に基づく別のグローバルな秩序を作ろうとしている。中国は、中国を含む発展途上国における最大の人権は「発展の権利」であって自由権ではないという大前提のもと、既に「発展」を実現させ豊富な経験を有する中国が、インフラ・資金・技術を欠く途上国の願望を代表し、体制の如何を問わず援助を行うことで、ついには中国の暖かさ・恩恵・経験・智慧に基づくインフラがアジア・アフリカ・欧州を幅広く覆い、かつての帝国主義・「西側」やソ連が成し遂げ得なかった真のグローバルな統合・共存「人類運命共同体」を実現することを目指している（しかも米国や英国など従来のグローバリズムの担い手は、その立場から退こうとしている）。そこで掲げられたのが「一帯一路」の「新シルクロード」構想であり、その金融面の裏付けが、二〇一五年一二月に発足したＡＩＩＢ（アジアインフラ投資銀行）である。

中国がユーラシア、中東、アフリカ、欧州へとインフラを拡大し、より多くの国々を包摂しようとする際、中国側において重要な意味を持つのが、中国領の内陸アジア諸地域、すなわち新疆・チベット・内モンゴルである。

この地域はもともと漢語圏ではなく、したがって漢字と儒学を軸とする中国文明の影響力は限りなく薄かった代わりに、チベット仏教・イスラームが支配的であった。しかし一七～一八世紀に清の権力が及んで以来、次第に中国文明の影響力に従属する運命に直面した。とりわけ一九世紀半ば以後、清が近代的国家主権を受容する中で、朝貢国と比べれば明らかに清の軍事面を中心とした影響力が及んでいたこれらの地域は、列強諸国もまた清の影響力が及んでいると認めていたこともあって、近代国家中国の一部分と見なされるようになった(3)。以来、中国の国民国家形成、そして社会主義国家の運営が漢人主導でなされる中、内陸アジアの少数民族が有する文明・文化的価値は後景に退き、とりわけ毛沢東時代には階級闘争の論理によって伝統的な価値が全面的に抑圧されたことは否定できない。

そこで改革・開放が始まった当初の中国共産党は、中国の国家統合において容易には縫合され得ない断裂を修復させるべく、一九八一年の「チベット工作会議」において少数民族への配慮を強調し、独自の生産・社会・文化・言語を尊重した。一九八四年に制定された民族区域自治法は、共産党が指導する中央集権国家において決して少数民族の自治権を認めるものではないものの、少数民族地域の実情に合わせた発展を強く謳い、それに合わない政策・施策の変更を認めている。またそもそも、一九五〇年代以来の「民族識別」によって国家が少数民族を公定したのは、スターリンの民族理論に従って多様な人々を発展段階の枠に整理して位置づけ、それに応じて社会主義化を推進するためであったものの、一九八〇年代からの少数民族政策においては、個別民族の社会・文化的再生に力点を置いたアファーマティブ・アクションの実施と深く結びつき、具体的には産児制限の緩和、独自民族言語による学校教育（とりわけ中等教育と師範学校）の拡充、ハラールへの配慮などがなされた。

以上の措置の結果、少数民族としての独自のアイデンティティは安定し、一九八〇・九〇年代を中心として文化的な復興現象が花開いた（当時も勿論、中国共産党と少数民族の間に緊張はあったものの、今日と比べればはるかに寛容な政策がなされていたことも大きな意味があった）。すると、一部の文化的エリートは、毛沢東時代に停滞・断絶させられた文明・文化的価値を積極的に回復するべく、チベット仏教徒であればインドとの結びつきを強めたし、ムスリムであれば中央アジア、さらには中東との結びつきを強めた（とりわけウイグル・カザフ族は、中央アジア諸国と同じく伝統的にはチャガタイ・トルコ語を文語として用いてきた人々であり、スンナ派イスラームとペルシャ文化圏の影響が強い）。

一方、中国の経済発展、とりわけ「西部大開発」による「内地」資本進出の結果、非漢語民族が多数を占める地域でも漢語使用の度合いが否応なく高まった。二〇〇〇年代以後、非漢語中心の学校教育が広く行われていた地域でも、漢語中心の「双語教育」へと切り替えられ、非漢語少数民族の不満の原因となった。

こうして、中国領内陸アジアの少数民族地域においては、一方で政治・経済を中心に漢人中心の力学が働く一方、文化・言語を中心に非漢語民族独自の力学が働き、良く言えばアイデンティティの重層性、悪く言えば分裂が生じていた。とはいえこのような状況は、多文化的な社会であればどこにでもある。また、あらゆる文明・文化の広がりは、近代的な国境線と重なるものではないし、新たに生み出された経済・文化的ダイナミズムが外へ向かって行くこともあろう。したがって、アイデンティティの重層性・分裂は、それ自体は大きな問題であるとは思えない。

経済的に大きな成功を収めた中国が、さらに国際的な影響力を拡大しようとする際、単に経済力や技術力だけでは補いきれない社会・文化的な魅力が必要になるところ、中国と外界双方の論理・発想に通じた少数民族の外向性を活用することが考えられる。そのあかつきには、中国と外界の結びつきが一層増し、国際社会における中国の魅力を増すことにつながり得るし、寛容な政策が中国社会全体に積極的な作用を及ぼすことになろう。

二　外界への疑念と「中国化」

しかし、中国共産党がとったやり方は全く逆であった。そもそも、非漢語民族が外界とつながりを持ち、少数民族地域が中国文明と仏教・イスラーム文明、漢字文化と少数民族文化の重層的な地域として独自の活力を生み出すという方向を根本から否定したのである。

このような動きは、現下の習近平政権における「中国化」概念と密接な関連がある。中国共産党はマルクス・レーニン主義を掲げるという点では明らかに外来の思想によっているものの、マルクス主義を機械的に中国社会に適用するのではなく、中国の現実に合わせて活用するという手法によって今日の「発展」を実現し、しかもそれは外来の圧力ではなく、あくまで中国自身の努力によるものであると考える。近年「習近平新時代の」という修飾句も付いた「中国の特色ある社会主義」とは、その最も簡潔な表現であり、共産党の実践に照らして外来の如何なる事物も中国自身の手によって「中国化」されるとき、はじめて大きな成果を得られるという(4)。

すると逆に、単に外界の影響を受け、外界に関心が向かう状況は、中国としての主体性を損ね失敗を繰り返す根本であるということになる。そこで、超大国への道を今こそ確かにしようと考えた習近平政権は、文明・文化的ルーツが外界にある少数民族や宗教信徒を対象に、実力を以て「中国化」を進めることで、「恐怖主義（テロリズム）」「分裂主義」「宗教極端主義」を除去しようと考えた。

「中国化」が外界とのつながりを断絶する具体的な手法は、ＩＴによる社会管理の時代が如何なるものになるかを示しており、「極端」に対して極端を以てするものである。宗教・文化面における「中国化」をめぐる言説を要約すると、概ね以下の通りである(5)。

＊そもそも人類のあらゆる文明・文化は、人類社会の発展や往来の拡大によって他の文明・文化世界に入ってゆくものであり、そのこと自体は否定・拒否できない。

＊しかし同時に、あらゆる外来の文明・文化は、別の社会に入った後、土着の文明・文化の本質を取り込んで変容し、社会と平和的に調和する。とりわけ、土着の政治・社会が大きく変容する際には、外来の文明・文化も積極的に適応・協力するのが当然である。

＊このような一般論を歴史的経験に即していえば、かつて外来の仏教は中国仏教となり、儒学・道教とともに中国の文化・社会を構成する要素となった。商業ルートをたどって中国社会に流入したムスリムの末裔である回族も、漢語を話し中国風のモスクを建て、さらには多数派の儒学者・士大夫に対してイスラームの立場を説くため、儒学の論理をも取り込む「回儒」を輩出するに至った。したがって、仏教もイスラームも、「中国化」こそ本来あるべき趨勢である。

＊帝国主義列強の圧迫の中では、仏教やイスラームを信仰する少数民族も抵抗に加わった。その後の社会主義建設においても、彼らは漢族や他の民族と協力し、「貴方の中に私がいて、私の中に貴方がいる」という「中華民族多元一体」[6]の不可分の関係の中に強く組み込まれた。そして今や、共産党の指導のもとで中国が大いに発展するという趨勢の下では、党の指導や「中華民族の大団結」を最優先させることが「中国化」の主な内容である。

＊ところが改革・開放以来、中国が対外的に大きく門戸を開くと、非漢語民族・外来宗教の信徒は、外界との接触拡大によって「中国化」に反する傾向を見せ、個別の宗教・文化的規範を前面に出すことで、「中華民族」の内側に線を引き動揺をもたらしている。その最たるものは、宗教・民族の名においてテロや暴動を行う「恐怖主義分子」や、外国の影響下で独立を論じ「中華民族」の多民族的関係を壊そうとする「分裂主義分子」である。その具体的なあらわれこそ、二〇〇八年のチベット・二〇〇九年の新疆ウイグル自治区における混乱であり、その後も各地で起こる衝突である。

＊直接これらに参加していなくとも、個別の宗教の規範・枠組みを前面に出して「中国化」に逆行し、外来の表象を強めることもまた、「宗教極端主義」の温床である。ゆえに、少数民族の社会・文化のあらゆる場面で、僅かでも「宗教極端主義」の可能性を帯びる思想・立場・行動・表象を排除しなければならない。

このような「中国化」言説をみれば、マルクス・レーニン主義をも「中国化」し、「中国の道」に自信を持つよう説く中国共産党の立場そのものが、実は決して共産党の指導に服しきらない中国社会内部の多様性・重層性に対する危機感の発露であることが分かる。しかし、その危機感が圧倒的な警察力やＩＴによる社会管理と結びつき、社会の中に潜むおよそあらゆる「中国化」に馴染まないと見なした存在を「極端化」の萌芽とレッテル貼りし、徹底的に除去しなければならないとする発想が現実の政策へと転化した瞬間から、「中国化」は「恐怖」に対して恐怖政治を以て応えるものに転化した。具体的には、僅かでも外界とつながる人々や、「中国化」の趨勢に外れると思われる人々を点数化し、一定の基準を超えた場合には一律に強制収容所に送り、無期限で再教育を施すことになった。

これこそが、新疆ウイグル自治区において急速に出現した収容所体制の本質である。

三 「中国化」という名の極端な支配と「一帯一路」

新疆における収容所体制は、二〇一六年末に陳全国・チベット自治区党委員会書記が新疆ウイグル自治区党委員会書記に転任して以来、急速に顕在化した。

陳全国はチベット在任中、二〇〇八年の独立運動で改めて明らかになったダライ・ラマ十四世の影響を排除するため、単に愛国主義教育に反対する人々を拘束したのみならず、ダライ・ラマがインドで主宰する法会に参加しようとした人々にも弾圧を加え、パスポートを没収、あるいは公安局預けとする措置を積み重ねた（パスポートの使用を個人の自由にさせず、所属機関の党委員会の承認を必要とさせる措置は、大学を皮切りに中国の教育機関で一般化しつつあるが、その手法を一般の公民にまで拡大した）。

いっぽう、既に新疆ウイグル自治区をめぐっては、一九九〇年代以来の急速な市場化・ＩＴ社会化によって、漢語を十全には運用できないトルコ系ムスリムが社会の周辺に追いやられた。加えて、新疆生産建設兵団という巨大な屯田兵組織（軍事組織であるため、当然のことながら党の軍隊＝共産党の一部であり、新疆ウイグル自治区の管轄には属さない）が新疆経済で大きな比重を占める中、トルコ系ムスリムによる現状批判は困難を極めていた。そのような中、敢えて漢語によるネット上フォーラムを開設し、中国の主流社会とトルコ系ムスリムの架橋を図ろうとしたのが、中央民族大学副教授のイリハム・トフティ氏であった。しかし二〇〇九年夏、広東省における出稼ぎウイグル族の処遇をめぐる反発が飛び火して騒乱状態となったウルムチ事件の結果、トルコ系ムスリム独自の立場を表出すること自体が国家安全危害罪の対象とされ、イリハム・トフティ氏は終身刑となった。

このような経緯自体、既に中国は新疆における問題を、対話と協力での解決を旨とする「人民内部の矛盾」として扱わず、徹底的打撃を旨とする「敵対矛盾」として扱っていることを意味するが、その苦衷はトフティ氏と親交のあった黄章晋氏の「さよなら、イリハム」が余すところなく語っている。「ウイグル族が川に落ちても誰も助けないが、水中で独立などの『反動的』スローガンを叫んだ瞬間に公安が飛んで来る」「万里の長城は漢人から見れば民族の誇りかも知れないが、少数民族から見れば疎外の象徴」といった表現は、(7)二〇〇〇年代の時点で中国の国民統合が破綻していたことを端的に示している。また、中国で少数民族問題について発言し得ている稀有な作家・王力雄氏の『你的西域、我的東土（貴方の西域は私の東トルキスタン）』は、二〇〇九年のウルムチ事件に先立って、親交のあるウイグル知識人の間に蔓延する行き場のない不満を詳細に扱っているが、とりわけ、新疆問題はいずれ世界に暴露され、世界と中国の対立の原因になるものの、その時においても最も損をし続けるのはウイグル人である、という記述も、(8)トルコ系ムスリムから社会的な主体としての立場が奪われている状況を物語っている。

しかし、チベット独立運動やウルムチ事件を表向き封じ込め、「中国夢」を掲げて真の超大国として台頭しようとする習近平政権が、そのような苦衷に配慮することはなかった。むしろ習近平政権は二〇一四年頃から、少数民族政策の主軸に「三毒分子＝分裂主義分子・恐怖主義分子・宗教極端主義分子」に対する徹底的な打撃と、それを生まないための厳格な社会管理を掲げるようになった。以来新疆では、モスクにおける国旗及び「愛国・愛党」スローガンの掲揚や（その代わりに「アッラーの他に神はなし」という文言を抹消させる）、服装におけるイスラーム的表象を「非文明的」と宣伝し排除する動きが進んでいた。(9)

「極端化を取り去る培訓学校（センター）」と称する強制収容所には、新疆のトルコ系ムスリムの一割以上が収容されているというものの、(10)「極端化」のみならずその萌芽と見なした人々まで一律に対象とするため、本来であれば十分に現状の体制に順応し、むしろ重層的な社会や外国との関係において最も橋渡し的役割を期待しうる人々が、集中的に被害者となっている。当初は、イスラームの教義に忠実な人や、近年衝突が多発した新疆南西部などで「恐怖主義分子」に対し強い態度をとらなかった地方政府の関係者（両面人＝表裏がある人間と称される）、あるいはカイロのアズハル大学をはじめ国外のイスラーム学府で研鑽を積む研究者などが帰国命令を受けて収容されたが、やがてその対象は、僅かでも外界と関係を持ったことがあるトルコ系ムスリムへと際限なく拡大し、例えば新疆ウイグル自治区の最高学府・新疆大学の学長や、自治区共産党委員会の機関紙『新疆日報』のウイグル語版編集長をはじめ、イスラームが目的ではない外国への留学生、外国でビジネスをする人、外国での試合に参加したことがあるスポーツ選手、パキスタンやカザフスタン等隣国の人と結婚した配偶者、外国旅行経験者、さらには中央アジア各国で出版された書籍・映像作品を所持している人々も一律に収容されている。[11]

外界とのつながりそのものを「極端化」と捉える極端な思考は、ついに既存の少数民族政策の主軸を占めていたアファーマティブ・アクションにも及び、新疆ウイグル自治区以外の中国各地へと拡散してゆく兆候もある。新疆ではイスラーム的な合法性を意味するハラール基準そのものを、中国の主流文化と中国のイスラーム・少数民族の間に垣根をつくる「宗教極端主義・分裂主義」と位置づけ、「汎ハラーリズム一掃」のためムスリムに豚肉・アルコールの摂取を強要するようになっており、[12]それは漢人社会に既に存在した反イスラーム感情の発露と考えられる。かねてから、漢語中心の所謂「内地」のうち、漢語を話すムスリムである回族が多い地域においては、ハラール基準への配慮から、学校や事業所の食堂がムスリムによって運営されていたところ、そのことが豚肉を摂る漢人からみて逆差別と映っていた。また改革・開放以来、回族も他のイスラーム諸国との関係を強める中で、中国共産党にとって望ましいイスラームの「中国化」とは逆行する事例（例えば中国風ではなく中東風のモスク建設、回族が多い地域の街路表示におけるアラビア語の挿入など）が、共産党からみて不可解に映っていた。このため、例えば中国中西部に位置する寧夏回族自治区では、二〇一八年以後中東風モスクを「建築基準違反」と称して解体する動きが起きているほか、「極端化」を防ぐ手法をめぐって新疆ウイグル自治区と協定を結んだ旨の報道がなされている。[13]

このような「中国化」「反・極端化」の動きは、漢人をも巻き込みつつある。新疆では漢人の全住民についてもパスポートを公安に預けることとなっているほか、キリスト教に対する弾圧も激化している。[14] かねてからキリスト教、とりわけカトリックについては、バチカンと中国の間にローマ法王による司祭の任免権を認めるか否かをめぐる鋭い対立があった。中国は、外国勢力が国内の宗教指導者を任命すること自体、帝国主義の時代から続く中国への圧迫を象徴するものと捉えており、国内のキリスト教は外国との一切の関係を断絶した「愛国教会」としての存続が許されてきた。そこで、ローマ法王とのつながりを求める人々は長年にわたり「地下教会」を組織し、しばしば弾圧に直面してきたものの、改革・開放以来、明確な反政府の態度をとらなければ黙認という状況が続いた。こうした中、バチカンは中国との関係改善のため、二〇一八年にはついに、中国が推薦する人物をローマが司祭として任免することで問題解決の見通しが立ったと伝えられた。しかし、このような動きと並行してキリスト教全般への弾圧が激化しているのは、国力を十分に伸長させてバチカンすら妥協させるに至った中国が、今こそ「中国化」にそぐわないキリスト教諸派の勢いを削ぐことが出来ると考えたためであろう。

以上にみたように、中国がいう「中国化」とは、単に「あらゆる文明・文化・思想が別の国に流入すると、実践を通じて現地社会に適応したものになる」というものではない。「発展」「富強」の前提である社会の安定を欲することが中国の国情であり、国情を最優先させるのであれば今こそ、外来の文明・文化は中国社会の現実に適応したものにならなければならず、権力が外部世界とのつながりを断ち切り、徹底的に中国だけで完結するようなアイデンティティへと改変させることは当然のように認められる、というものである。こうして、中国憲法上にいう（共産党の指導の範囲内という前提はあるものの、改革・開放の中で曲がりなりにも守られてきた）宗教信仰の自由そのものが、「中国化」の名において終焉しつつある。

この問題は、「一帯一路」政策の性格をどう見るのかにも関わってこよう。中国は、中国と外国の経済・物質的紐帯のみならず、文化の紐帯を謳っているものの、それに伴って中国と外国との間に自由で多様な文明・文化的相互影響が実現するとは全く想定していないことが分かる。むしろ、中国の経済力と、漢族を中心とした主流文化の影響力が、中国のインフラに乗って一方的に拡散するための手段に過ぎないことを意味している。

四　ナショナリズムの「経験」と反・西洋近代

このような状況は、当然のことながら国際的な関心を強く惹きつつある。

昨今の米国と中国の鋭い対立は、単なる貿易不均衡の問題ではなく、どのような超大国が如何なるグローバルな秩序を提供し牽引するのかという問題、すなわち体制や文明観そのものをめぐる問題であることを、二〇一八年一〇月の米国ペンス副大統領演説が明らかにした。その中では、新疆ウイグル自治区やチベットで引き起こされた人権弾圧と、その背後にある中国の異文明・異文化に対する態度や、社会管理の手法に対する極めて強い拒否感が言及されていたことは記憶に新しい[15]。

米国の対中不信は一朝一夕にして現れたものではなく、オバマ政権後期以来の米国で与野党を問わず共有されるようになった認識であることは、長年来米国において親中的な政策形成に関与してきたピルズベリー氏の『China 2049』が詳細に明らかにするところである[16]。米国は、かつて一九七〇～八〇年代を中心として進んだ世界各地域におけるリベラル・デモクラシーへの移行が、経済発展による中間層の台頭や知的水準の向上の結果であるという認識を踏まえ、改革・開放に踏み出した中国についても、米国や西側を中心としたグローバリズムの中で利益を得るようになれば、必ずや自立した中間層を中心として平和的な体制転換が進み、西側と価値観を共有するようになるのみならず、グローバリズムのさらなる発展にも貢献するようになると考えた。

しかし結局その通りにはならなかったのは、中国が経済的な改革・開放を進めるためにも共産党の指導を強化し、そのための有力な人的資源として、高度な教育を受けた中間層を共産党員として積極的に取り込んだためである。とりわけ一九九九年、中国共産党が党規約を改正して「三つの代表」論を盛り込み、民営セクターの経営者・幹部をも党員として積極的に迎えるようになったのは象徴的な転換であった。中国が高度成長を続け、技術的優位を追求して労働集約的産業中心の経済から脱するためには、政治運動に明け暮れた時代に中等教育すら満足に受けず「革命性」だけで入党した労働者や農民では対応出来ないためである。

勿論、中国国内には、共産党体制に必然的に伴う独善や腐敗を抑えるためにも、「党内民主」から完全民主化まで程度の差こそあれ、政治改革を求める意見や言論の自由を求める動きは根強く存在する。最も代表的な動きとしては、二〇〇八年に劉暁波氏を中心として掲げられた「零八憲章」や、『南方都市報』に代表される批判精神に富んだ新興メディアが挙げられるが、いずれも逮捕・拘束や検閲の強化によって低迷を強いられている。

事ここに至った原因として、経済発展の結果として公安関係予算も潤沢となり、「金盾工程」と呼ばれるネット上の言論統制をはじめ、あらゆる反党・反ナショナリズム的言説を弾圧する体制が整っていることと、現時点まで曲がりなりにも共産党の主張通りに「温飽（衣食住に事欠く貧困が解決された状態）」「小康（ほどほどに豊かな生活を享受できる状態）」が実現していることが挙げられよう。少なくとも毛沢東時代から一九八〇年代までの貧困を記憶する世代が社会の主流を占める限り、自由権よりも「発展の権利」を最も重要な人権として優先するという共産党の言説は、それなりに説得力を持たざるを得ない面もある。総じて、共産党が示した中国の発展・貧富の格差解消・社会の安定という大方針に異議のない多くのエリートとしては、現状の共産党体制に不満はあるものの、敢えて異議を申し立てるには及ばないと考えているのであろう。

さらに、中国の「発展」は単に誰もが豊かな生活を享受しうることにとどまらず、中国自身の歴史認識と一体であり、ナショナリズム的共感の余地が大きいため、なおさら「発展」を掲げる共産党には対抗しがたく、異議申し立ては難しいように思われる。「発展」はそれ自体が目的なのではなく、中国近現代（さらには前近代）における暗い歴史の克服という課題と一体である。しかも近代以降の様々な指導者がみるところ、中国は困難の中で決して外来の思想にのみ依拠するのではなく、最終的には中国自身の経験や知識に依拠して帝国主義や旧い社会からの「革命」「解放」を獲得したのであった。そして今や、「中国の特色ある社会主義」の名の下で、諸外国の経験を鑑としつつも、究極的には中国自身の選択と思考、あるいは内発的な活力に依拠して、「西側」を凌駕しうるほどの「発展」が実現しつつある。すると究極のところ、中国という文明・文化の自発的・内発的な力の発露によって時代をリードする力（具体的には政権）が生まれ、その下で団結が生まれ抵抗・革命・「発展」「富強」が実現している事実そのものに対する疑義が、最大級の反感とともに批判・断罪されることになる。その際常に念頭に置かれるのは、帝国主義として中国を圧迫しながら、同時に常に「先進」でもあった西洋や日本といった「西側」の存在である。

例えば孫文は「中国革命の父」として、「誰もが皇帝となり」公共的な事柄に関与するような民主的で自由な社会を目指して西洋の政治思想を採り入れるとともに、西洋近代の技術的進歩を完全に肯定するものの、西洋の政治思想の「進歩」の度合いについては懐疑的である。

民権政治は外国でも十分には実行できず、民権をすすめていく途中で数多くの障碍にぶつかったことがわかった。いま中国は民権の実行を主張して、外国を模倣し、外国人のやりかたにならおうとしている。ところが、民権の問題は外国の政治においても、こんにちなお根本的な方法がなく……よい解決方法も手にしていないのである。だから、外国の民権のやりかたは、われわれの基準とすることはできないし、われわれの模範とするにも足りない[17]。

ヨーロッパ、アメリカの物質文明に、われわれが完全に見ならい、盲従してもいっこうさしつかえない。それを中国に持ち込んでも、ちゃんと通るのである。だが、ヨーロッパ、アメリカの道理となると、いまなお考え抜かれておらず、いっさいのやりかたは根本的には解決されていない……われわれが自分たちの社会の実情にそくし、世界の潮流にあわせてこそ、社会は改良されるのであり、国家は進歩するのだ[18]。

孫文の正統な後継者を任ずる蒋介石も、外部からもたらされる力や思想によって中国の問題が速やかに解決されるわけではなく、しかもそのために中国の内発的な力が往々にして阻害されるものの、必ずいつかは中国自身の自律的な回復が実現すると信じる。蒋介石の見るところ、中国文明の世界ではしばしば思想的な硬直が王朝と社会の命運を傾け、とりわけ明末には朱子学と陽明学の激しい党争が致命傷となったばかりか、満洲人が主導する清の支配のもとでは文字の獄によって思想的窒息が起こり、漢人社会の活力そのものが奪われた。とはいえ、その中からやがて考証学・経世儒学という流れが生じ、清末以後の革命・改革を求める活力が生じた。とりわけ、不平等条約以後の帝国主義列強の圧迫によって国民革命のエネルギーが喚起された結果、中国は危機の中で復活を遂げつつあるとみた。[19]

「中国革命の父」の後継者の座を蒋介石と争った毛沢東にしても、たとえマルクス・レーニン主義という外来思想を正統としつつも、それを教条主義的に中国の現実に適用しても何の意味もなく、徹底的に中国の現実と経験に即していなければならないと強く考える。第一次国共合作崩壊後の中国共産党は、コミンテルンの指導と李立三などモスクワ帰りの指導部の下、現実性のない都市労働者の武装蜂起を繰り返し、そのことが蒋介石による包囲と悲惨な逃避行（長征）にもつながっていた。そこで毛沢東は、中国社会におけるまとまった数の労働者の不在の一方で、反帝・反封建のエネルギーが渦巻く現実を踏まえ、農民こそ中国革命の主力であると見なし、農村根拠地方式によって共産党の党勢再建・拡大を進めた。[20]

そのような毛沢東にしても、中華人民共和国建国後の指導は、低開発な現実と急速な工業化目標の落差を埋められず、社会主義イデオロギーと中国の社会・文化の調和に失敗するという誤りを犯した。改革・開放の主導者となった鄧小平の脳裏を占めていたのは、今度こそ中国の現実に即し、中国自身の実践によって、真の「発展」「富強」と自存を実現しなければならないという危機感であった。例えば鄧小平は、改革・開放が始まって間もない一九八二年、次のように述べている。

我々の現代化建設は、必ずや中国の実際から出発しなければならない。革命にせよ建設にせよ、外国の経験に学び鑑とするよう注意しなければならない。しかし、他国の経験やモデルをそのまま再現するのみでは成功などあり得ない。この点について、我々には少なくない経験がある。マルクス主義の普遍的真理と我が国の具体・実際を結合させ、自らの道を歩み、中国の特色ある社会主義を建設する。これこそが、我々が長い歴史的経験から得た基本的結論である。(21)

以上、二十世紀中国ナショナリズムの代表的指導者に共通しているのは、西洋近代は科学技術と一定程度の社会科学的知見を中国にもたらし、それは中国の近代化と発展において有用な側面はあったものの、結局のところ西洋近代の社会科学的知見は万能ではないという認識である。中国の歴史的歩みも困難に満ちていたものの、西洋近代は自身をも救っていない以上、それを中国の現実に適用するよりも、むしろ困難の中で自らの道を見出す方が良い、ということであろう。しかも今や、超大国として米国と対抗したソ連すら崩壊した。たとえ西洋や日本を鑑とすることはあっても、最終的に恃むべきは、自己の伝統を踏まえ、外来の事物に対しても盲従せず批判的に学んで「中国化」するような「中国の道」そのものだということになる。

こうして中国の近現代史、とりわけ現状においては、「中国化」を通じた「発展」を正当化する共産党(あるいはナショナリズム)の言説が絶対的な地位を占め、それを相対化するような如何なる言説や動きも「発展」とその前提である社会の安定を乱すとされるに至った。

このように理解すれば一層、米国の対中関与政策が所期の目的を達成できず、むしろ中国への建設的関与こそが、米中摩擦やグローバリズムの担い手を巡る争奪戦へと転化する原因となったことを理解出来よう。

五　社会主義圏崩壊の傷痕から生まれた「中国夢」

そして筆者の見るところ、米国(あるいは広く「西側」)は、一九八九年の民主化運動・六四天安門事件と、その直後の東欧・ソ連での事態が中国に与えた影響を低く見積もりすぎていたのではないか。

中国は六四事件に伴う国際的な制裁や印象の悪化に苦しむ一方、改革・開放と経済発展の持続のためには平和的な国際環境が不可欠であるという認識のもと、冷戦の遺物としての負の国際関係を積極的に整理していた。例えば、一九八九年の民主化運動の最中には、ソ連のゴルバチョフ書記長が訪中して中ソ冷戦を完全に終焉させたほか、ソ連崩壊後も旧ソ連諸国との関係強化を進め、一九九六年には上海協力機構を発足させた。中央アジアと接する新疆の戦略的価値向上・経済発展も中国の念頭にあることはいうまでもない。いっぽう韓国とは一九九二年、朝鮮戦争以来の「血盟」であるはずの北朝鮮の強い不満を押し切って国交を樹立し、「二つの朝鮮」を認める挙に出た。またこの年、台湾とも「九二共識（コンセンサス）」によって、「一つの中国」を確認し一定の関係改善を実現した（もっともその後、「一つの中国」とは中華人民共和国なのか、それとも文化的共同体・連続性なのかという、具体的解釈をめぐる対立が繰り返されている）。ベトナムとの関係はカンボジア和平によって改善し、日本については一九九二年に天皇訪中が実現した。

とはいえ、諸外国との経済関係の強化が政治・社会・文化的な交流強化に直結することについて、中国は「和平演変（平和的体制転換）」と呼んでむしろ極めて強く警戒するようになった。中国のみるところ、東欧やソ連の社会主義政権は西側からの文化的影響力の浸透と、その背後にある体制・イデオロギー的な宣伝に対して余りにも脆弱であり、加えて党内の腐敗や民衆との乖離が深刻であった結果、いつしか国民は社会主義から離れ、支持基盤を失った社会主義政権の瓦解に至ったのみならず、経済体制転換の失敗・混乱で発展の機会を著しく逸失し、旧ユーゴスラビアやカフカースを中心として深刻な民族問題をも惹起した。中国にとってこの問題は、経済体制転換のさなかであることに加え、重層的な多民族・多文化的状況もあることから、全く他人事ではない。だからこそ中国は先手を打って、経済のさらなる発展と、幹部の腐敗一掃、「分裂主義」との闘争、そして中国の国情・民情に即した（＝中国の特色ある）国家建設を強調するようになり、その場面で中国なりに解釈した唯物論の有効性を強調するようになった。「発展こそ硬い道理」であり、格差＝事実上の不平等を解消してこそ、あらゆる国内問題の緩和につながるだけでなく、「西側」の民主化圧力の裏に隠された中国弱体化の狙いも完全に排除し、むしろ中国の「発展」の経験を世界化することで真の人類の共存が成り立つと考えたのである。

こうして、市場経済を共産党が主導してこそ「発展」「富強」が具現すると考えた中国共産党は、一九九五年以後「中国の特色ある社会主義」の名の下で愛国主義教育を周到に行い、経済発展が軌道に乗り高度成長が実現した二〇〇〇年代以後になると、「中国の道」「党・国家への自信」を強調する動きが増えた。また、中国が「西側」に謙虚に学んで「中国の特色ある社会主義」とグローバリズムを接合し高度成長へと移行した結果、中国に進出した外資企業にも低廉かつ優秀な労働力を提供し、多大な利益をもたらしたにもかかわらず、「西側」が依然として中国を悪意と偏見の目で見ることへの不満が高まり、『Ｎｏと言える中国（中国可以説不）』[22]を皮切りとして、中国中心主義的な言説が一般化していった。

二〇〇八年のチベット独立運動が、世界各地を巡る北京五輪の聖火に対する批判に転化すると、中国国内ではネットも巻き込んだ「西側」非難の嵐が吹き荒れ、とりわけフランスのサルコジ大統領がチベット問題に関連して中国を批判すると、中国国内の大型小売店カルフール（家楽福）が不買運動に晒された。また日本国内では、長野で行われた聖火リレーが、2ちゃんねる閲覧者を中心に忽然と出現したフリー・チベット勢力と、中国大使館が動員した留学生との一触即発の事態となった。この事件は、外部世界、とりわけ「西側」が、中国の「発展」の裏で山積する諸問題を徐々に知るいっぽう、共産党による統制で不都合な問題は基本的に報じられない中国の主流社会においては、「発展」の事実そのものによって「中国の特色」「中国の道」に対する信念が定着し、外部世界からの批判は全て短絡的に中国の尊厳そのものへの攻撃、あるいは「発展」を享受する人々の実感に反する「空論」へと転化してしまったことを意味する。

このような事態の直後に北京五輪が成功し、リーマンショックにより「西側」が挫折する代わりに中国が「世界経済の救世主」として広く注目された結果現れたのが「中国夢」言説である。その中には、近代以来の国際社会において中国が常に従属の地位にあったことへの根本的な不満が解消されて「富強」に近づいたことによる「解放感」が満ちている。そして、実践を通じて確認した「中国の道」を活かしてさらなる「発展」を実現し、世界レベルでの「中華民族の偉大な復興」を確実なものとするべく一層の奮起を促す。

中国夢の実現にあたっては、必ずや中国精神を発揚しなければならない。これはすなわち、愛国主義を核心とする民族精神であり、改革と新たな創造を核とする時代精神であり……「興国の魂」「強国の魂」なのである。[23]

このように習近平が説く「精神」の背後にあるのは、ある意味で単純極まりない、近代以来の西洋中心の世界そのものに対する中国文明の側の反旗である。

中国はかつて、自我において主体的な夢想者であった。その夢想とは……中央の王国が四方の周辺を礼楽で取り込む「天下」の光景であった。しかし近代に入り、文化と制度の落後のため、我々自身の未来の理想という夢は、現代の欧米の夢とは対抗できなくなった。我々は自己陶酔の夢から驚き醒まされ、他者の理想を自らの将来像とし始めたのである。……今や我々の中国夢は明らかに、中華民族の偉大な復興へと向かっている。……美しい未来は我々に手招きしており、中国人民の創造と創新、そして世界の発展を牽引するのだという「万丈の豪情」を激発しているのである！[24]

世界文明史からみれば、中国夢は、華夏文明が世界文明の中心から転落し、西洋現代文明が世界を導くという潮流の中から興った。そして今や、西洋現代文明の光芒に暗い陰りがあらわれ、中華文明の世界的価値が再び大いに花開こうとしている現実を反映し……アメリカン・ドリームが破綻を見せ始めたという現実の上に打ち立てられるものである。二〇〇八年よりも前、国際社会、とりわけ西側社会は、中国に対して偏見や差別に満ちた見方をしており、さらには極めて根の深い道徳的優越感を抱いていた。……しかし二〇〇八年八月以後、僅か数ヶ月のうちに、これらの覆いは一つ一つ撃破されたのである！

中国の発展の道とは、世界人口の五分の一を占める古い文明が、僅か数十年のうちに、対外的な搾取や侵略をすることなく、他の種族に対する奴隷的使役や圧迫を強いることなく、完全に自らの民族の勤勉・忍耐・智慧によって、他者から信用され、後に続く国家にとって見習うに値するようなものを造りあげたという復興の道である。

……世界は、中華の智慧が充満し、中華の暖かさを帯び、世界の発展を推進するような中国夢を渇望している。[25]

このような「中国夢」を踏まえて言えば、最早今後のグローバリズムを運営する文明論的なレベルで「西側」と中国の亀裂は決定的であり、だからこそ米国の対中批判は強まらざるを得ず、中国側としても、米国や「西側」の干渉や批判を完全に封じ込めるだけの覇権を打ち立てなければならないと考えるのであろう。そのためにも、まずは国内を全て「中国の道」で統御し、あらゆる外来の事物を「中国化」する段階に入ったと判断したのであろう。

六　社会・文化的な重層性を活かすためには

ところで「中国夢」というとき、前近代までの「天朝」が理想化されているが、その伝統的な「天下」のシステム自体、実は文明や文化の重層性に基づいているはずである。

皇帝と各国国王との上下関係を明確にすることによって、現実の支配・被支配を超えた「天下」を実現させる朝貢関係にしても、あるいは内陸アジアの諸文明・文化が近現代中国の領域に組み込まれる契機になった清朝にしても、その背後にある歴史的経緯は決して、中国文明の完全さや中心性なるものに回収できるものではない。例えば、朝貢関係に応じつつ、同時に中国文明の優越を認めて導入したのは朝鮮・琉球・ベトナムのみであるし、しかも朝鮮やベトナムは文明の摂取によって清への対抗心を強めたほか、北京と琉球の関係も一方的に「天朝」が恩恵をもたらしていると呼ぶのは疑わしいものであった（琉球側の水先案内がなければ明清の冊封使は那覇に至ることが出来ず[26]、さらに北京は琉球と薩摩・日本との関係を裏切りと疑いながらも、目先の安定に加え、琉球を薩摩の侵攻から救えなかったにもかかわらずその忠義を拒むのであれば天朝の義務を放棄するものである、という理由で結局放置し、だからこそ琉球はなおさら北京からの経済的利益を享受できた[27]）。チベット・モンゴル・新疆のトルコ系ムスリムと北京との関係は、先述の通り満洲人皇帝がチベット仏教やイスラームを尊重することによって初めて実現した間接支配であって、そのことが近代に至るまでの漢字・儒学の不在につながっていた。

したがって、いま「中国の経験」「中国の道」なるものに依拠するといっても、現実の「中国史」や外国との歴史的関係において中国文明が果たした役割は限定的であり、文明・文化の重層性こそ、中国文明を含むアジア史の基調であったという見地に基づかなければならないはずである。それこそが、西洋近代という「他者の夢」を自らの夢として採り入れて失敗し、中国文明・漢人中心に過ぎた「中華民族」論のもと、少数民族不在の社会主義化・経済発展の弊害をもたらした近現代中国史を克服することにつながる。

しかし、「中国化」「中国の道」を強調する中国は、又しても歴史的な問題を繰り返そうとしている。現代中国を代表する思想家の一人である汪暉氏は(28)、二〇〇八年のチベット問題が中国と世界に与えた意味を考察しようとする際、市場化の時代に少数民族を取り巻く変化と苦衷を的確に汲み取り、中国の内部における漢人社会と少数民族の関係の再構築を図ろうとする。そして、決して中華文明の論理では説明できない重層性の意義を強調し、今日の領域をつくった原動力は「システムを跨いだ社会」を構築した清朝にあるとみる。いっぽう、儒学思想が文化的な境界と政治的な境界をすべて単一の総合体＝「儒教文化圏」「漢字文化圏」に融合させたとみる言説に対しては、他でもない「漢字文化圏」が複数の国家に分かれて対抗的なナショナリズムを成立させているが故に、否定的な見方を示している。以上の趣旨について、筆者も完全に賛同する。

問題は、汪暉氏が「システムを跨いだ社会」を実現させた原動力として、浜下武志氏など日本の中国研究が示した朝貢システム論を持ち出し、朝貢関係を主宰する権力が依拠した儒学思想の優越性を一面的に強調していることである。

「儒家思想」が清朝の時代に主導的地位にあったとすれば、その理由はちょうど、「儒家思想」にはさらに深い政治的特質が備わっており、全体の中間に立つことに優れ、その他のシステムを弾性に富むネットワークの中に精巧に編み込んでいき、それでいてこれらの「システム」自身の独特性を全く否認しないからである。儒教社会はチベットあるいは蒙古、その他の地区に対して、儒家の倫理‐政治原則や礼儀のシステムに従って自己の社会関係を規範づけることを要求しなかった。辺境の属地、とりわけ少数民族地区では、王朝は自らの政治‐宗教関係と法律のシステムを地方の関係の中に押しつけることはなく、いわゆる臨機応変に対応し、具体的状況や社会変遷に基づいて、統一王朝と地方の秩序との間の関係を協調させてきた[29]。

汪氏の説明の前提にあるのは、北京に君臨する清朝が基本的には、儒学に基づき朝貢関係を展開した中華文明の王朝であったという、ある意味で言い古されてきた見方である。しかしそもそも、清は非漢語文明・文化圏に対しては中華文明を持ち出さない。むしろ清は、中華文明をも統御する（明の支配と朝貢関係については中華文明の手法を継承した）多文明帝国であり、より簡潔に言えば単純に実力本位で権力と権威・正当性を使い分けた国家であるとみる必要があろう。これこそが、「システムを跨いだ社会」というものではないか。

汪氏は、そのような清が西洋近代の流入とともに主権国家へと転換し、以来漢人と少数民族が協力して「中華民族」の多民族的な団結がついに実体化したのみならず、中華人民共和国の民族区域自治が清朝以来の「システムを跨いだ社会」を再現・活用したものとして成立したもので、「帝国の遺産であり、国民国家と社会主義の価値の総合[30]」と論じる。しかし、共産党の指導による中央集権が貫徹する現代中国において、民族区域自治は自治権たりえない。歴史的に文化・言語等を異にする少数民族が多い地域において、一定程度政策の実施を留保し、現地の事情に合わせることを旨とするものであり、しかもそもそも自由な言論を許さない共産党体制の一存で少数民族の文化・社会がどれほど大きな打撃を受けてきたかは、毛沢東時代の歴史が物語るところである。そして今改めて、少数民族の諸文化や宗教信仰を「中国化」の名において、漢人の価値観を中心とした政治・社会・文化的態様に合致させ、独自の解釈を許さず、外界との関係を断ち切ろうとさせているのであるから、共産党の指導を中心とした民主集中制のシステムにおける民族区域自治は「システムを跨いだ社会」とは一切無縁である。加えて、汪氏が「中国史における文化的融合と政治的統一が、現代の中華民族形成に深い基礎を与えたわけであって、我々は近代中国革命から離れて現代中国の確立を議論することもまたできない[31]」という近現代史理解を表明すること自体、結局のところ清代における文明・文化的重層性から離れて、現下の「中国化」に寄り添った発想でしかない。

文明・文化的に重層した社会において、優越を主張する側によって歴史的な弊害が繰り返されるのを避けるためには、西洋近代も「中国の道」なるものも一旦相対化し、まさに重層性それ自体から思考することが何よりも求められる。その中からしか、社会や文化の違いを超えたグローバルな共存のための構想、あるいは文明像は見えてこないだろうし、国境に関係なく多くの人々がまだ見えない究極の文明像に接近するための諸文明の対話の契機にもなろう。

最近では例えば大沼保昭氏が「文際的視点」を掲げ[32]、非西洋の諸地域においても圧倒的に主権・国民国家体系や近代的な知のシステム・普遍的価値観が受け容れられていることを認めつつも、それだけでは説明しきれない伝統的・地域的な政治・社会関係の文法を丁寧に抽出し、これらの重層性や相互の緊張関係に広く着目する中で、主権・国民国家体系や西洋近代的な知への多様な問いかけを行おうとしてきた。それはある意味では西洋近代の相対化であるが、伝統的な知における諸問題への解決可能性がどうしても不足する場合、より中立的・中性的な認識・方法として西洋近代由来の方法も採用されざるを得ないことも有り得る(西洋近代が先んじて方法を見つけていた、ということになろう)。

筆者がみるところ、今日地球上の如何なる地域・社会についても、西洋近代的な知のありようから逃れることは難しい。非西洋らしさや、西洋近代では解決されない問題への処方箋を論じる際にも、その思考の裏にあるのは往々にして、西洋近代がもたらした知への反応であり、したがって非西洋を成り立たせているのもまた西洋的な知であると言えるかも知れない。そこでもし実際に「非西洋的な自生的・内発的文脈」による視点が提供され、有効性が論じられるとしても、その中には往々にして、西洋近代に直面して以来の国家・社会的利益をどのように守るのかという意識が流入している。すると最早、様々な地域や文明に由来する概念を掲げて「西洋近代的か」「非西洋か」「地域固有か」という問いかけをなすことには余り意味がない。西洋近代を一大立役者とした世界史が地球全体を包含し、その中で様々な文明・文化・秩序の現れ方に濃淡があることを前提としたうえで、より多くの人々に適用可能な概念を探り、あるいは創出する方が良い。羽田正氏が以下のように論じることに、筆者も完全に賛同するものである。

現在必要な世界観は「世界はひとつ」である。歴史認識はこれに対応するものであるべきだ。私たちは、従来のように「ヨーロッパ」と「非ヨーロッパ」を区分して世界史を理解しようとする態度を改め、一体としての世界史の把握方法と叙述の仕方を開発しなければならない。新しい世界史の成否は、どれだけ「ヨーロッパ」とその歴史を特別視しないかにかかっていると言っても良い。

新しい世界史は、むろん単に「ヨーロッパ」と「非ヨーロッパ」の区別をなくすためだけに構想されるものではない。現代世界において重要とされる価値がどのように生み出されてきたかを語り、人間社会の未来に向けての展望を示すものでもあるべきだ。(33)

ここで「世界」を「中国」に置き換えて、決して中国文明中心主義的ではない、「システムを跨いだ社会」としての清朝の継承国家として自らを定位し得たとき、中国は「中国化」によって内外の他者と自らを隔絶させる思考を乗り越えて柔軟性を増し、ソフトパワー性を増すことが出来ると考える。しかし現状は、その境地からはるかに遠く、中国はむしろ今後の中国経済の行き詰まりや高齢化等による全般的な歪みとともに、ますますグローバルな社会との距離を測りかね、「中国化」がもたらす問題に自ら苦しむことになろう。したがって、中国が今後も既存のグローバリズムに寄与しないのは勿論のこと、「中国化」の悪影響がグローバリズムに与える問題を一層考えなければならないことになる。

(1) 福澤諭吉『文明論之概略』岩波文庫、一九三一年、二六頁。

(2) 中国中央テレビ（CCTV）で放送されたドキュメンタリー『河殤』は、黄河文明誕生以来の中国文明が結局のところ皇帝権力と官僚による集権主義的な支配を克服することが出来なかった結果、度重なる王朝交替を繰り返し、今改めて毛沢東・共産党による悲劇が繰り返されたと説き、黄河が海に至るのと同じく、中国文明も自由・開放性に基づくグローバルな普遍的文明に融け入らなければならないと主張し、多大な反響を呼んで民主化運動の伏線となった。なお、「殤」とは夭逝を意味し、河殤とは黄河文明が未成熟なまま衰退したことを意味する。蘇暁康・王魯湘、辻康吾・橋本南都子訳『河殤　中華文明の悲壮な衰退と困難な再建』弘文堂、一九八九年。

(3) 清の支配の下において、実力主義的権力と「文」との関係、多文化主義的な文化政策、内外の緊張に由来する版図・領域認識の変遷を軸として、満洲人皇帝とモンゴル・チベット・新疆・漢人社会の関係が変化した結果、とりわけ一九世紀半ば以後になると、従来は漢字・儒学の広がりを超えなかった「中国」概念が変質し、非漢字のモンゴル・チベット・新疆も「中国の一部分」とみる発想が形成され、領域主権国家システムの流入がその動きを確実なものにした。詳しくは拙著『清帝国とチベット問題　多民族統合の成立と瓦解』名古屋大学出版会、二〇〇四年を参照のこと。

(4) 習近平政権下での政治キャンペーンにより、この手の言説が氾濫しているが、共産党員の学習にも供される最も正統なメディアに掲載され、かつ平易なものとして、例えば辛鳴「改革開放与馬克思主義中国化」『中国共産党新聞網』二〇一八年一一月一九日を参照。

(5) 例えば以下の文献を参照した。潘世傑「中国伊斯蘭教本土化範式」『中国回族学網』二〇一八年九月四日、高占福「我国伊斯蘭教堅持中国化方向的基礎与実践」『中国回族学網』二〇一八年九月一九日。

(6) 費孝通『中華民族多元一体格局』中華書局、一九八八年。費孝通氏は民国期からの社会人類学者であり、中国共産党中心の政治を翼賛する「民主諸党派」の一つ・中国民主同盟主席を務めたこともある。「中華」の名における近代国民国家を創出しようとする清末からの「中華民族」論が、中国文明の主な担い手である漢人の価値観を中心とし、民族融合・単一民族志向であることは否めず、少数民族を排除する傾向が強かったところ、費孝通は自らのフィールドである雲南省や、漢・回・チベットをはじめとした様々な民族が混住し歴史と文化が交錯しながらも相互補完的な社会・経済が成り立っている甘粛南部・青海東部をモデルとし、古代の黄河文明をひとつの凝集力として緩やかに文化が入れ混ざる中で互いに分離し得ない相互扶助的な民族関係を構築した人々が、最終的には抗日をはじめ帝国主義との闘いの中で「中華」という共通のアイデンティティを獲得したと論じた。費孝通の議論は概ね、今日の中国の多民族国家観の「正統」となっている。

(7) 黄章晋、鈴木将久訳「さよなら、イリハム　あるウイグル知識人の希望」『世界』二〇〇九年一二月号、岩波書店。

(8) 王力雄『你的西域、我的東土』大有文化、二〇〇七年、二八五〜二八六頁。

(9) 以下、ここ二〜三年の新疆ウイグル自治区やチベットにおける中国共産党政権の激しい弾圧の状況について、中国メディアは一切触れないため、主に米国RFA（Radio Free Asia）及び英国BBCの報道を中心に、筆者が中国研究所編『中国年鑑』二〇一八年・二〇一九年版（明石書店刊）の「動向・民族問題」にてまとめている。イスラーム的表象の排除や礼拝・宗教行事に対する禁止・干渉と、それに代わる「愛党・愛国」表象・行為の徹底について、例えば 'Xinjiang Authorities Convert Uyghur Mosques Into Propaganda Centers', RFA, 2017.8.3を参照。

(11) 'Xinjiang University President Purged Under 'Two-Faced' Officials Campaign', RFA, 2018.2.20, 'Players Group Demands Release of Uyghur Pro Footballer Detained For 'Visiting Foreign Countries'', RFA, 2018.6.13, 'Authorities Detain Uyghur Editor-in-Chief, Directors of Xinjiang Daily Newspaper', RFA, 2018.8.6, 'Interview: 'We Are Left Wandering in Fear in a Foreign Land'', RFA, 2018.9.27.

(12) 'Xinjiang's Kashgar University Students, Teachers Forced to Give up Muslim Dietary Restrictions', RFA, 2018.11.6.

(13) 'China's Ningxia to 'Learn From' Xinjiang's Anti-Terror Campaign', RFA, 2018.12.3.

(14) 中国とバチカンの関係が、中国の圧倒的な危機感とバチカン側の見通しの甘さの下、表面的な「妥協」と現実の弾圧を中心に推移していることを詳細に論じたものとして、例えば「接近するバチカンと中国　その思惑は」ＮＨＫ『国際報道』二〇一八年四月一七日、福島香織「中国・キリスト教団弾圧にバチカンの妥協どこまで?」『日経ビジネス』二〇一八年一二月一九日がある。

(15) 'Vice President Mike Pence's Remarks on the Administration's Policy Towards *China October 4 Event*', Hudson Institute, 2018.10.4.

(16) マイケル・ピルズベリー、野中香方子訳『China 2049　秘密裏に遂行される「世界覇権100年戦略」』日経ＢＰ社、二〇一五年、一〇〜一三頁。

(17) 孫文、安藤彦太郎訳『三民主義』岩波文庫、一九五七年、一二頁。

(18) 前掲書、一七〜一八頁。

(19) 蔣中正『中国之命運』第二章「国恥的由来与革命的起源」正中書局、一九四三年。

(20) 毛沢東「中国革命与中国共産党」『毛沢東著作選読』人民出版社、一九八六年。

(21) 鄧小平「中国共産党第十二次全国代表大会開幕詞」『鄧小平文選』第三巻、人民出版社、一九九三年。

(22) 宋強・張蔵蔵『中国可以説不』中国工商聯合出版社、一九九六年。なお、この「Ｎｏと言える中国」という表題は、盛田昭夫・石原慎太郎『Ｎｏと言える日本』から刺戟を受けたものである。

(23) 「習近平在十二届全国人大一次会議閉幕会上発表重要講話」『新華網』二〇一三年三月一七日。

(24) 韓震「中国夢的国家認同与文化認同」『中国共産党新聞網』二〇一三年七月八日。

(25) 公茂虹「中国夢：中国在当今世界的嶄新形象」『中国共産党新聞網』二〇一三年七月二日。
(26) 当時の冊封使が記録した航海の状況を踏まえた、尖閣諸島近海の利用状況をまとめたものとして、拙著「尖閣は前近代中国にとって「航路標識」にすぎない　尖閣関連史料から見る中国の矛盾（前編）」『Wedge Infinity』二〇一五年四月二四日を参照のこと。
(27) 渡辺美季『近世琉球と中日関係』吉川弘文館、二〇一二年、八二頁。
(28) 汪暉、石井剛・羽根次郎訳『世界史のなかの中国　文革・琉球・チベット』青土社、二〇一一年のうち、「序」、第三章「東西間のチベット問題　オリエンタリズム、民族区域自治、そして尊厳ある政治」を参照のこと。
(29) 汪暉、前掲書、二三頁。
(30) 汪暉、前掲書、二六九頁。
(31) 汪暉、前掲書、二六七頁。
(32) 大沼保昭『人権・国家・文明　普遍主義的人権観から文際的人権観へ』筑摩書房、一九九八年を参照のこと。大沼氏は本書の問題意識を踏まえ、さらに世界の主要な文明・文化・宗教間の異同や交錯を踏まえ、諸文明に共通する発想の抽出を目指しつつ、一方で容易には重なり得ない発想にも目配りをするような共同研究に注力された。とりわけ平成二四年度から平成二六年度にかけては、筆者とともに科学研究費助成事業・基盤研究（C）「近代国際関係と地域システム変容の研究・東アジアを中心に」を立ち上げたほか（代表は筆者）、平成二六年度から平成二八年度にかけては大沼氏を代表とする同・基盤研究（A）「多極化する世界への文際的歴史像の探求」（比較地域体系研究会）を立ち上げ、極めて活発な議論が行われた。ただ、大沼氏自身の体調悪化と、テーマの巨大さゆえに、参加者の多大な関心を喚起しつつも最終的なまとめには至らなかったことが惜しまれる。
(33) 羽田正『新しい世界史へ　地球市民のための構想』岩波新書、二〇一一年、一六四頁。

暴力批判論の再構成のために
——ベンヤミン／アーレントを手がかりにして

●——上野成利

はじめに——道具的暴力への問い

「レーニンの予言したとおり二〇世紀は戦争と革命の世紀となり、したがっていまではそれらの公分母と考えられる暴力の世紀となった」[1]（H・アーレント「暴力について」一九六九年）。ここで言及されている暴力とはさしあたり「戦争と革命」であり、それゆえ主権国家という枠組みを前提とした暴力だといってよい。もとより、「ある一定の領域内で正統な物理的暴力行使の独占を（実効的に）要求する人間の共同体」[2]としての国家（M・ウェーバー）を前提とするのが近代の政治の文法なのだとすれば、少なくとも戦争という国家暴力は近代の主権国家体系の内部にあらかじめ組み込まれていたともいえる。それゆえ、もしも二〇世紀に大規模な戦争が続発したという現象面だけを捉えて「暴力の世紀」と名指すのだとしたら、そこにさしたる積極的な意味はないだろう。

ここでアーレントが提示しているのはむしろ、政治が暴力を統御するという近代のパラダイムはもはや失効しているのではないか、という問いである。「戦争とは別の手段による政治の継続である」というクラウゼヴィッツの定式は、主権国家体系における限定戦争の役割を端的に語ったものとして知られるが、そこに示されているのは暴力を政治的な目的に奉仕する手段とみなす思想であり、道具的暴力観ともいうべき思考の枠組みであった。先のウェーバーの見解に典型的にみられるように、これこそが近代の政治の文法を根底で支えてきた思考の枠組みにほかならない。ところが、二〇世紀の世界戦争や相次ぐ内戦などで振るわれた暴力をみるかぎり、暴力はもはや人間主体に制御可能なものとは想定しがたくなっている。その意味で近代の政治の文法はいまや失効し、政治が別の手段による戦争の継続であるかのような逆転現象が生じている――これがアーレントの捉えた二〇世紀という時代の相貌であった[3]。ここにみられるのは手段・道具が自走化して人間がそれに従属するようになるという構図であり、M・ホルクハイマー／Th・W・アドルノの道具的理性批判とも通じるような視座だといってもよい。

他方、マルクス主義の標榜する暴力革命は国家の廃絶を目指すものであり、一見するかぎりでは、暴力と国家とを結びつけるウェーバーの対極に位置するようにもみえるかもしれない。しかし暴力を政治的な目的（国家の廃絶）に奉仕する手段とみなす点で、両者はやはり軌を一にしているとみてよいだろう。実際、アーレントがクラウゼヴィッツと並べてエンゲルスの名も挙げているように[4]、暴力を政治的な目的に奉仕する手段とみなす思考は戦争のみならず革命をも支えており、近代の政治的思考に深く根を下ろしている。こうしてアーレントは手段‐目的の連関のなかで暴力を手段として位置づけたうえで、手段としての暴力に政治が従属しているかにみえる二〇世紀の状況を批判的に見据えようとする。そして手段としての暴力から政治を引き離し、純粋目的としての政治の可能性を救出しようと考えたのだった。

いずれにせよ、ここでアーレントが批判の俎上に載せているのは道具的暴力観とそれにもとづく近代の統治権力のありようであるわけだが、こうした企図それ自体は必ずしもアーレントの専売特許というわけではない。たとえばW・ベンヤミンの論考「暴力批判論」（一九二一年）は近代の統治権力の手段・道具として暴力が機能している状況への批判を目論むものであり、そのかぎりにおいてアーレントの問題設定ともけっして無縁ではないといってよいだろう。とはいえアーレントが編纂した英語版ベンヤミン選集（*Illuminations*, 1968）に論考「暴力批判論」は収録されなかったし、この論考がアーレントによって明示的に言及されることもなかった。ベンヤミンにも大きな影響を与えたG・ソレル『暴力論』（一九〇八年）に痛烈な批判を浴びせているところから察するに[5]、アーレントはあるいはベンヤミンの議論にソレルと同列の危うさを嗅ぎ取り、ベンヤミンの議論を俎上に載せることで畏友の名に傷を付けるのを恐れたのかもしれない。アドルノがベンヤミンの著作集を編纂するさい、『ドイツ悲劇の根源』（一九二八年）に記されたC・シュミットの痕跡を削除したのと同じような配慮が、そこで働いていた可能性もあるだろう。

アーレントがなぜベンヤミンの議論と対峙するのを避けたのかという問いについては、しかしここでは措いておこう。ここでさしあたり注目したいのはむしろアーレントとベンヤミンとの近さと遠さについてである。つまり、アーレントとベンヤミンの議論は互いに限りなく接近しながらも、微妙にすれ違うような論点をも孕んでおり、両者のあいだには一種の緊張関係があるのではないか、ということである。両者はともに手段‐目的連関への批判を志向しており、また新たな秩序を創設する革命という主題に各々のしかたで接近したといってよいが、それぞれの行論はもとより軌を一にするわけではない。しかし逆にいえば、アーレントとベンヤミンとが接近する論点とそこに内在する問題を多少なりとも整理することができれば、暴力批判論という主題にとって取り組むべき重要な課題が浮かび上がってくる可能性もあるのではないだろうか。このような見通しを携えながら、以下では、「暴力の世紀」に対峙した同世代の二人の思想家の議論を振り返ることにしたい。

一　神話的暴力批判と純粋手段の政治——手段‐目的連関をめぐって

ベンヤミンの論考「暴力批判論」といえば、法措定的暴力／法維持的暴力、神話的暴力／神的暴力といった独自の対概念とともに、その概要についてはよく知られていよう。とりわけ神的暴力の観念は、これについてベンヤミン自身が委曲を尽くして説明していないこともあって、これまでじつに多くの論者によってさまざまな解釈が試みられてきた。しかし、ここではさしあたり〈純粋手段の政治〉という概念をベンヤミンの議論の要所に据え、この観点を梃子に手段‐目的連関からの脱却の目論見がいかなる理路に支えられているのかを確認しておくことにする。神的暴力という論争的な観念については、こうした迂回路を経たあとで改めて検討の俎上に載せることにしたい。

ベンヤミンはアーレントと同じく、暴力（Gewalt）を目的ではなく手段とみなすところから出発する。とはいえベンヤミンによれば、「暴力が手段であるとするならば、暴力批判のための一つの基準が何の問題もなく与えられたことになる」わけではない[6]。手段としての暴力はともすると目的の正しさに照らして価値評価され、たとえば正しい目的のために行使される暴力ならば正当化されたりもする（だからこそアーレントも「暴力は正当化を必要とする」というわけである）。しかしベンヤミンにいわせれば、これでは「暴力とは何か」という問いが「目的が正しいかどうか」という問いに還元されてしまい、暴力そのものを解明することにはならない、とベンヤミンはいう。むしろ手段‐目的連関から暴力を解き放ち、暴力をまさに手段性に即して問いただされねばならない。アーレントがいわば暴力を手段・道具にすぎないと一刀両断に切って捨ててしまうのだとすれば、ベンヤミンは手段性という暴力の本質について徹底的に考え抜こうとするわけである。

それでは手段としての暴力の本質を最もはっきりと示す特徴とは何か。ベンヤミンによれば、それは何よりも新たな法秩序（支配関係）を正統な「法」として「措定」するところにある（＝法措定的暴力）。さらに、新たな支配関係がいったん「法」として措定されると、これを無視して法秩序を破壊しようとする者は不法な輩として処罰される。つまり今度は「法」を「維持」するために暴力が行使されることになる（＝法維持的暴力）。かくしてベンヤミンによれば、「すべての暴力は手段としては法措定的であるか法維持的であるかのいずれかである[7]」。しかし、ここで二つの暴力はいかなる関係にあるのだろうか。右の説明からもすでに示唆されているように、二つの暴力はじつのところ相互に分かちがたく絡み合っているともいえる。そうした絡み合いをはっきりと示しているのが近代国家における警察の暴力（権力）である。ベンヤミンのみるところ、この二種類の暴力は「いわば亡霊めいた混合物[8]」となって警察のなかに現前している。警察はたんに「処分権をもつ暴力」（＝法維持的暴力）であるだけでなく、「法を広範囲にわたって自ら措定する権限（命令権）」をもっているからである[9]。こうして「無数のケースにおいて『安全のために』介入する[10]」警察は、臨機応変あるいは融通無碍に自ら法を措定することになる。

だが、そうだとすれば、法措定的暴力と区別される純粋な法維持的暴力なるものは実際には存在しえない、ということにもなるだろう。法維持的暴力は「己れのために新しい目的を措定したりはしないという制約」を受けるはずにもかかわらず、実際にはこの制約に縛られることなく法措定的な機能をも担ってしまう[11]。逆にいえば、法措定的暴力は法維持的暴力によって「代理される[12]」かたちで存在する、ということでもある。こうした「代理」の作用についてはJ・デリダ『法の力』（一九九四年）の解釈がやはり説得的であろう。「〔法措定的暴力と法維持的暴力という〕二種類の暴力のあいだの区別の厳密さを脅かすものがある。それをベンヤミンは語らない。つまりそれを考慮の外に置いているか、あるいは見くびっているのだ。それは結局のところ何かというと、反復可能性のパラドクスである。反復可能性は次のように要求する。すなわち根源は、根源に由来するというかたちで自分を繰り返さねばならない。そして自分を変質させて、根源としての価値をもたねばならない。つまり根源は自分を維持しなければならない。そして警察のようなものがただちに存在し、そして警察たるものは立法することになる。警察は、自分より以前の段階では無力であるはずの掟（法律）を適用するだけで事足りるわけではない。まさにあの反復可能性によって、基礎づけ作用の本質をなす構造のなかに、維持の作用が書き込まれるのである[13]」。

　デリダによれば、「権威の起源、掟を基礎づける作用または掟の基礎となるもの、掟を措定する作用、これらの最後の拠り所になるのは定義上自分自身であるしかない[14]」ので、法措定的暴力は自らの正統性を充填するために自分自身を反復せざるをえない。法措定的暴力によって措定された法が実際に正義にかなっているという保証はいっさいなく、にもかかわらず――あるいはだからこそ――措定された法は自らの正しさを根拠なく宣言し、このように宣言するという行為を遂行することによって自らの正しさを基礎づけるほかない。かくして法措定的暴力はいやおうなく法維持的暴力として顕現せざるをえない。もとより、ここで措定された法の正統性はけっして合理的な根拠をもつものではなく、その正統性は神秘のヴェールをまとうことになる。デリダはこれをモンテーニュ－パスカルに倣って「権威の神秘的基礎[15]」と呼ぶ。人が法に従うのは、それが実質的な合理性や正義にかなっているからではなく、法の背後に揺るぎなき権威があるであろうことを、ただ信奉しているからにすぎない。そうだとすれば、近代国家の合法的支配にしても、じつのところ行為遂行的な法措定的暴力が作り出す「権威の神秘的基礎」によって支えられていることにもなるだろう。

ともあれ法措定的暴力はこうして法維持的暴力によって「代理される」。それはとりもなおさず、法措定的／法維持的暴力をつうじて人が神秘的な眩惑に搦め取られてゆくプロセスでもある。そしてこうした法措定的／法維持的暴力による眩惑作用のことを、ベンヤミンは〈神話的暴力〉と呼ぶ。それにしても、このように人を眩惑に搦め取る暴力は、なぜ神話的と形容されるのか。ベンヤミンは、「境界措定」こそが「法措定的な暴力一般の原現象」にほかならないと指摘したうえで[16]、次のように述べる。「措定されて画定された境界は、少なくとも古い時代においては、あくまで不文律〔書かれていない法規〕でありつづける。人間はこの境界〔不文律〕を何も知らぬままに踏み越え、そしてそのようにして贖罪を負わされる、ということが起こりうる[17]」。つまり、「法措定」とは人が踏み越えてはならない一線を画定する行為であり、たとえ何も知らずにこの境界線を踏み越えたとしても、人はその罪過を贖わなければならない。その意味で、法というのは逃れがたい強制力として人間に降りかかる「運命」のようなものでもある。知らぬ間に掟を破った人間にたいして神々が理不尽ともみえる暴力を振るい、人間はそれを「運命」として甘受し罪過を血で贖うほかないという、「神話」にみられるのと同型的な構図がここにはある。「法規を知らなかったからといって罰を免れることはできないという近代的な原則も、法の精神がこのようなものであることを証明している[18]」。こうしてベンヤミンは法措定的／法維持的暴力に〈神話的暴力〉という別名を与えるわけである。

　こうした神話的暴力の呪力から逃れる術は、はたしてあるのか。ベンヤミン自身はもちろんその方途がありうると考えるわけだが、とはいえそれは容易に果たせる課題ではない。ベンヤミンにいわせれば、近視眼的な思考に囚われているかぎり、「法措定的および法維持的という暴力の二つの形態のなかに、弁証法的な揺れ動きを見て取ることしかできない[19]」からだ。ここでいう「弁証法的な揺れ動き[20]」(ein dialektisches Auf und Ab)――二つの極のあいだを行ったり来たりしている状態――を支えているのは、「いかなる法維持的暴力もそれが存続してゆくなかで、自身のうちに〔この法維持的暴力によって〕代理されるかたちで存している法措定的暴力を、敵対する対抗暴力を抑圧することをとおして間接的に自ら衰弱させてしまう[21]」、というプロセスである。どういうことか。ベンヤミンが一例として言及しているのは、今日の――ということは当時のヴァイマル期ドイツの――議会のありようである。「法的制度のなかには暴力が潜在しているという意識が消滅すると、その法的制度は凋落する。今日においては議会がその一例である。今日の議会は、自らの存在の基盤となっている革命的な力を意識しないままになっていたために、周知の惨めな見世物となっている。実際のところ、とりわけドイツにおいては、そのような暴力の最後の顕現も議会にとって何の成果もないままに終わってしまった。今日の議会には、そこに表象されている法措定的暴力にたいする感覚が欠けている」[22]。

ベンヤミンのみるところ、ヴァイマル期ドイツの議会制民主主義はそもそも革命という法措定的暴力の所産であったはずなのに、その意識が希薄になってしまったために凋落の一途を辿っている。法措定的暴力が法維持的暴力に「代理」されるとともに革命の精神が次第に失われ、議会はそうした堕落を批判する対抗暴力をただ抑圧するだけの機構と成り下がり、こうして革命の力を「間接的に自ら衰弱させてしまう」ことになる。しかもそれだけでは終わらない。「新たな暴力が、あるいは以前には抑圧されていた暴力が、これまでの法措定的暴力に打ち勝ち、それによって新たな法を新たな凋落のために据えるまで、この衰弱過程は続いてゆく」[23]。つまり、いかなる法措定的暴力もいずれ凋落を余儀なくされ、別の法措定的暴力が新たな法秩序を措定することになるにせよ、しかし「新たな法」も衰弱して結局は「新たな凋落」に行き着かざるをえない、ということである。措定、維持、凋落、措定、維持、凋落……という「神話的な法形態に呪縛されたこの循環」[24]こそ、法措定的暴力と法維持的暴力という両極のあいだの「弁証法的な揺れ動き」にほかならない。法措定的暴力とは、根拠もないのに正統性があると人に信じ込ませるという意味で「神話的」であると同時に、永遠に回帰する運命的な循環構造のなかに人を封じ込めるという意味でも「神話的」なのだといえよう。

こうした神話的暴力の呪縛はきわめて強固であり、近視眼的思考に囚われているかぎり、法措定的暴力と法維持的暴力との「弁証法的な揺れ動き」から脱却するのは難しい。ベンヤミンによれば、こうした近視眼的思考の根底に横たわっているのは、手段‐目的連関を自明視する思考、すなわち「正しい目的は正当な手段によって達成することができ、正当な手段は正しい目的に用いることができる」[25]とするドグマにほかならない。私たちはともすると〈正当な手段‐正しい目的〉が齟齬なく対応していると考えがちだが、ベンヤミンがここで提起しているのは、そうした対応関係はじつは成立しえないのではないかという問いである。たとえば、ある法維持的暴力が〈正当な手段〉を用いながらも

〈正しい目的〉に反しているようなケースは、おおいにありえよう。一見きわめて合理的にみえる合法的支配（＝法維持的暴力）にしても、その合法性はたんに手続きが法にかなっているという意味の形式的合理性にすぎない以上、当の法秩序が〈正しい目的〉にかなっているかどうかは保証の限りではない。他方、現行の法秩序とは別種の法措定的暴力が作動する場合、そこで行使される手段が現行の法にかなっているかどうか（合法性）は不問に付されるだろうが、しかしそれが本当に〈正しい目的〉のために行使される〈正当な手段〉であるかどうもまた保証の限りではない。つまり、「あらゆる法的問題は結局のところ決定不可能なのだ」[26]、ということである。手段‐目的連関を前提としているかぎり、この決定不可能性から逃れることはできないし、法措定的暴力と法維持的暴力との「弁証法的な揺れ動き」から脱却することもできないことになる。

かくしてベンヤミンにとって、手段‐目的連関から脱却することが必須の課題となる。つまりベンヤミンは、手段とは特定の目的に奉仕する道具であり、目的はそれに応じた手段をつねにともなうという、手段‐目的の相互参照的な循環を断ち切り、いかなる目的とも結びつかない〈純粋手段〉を想定したうえで、それを足がかりに神話的暴力に抗う方途を望見するわけである。そうした〈純粋手段〉としてベンヤミンがさしあたり例示するのは、私人どうしの「合意」(Übereinkunft) の技術としての「話し合い」(Unterredung) であり、これによって「紛争のまったく非暴力的な調停が可能になるのだという」[27]。そのうえで、こうした私人関係の純粋手段に類似した「政治そのものの純粋手段」として、二つの事例が挙げられる。一つは外交官の交渉である。「外交官は本質的に、私人どうしの合意ときわめて類似したやりかたで、自分たちの国家の名において、平和裡かつ契約に頼ることもなく、それぞれのケースに応じて、国家間の紛争を調停しなければならない」のであり、これは「あらゆる法秩序の彼岸、それゆえあらゆる暴力の彼岸にある」という[28]。

他方、ベンヤミンは「政治そのものの純粋手段」のもう一つの事例として、ソレル『暴力論』を引き合いに出しつつプロレタリア的ゼネストを挙げ、これもやはり「純粋手段として非暴力的である」という[29]。ここでプロレタリア的ゼネストがいささか過大評価されている観は否めないが、それが「国家暴力の根絶を唯一の課題として立てる」[30]ものであり、現行の法秩序の純粋な廃絶のみを目指している点で、手段‐目的連関を免れているとみなされているのであろうか。このようなソレル評価の是非はひとまず措くにせよ、ベンヤミンが手段‐目的連関からの脱却を必須の課題と位置づける以上、〈純粋手段〉という観念はそこから必然的に導かれる要請であるだろうし、また〈純粋手段〉が非暴力的な技術（Technik）であるのに応じて、「純粋手段の政治[31]」（eine Politik der reinen Mittel）もまた「紛争のまったく非暴力的な調停」をもたらす政治と位置づけられることにもなる。

二　純粋手段の政治と純粋目的の政治——暴力／権力／法をめぐって

すでにみたように、「すべての暴力は手段としては法措定的であるか法維持的であるかのいずれかである」とされ、暴力とは何よりも手段であるという点をベンヤミンは強調していた。しかし、だからといって手段のほうがつねに暴力であるとは限らない。つまり、非暴力的な手段もまたありうるのであって、こうして非暴力的な技術としての〈純粋手段〉という観念が措定されることになる。ベンヤミンは手段‐目的連関からの脱却の可能性を、この〈純粋手段〉のうちに見て取ろうとしたのだった。一方、アーレントについていえば、暴力はやはり手段のカテゴリーに分類されており、一見するかぎりベンヤミンの議論とさして変わらないようにみえる。しかし同時に暴力の本性を「道具的[32]」（instrumental）な性格にみようとする点で、アーレントの行論はベンヤミンとは異なる方向へと向かうことになる。アーレントのみるところ、暴力はさしあたり手段‐目的連関のなかで機能するとはいえ、「つねに手段が目的を圧倒してしまう[33]」がゆえに、暴力は設定された目的を押し潰して暴走し、無限に昂進してゆく危険を秘めている。つまりアーレントが問題視しているのは、暴力が「道具」という〈純粋手段〉として自走化し、目的を破壊してしまう事態なのである。しかも、手段‐目的連関から切り離された手段が危険極まりないとみなされる以上、ベンヤミン流の〈純粋手段〉という観念も、アーレントにとっては手放しで肯定しうるものではないだろう（ここには広い意味での〈技術〉にたいする両者の温度差が反映しているということもできよう）。

さらにいえば、この論点は〈暴力〉と〈権力〉との関係をどう捉えるかという問いとも直結している。アーレントの語法によれば、暴力（violence）と権力（power）とは真っ向から対立する。暴力があくまでも手段であるのにたいして、アーレントによれば、権力とは「ただたんに活動する（act）だけでなく〔他者と〕一致して活動する人間の能力」[35]に対応する。複数の人間が言葉をつうじて共同で自分たちを統治すること、端的にいえばアーレントの考える〈政治〉にほぼそのまま対応する人間の営為が、〈権力〉という概念なのである。こうした意味での権力は「およそ何らかの目的に奉仕する手段ではない」[36]が、だからといって権力が目的として措定され、そのための手段として暴力が行使されるとしたら、暴力はたちまち目的を押し潰して自走化し、権力を破壊することにもなる。暴力に依拠した民衆蜂起を讃美するかのようにみえるソレルの思想が、アーレントにとっておよそ容認しうるものではなかったのは当然であろう。アーレントにとって決定的に重要なのはむしろ、手段‐目的連関から〈純粋目的〉としての権力（政治）を救出することだったといえよう。

ここにはベンヤミンとアーレントとの近さと遠さの一端を見て取ることができる。手段‐目的連関のうちに政治の逼塞の原因を求める点で両者は軌を一にするといってよいが、しかし手段‐目的連関から〈純粋手段〉を抽出しようとするベンヤミンと〈純粋目的〉を抽出しようとするアーレントとでは、その目指す方向が正反対であるようにみえる。それに応じて目指すべき政治像についても、〈純粋手段の政治〉（ベンヤミン）と〈純粋目的の政治〉（アーレント）というように好対照を示している。ここから両者の遠さを結論づけるのは容易かもしれないが、両者の思考が何ら接点を含むものではないと断言するのは性急に過ぎるだろう。互いに異なる語法・文法を用いながらも同じ問題圏を視野に入れていた可能性も排除できないからだ。たとえば、ベンヤミンが暴力／権力／法の絡み合いを検討の俎上に載せたのだとすれば、アーレントの思考のうちにこれと重なる問題圏は含まれているのか、かりに含まれているとしたら両者の思考が重なり合う地点はどこなのか、また両者の思考が重なり合いながらも結局すれ違うことになるのだとしたら、その背後にはどのような問題が横たわっているのか――こうした一連の疑念は、暴力批判論という主題にとって必ずしも無益な問いではないだろう。以下ではまず暴力／権力／法をめぐる両者の語法・文法を整理しておくことにしたい。

（1） 暴力／権力について

改めて確認しておきたいのは、暴力という概念の外延がアーレントとベンヤミンとのあいだで大きく異なっている、ということである。アーレントは暴力と権力とを峻別し、手段‐目的連関を逸脱して自走化する暴力が権力を破壊しかねないとみるわけだが、ベンヤミンのいう暴力はむしろ権力と密接不可分の関係にある。ここには英仏語と独語との違いも関係していよう。英仏語のviolenceはラテン語で「強い力」を意味するvisに由来する言葉であり、何らかの強烈な力が人間主体の制御を超えてほとばしるという含意をもつ。それにたいして独語のGewaltは、もともと権限・権能・資格を意味する言葉であり、しかも管理・統括することを意味する動詞waltenを語成分として含んでもいる。つまり、何らかの権限をもった主体が別の主体を支配・統御するというのがゲヴァルトの原義なのであり、こうした正統な強制力という意味ではむしろ「権力」に近い語義をもつ言葉なのである。ベンヤミンの場合、このような意味でのゲヴァルトを検討の俎上に載せる以上、暴力／権力／法の絡み合いを問い質そうとするのは理の必然でもあった。ベンヤミンは暴力／権力／法の絡み合いについて次のように記している。

「法措定における暴力の機能は、次に述べる意味で二重である。法措定はたしかに、法として制定されることになるものを自らの目的とし、これを暴力という手段を用いて追求する。とはいえ法措定は、目的としていたものが法として制定された瞬間に、暴力を解任するわけではない。法措定はむしろこのときこそ初めて暴力を、厳密な意味でかつ直接的に法措定的暴力へと化せしめる。つまりこのとき法措定は、暴力から自由で暴力に依存しない目的を制定するのではなく、暴力と必然的かつ緊密に結びついた目的をこそ制定するのであって、しかもこの目的を権力（Macht）の名のもとに法として制定するのである。法措定とは権力措定なのであり、そのかぎりにおいてそれは暴力の直接的な顕現（Manifestation）の行為なのである。[37]」

法措定はいうまでもなく法の措定を目的とし、そのための手段として暴力を行使する。ごく一般的な手段‐目的連関の場合であれば、所期の目的が達成された瞬間、そのために行使された手段は用済みとなり、捨て去られることになるだろう。しかしベンヤミンのみるところ、法措定の場面については事情が異なる。法はそもそも法措定的暴力によって措定される以上、目的として措定される法そのものが「〔法措定的〕暴力と必然的かつ緊密に結びついた目的」であり、それゆえここで暴力は手段であると同時に目的でもある。つまり、法措定的暴力は自分自身を措定するという手段をつうじて自分自身を措定するという目的を追求するのであり、したがって、法措定という目的が達成されるということは「〔法措定的〕暴力の直接的な顕現」でもある。そして法が法として定立された瞬間、この暴力はまさしく〈権力〉(Macht) という名のもとで顕現する、とベンヤミンはいう。つまり、法が端的にそこに立ち現れるとき、この法措定的暴力はただちに〈権力〉と名指されるわけである。〈権力〉とは要するに〈暴力〉の別名にほかならない。

ともあれアーレントの場合、暴力はさしあたり手段‐目的連関のなかで手段として機能するとされたうえで、最終的には手段がこの連関自体を逸脱して目的を破壊してしまうとみなされていたが、ベンヤミンにあっては、やはり暴力は手段性をその本質とするとされながら、じつのところ手段‐目的連関のなかに収まるものではなく、むしろ暴力は手段として顕現することで同時に目的として自己を成就するとされている。両者の違いは明白だが、暴力とは第一に何よりも手段性を本質としているということ、とはいえ第二に手段‐目的連関にすんなり収まるものではないということは、両者に共有される論点ではあるだろう。手段‐目的連関を自明視しているかぎり暴力の本質を捉えることはできないと考える点で、両者の視座は重なり合うといってよい。

(2) 法について

一方、暴力／権力の絡み合いというベンヤミンの視座がアーレントの暴力／権力の二分法と大きく異なるのはいうまでもないが、ここには同時に〈法〉の位置づけの違いも横たわっている。ベンヤミンによれば、法措定的暴力とは境界措定の暴力であり、しかも神々による境界措定と類比的であるがゆえに、それは「神話的」な暴力でもある。神話的暴力とは何よりも「境界を措定し、罪を負わせると同時に贖罪を負わせるもの」[38]なのであって、ここで法は〈その法規の内実をたとえ知らなくとも踏み越えたら贖罪を負わされる神々の掟のようなもの〉として位置づけられている。デリダのいう「権威の神秘的基礎」をまといつつ、なぜその境界を踏み越えてはならないのかを知らぬまま従わざるをえない掟、そういうものとして法は位置づけられるわけである。このようなベンヤミンの論理の組み立てのうちには、主権をめぐるC・シュミットの議論に通じるような側面が伏在しているというべきだろう。例外状態において友／敵（あるいは内／外）のあいだに境界を引く主権の効果として法を位置づけるシュミットにあっては、当該の法に含まれる規範の実質的な妥当性よりも、境界措定という行為遂行それ自体こそが〈法〉にとって決定的な意味をもつことになる。法が実質的に正義にかなっているかどうかは決定不可能な問いであると捉え、法の指標を何よりも境界措定それ自体にみようとするベンヤミンの論理は、シュミット流の主権パラダイムときわめて親和的な性格をもつといってよい。

　それにたいしてアーレントは主権パラダイムからは距離をとろうとする。アーレントによれば、たしかに政治思想の伝統にはボダン－ホッブズに由来する絶対的権力（主権）の観念の系譜がある。しかもヘブライ－キリスト教的伝統の「法についての命令的概念」がそこに付加されることで、この系譜は「はるか大昔の神の『戒律』をほとんど自動的に一般化した」ような法の観念として広まることになったという[39]。しかし他方でアーレントは、ギリシア－ローマ由来の法の観念の系譜も存在してきたことを強調する。すなわち、「その本質が命令－服従の関係に依拠せず、また権力と支配、あるいは法と命令とを同一視しない権力と法の観念」の系譜、つまり「法の支配は人民の権力に依拠する」と捉える共和政パラダイムがそれである[40]。ここでは法はあくまでも複数の人々のあいだの「同意」[41]（consent）にもとづくものとされ、それゆえ、なぜ従わなければならないのかを知らぬまま従わざるをえない戒律という含意はここにはない。こうした意味での法を支えているのは「権威の神秘的基礎」ではなく、むしろ「権威の人為的基礎」とでもいうべきものであろう。いずれにせよアーレントはこれら二つの法の観念の系譜のうち後者のほうを積極的に評価する。アーレントがアメリカ革命を高く評価するのも、そこでは法と権力がこのような共和政モデルで捉えられていたからであった。法を主権モデルで捉えるベンヤミンと共和政モデルで捉えるアーレントのあいだに大きな懸隔があることは明白であろう。

（3）法措定のアポリアについて

ベンヤミンのみるところ、法秩序を措定してその正統性を基礎づける作用というのは、暴力的な境界措定――デリダ的にいえば「行為遂行的暴力」という「力の一撃」――であるほかなく、それゆえ法措定の手段の正当性も目的の正しさも、決定不可能な問題とならざるをえない。にもかかわらず――あるいはだからこそ――法は逃れがたい運命のようなものとして人を呪縛し、法措定的／法維持的暴力の悪循環のなかに封じ込めてしまうのであって、ここにベンヤミンは神話的暴力の問題を見て取ったのだった。それでは、共和政モデルで法と権力を考えようとするアーレントの議論の構えには、このような問題は存在しないのだろうか。言い換えれば、神話的暴力のアポリアというのは主権モデルに固有の問題であり、共和政モデルで考えれば回避できる問題なのだろうか。この問いについてはのちほど改めて立ち戻ることにしよう。ここではひとまず、『革命について』（一九六三年）のなかでアーレントが政治体の創設をめぐるアポリアを論じた件りを振り返っておきたい。

アーレントによれば、政治体を新たに創設する場面には二つの悪循環がつきまとう。第一の悪循環は、「人間のつくるあらゆる実定法は、この法に合法性（legality）を与え『高次の法』として立法行為そのものを超越するような、外部の源泉を必要とする[42]」という問題である。新たに措定された法が維持されつづけるためには、何よりも合法性を獲得しなければならないが、かりに措定された法が自らの合法性を基礎づけようとすれば、それは自己言及的な循環構造に入り込むことを意味しよう。とはいえ自分で自分自身を基礎づけるという構図は端的に悪循環といわざるをえない。この悪循環から抜け出るには、法の外部で法措定そのものを基礎づける何らかの――たとえば神や自然法のような――超越的な審級が必要となる。法の合法性は法それ自体によっては基礎づけることができない、ということである。それでは第二に、措定された法の基礎づけを法の外部の超越的な審級に求めるのではなく、法に先行する権力の正統性（legitimacy）に求めるとしたらどうだろうか。その場合には、この権力の正統性それ自体は何によって基礎づけられるかがただちに問題となるが、この権力に先行する審級は論理上存在しない。それでもなおこの権力の正統性を前提とするのであれば、それは「論証されていない前提条件[43]」を導入する悪循環に陥っていることになり、権力の正統性を論証抜きで措定しているといわざるをえない。かくしてアーレントのみるところ、いずれにせよ革命にはこのような悪循環がつねにつきまとい、それとともに「絶対者」(absolute)の審級が必ず要請されることになる。[44]

このような創設のアポリアをめぐるアーレントの議論は、ベンヤミンの提起した問題圏と大きく重なり合う。措定される法の合法性を基礎づけることも、その法を措定する権力自体の正統性を基礎づけることも、いずれも原理上の困難を抱えており、新たな政治体の創設はいわば「権威の神秘的基礎」に依拠せざるをえなくなる――アーレントの提示している問題がこのように整理しうるのだとすれば、ここではベンヤミンの神話的暴力批判と同じような問題圏が視野に捉えられているともいえよう。とはいえ他方、主権モデルに親和的なベンヤミンの議論と共和政モデルに依拠しようとするアーレントとでは、この先の議論の展開にもおのずと懸隔が生じざるをえない。法措定のアポリアからの脱出の道筋について、ベンヤミンとアーレントはそれぞれどのように考えようとしたのだろうか。次節ではここまでの整理をふまえつつ、この問いを改めて検討の俎上に載せることにしたい。

三　純粋暴力の革命と純粋権力の革命――絶対者への問いをめぐって

すでにみたように、ベンヤミンは神話的暴力のアポリアを剔抉したうえで、〈純粋手段の政治〉をそれに対置する。「あらゆる種類の合法手段と違法手段はことごとく暴力なのであって、こういった手段にたいしては、純粋手段として非暴力的な手段が対置されてしかるべきなのだ」。[45] とはいえベンヤミンによれば、たとえ〈純粋手段〉が暴力に対置されたとしても、それによって暴力が一掃されるわけでもない。[46]〈純粋手段〉は、暴力の絶えない世界のただなかで不断に生起する紛争の「間接的」(mittelbar)な解決(Lösung)の手段(Mittel)」ではあっても、「直接的」(unmittelbar)な解決の手段」ではないからだ。[47]〈純粋手段の政治〉とは、あくまでも暴力を不可避の前提としたうえで――いわば手段＝媒介(Mittel)を暴力のもとに(bei)置くこと(Legung)によって――何とか調停(Beilegung)を図ろうとする試みにほかならない。逆にいえば、暴力はこの世界に不可避的に顕現するのであり、そうである以上、あらゆる暴力を完全かつ原理的に排除することなど不可能なのである。だからこそベンヤミンは次のようにいう。「いかなる暴力も完全かつ原理的に排除してしまっては、人間的課題にかんして考えつくかぎりの何らかの解決（Lösung）を思い描くことなどできないし、ましてやこれまでの世界史上のすべての存在状況が呪縛されてきた圏域からの救済（Erlösung）など、およそ思い描くこともできない(48)」。

いま引いた一節の前半で示唆されているのは、暴力を不可避の前提としたうえで間接的な解決を探る方途を考えるほかないということ、要するに〈純粋手段の政治〉の可能性である。しかし後半で示唆されているのは、神話的暴力の呪縛圏からの救済の可能性であり、こうして「あらゆる法理論が注視するのとは別種の暴力への問い(49)」にいやおうなく直面せざるをえないことになる、とベンヤミンはいう。つまり、法との絡み合いを免れた〈純粋暴力〉という観念を考えざるをえないのではないか、というのである。ここでのベンヤミンの理路を整理するならば、以下のようになるだろう。第一に、手段‐目的連関からの脱却という観点からみた場合、あらゆる手段がつねに暴力であるとは限らない以上、非暴力的な〈純粋手段〉という観念を想定することは可能であり必要でもある。第二に、暴力そのものに即して考えてみた場合、暴力はこの世界に不可避的に顕現するにしても、暴力がつねに法と絡み合うかたちで顕現せざるをえないとは限らないのではないか。そうだとすれば、法との絡み合いを免れた純粋な暴力への問いも――少なくとも暴力の可能性の条件への問いとして――思考する余地は残されているのではないか。かくして〈純粋手段〉のみならず〈純粋暴力〉の可能性への問いもまた、ベンヤミンにとってどうしても向き合わねばならない問いとして据えられる。それはとりもなおさず、神話的暴力の呪縛にたいする間接的な解決を考えるだけではなく、この呪縛からの直接的な救済の可能性をどのように考えたらよいのか、という問いでもある。

この純粋暴力は「法の彼岸(50)」の観念として想定され、〈神的暴力〉という名が与えられることになる。このことはこの暴力が端的に〈正義〉の暴力であることを意味しよう。神話的暴力を前提とするかぎり、法が実質的に正義にかなっているかどうかは決定不可能な問いとならざるをえないが、しかし「目的の正しさを決定するのは神である(51)」以上、神的暴力は〈正しい目的としての正義〉を決定する審級でなければならない。正義（正しさ）こそが「あらゆる神的な目的措定の原理」なのである。[52] そうであればこそ神的暴力には、法と暴力との絡み合いを廃絶し、腐敗的・破滅的に機能してきた法的暴力を阻止することが期待される。[53] ベンヤミンのみるところ、一つの法措定的暴力を別の法措定的暴力によって斥けたところで暴力の悪循環を断ち切ることはできないのであって、こうした神話的暴力の悪循環に終止符を打つことができるのが、正しい目的としての正義を決定する審級、神的暴力なのである。これを歴史哲学的な観点に即して言い直せば、「暴力の歴史の終わり（Ausgang）」[54] を望見するまなざしによって初めて神話的暴力の呪縛圏からの脱却の可能性が見えてくる、ということになるだろう。ここに見て取れるのは、神という絶対的な真理の圧倒的な力によって救済の瞬間が到来することへの希求である。あるいは既存秩序の破壊という破局のうちに救済を望見しようとする点で、ここには一種の終末論的な関心が横たわっているといってもよい。いずれにしても、神的暴力という観念のうちにベンヤミンのメシアニズム的志向が色濃く反映されているのは間違いない。

　このことはしかし神的暴力という観念の危うさを物語ってもいる。ベンヤミンによれば、神的暴力とは神の裁きと同じように、「〔有無を言わせず〕一撃を放つもの」（schlagend）であり、「血を流さずに死に至らしめるもの」であり、「罪を浄めるもの」でもあるが、[55] デリダはここにホロコーストの〈最終解決〉と同型的な思考を読み取ろうとする。[56] こうした指摘は少なくともメシアニズム的思考に孕まれる問題の一端を剔抉していよう。暴力／権力／法が絡み合った神話的暴力が、いかに「脅かすもの」であり、「血にまみれたもの」だとしても、[57] 暴力／権力／正義の三位一体としての神的暴力は、それ以上に恐ろしく危険な暴力ともなりかねない。もとより神的暴力という純粋暴力が、現実世界では経験不可能な観念、文字通り純粋な観念にすぎないのであれば、これはあるいは無用な懸念というべきなのかもしれない。しかしベンヤミン自身は、この純粋暴力という観念を梃子にして〈革命〉が可能になると考えていた。「法の彼岸にも暴力が純粋な直接的暴力として存在することが確証されているのであれば、それによって、革命的暴力（die revolutionäre Gewalt）もまた可能であるということ、そして革命的暴力がどのように可能となるかということが示されることになる」[58]。

　ここでいう〈革命的暴力〉とは何か。先に〈純粋手段の政治〉の一例として国家暴力の廃絶を目指すプロレタリア的ゼネストが挙げられていたが、これがベンヤミンのいう革命的暴力の一つの現われなのか。それについてベンヤミンのテクストは明示的には語らない。しかし確実にいえることは、革命的暴力が遂行される場合には神的な純粋暴力――アーレントのいう〈絶対者〉の審級――がやはり法の外部（法の彼岸）に想定されている、ということである。もとよりこの〈絶対者〉は、それ以上の基礎づけを必要としないという意味で、至高の暴力（権力）でなければならないだろう。このような思考枠組みは依然として主権モデルに親和的であるともいえる。ベンヤミンの暴力批判論は、ボダン＝ホッブズ以来の主権国家論を批判の俎上に載せ、主権の謎を神話的暴力という観点から説き明かし、主権モデルの暗黙のコードを暴き出そうとするものだったといってよいが、その試みは同時に主権モデルを行為遂行的に跡づけるという側面をも含むだろう。ベンヤミンが神的暴力による神話的暴力の阻止を構想するとき、現に存在するのとは別の主権（至高の権力）を打ち立てるという筋立てにどうしても近づき、〈最終解決〉の思考に近づいてしまうようにみえるのも、この主権モデルの枠組みに関わっているとみることもできよう。

一方、主権モデルから距離をとろうとするアーレントは、こうした〈革命〉と〈絶対者〉をめぐる問題をどのように考えるのだろうか。アーレントのみるところ、政治体を新たに創設する革命の場面ではどうしても基礎づけの悪循環が生じざるをえず、それゆえ絶対者の審級が必ず要請されざるをえない。たとえばフランス革命の場合、法の合法性の基礎づけと権力の正統性の基礎づけの悪循環を一挙に解消するために国民主権・一般意志という概念が導入され、主権者たる人民（国民）の意志に法と権力の権威の源泉が求められたが、アーレントによれば、その実態は生命の必然性に衝き動かされた人間たちの恣意的で浮動的な「集団的利害」[59]にすぎず、創設を揺るぎなく基礎づける絶対者として適切であったとはいえない。だからこそロベスピエールは「不滅の立法者」という「恒常的で超越的な権威の源泉」を必要とし、〈最高存在〉という絶対者を崇拝する革命祭典を導入せざるをえなくなった[60]。しかしそうした努力も虚しくフランス革命は、結局のところ人民の自然的な力（暴力）の奔流――「群衆の前政治的な自然的強制力」――によって押し流されて失敗に終わる[61]。絶対者は革命で必ず要請されざるをえないにせよ、フランス革命はこの問題に適切に対応できなかった――これがアーレントの見立てであった。

ここで問題視されているのは絶対者それ自体というよりはむしろ、命令‐服従の関係で法を捉えるヘブライ‐キリスト教的な伝統、そして法と権力とを同時に基礎づける絶対的な審級としての主権の概念である。アーレントによれば、法の本質を命令のうちにみるヘブライ‐キリスト教的伝統を前提とするかぎり、その命令の妥当性（法の合法性）を正当化する神的な審級がどうしても必要となる。ところが国民主権・一般意志という概念は、（現世の）人民の自然的な存在を「神格化」(62)した虚構にすぎないため、措定された法の合法性も法を措定する権力の正統性も十分に基礎づけることができない。それゆえフランス革命は絶対者をめぐる悪循環に適切に対処できなかったというわけである。一方、それとは対照的にギリシア‐ローマの法観念は「神の支えを必要としなかった」という(63)。アメリカ革命がモデルとしたのはこの（とりわけローマの）法観念であるとされ、かくして主権モデルのフランス革命と共和政モデルのアメリカ革命とが対置されることになる。

もとよりアーレントが成功した革命とみなすアメリカ革命の場合でも、絶対者が必要とされた点ではフランス革命と変わるところはない。しかもジョン・アダムズが「宇宙の偉大な立法者」によって法を基礎づけようとし、ジェファーソンが独立宣言の前文で「自然の法、自然の神」や「自明の真理」を持ち出すように、ここでも神性を帯びた絶対者が法の基礎づけのために要請されている(64)。「世俗的な法の本質が命令であるとすれば、その命令に妥当性を与えるのに必要となるのは神性であり、自然ではなく自然の神であり、理性ではなく神によって導かれた理性〔が認識する「自明の真理」〕であった(65)」。アメリカ革命においても、法の本質を命令と捉えるヘブライ‐キリスト教的伝統が払拭されていたわけではなかったのだ。しかしアーレントのみるところ、アメリカ革命は創設の悪循環をうまく回避することができた。その唯一の理由は、「アメリカ革命の人々が、権力の根源は下から、人民の『草の根』から生じるのにたいして、法の源泉は『上』の何か高次の超越的な領域にあるとみなして、権力と法とを曖昧さを残すことなくはっきりと区別したことにあった(66)」。つまりアメリカ革命の人々は、法の合法性の基礎づけと権力の正統性の基礎づけの問題とを峻別しており、だからこそ――法の基礎づけの悪循環については十分に回避しきれなかったとはいえ――権力の正統性を揺るぎなく基礎づけることができた、ということである。ここにこの革命の成功の要因があったとアーレントはみる。

権力の根源は下から、人民の「草の根」から生じる――これだけ見ると国民主権論とさして変わらないようにもみえる。しかしここでは人民の自然的な存在それ自体が絶対者とみなされているのではない。「アメリカ革命の人々が自分たちを『創設者』と考えていたという事実そのものが、新たな政治体の権威の源泉は結局のところ、不滅の立法者や自明の真理やその他の超越的で現世を超えた源泉などにあるのではなく、むしろ創設行為（the act of foundation）そのもののうちにあるということを、彼らがいかによく知っていたかを示している。こうして、あらゆる始まり（beginning）が不可避的に巻き込まれる悪循環を断ち切るための絶対者を捜し求めるのは無駄なことだ、ということになる。この『絶対者』は始まりの行為そのもののうちにあるからだ」[67]。「創設行為」とは端的にいえば「約束（promise）によって権力が構成される相互契約」[68]のことを指す。つまり、平等で互恵関係にある複数の人々が互いに約束することをつうじて自分たちの力を「新しい権力構造」へと集結させること[69]、これが「創設行為」にほかならない。アーレントからすれば、この「創設行為」そのものを〈絶対者〉に据えれば、措定された法の合法性を基礎づけるために神のような超越的な審級を導入する必要もなく、権力の正統性も「約束によって権力が構成される相互契約」によって担保されるので[70]、こうして創設の基礎づけをめぐる悪循環は解消されることになる。

　こうした議論はもちろんアーレント固有の〈権力〉概念に支えられている。アーレントの語法によれば、複数の人々が活動のために互いに結びつく場合にのみ、権力は存在する。逆にいえば、人々が互いに結びつくのをやめて互いを見棄てる場合には、権力は消滅する[71]。つまり、権力は行為遂行それ自体を不可欠の条件とするのであって、だからこそ約束が権力を存続させる手段として必要とされる。こうしてみると政治体の創設を基礎づけるのは、何よりも約束という行為の遂行それ自体だということになる。そして約束を遂行することのみが権力を実質的に支えるのだとすれば、アーレントは〈純粋権力〉の行為遂行こそ創設を支える審級とみなしていたといってもよい。創設は〈純粋権力〉の行為遂行によって基礎づけられ、行為遂行それ自体のほかに基礎づけの根拠を必要としない――権力が自分で自分自身を基礎づけるというこの構図はしかし、ベンヤミンのいう法措定的暴力、デリダのいう行為遂行的暴力の構造に限りなく近づいていないだろうか。そうだとすれば「権威の神秘的基礎」がここに潜んでいる可能性はないだろうか。

このように考えてみるならば、アダムズやジェファーソンが神性を帯びた絶対者を要請したという事実に改めて目を向けざるをえなくなる。これは〈純粋権力〉が「権威の神秘的基礎」を呼び込まざるをえないことを如実に示しているようにみえるからだ。もとよりアーレント自身もこの問題を無視できなかったわけだが、アメリカ革命の場合は創設行為そのものに権威を賦与することでこの陥穽を何とか回避できたのだと説明していた。だが、はたしてそうなのか。主権モデルに依拠したフランス革命でロベスピエールが「不滅の立法者」に縋ろうとしたことと、はたしてどれだけ違いがあるのか。共和政モデルは「権威の神秘的基礎」を「権威の人為的基礎」に置き換えたのかもしれないが、それが〈純粋権力〉の行為遂行を賭け金とするものであるかぎり、主権モデルと同じく（あるいはそれ以上に）行為遂行的暴力の構図に落ち込んでしまっているのではないか[72]。アーレントの議論を少し突き放したかたちでみれば、少なくともこうした問いが生じるのは避けられない。

おわりに――暴力批判論のために

ベンヤミンとアーレント――二人の思想家はともに道具的暴力観にもとづく近代の統治権力のありようを批判の俎上に載せ、政治的なものの概念を手段-目的連関の呪縛から解き放つことを目論んだ。また、近代の政治の文法を支えているのが暴力／権力／法の絡み合いだと捉えている点で、両者の視座は重なり合う。他方、ベンヤミンは純粋暴力の観念を手がかりに暴力の歴史に終わりをもたらす革命の可能性について語り、アーレントは純粋権力の徹底的な行為遂行によって新たな政治体の始まりをもたらす革命の道筋を描き出そうとする。二人の思想家の目指す方向はある意味で見事なまでに好対照を示しているが、それでも両者がここで同じような問題に直面していることは間違いない。〈革命〉と〈絶対者〉をめぐる問題がそれである。革命を遂行する力のことを暴力と呼ぶのか権力と呼ぶのかという問題をひとまず措けば、革命の場面で何らかの絶対者の審級が呼び出されるという構図は両者に共有されているといってよい。

なるほど、主権モデルを斥けようとするアーレントの思考が、ベンヤミンの神的暴力の観念と折り合いが悪いのは否めないだろう。神的な審級を絶対者に据える思考――ヘブライ-キリスト教的伝統――は、アーレントにあっては主権モデルと密接不可分なものと捉えられていた。アーレントによれば、「神的な絶対者（divine absolute）の地上における顕現（incarnation）」は、まずは司教と教皇、次に国王（絶対君主）、最後に国民主権のかたちをとったという。[73] つまり、西欧思想の伝統には神的な絶対者を想定する思考の系譜が連綿としてあり、そのなかで登場した主権という概念も「神的な絶対者の地上における顕現」というかたちをとっている、ということである。アーレントの眼からみれば、神的暴力もまたこうした神学的な思考の系譜に連なる観念に映ったかもしれない。

とはいえベンヤミンのいう神的な純粋暴力は、現実の革命的暴力を可能にする観念ではあっても、現実世界で遂行される革命的暴力そのものではない。言い換えれば、純粋暴力という観念、神的暴力という観念は、経験的に認識しうるものではない。「純粋暴力がいつ特定の事例において現実に存在したのかについては、人間にとってただちに決定できることではないし、ただちに決定しなければならないことでもない。というのも、暴力の浄罪的な力は人間に見えるものではないので、超絶的に作用しつつ現われる〔奇跡のような〕場合を除けば、神的暴力はそれとしてはっきり認識できるものではなく、認識できるとすればそれは神話的暴力だけだからだ」。[74] かりに国家暴力の廃絶を目指して革命的暴力が遂行されたとしても、それが本当に純粋暴力に相当するのかどうか――純粋暴力がいつ特定の事例において現実に存在したのか――については、事後的にすら決定することができない。逆にいえば、当の革命的暴力が正しい目的としての正義を決定する審級を自任する場合には、それこそ最終解決のような野蛮な暴力に転じてしまう、ということにもなる。その意味では、神的暴力という純粋暴力を人間的世界の此岸にそのまま持ち込むことの危うさは、誰よりもベンヤミン自身が自覚していたというべきだろう。[75]

こうしてみると、アーレントとベンヤミンの距離はふたたび近づいてくるともいえる。両者はともに神性を帯びた超越的な審級を現実世界にそのまま持ち込むことを警戒した。だからこそアーレントは神的な絶対者を地上に顕現させてしまう主権の概念を問題視したのであり、ベンヤミンは神的暴力という純粋暴力を人間的世界の彼岸の領域に据えたのだった。こうして人間的世界の此岸で語りうる政治のありようとして、〈純粋目的の政治〉（アーレント）と〈純粋手段の政治〉（ベンヤミン）とが掲げられることになる。しかしアーレントが神的な絶対者を斥けるのにたいして、ベンヤミンは神的な純粋暴力の観念をけっして手放さないし、この観念を梃子にした革命的暴力への期待も隠そうともしない。それでは革命的暴力は現実世界でいかにして遂行されるのか。神的な純粋暴力が人間的世界にそのまま持ち込まれないにせよ、純粋暴力の観念が革命的暴力を可能にするという以上、革命的暴力が神的暴力と無関係であるわけではないだろう。だが、そこにはいかなる関係があるというのか。

　この問いを考えるために、ベンヤミンがヴァイマル期ドイツの議会を批判した件りを改めて振り返っておきたい。ベンヤミンによれば、当時の議会が凋落した理由は、「自らの存在の基盤となっている革命的な力（die revolutionäre Kräfte）を意識しないままになっていた」点にあった。つまり、議会には「そこに表象（repräsentieren）されている法措定的暴力」が潜んでいるはずなのに、そうした暴力への意識が欠けていた点にこそ問題がある、ということである。もとより「革命的な力」も議会のなかでは――神的暴力ではなく――「法措定的暴力」として表象〔代理〕される。ベンヤミンからすれば、たとえ神的暴力を法の彼岸に想定したとしても、革命的な力（革命的暴力）は人間的世界では法措定的暴力として表象〔代理〕されるほかない。しかし、それでも「法的制度のなかには〔革命的＝法措定的〕暴力が潜在しているという意識」があれば、その法的制度は凋落しないで済むかもしれない。そうだとすれば、法の彼岸にある神的な純粋暴力を見据えつつ神話的暴力からの救済を望見すること、そうした純粋暴力の観念に導かれて国家暴力を廃絶する革命を遂行すること、そのうえで自らを生み出した革命的な力を意識しつづける仕組みを設けて維持すること、これが人間的世界で可能なことなのではないか――ベンヤミンの行論を辿ってみると、こうした理路が浮かび上がってくる。(76)

　このような読み方が成立するのだとすれば、ベンヤミンの議論をふたたびアーレントに近づけて考えることが可能となろう。革命（新たな政治体の創設）をいかに基礎づけるかという問題だけでなく、革命のあとに「革命精神（revolutionary spirit）をいかに維持するのか」(77)という問題もまた、アーレントにとってきわめて重要な意味をもっていたからだ。もとよりここには厄介な問題が伏在している。アーレントによれば、〈革命精神〉が一方でまったく新たなものを生み出し、他方で持続するものを生み出さねばならないのだとすれば、二つのベクトルのあいだには一種の緊張がある。何かを新たに始めることが時間の連続的な流れに亀裂を持ち込むことなのだとすれば、それは同じ事柄をそのまま持続する営みとは論理的に噛み合わない。しかも、新たな政治体の創設を支える純粋権力の遂行が「活動する自由」(freedom to act)に支えられているかぎり、もしも持続的な制度の枠のなかにこの自由を嵌め込もうとすれば、それは「自由の創設」という所期の目的に反することにもなりかねない。「ここからは不幸な帰結が出てくるようにみえる。つまり、革命の成果そのものに最も危険で最も鋭い脅威を与えることになるのは、その成果をもたらした当の革命精神にほかならない、ということである。活動する自由という最も高尚な意味における自由は、創設のために払わねばならない代償となるのだろうか?」[78]。

アーレントのみるところ、この難問に十分に対応することのできた革命は――少数の範例的な事例を除けば――皆無に等しく、あらゆる革命の歴史は結局のところ〈革命精神〉が忘却されていった歴史でもある。あるいはベンヤミンの語法に即していえば、法措定的暴力がただちに法維持的暴力によって代理されるとともに、〈革命的な力〉を忘却した法的制度――たとえばヴァイマル期ドイツの議会――は神話的暴力の呪縛に人を搦め取るだけの機構と化し、当の法的制度を生み出したはずの〈革命的な力〉を自ら衰弱させてしまうことになる。このような〈革命精神〉の忘却、〈革命的な力〉の忘却を克服しうる方途ははたしてあるのか。言い換えれば、新たな政治体の創設を支えた〈革命精神〉をその後も維持しつづけるような制度ははたして可能なのか。アーレントはこの問いを解くための手がかりとして評議会制を挙げる。アーレントにいわせれば、評議会(council)とは――少なくとも理念としては――革命という例外状態が終結するとともに解散する一時的な臨時組織ではなく、〈革命精神〉を維持しつつ永続的に存続する機関であろうと図る制度にほかならない[79]。ここに示されているのは「反復革命」[80](recurring revolution)という理念、要するに永久革命という理念であろう。つまり、新たな政治体の創設を一回限りの出来事で終わらせず、創設行為そのものを永久に反復しつづける、ということである。〈始まり〉とは一回限りの出来事ではなく、何度でも新たに始めることができるということ――アーレントはそうした〈始まり〉の可能性を救い出そうとしたのだといってもよいのかもしれない[81]。

これはアーレントの〈純粋目的の政治〉からすれば当然の帰結でもあり、同時に脱構築批評の観点からの批判的コメントにたいする応答でもある。アーレントのみるところ、政治体の創設を基礎づけるのは何よりも約束するという行為の遂行それ自体であったわけだが、脱構築批評の観点からいえば、発話者の意図が純粋に現前している行為遂行的な言明などありえないのであって、約束という行為遂行的な言明が事実確認的な言明へすり替えられるのは避けられない。起源の法措定は自分自身を反復することによって自らを基礎づけるほかないが、とはいえその基礎づけは原理的に不可能なのであって、だからこそ約束は無限に反復されざるをえない。ここに創設のアポリアを見て取るのが脱構築批評の捉え方であり、こうした指摘そのものは正鵠を射ているといわねばならないだろう(82)。とはいえアーレントの思考に即していえば、こうした約束の不可能性と反復可能性は〈政治〉を不可能にする条件ではけっしてなく、むしろこれこそが〈政治〉の可能性の条件にほかならないのではないか。約束が原理的に不可能であるからこそ、約束を何度でも新たに始めるほかないのであって、そうした行為遂行の反復のなかで初めて〈政治〉は可能になるのではないか。アーレントにとって約束のアポリアとは、とりもなおさず〈政治〉の可能性の条件そのものだったのではないだろうか。

もとよりこうした〈政治〉を支える手段は言葉を措いてほかにない。ここにおいてアーレントの〈純粋目的の政治〉とベンヤミンの〈純粋手段の政治〉は互いに限りなく接近する。その結節点となるのが〈言語をつうじた合意・同意の形成〉である。ただしこれは理性的で透明な意思疎通《コミュニケーション》として成立するわけではない。アーレントは何かを新たに始める「活動する能力」と「嘘をつく能力」とは相互に関連していると述べ(83)、ベンヤミンは「話し合い」において「嘘は処罰されない」という(84)。そうだとすれば、合意・同意を形成する手段としての言語とは、一種の折衝交渉《ネゴシエーション》の技術とでもいうべきものなのかもしれない。いずれにせよ、約束の徹底的な遂行を要請するアーレントの〈純粋目的の政治〉も、「活動（action）の予言不可能性(85)」という人間精神の暗闇を見据え、嘘をも含む言語行為を不可欠の手段としている以上、ベンヤミンのいう〈純粋手段の政治〉と必ずしも相反するものではないだろう。

もちろんこの先にはさらに検討すべき課題が控えている。ベンヤミンについていえば、たとえば論考「言語一般および人間の言語について」（一九一六年）などで示される〈純粋言語〉の観念も視野に入れる必要があるだろうし、アーレントについていえば、『人間の条件』（一九五八年）で示される〈約束〉の観念や『精神の生活』（一九七八年）で示される

〈意志〉をめぐる考察への立ち入った検証が必要ともなるだろう。そうした課題の検討については別稿に譲らざるをえない。ここでは第一に、ベンヤミンとアーレントが法措定（政治体の創設）にはいやおうなくアポリアがついて回ることを剔抉したということ、第二に、ベンヤミンもアーレントもこのアポリアからの脱出の方途を探ろうとしたが、主権モデルに依拠するのであれ共和政モデルに依拠するのであれ、彼らの試み自体がアポリアを抱え込んでいるということ、第三に、それでもそうしたアポリアこそがむしろ〈政治〉一般の可能性の条件を示唆しているのではないかということ――こうしたことを暴力批判論の再構成のための覚え書きとして書き留め、ひとまず稿を閉じることにしたい。

＊引用・参照した欧文テクストについては、便宜的に邦訳の該当頁数のみを注記するにとどめたが、訳文については必ずしも訳書をそのまま踏襲せず適宜修正を加えた。なお、引用文に字句を補った箇所については亀甲括弧〔 〕で括って示した。

＊W・ベンヤミン「暴力批判論」にかんしては、野村修訳「暴力批判論」（『暴力批判論 他十篇』岩波文庫、一九九四年、所収）、浅井健二郎訳「暴力批判論」（『ドイツ悲劇の根源（下）』ちくま学芸文庫、一九九九年、所収）、山口裕之訳「暴力の批判的検討」（『ベンヤミン・アンソロジー』河出文庫、二〇一一年、所収）など複数の邦訳が存在するが、ここでは便宜的に浅井訳の該当頁数のみを示すことにした。ただし訳文については野村訳・山口訳も参照しつつ修正しているため、その結果が訳文に反映されているようなケースも少なくない。

＊本稿で提示したW・ベンヤミン「暴力批判論」の読解については、拙著『暴力』（岩波書店、二〇〇六年）と重複する記述も含まれる一方、解釈について修正を加えた部分も含まれているが、そうした前著との異同については逐一注記することはしていない。

（1）H・アーレント、山田正行訳『暴力について――共和国の危機』みすず書房、二〇〇〇年、九七頁。
（2）M・ヴェーバー、脇圭平訳『職業としての政治』岩波文庫、一九八〇年、九頁。
（3）H・アーレント『暴力について』、一〇三―一〇四頁。
（4）H・アーレント『暴力について』、一〇三頁。

(5) H・アーレント『暴力について』、一五七頁以下。
(6) W・ベンヤミン、浅井健二郎訳「暴力批判論」、『ドイツ悲劇の根源(下)』ちくま学芸文庫、一九九九年、二二八—二二九頁。
(7) W・ベンヤミン「暴力批判論」、二五〇頁。
(8) W・ベンヤミン「暴力批判論」、二四七頁。
(9) W・ベンヤミン「暴力批判論」、二四七頁。
(10) W・ベンヤミン「暴力批判論」、二四八頁。
(11) W・ベンヤミン「暴力批判論」、二四八頁。
(12) W・ベンヤミン「暴力批判論」、二七七頁。
(13) J・デリダ、堅田研一訳『法の力』法政大学出版局、一九九九年、一三四—一三五頁。
(14) J・デリダ『法の力』、三三頁。
(15) J・デリダ『法の力』、二六頁。
(16) W・ベンヤミン「暴力批判論」、二六七頁。
(17) W・ベンヤミン「暴力批判論」、二六八頁。
(18) W・ベンヤミン「暴力批判論」、二六九頁。
(19) W・ベンヤミン「暴力批判論」、二七七頁。
(20) "Auf und Ab"に当てた訳語「揺れ動き」については、山口裕之訳「暴力の批判的検討」(『ベンヤミン・アンソロジー』河出文庫、二〇一一年、所収)を踏襲した(同書七八頁参照)。
(21) W・ベンヤミン「暴力批判論」、二七七頁。
(22) W・ベンヤミン「暴力批判論」、二五一頁。
(23) W・ベンヤミン「暴力批判論」、二七七頁。
(24) W・ベンヤミン「暴力批判論」、二七七頁。
(25) W・ベンヤミン「暴力批判論」、二六二頁。
(26) W・ベンヤミン「暴力批判論」、二六二頁。
(27) W・ベンヤミン「暴力批判論」、二五二—二五三頁。

(28) W・ベンヤミン「暴力批判論」、二六〇―二六一頁。
(29) W・ベンヤミン「暴力批判論」、二五六―二五八頁。
(30) W・ベンヤミン「暴力批判論」、二五八頁。
(31) W・ベンヤミン「暴力批判論」、二五六頁。
(32) H・アーレント『暴力について』、一四〇頁。
(33) H・アーレント『暴力について』、一四〇頁。
(34) H・アーレント『暴力について』、一四〇頁。
(35) H・アーレント『暴力について』、一三三頁。
(36) H・アーレント『暴力について』、一四〇頁。
(37) W・ベンヤミン「暴力批判論」、二六五―二六六頁。
(38) W・ベンヤミン「暴力批判論」、二七〇頁。
(39) H・アーレント『暴力について』、一二八頁。
(40) H・アーレント『暴力について』、一二九頁。
(41) H・アーレント『暴力について』、一二九頁。
(42) H・アーレント〔アレント〕、志水速雄訳『革命について』ちくま学芸文庫、一九九五年、二五〇頁。
(43) H・アーレント『革命について』、二五〇頁。
(44) H・アーレント『革命について』、二四五頁。
(45) W・ベンヤミン「暴力批判論」、二五三頁。
(46) なお、ここで「純粋手段として非暴力的な手段が対置されてしか、る、べ、き、な、の、だ」といわれるとき、許可・認容の意を添える話法の助動詞dürfen（英語mayに相当する助動詞）が用いられている。つまり、〈暴力にたいして純粋手段を対置することには相応の理由がある〉、ということである。〈純粋手段〉が暴力に「対置」されることは当然だとみなされているにせよ、それが暴力の根絶をもたらすだろうというような見通しが――可能性としても当為としても――ここで示唆されているわけではない。
(47) W・ベンヤミン「暴力批判論」、二五三頁。
(48) W・ベンヤミン「暴力批判論」、二六一頁。

(49) W・ベンヤミン「暴力批判論」、二六二頁。
(50) W・ベンヤミン「暴力批判論」、二七七頁。
(51) W・ベンヤミン「暴力批判論」、二六三頁。
(52) W・ベンヤミン「暴力批判論」、二六六頁。
(53) W・ベンヤミン「暴力批判論」、二六九―二七〇頁。
(54) W・ベンヤミン「暴力批判論」、二七六頁。
(55) W・ベンヤミン「暴力批判論」、二七〇頁。
(56) J・デリダ『法の力』、一九三―一九四頁参照。
(57) W・ベンヤミン「暴力批判論」、二七〇頁。
(58) W・ベンヤミン「暴力批判論」、二七七―二七八頁。
(59) H・アーレント『革命について』、三六七頁。
(60) H・アーレント『革命について』、二九八―二九九頁。
(61) H・アーレント『革命について』、二九三―二九四頁。
(62) H・アーレント『革命について』、二九六頁。
(63) H・アーレント『革命について』、三〇一頁。
(64) H・アーレント『革命について』、二九九―三〇〇頁。
(65) H・アーレント『革命について』、三一三―三一四頁。
(66) H・アーレント『革命について』、二九六頁。
(67) H・アーレント『革命について』、三二六頁。
(68) H・アーレント『革命について』、二六四頁。
(69) H・アーレント『革命について』、二六三頁。
(70) さらにいえば、「権力の正統性は最初に人々が集まることに由来するのであって、その後に続くであろう何らかの活動（action）に由来するのではない」（H・アーレント「権力について」、一四一頁）。
(71) H・アーレント『革命について』、二七〇頁。

(72) これはデリダが論考「独立宣言」(一九八四年)で取り上げた問題でもある。独立宣言で創設を宣言する主体は「人民」であるわけだが、しかし「人民」はこの宣言以前にはそのものとしては存在していない。にもかかわらず「人民」をいわば論理的に先取りして創設の主体として名指さなければ、創設そのものが不可能になってしまう。要するに「人民」というのは、創設を宣言する行為遂行のなかで初めて存在するようになるのであって、こうした「人民」の存在を先取りして正統性の根拠とする政治体は、いやおうなく行為遂行的暴力の「力の一撃」によって支えられざるをえないことになる。いずれにせよ独立宣言の事例にみられるのは、新たな政治体の創設が「宣言」によって事実確認されているのか、それとも生み出されているのか、そのどちらなのかが決定できないということ――つまり行為遂行的な構造と事実確認的な構造とのあいだの決定不可能性なのであり、しかもこうした曖昧さは創設の効果を生み出すためにむしろ要請されているということである(J・デリダ、宮﨑裕助訳「アメリカ独立宣言」、『思想』一〇八八号〔二〇一四年一二月号〕、五二―六三頁参照)。なお、デリダの独立宣言論については、宮﨑裕助「国家創設のパフォーマティヴと署名の政治――ジャック・デリダの「アメリカ独立宣言」論」(『思想』一〇八八号〔二〇一四年一二月号〕、六四―八七頁)が見通しのよい整理を行なっている。

(73) H・アーレント『革命について』、三一二頁。

(74) W・ベンヤミン「暴力批判論」、二七八頁。

(75) たとえば断章「神と歴史」(一九一九―一九二〇年)でベンヤミンは次のように記している。「ここ〔神政政治の問題〕で基本原理としなければならないことは、真の神的暴力が破壊的ではないかたちで顕現することができるとすれば、それは来たるべき(成就された)世界においてしかないということである。これにたいして、神的暴力が現世世界のなかに入り込んでくる場合には、そこには破壊がみなぎることになる。したがってこの世界においては、いかなる恒常的なものも、またいかなる形成も、神的暴力を根拠に据えることはできない。ましてや、神的暴力を根拠にして、支配をこの世界の最高原理として打ち立てることはできない」(W・ベンヤミン、道籏泰三訳『来たるべき哲学のプログラム』晶文社、一九九二年、三四九頁、強調原文)。

(76) こうしてみると、〈純粋手段の政治〉の例として示された二つの事例――プロレタリア的ゼネストと外交官の交渉――は、〈例外状態における革命の遂行〉と〈通常状態における調停の遂行〉に対応しているといえるだろう。なお、〈純粋手段の政治〉と対照的な事例としてヴァイマル期ドイツの議会が挙げられるわけだが、市野川容孝『社会』(岩波書店、二〇〇六年)も強調するように、ベンヤミンは議会そのものを全面的に否定しているわけではない。「すぐれた(hochstehend)議会であれば、それでもなお比較的望ましく、喜ばしいものであるかもしれない。しかし、政治的合意のための原理的に非暴力的な手段について論じる場合には、議会主義（Parlamentarismus）を取り上げるわけにはいかない」（W・ベンヤミン「暴力批判論」、二五二頁）。ここでベンヤミンが批判の矛先を向けているのは、革命的（法措定的）暴力にふさわしい「決定」を下すのを避け、ひたすら「妥協」を至上命題とする硬直した「議会主義」なのであって（同書二五一頁参照）、「すぐれた〔高い水準を維持した〕議会」の可能性については含みを残した言い方となっている。永久革命を遂行する「評議会」の可能性を救い出そうとしたアーレントと重なる志向を、ここに読み取ることも不可能ではないだろう。ただし、ベンヤミンの議論において議会の潜勢力はあくまでも〈純粋手段の政治〉の可能性の一つとして位置づけられるべきものなのであって、「議会制を超える議会制」を神的暴力そのものと等置しようとする市野川の解釈はやはり少々無理があるように思われる（市野川前掲書、七二―八四頁参照）。

(77) H・アーレント『革命について』、三八四頁。

(78) H・アーレント『革命について』、三七五―三七六頁。

(79) H・アーレント『革命について』、四二〇頁。

(80) H・アーレント『革命について』、三七九頁。

(81) こうした〈始まり〉の反復可能性はおのずと世代を超えてゆくことになるが、ここではこの点について立ち入って論じる準備はない。アーレントにおける〈始まり〉の思想については、森川輝一『〈始まり〉のアーレント――「出生」の思想の誕生』（岩波書店、二〇一〇年）、とりわけ第5章における緻密な分析を参照されたい。

(82) アーレントにおける行為遂行性の問題については、B・ホーニッグが立ち入った分析を加えている（cf. Bonnie Honig, *Political Theory and the Displacement of Politics*, Cornell University Press, 1993, Chap. 4）。また、デリダの論考「独立宣言」（一九八四年）はアーレントを直接的に論じているわけではないが、実質的にはアーレントのアメリカ革命論への批評として読むことができるだろう（註72参照）。他方、〈約束〉に即していえば、たとえばP・ド・マンは『読むことのアレゴリー』（一九七九年）において、ルソーの社会契約のうちに「約束の不可能性が証明されているにもかかわらず約束を繰り返し導入してしまう事態」を見て取り、そうした事態は「言語そのものが認識を行為から解離させてしまう」点に起因すると捉えていた（P・ド・マン、土田知則訳『読むことのアレゴリー――ルソー、ニーチェ、リルケ、プルーストにおける比喩的言語』岩波書店、二〇一二年、三五八頁参照）。

(83) H・アーレント『暴力について』、三―四頁。

(84) W・ベンヤミン「暴力批判論」、二五三頁。

(85) H・アーレント〔アレント〕、志水速雄訳『人間の条件』ちくま学芸文庫、一九九四年、三八一頁。

ホッブズの政体移行論
——ローマの内乱から得た教訓

上田悠久

はじめに

哲学者ホッブズは歴史家でもある。彼はトゥキディデス『戦史』の翻訳によってキャリアを開始し、『法の原理』『市民論』『リヴァイアサン』といった政治哲学の作品中でも歴史について少なからず触れている。さらに彼はイングランド内乱を描いた『ビヒモス』を始めとして『教会史』や『異端に関する歴史叙述』など政治・宗教対立に関する歴史を描写し、晩年にはホメロスの『イリアス』『オデュッセイア』翻訳も成し遂げるなど、生涯にわたって歴史への関心を持ち続けた[1]。一方で彼は、「事実に関する知識」に位置づけられる歴史と、哲学者が必要とする「断定の他の断定との連結に関する知識」である学知scienceとを峻別し、学知の無謬性を強調する[2]。つまり「事実に関する知識」とされた歴史は学知に一歩劣った存在として扱われている。ではホッブズはなぜそれでも歴史について語り続けたのだろうか。

政治思想の伝統において、政体移行は歴史の持つ個別性と法則性の両方が現れるテーマであった。例えばプラトンは『国家』において個別具体的な歴史の観察よりも理論的法則性の発見に重きを置き、内乱などを契機とした国制変動の一般法則を示した[3]。一方アリストテレスはギリシアの国制変動の様々な事例を検討するが、国制変動の原因が一般に内乱であることは確認するものの、プラトンとは異なり政体から政体への変化に法則性のようなものは見出さない[4]。政体移行論における一般性と個別性の拮抗は、「自然の法則」としての「政体循環論」とその循環から脱却する知恵としての「混合政体論」を提示するポリュビオスによって止揚される。彼は、ローマ史を論じるためには政体循環論という「自然の法則」を述べるだけでは不十分であり、循環からの脱却を図ったローマ史の事例を具体的に見る必要があると示唆するのである。(5)

このように観察と法則性の発見が相補的に機能する歴史叙述をホッブズも実践していた。先行研究は、ホッブズが古代ギリシアの歴史に対して関心を持ち、特にトゥキディデスの描く歴史にある種の「科学性」を見出したと指摘している。(6)また哲学体系の構築に取り組んでからのホッブズは、伝統的な「教訓」としての歴史叙述を否定したと考えられてきた。(7)一方本稿では、歴史から一般法則を引き出し、科学と科学ならざるものを融合させる歴史叙述の伝統をホッブズが継受したことを、ローマ史に対する彼の関心、そして政治学の伝統的な主題である政体論、とりわけ政体移行論についての彼の見解から探っていく。(8)ホッブズはローマの歴史から、内乱(9)によって君主制から共和制へ、そして再び君主制へと移行する法則性を学び取った。(10)そして彼の政体移行論は、ローマ史の位置づけとともに著作間で変化していた。ホッブズはローマ史という具体的な歴史事象から法則を引き出し、さらにその法則を洗練させ応用可能な理論として確立したのである。

一　「タキトゥス論」——元首政成立過程と内乱

ホッブズが人文主義者としてのキャリアを積んでいた一六二〇年頃に作られ、ホッブズが執筆に関与したと推定される一群の論考、いわゆる「三つの論考」Three Discourses の一つに、タキトゥスの『年代記』にかんして考察した「タキトゥスの冒頭部分に関する論考」A Discourse upon the Beginning of Tacitus（以下「タキトゥス論」）がある。(11)これはアウグストゥス（オクタヴィアヌス）がいかにして君主権威を得たのかを描くもので、スキナーは新しい君主の危険に対する教訓を説くという歴史叙述の実践であると説明する。(12)一方木村俊道は、共和制から帝政への移行とそれを可能にした「新君主」アウグストゥスを「統治の技術」の学識あるマスターであるとホッブズが評価していると指摘し、共和主義とは明確に区別され、君主政下の宮廷などで展開された、政治的思慮や国家理性を言語とする人文主義へのホッブズの接近を読み取ろうとする。(13) タックによれば「タキトゥス論」において、内乱を回避するために君主が群衆を操作する必要が述べられており、タキトゥスに学んで国家理性や政治的思慮など君主の支配を積極的に擁護する「タキトゥス主義」が表明されている。(14) ところでタキトゥス本人は古代ローマの栄枯盛衰やアウグストゥス時代について簡潔に述べるにとどめ、詳細は他の優れた歴史書に委ねている。(15) これに対し「タキトゥス論」では、タキトゥスの簡潔な説明に対し膨大な注をつけるようにしてアウグストゥス帝政成立史、すなわち政体移行に焦点が当てられる。つまり「タキトゥス論」は、タキトゥスへの関心や国家理性論に収斂され得ない要素を含んでいる。本稿ではホッブズがローマ史から学んだ政体移行論を明らかにするべく、「タキトゥス論」で詳述されるローマ政体の変遷に注目する。

まず「タキトゥス論」ではローマの王制が暴政を理由として打破される様子が描かれる。ローマはロムルスにより建国され世襲王制が続いたが、タルクィニウス王の高慢さや暴政は、暴動を起こし政体を変更する口実をルキウス・ブルートゥスに与えた。「ローマ史を読むものは誰でも、ルキウス・ブルートゥスの行為が、その名誉をたたえ『王の戦い』*Regifugium* の名の祝日が設けられたほどにまで誇張されたことを知るのである(16)」。そして、「王がその地位を乱用し、臣民を専制的に支配し、その子弟やおべっか使いによってなされた無礼な振る舞いや腐敗に全く見て見ぬ振りをしているところ」では人々の自由が蹂躙されていたので、自由の回復を企てるべく暴君討伐が正当化されたのである。(17) こうした背景により成立したのが、「自由とコンスル（執政官）の政体」、すなわち現代の読者が理解するところの共和制である。この「自由とコンスルの政体」にかんして「タキトゥス論」が注目するのは、元老院が非常事態の際、例外的に強大な権力を有する臨時政務官として任命した独裁官である。

コンスルの統治の間、そこでは他の〔政体〕は混合されていた。「独裁官たちは時々しか選出されなかった」。この政務官は、権力に関しては彼自身の意志のみに制限されていた。しかし任期に関しては元老院からの制限があり、その〔制限された任期〕はとても短かったので、彼らの権力はほとんど害をもたらすことも、野心を育てることもできなかった。彼らはその時には絶対的王のような権威を有しており、やがて働きにおいては王〔が有しているもの〕と同等のものを有するようになった。しかし〔独裁官の権威がその権威を〕停止するよう簡単には強制され得ないような者の手に渡った時、彼らはその権力に関して、見せかけの口実によって人民は自らの自由を奪われ、快楽の続く限りスッラに対して、そして生命の続く限りカエサルに対して心奪われたことに気づいたのである。しかし独裁制は別の統治形態として説明されるべきではなく、当座は至高であるが、コモンウェルスの一つの職務に過ぎないのである。[18]

つまり独裁官のもつ絶対的権威や権能は任期制の存在により制限されていたので、独裁官がいた時も「自由とコンスルの政体」は存続していたのである。共和制において独裁官はあくまで従属的な位置しか占めていなかったのである。一方で「タキトゥス論」では、最後の独裁官であるカエサルに後継指名されたオクタヴィアヌスすなわち「アウグストゥス」が、ローマが内乱に直面したゆえに第一人者〔元首〕すなわち皇帝になれたことも強調される。アウグストゥス、レピドゥスそしてアントニウスは三頭政治を組んだが、後者二人の軍隊はアウグストゥスの手に渡ってしまった。というのもアントニウス討伐のために元老院はアウグストゥスに「兵力を徴募し彼に対峙する権威」を与えたが、それはローマの防衛をローマの破壊者の手に委ねたことに他ならず、「同じ牧草地で馬と共に餌を食べる雄鹿にたいする保険のために、騎手と轡の害を被る馬が、以前の自由を決して取り返すことがなかったという寓話」が示す通りであった。[19]そしてローマは、内乱がもたらす以下のような傾向ゆえに、アウグストゥスに「君主」の称号を与え統治を委ねてしまうのである。

内乱に伴う多種の悲惨とそれらに続く極端な衰弱は、一般に国家を弱め野心的な人間の餌食にさらしてしまうので、もし人々が自分たちの自由を失っていないのならば、それは彼らの衰弱を利としてつけこもうとする者が居なかったからに過ぎない。そして全能で自由な人々が一人の暴政に征服されるとき、それは大抵の場合、長く血なまぐさい内乱の後にある。というのも内乱は国家に起こりうる最悪の事柄であり、そこでの彼らの最たる望みは、彼ら自身が賭けに出て危険を冒し、彼らの友人や親族の運命を覆すべく、〔内乱以外の状態に〕達することである。最悪〔の状態〕にいる彼らには、どんな変化でも満足し望む理由があるのである。これがアウグストゥスが君主制を確立するために支配を敷いた一つの契機であり、彼らは疲弊していて、彼らの強さは弱まっており、彼らの意気は打ち負かされていたのである。[20]

自らの自由を犠牲にしてでも安全を欲した人民にとって、安全をもたらしたアウグストゥスはまさに待望の存在であった。つまりダニエラ・コーリがまとめるように、内戦に終止符を打ちローマに平和をもたらすアウグストゥスは「タキトゥス論」において「英雄」として描かれているのである。[21] ローマは内乱という最悪の事態を回避するため、自発的にアウグストゥスに「君主」の称号を与えたが、そのことは自由の不可逆的な喪失をもたらしたのである。

　ところで「タキトゥス論」は主権について語っていないので、「自由とコンスルの政体」がどのような政体なのか判然としない。「タキトゥス論」によると、属州がアウグストゥス君主制に満足した原因は二つある。それは第一に民衆的国家popular stateにおいて属州はローマの党派争いに巻き込まれ不利にならないようローマの有力者に従う必要があったため、そして第二に共和国republicローマは分裂状態であるためローマから派遣された政務官に対する抑制が働かず、政務官の貪欲・利害に基づく不公平な判断に属州が苦しめられていたからである。[22] このように党派抗争により分断されていたローマとその属州では、賄賂を要求する行政官たちが跋扈する腐敗しか存在していなかった。[23] ここで注目すべきは、「自由とコンスルの政体」としてそれまで扱われていた共和政ローマが、属州に関して述べたこの箇所では「民衆的国家」と「共和国」という二通りの仕方で表記されていることである。前者に注目すれば、ローマ共和制が民主制であったという〔次節で見るように『法の原理』以降のホッブズと同様の〕見解を持っていることになる。しかし「共和国」という表記からは、「コンスルの統治の間は他の政体は混合されていた」という先述した部分と同様、共和制が混合政体であったとの理解も可能である。こうした混乱は、主権について「タキトゥス論」が沈黙していることに由来していると言える。

このように「タキトゥス論」では自由を求める暴君殺しによって王政から「自由とコンスルの政体」へ、そして内乱によって君主制へと政体が移行すると論じられた。一方で、政体論のポイントとなるはずの主権について語られることはなかった。ローマ共和制末期から帝政の開始までを概観した同書は、普遍的な法則ではなくローマに内在した議論を試みているが、主権論を欠いたその分析は不完全なものであったと言わざるを得ない。一方次節で検討する『法の原理』や『市民論』でホッブズは、ローマ史への関心を持続させつつ、主権論の導入により理論的問題点を克服したのである。

二　『法の原理』と『市民論』——政体移行論の変容

ホッブズは『法の原理』と『市民論』の政体論において、主権（あるいは最高命令者）にかんする議論を導入し、人々の合意によって形成されるコモンウェルスが民主制に始まったと論じている。この「始原的民主制」は研究者の注目を集めてきたが、キンチ・ヘクストラが指摘しているように、自然的国家（あるいは獲得によるコモンウェルス）と設立による国家を区別したホッブズが、「始原的民主制」をあくまで後者の始原としていることを多くの論者が見落としている[24]。レオ・シュトラウスは早くからこの「獲得」と「設立」の区別に注目していた。彼によればホッブズは、自ら翻訳したトゥキディデス『戦史』から、人々の恐怖によって導かれる自然的国家が君主制に始まる一方、人々の「希望」によって自発的に形成される人工的国家は民主制に始まるという考えを学んでいた[25]。この見方は、ローマの最初の形態が王政であり、次に同意によって民主制を設立したという「タキトゥス論」の議論を彷彿とさせるものである。しかし『法の原理』と『市民論』で共和政ローマは、混合政体たる「自由とコンスルの政体」ではなく、民主制として取扱われる。また国家解体すなわち内乱の一般的原因について述べるホッブズは、「自然的国家」が「設立による国家」に移行するとは必ずしも示していない。そして「設立による国家」の始原である民主制が君主制に移行する積極的な理由について彼は語らなくなる。ローマはホッブズにとって政体論の発想のもとで有り続けたが、彼の政体移行論は変化を見せていたのである。

1 獲得による国家と設立による国家――ローマ史と内乱

獲得による国家の最初の形態は君主制である。『法の原理』でホッブズは、多数の人々の同意によって設立されるコモンウェルスと、世襲王権である「獲得にもとづく政治体」とを区別して論じている。[26] 彼によれば支配権が発生する理由は①自発的な服従、②強制による屈服（捕囚）、③子の誕生（世襲）の三種類であり、②の場合は専制的王国、③の場合は世襲による王国すなわち「獲得による君主制」が生じる。[27]『市民論』でも彼は、国家には市民が自己決定*arbitrium*によって支配者を選ぶ「設立による国家」*civitas institutivum*と、支配者が市民を獲得する「自然的国家」*civitas naturalis*の二種類があると述べる。[28] 同書で彼は思考実験により、人々の人格に対する支配が生じるのは①契約（信約）を結んだ場合、②戦争で捕虜になったり隷従を自発的に契約した場合、③血統、世襲による場合の三つに限られると説明する。そして、（信約により樹立したのではない）自然的権力によって得られた自然的国家、すなわち「獲得された国家」は②と③の場合に相当し、その最初の形態は家族的支配であり「小王国」であると述べる。[29]「獲得による国家（コモンウェルス）」の示す範囲が、『法の原理』（③のみ）と『市民論』（②と③）で異なっているのは注目に値する。とはいえ何れの著作においても、設立されたのではない国家は君主制に始まる点では共通しているのである。

一方で設立による国家の最初の形態は民主制である。『法の原理』でホッブズは、君主制や貴族制の場合、主権者となるべき人物の指名に関して多数者が同意しなければならず、そこには事実上民主制が存在しているので、時間的には民主制が先行せざるを得ないと指摘する。[30] また『市民論』で彼は民主制を「市民の誰もが票決権を持つ会議体が最高命令権〔主権〕*summum imperium*を掌握している国家」と定義し、民主制においては「デーモス」δῆμος すなわち「人民」*populus*が主権を持つと説明する。[31] そして、国家を設立するために人々が自らの意志によって集合し議決するとき、その人々は会合において票決権を持ち、さらに多数決による決定に拘束されるので、「国家を樹立するために集合した人々は、ほとんど集合したこと自体によって民主制をなす」とホッブズは述べる。(32) 設立された国家の最初の形態である民主制では主権をもつ「人民」が一つの人格を成しており、それは会合それ自体すなわち「民会」を指すと言っても差し支えない。(33) このように設立による国家の場合、最初に必ず民主制が発生するのである。

ホッブズはその政治的著作である『法の原理』『市民論』『リヴァイアサン』において度々ローマ史の事例を取り上げているが、このうち『法の原理』においてホッブズは、一般に混合政体とみなされていた共和制ローマが実際のところは民主制であったと主張する。主権は分割できないので、混合政体のように見えるものも実際には混合政体ではない。(34) そしてホッブズは、共和制期に存在していた独裁官があくまで従属的であり、ローマは民主制であったと主張する。

しかし、主権は混合されてはならず、いかなる場合にも、純粋な民主制、あるいは純粋な貴族制、もしくは純粋な君主制のいずれかでなければならないとはいえ、この主権の執行においては、こうした三種類の統治のいずれもが従属的な地位を占めることがありうる。すなわち、ローマにおいて時々あったように、主権的権力は民主制でありながら、同時に元老院のような貴族制的合議体を有し、また同時に従属的君主制を有することもできるのである。この従属的君主とは、ある時期を限って主権全体の行使に携わった独裁官のような人や、戦時における将軍のような人々のことである。(35)

ホッブズは上記で独裁官制度を検討し、ローマ共和制が民主制であったという見方を示している。(36) また彼は、ローマの人民が主権者でありながら、元老院に「立法に関する至高の権力」を与えたと考えることはできず、人民は立法権力を保持し続けると主張する。(37) もっともホッブズが、古代アテナイやローマを「国事が大人数からなる大合議体において討議される貴族制」(38) と述べているのも確かである。しかし彼はこの言明を、「民主制は少数の演説者の統治に他ならない」(39) ゆえに君主制と貴族制のみを比較すると明確に宣言した後に書いている。よって彼にとってローマが本質的には民主制であったという結論を引き出すのは不当ではない。

ホッブズは『市民論』において、独裁官を任期付き君主 *monarcha temporarius* の一例として紹介しており、独裁官のいる時代のローマが実は民主制であったとの認識を保持している。そもそも民会は会合であるので、日程と場所が周知され定められている限りにおいてしか最高命令権を保持しない。[40] そのため、民主制においては閉会中に最高命令権の行使を一人あるいは合議体に委ねる必要性が生じる。[41] そしてローマの任期付き君主である独裁官はあくまで人民の第一の代理人として運営 *administratio* すなわち統治の執行を司る存在にすぎず、あくまでローマの「人民」が最高権力者であった。[42] ここでは『法の原理』ほど明確ではないが、ローマ共和制が民主制であったとの見方を示しているといえよう。そしてホッブズは、任期制君主を任命した民会すなわち「市民たちの会合の会期と会期の合い間」には、民会の命令権の行使 *actus* は休止しているが、命令権の（潜在的）権能 *potentia* は、「眠っている」時のように保持されていると結論づける。[43]

ところで自然的国家として始まった君主制から民主制への移行についてホッブズは直接言及していないので、この移行は国家が一旦解体することによってでしか起こりえないことになる。そもそもホッブズは、自然的国家が設立による国家に比べて欠陥を持っているとは述べていない。『市民論』でホッブズは、国家解体の直接的な原因は騒乱であるとしているが、君主制がとりわけ騒乱に陥りやすいとは述べていない。[44] そして彼が「真の君主制」において人々が人民と群衆を区別していないことが内乱の原因であると紹介する箇所では、人民が一つの意志を持っており、君主国であっても命令するのは人民であると述べている。[45] これは、設立による国家において最初に作られる人民（民会）を念頭においた発言といえよう。また『法の原理』でホッブズは、暴君征伐が合法的であるというセネカからギリシア・ローマの著者たちの意見を、叛乱を引き起こす教説として斥けている。[46] ここでホッブズは暴君殺しと騒乱・叛乱を同列に扱っている。すなわち、「タキトゥス論」では暴君殺しがローマにおける君主制から民主制への政体移行の要因とされていたが、『法の原理』や『市民論』において暴君殺しや騒乱・叛乱はすべて国家の解体をもたらす原因であるとされているのである。よって、自然的国家である君主国が内乱を経て同意によって民主制に必然的に移行するという法則を『法の原理』や『市民論』に見出すことはできない。ホッブズは両著作において、「解体なくして移行なし」という一般論を提示したのである。

2 民主制から君主制への移行

設立による国家の樹立とともに成立した民主制であるが、人民（民会）は何らかの目的により自発的な投票によって特定の一人に全ての権利を譲渡し、民主制は君主制に転換する。『法の原理』によれば、「政治的君主の設立は、指名を受け、多数決によって承認された一人の人に主権を引き渡すという、主権者としての人民の決定による」(47)。同様に『市民論』においては以下のように説明される。すなわち、民会において多数決投票により「ある一人の人物」に対して（家系などの理由で）民会のあらゆる権利を譲渡することで君主制が成立するが、「その結果、選出の行われる以前に民会がなしえたことは何でも、その後はこの選出された者が正当な権利を持って行うことができる」ようになり、最高権力を譲渡した民会はもはや一つの人格ではなくなるのである(48)。

ではなぜ民会は一人の者に権利を全面譲渡するのか。ホッブズは『法の原理』『市民論』において全面譲渡の契機や原因を「タキトゥス論」のようには直接的に説明してはいないが、かわりに最善の政体が君主制であることを、各政体の利点と不利な点の比較によって明らかにする。『法の原理』で彼は、合議体への助言を巡って争うという、党派性に起因する内乱を回避できることが君主制の最大の利点であると述べる(49)。

> コモンウェルスの統治すなわち紐帯が一人の人間である場合、分裂は何ら存在しないが、これに対して合議体では、意見を異にし、異なった助言を行う人々が、互いに喧嘩をして、コモンウェルスの諸計画を自分の利益のために妨げがちである(50)。

一方『市民論』では、君主制が推奨される最大の理由は内乱ではなく対外戦争に求められる。ホッブズは民主制が最も優れていると主張する人々の論拠を検討し、むしろ民主制にこそ問題があり君主制の欠点と同等ないしそれ以上であると反駁する。[51] ここでも『法の原理』と同様に、民主制の問題点として党派性が騒乱を引き起こす点が挙げられている。[52] しかし国家間が「戦争状態」にあることこそ、君主制が推奨される最も明白な理由である。

さて、最も絶対的な君主制こそあらゆる国家体制の中で最善のものである、ということを表す最も明らかな印は、諸王のみならず、民会や貴族に従属している国々もまた、戦時の全命令権をただ一人の者にしか委ねず、この命令権はそれ以上絶対的なものが何もありえないほど絶対的である、ということである〔中略〕。それゆえ君主制は、陣中においてはあらゆる統治 *regimen* のうちで最善のものである。ところで、要塞と武器によってお互いに対して防衛し合っている沢山の陣営、そしてその状態が（不確実な平和が短期間の休戦さながらに間に挟まっているものの、いかなる共通権力によっても抑えられていないので）自然状態、言い換えれば戦争状態にあると見なされなければならない、そうした陣営以外の複数の国々があるであろうか。[53]

国家は常に対外戦争に直面している以上、君主制を採用せざるを得ないというのが『市民論』におけるホッブズの主張である。[54] そして彼は、「私たちが息災かつ健やかでいることに関心を持つ者に従属するのが最善の状態」であり、そうなるのは「私たちが命令権者の世襲財産である場合である」と述べる。[55]「任期制君主」とは異なり、任期に制限のない形で民会から権力を委託された君主はその後継者を自ら選任することができる。[56] よってホッブズは、政体の最終形態として任期の定めがない世襲君主の存在が必然的に導かれると結論づけているのである。

「タキトゥス論」『法の原理』『市民論』に通底するのは、人々によって設立された民主制が国内外の騒乱や叛乱によって君主制に必然的に変化するというテーマであった。「タキトゥス論」ではローマ内部の党派性が内乱を引き起こしており、その解決のためにいわば「必要悪」として君主制が導入されると論じられていた。民主制は、人々が自発的に同意し設立したものだが、その民主制も騒乱あるいは対外戦争によって再び危機に陥るため、最終的に人々は自由を代償にしてでも君主制に賛同するのである。

一方「タキトゥス論」では明確に述べられた民主制から君主制への移行の理由が、『法の原理』と『市民論』では明確には書かれなくなった。このことについては、設立した国家が安全を確保するために設立されたという『法の原理』と『市民論』での論理展開から説明することができる。第一に、民主制から君主制への移行を安全への欲求から見る視点は『法の原理』と『市民論』にはない。アウグストゥスはローマ人から自由を奪い取ったのと引き換えに彼らに平和をもたらした。[57]一方で『法の原理』と『市民論』において、戦争状態を回避し安全を実現するために人々が自発的に設立したのが民主制国家である。国家を解体させる原因として『市民論』第一二章で紹介されるものは、(民主制の欠点である弁論家の雄弁を考慮したとしても)必ずしも民主制に固有のものではない。よって、民主制から君主制へと移行する動機が『法の原理』と『市民論』では希薄化しているのである。

第二に、ホッブズが共和主義者との対決を強める中で、君主制が自由を犠牲にして成立したという議論は不都合なものになっていたと考えられる。ホッブズは君主制の下でも民主制におけるのと同じ程度の自由が存在するという議論を『法の原理』と『市民論』で展開する。[58]君主制では人々には自由がなく隷従を余儀なくされると考える共和主義者に対し、ホッブズは君主制においても自由が存在すると反論しているのである。[59]よって「タキトゥス論」のように自由と安全をトレード・オフのように捉える発想は不都合になったのである。

このように移行に関する説明を変化させ、移行の理由を明確には述べなくなるホッブズの発想は、ローマ史から離れていっている。政体の移行が解体を経ずして起こりえないという一般法則も提示された。それでも設立による民主制とそこから君主制への移行という、ホッブズがローマ史に学んだ「移行」に関する関心そのものは残存していた。そして彼は設立による国家が最初に民主制から始まるがゆえに、民主制は国家の解体を経ずして合意によって君主制に移行可能であることを示した。こうした議論は、ホッブズの政体移行論がもともとはローマを題材にしているがゆえに展開されているのである。

三 『リヴァイアサン』――応用可能な政体移行論

ローマ史を題材とした政体移行の法則は、すでに『法の原理』『市民論』において「移行」の法則とは言えないものへと変化していた。そしてホッブズは『リヴァイアサン』の政体論では移行について語らなくなる。一方ローマ史の政体移行は、内乱によって引き起こされるコモンウェルス（国家）の解体の例として形を変えて登場する。このことは内乱の位置づけが、「君主制の必然」ではなく「国家自体の破壊」をもたらすものに完全に変わったことを意味する。そして彼の政体移行論は、イングランド内乱への適用可能性を意識したものへと変化していたのである。

『リヴァイアサン』においてそれ以前の著作で示されていた政体移行論、すなわち獲得による国家が君主制に始まり、同意によって民主制を設立し、再び君主制（または貴族制）に至るというロジックは消滅する。各人が信約して樹立するのは「人民」「民会」ではなく人為的人格としての「コモンウェルス」である。[60] もはや民主制は主権者が「全員」である政体を指す、政体の一分類でしかない。[61] そしてホッブズは、群衆の各人が平和に暮らし保護を求めるため互いに信約を結び、一人または合議体に対して「多数決によって」自分たちの人格を表象する権利、すなわち代表者になる権利を与えると述べる。[62]

一方ホッブズは、コモンウェルスを弱め解体させる原因の一つに絶対的権力の欠如があると指摘するが、その際に彼はローマの「民主制」が君主制に移行した例を引き合いに出す。彼はイングランドの権力が国王、貴族院、庶民院の間で分割されたことにより主権の分割が生じ、結果として内乱を招いたと考える。[63] こうした「魂の分割」を彼は混合君主政 mixt monarchy と呼び、人民の人格を担う王と合議体が並立する状況を批判する。[64]『法の原理』において彼は、ローマ共和制は人民が主権者の民主制であるという素朴な見解を表明していた。それに対して混合政体論への敵意をむき出しにする『リヴァイアサン』において、彼はローマ共和制を誰も主権を有していない、騒乱に陥りやすい統治の例として取り上げる。[65] ホッブズは主権の分割を否定する立場から、『法の原理』や『市民論』と同様にローマをあくまで「民主制」と呼んでいるが、ローマが騒乱ゆえに民主制から君主制に移行したことを『法の原理』『市民論』以上に明確に述べている。

〔主権権力が限定されることで主権権力を損なう権力が生まれること〕は君主制においてしか起こらないのではない。なぜなら、古代ローマのコモンウェルスの〔公式〕名称は「元老院とローマの人民」であって、元老院ないし人民のいずれも全権力を持つことを主張しなかったが、このことがまず、ティベリウス・グラックス、ガイウス・グラックス、ルキウス・サトゥルニヌスそのほかの騒乱を引き起こしたのであり、そしてのちには、マリウスとスッラのもとにおける、さらにポンペイウスとカエサルのもとにおける、元老院と人民との間の戦争を引き起こし、彼らの民主制を滅亡させ、君主制を開始させた。(66)

ここでホッブズは、政体移行をあくまでローマの事例に限定している。彼は、君主制の場合よりも主権者が合議体である場合〔民主制と貴族制〕の方が羨望や利害によって不一致が生まれ「内乱を生むような高さにまでなりうる」という一般論を示し、君主制をあげつらう人々に反論する。(67) しかし君主制が主権的合議体に対して決定的に優れている理由や、民主制が君主制に移行する契機を示してはいない。つまりホッブズは政体の移行を一般化せず、個別の事例として取り上げているのである。

そしてローマの政体移行をコモンウェルスの解体と直接的に結びつけたホッブズは、内乱が国家の解体をもたらすという主張とローマ史への関心を融合させているのである。すでに見たように、「タキトゥス論」で政体移行の原因とされた内乱は、『法の原理』や『市民論』では国家解体の原因に変更されていたが、ローマの事例は解体の具体例としては登場していなかった。それに対して『リヴァイアサン』でホッブズは、内乱が国家解体を導くと考えた上で、解体の原因の一つである絶対的権力の欠如の一例としてローマの政体移行を取り上げる。(68) つまりホッブズは、ローマは民主制から内乱により君主制に至ったのではなく、ローマは内乱によって一旦解体した後に再び建国されたと考えたのである。そして彼は、『法の原理』や『市民論』と同様に暴君殺しと内乱を同じものとして扱った上で、歴史の安易な模倣が内乱を引き起こすと述べ、既存の歴史叙述を批判する。

そして、特に君主制に対する反乱について言えば、それの最も多い原因の一つは、古代ギリシア人やローマ人の政治や歴史の書物を読むことであって、そこから青年たちや、確固たる理性という解毒剤を与えられていないそのほかすべての人々は、ギリシア人やローマ人の軍隊の指揮官たちによって成し遂げられた大きな戦争の手柄についての強く愉快な印象を受けるので、それ以外に彼らが為した全てのことについても楽しい観念を受け取り、そして彼らの大きな繁栄が特定の人々の競争からではなく、彼らの民衆的統治形態popular forme of governmentのおかげで生じたのだと想像する。その際、度々の騒乱と内乱が彼らの政治の欠陥によって生まれたことを考慮しないのである。私に言わせれば、そうした書物を読むことで、人々は自分たちの王を殺そうと企ててきたのである。なぜならギリシアやラテンの著作者たちは、政治に関する彼らの書物や論考において、もし王を殺す前に王を暴君と呼べば、王を殺すことは合法で褒めるべきだと述べているからである。(69)

このようにホッブズは、ローマの歴史を模倣したところで繁栄は約束されないと指摘するが、当のホッブズはローマ史から「内乱」という別の教訓を得ていると言える。ホッブズは隣接諸国の統治形態を模倣しようとしている者たちに対して、民主制や貴族制の繁栄は政体の性質ではなく臣民の従順がもたらすので、臣民たちは統治の変更を望まぬよう教えられるべきであるとたしなめる。(70)一方で彼はローマ史から、コモンウェルスが内乱の発生を食い止められなければ解体する潜在的可能性を秘めていることを見出した。もっともホッブズは、内乱が国家を解体させるという歴史から得た推測が確実なものだとは考えていない。

思慮が過去の経験から得られた未来の推定であるように、（未来ではなく）過去のものから採られた過去の事柄の推定もある。というのも繁栄していた国家が、いかなる過程と段階を経て、まず内乱に陥り、続いて滅亡に至ったかを目撃した者は、他の国家の滅亡を見て、そこでもまた同様の戦争があり同様の過程があったことを推測するであろう。しかしこの推察は、未来の推察とほとんど同じように不確実である。というのもいずれの場合も経験のみに基づくからである。[71]

しかし歴史から得た予測の不確実性は、歴史が無用であることを意味しない。シュトラウスは上記部分を引用し、人文主義期には哲学的戒律を実際のケースに応用するための分別を与えるものとして重視されていた歴史が、『リヴァイアサン』では「新しい政治哲学」の導入によって無意味なものへと化したと論じる。[72]しかしこれまで見てきたように、政体移行と内乱の関係性はホッブズがローマの歴史から得たテーマであり、彼の哲学的推論から得られたものとは言えない。そして、ホッブズは学知に比べて思慮は無謬性において劣っていることを認めているとはいえ、経験的知識から得られた予測の有用性を疑ってはいない。[73]むしろ、歴史から得られた法則の応用可能性について彼は自信を深めているとすら言えるのである。

ローマ史の観察から内乱が国家の解体をもたらすという一般法則を得た一方、「君主制の必然」という法則性を放棄したホッブズは、イングランド内乱にも適用可能な政体移行論を確立した。ホッブズは『リヴァイアサン』第二九章の「解体」の章の最後に、戦争に負けたコモンウェルスの各人は「自己を保護する自由」を回復すると書いている。[74]一方で、恐怖によって生じる「獲得によるコモンウェルス」の議論からは、君主制崩壊後のイングランドがクロムウェルら新たな「保護者」を得たこと、そして人々には服従義務が生じることが読みとれる。以上の記述から、イングランドの君主制が内乱により一旦解体し、自然状態としての内乱を経て、獲得によるコモンウェルスとしての共和制が開始したとまとめることができる。[75]もっともホッブズは『リヴァイアサン』においてクロムウェルに言及してはおらず、またクロムウェル共和制がホッブズの政体分類のうち何れに属するのかも示していない。しかしホッブズは本書において、ローマ史に根ざしながらもイングランドの歴史にも適用可能な、政体移行の一般論を提示しているのである。[76]

おわりに

ホッブズは、個別の観察と法則性を融合させる政体移行論の思考法を実践していた。ローマ史から政体移行のパターンを読み取る「タキトゥス論」の直線的で素朴とも言える歴史観は、『法の原理』と『市民論』において主権論を備えた一般法則へと発展した。それでもローマ史という具体的事例への関心は、法則の淵源として尚も位置を占めていた。そして『リヴァイアサン』でホッブズは、ローマ史に基づき、そしてイングランドにも適用可能な政体移行論を見出した。[77] ホッブズにとって歴史叙述は事実の観察と法則性の発見が融合する分野であり、また規範をもたらすものであった。ローマ史に注目し続ける彼は、既存の歴史解釈を否定してはいるものの、内乱など政体が持つ脆弱性に対する警戒を促す「教訓」を歴史から得ていたのである。

もっとも、演繹的推論なき学知を学知とは決して呼ばないホッブズは、歴史から普遍的知識を得ることを学知に含めることはない。『リヴァイアサン』の記述によれば、推論とは名辞の連結を把持することであって、三段論法のような演繹的な論証であり、また学知とは三段論法における名辞の連結にかんする知識そのものである。[78] そしてホッブズは、「コモンウェルスを作り、維持する技術」が幾何学のような規則であると述べ、「国制 constitution を永続させる理性的諸原理」こそ「私がこの論考において述べてきたものだ」と明言している。[79] これは彼が自らの政治学を、ユークリッド幾何学のように定義に始まる演繹的な学知として位置づけたことを示している。彼にとって学知を構成する推論とは演繹的推論を意味するものであり、歴史的事実からの帰納的推論は定義上推論には含まれないのである。藤原保信はホッブズの哲学を考察する中で、哲学が往々にして経験に基づくことは認めるが、経験的知識は「正しき推論により因果的にとらえられないかぎり」哲学とは呼べないと論ずる。[80] 経験的知識に関しても、演繹的推論がなければホッブズはそれを学知とみなさないのである。

しかしホッブズは実際には、豊富な歴史知識をもとに個別具体的な歴史事例から帰納的推論を行い、あらゆる時代や場所に適用可能な一般的知識を得たのである。これは古代の思想家たちの歴史叙述にたいする取り組み方と何ら変わりはない。ホッブズの歴史叙述は、彼の学知に対する方針と、学知として位置づけられた政治学が実際に取り込んでいるものとの乖離を浮き彫りにする。彼にとって歴史に学び歴史を論じることは、普遍的な学知としての政治学を構築することと矛盾することではなく、むしろ親和的ですらあったのではないだろうか。

※凡例（訳文は報告者の責任において適宜変更している）

De Cive: Thomas Hobbes, *De Cive: The Latin Version*, ed. by Howard Warrender (Oxford: Clarendon Press, 1983)（本田裕志訳『市民論』、京都大学学術出版会、二〇〇八年）※略号の後、章、節を示す。

Elements of Law: Thomas Hobbes, *The Elements of Law, Natural and Politic: Part I, Human Nature, Part II, De Corpore Politico*, ed. by J. C. A. Gaskin (Oxford: Oxford University Press, 1994)（高野清弘訳『法の原理――自然法と政治的な法の原理』、行路社、二〇一六年）※略号の後、部、章、節を示す。

Leviathan: Thomas Hobbes, *Leviathan*, ed. by Noel Malcolm. 3 vols. (Oxford: Clarendon Press, 2012)（水田洋訳『リヴァイアサン』改訳、全四巻、岩波書店、一九八五―一九九二年）※略号の後、章、マルコム版の頁数、初版（ヘッド版）の頁数、水田訳の巻数、頁数を示す。

（1）ホッブズは歴史を自然史natural historyと国家史civil historyに分類した（*Leviathan* Ch. 9, p. 124 [40].（一）一四六頁）。ただしカール・シューマンによれば、歴史叙述を自然史、人間史、そして聖史*historia sacra*の三つに分類する伝統的な区分法をホッブズも了解していたはずである。Karl Schuhmann, 'Hobbes's concept of history,' in *Hobbes and History*, ed. by G. A. J. Rogers and Tom Sorell (London: Routledge, 2000), p. 9.

（2）*Leviathan* Ch. 9, p. 124 [40]; Ch. 5, p. 76 [22].（一）一四六、九三―九四頁。「事実に関する知識」と学知の区分は、ホッブズが『物体論』で定義した「方法」に通じるものである。すなわち、「知る」*scio*とは「なにゆえか」（原因）について推論することである一方、人間は「なんであるか」（結果）を推論なしに自然に認識しているのである。トマス・ホッブズ『物体論』、本田裕志訳、京都大学学術出版会、二〇一五年、八七頁（第六章第一節）。

（3）『国家』でソクラテスは個人の性格を調べるため、より考察が容易なポリス（国家）の性格を調べる（プラトン『国家』下巻、藤沢令夫訳、岩波書店、一九七九年、一七二―一七三頁（第八巻第二章（545B））。彼は国制を「優秀者支配制」、「名誉支配制」、「寡頭制」、「民主制」、そして「僭主独裁制」の五つに分類し、この順番で国制は移行し堕落していくと論じる。同上、一七〇―一七一頁（第八巻第一章（544C））。プラトンの「内乱」論に関しては以下を参照せよ。神崎繁『内乱の政治哲学――忘却と制圧』、講談社、二〇一七年。

（4）アリストテレスは『政治学』において、国制変動を引き起こす紛争・内乱の原因を、利得、名誉、傲慢、恐怖、侮蔑、釣り合いを超えた力の増大などにもとめる（アリストテレス『政治学』、牛田徳子訳、京都大学学術出版会、二〇〇一年、二四四頁（第五巻第二章（1302a））。彼は、ソクラテスが示した国制の変化の順番に関しては「逆の方向にも国制は変化する」ことのほうがむしろ多いくらいで、ギリシアの事例によれば僭主制が民主制や貴族制に変化することもあるので「変化は一定でない」と反論する（同上、三〇五―三〇七頁（第五巻第一二章（1316a））。

（5）ポリュビオスはローマの政体を理解し推移を予測するのに有用なモデルとして、人々は暴政ゆえ王政を倒すが、そうしてできた民主制は人々の競争や名誉欲により暴力支配と化し、一人支配を求めて君主制に戻るという「自然の法則」を提示した（ポリュビオス『歴史』第二巻、城江良和訳、京都大学学術出版会、二〇〇七年、二九四―二九六頁（第六巻第九節））。一方でローマ人は「数多くの闘争と経験」から、「実際に惨禍に見舞われながらも、そこで得た教訓をもとに常により善いものを選択していくという過程を経て」リュクルゴス体制と同じ混合政体に至ったとポリュビオスは述べている（同上、二九八頁（第六巻第一〇節））。

（6）例えば高野は、トゥキディデスが出来事をあくまで客観的に描写したことをホッブズが高く評価し、歴史から人間に関する普遍的理解を導き出す点において両者は共通していることを指摘する（高野清弘『トマス・ホッブズの政治思想』、御茶の水書房、一九九〇年、二一六―二二一頁）。また佐藤は、『戦史』の中に実践的なコミュニケーションや説得のためのレトリックではなく読者に対する「教化」をもたらす「因果論的真理」を見出し、自らの科学的志向を隠さないホッブズの姿勢が、人文主義的な歴史叙述の伝統から逸脱していることを指摘する（佐藤正志「歴史における真理と修辞――初期ホッブズにおける方法の問題」、『啓蒙政治思想の形成――近代政治思想の研究（一）』、澁谷浩編、成文堂、一九八四年、六四―六五頁）。これらの研究が、ホッブズの政治哲学の基礎を彼が歴史書に見出した虚栄心や恐怖などの情念に求めたレオ・シュトラウスの見解に対して出されているのは興味深い。Leo Strauss, *The Political Philosophy of Hobbes: Its Basis and Its Genesis*, translated by Elsa M. Sinclair (Chicago: University of Chicago Press, 1952), p. 130（レオ・シュトラウス『ホッブズの政治学』、添谷育志・谷喬夫・飯島昇藏訳、みすず書房、一九九〇年、一六一―一六二頁）.

（7）例えばマルコムは、国家理性論者が歴史を重視していた事を踏まえた上で、ホッブズは統治の日常的な事柄における思慮よりも、統治の必要性を説く学知の方が優位にあると考えており、国家理性論者とは異なると指摘する。Noel Malcolm, *Reason of State, Propaganda, and the Thirty Years' War: An Unknown Translation by Thomas Hobbes* (Oxford: Clarendon Press, 2007), pp. 118-19.

（8）ホッブズの政体論に移行や盛衰、或いは循環の要素を見る研究はまだ数が少ない。アガンベンは主にホッブズ『市民論』における自然状態と内乱のアナロジーに注目し、群衆が人民に統一されても、主権者を選んだと同時に人民は群衆に解体するというパラドクスを見出す。そして群衆が内乱で勝利した時にこの「解体された群衆」から「統一されていない群衆」への回帰が生じると主張する。ジョルジョ・アガンベン『スタシス――政治的パラダイムとしての内戦』、高桑和巳訳、青土社、二〇一六年、八二―八六、九六―九八頁。なお北西は「政体移行論」の語を、『法の原理』や『市民論』で論じられた民主制から貴族制あるいは君主制への移行の意味で限定的に使っている。北西正人「ホッブズの政体移行論――始原としての民主政」、『経済学雑誌』第一一二巻、第二号、二〇一一年、七四―九三頁。これに対し本稿は「政体移行論」の語を、君主制から民主制への移行も含む、より幅広い文脈で使用可能なものとして取り扱う。

（9）本稿では、ホッブズが内乱civil war、騒乱sedition、叛乱rebellionに本質的な差異を見出していないと考える。

（10）一方でマキアヴェッリは内乱や党派対立が混合政体の形成と発展の要因だと考える（厚見恵一郎『マキァヴェッリの拡大的共和国――近代の必然性と「歴史解釈の政治学」』、木鐸社、二〇〇七年、二九五―二九八頁）。彼は『ディスコルシ』でローマ史を検討する中でポリュビオス同様の政体循環論を示し、共和制と自由を維持するにはローマが拡大する必要があり、そのためには貴族と平民との内乱を「必要悪」として耐え忍ばねばならないとする（ニッコロ・マキアヴェッリ『ディスコルシ「ローマ史」論』、永井三明訳、筑摩書房、二〇一一年、四九―五七頁（第一巻第六節））。貴族‐平民間の内乱がローマ共和制を解体させたという見方はルネッサンス期イタリアで広く共有されており、貴族‐平民闘争がローマの自由を可能にしたと表明したマキアヴェッリは奇異ですらあった。Quentin Skinner, *The Foundations of Modern Political Thought*. 2 vols. Cambridge: Cambridge University Press, 1978), I: The Renaissance, pp. 180-82（クエンティン・スキナー『近代政治思想の基礎――ルネッサンス、宗教改革の時

代』、門間都喜郎訳、春風社、二〇〇九年、一九八—一九九頁）.

（11）「三つの論考」が収められた『余暇』*Horae Subsecivae* と名付けられた匿名の作品は、ホッブズがデヴォンシャー伯爵家に人文主義教育を担う家庭教師として仕えていた頃に作成されたものだが、シュトラウスはホッブズの影響の元でウィリアム・キャヴェンディッシュが書いたとした（Strauss, *Political Philosophy of Hobbes*, pp. xii-xiii, n. 1.『ホッブズの政治学』ix頁，注二）。しかし統計的テキスト解析により、このうち「三つの論考」はホッブズによって書かれたと結論づけられた。*Three Discourses: A Critical Modern Edition of Newly Identified Work of the Young Hobbes*, ed. by N. B. Reynolds and A. W. Saxonhouse (Chicago: University of Chicago Press, 1997), pp. 10-19. ホッブズが果たして「三つの論考」を書いたのかについては今尚異論もある。例えばサマヴィルは、ホッブズが後年になると初期著作にしばしば言及しているにもかかわらず本作の存在には触れていないこと、そしてさほど攻撃的な内容とは思えない本作が匿名出版された背景には、作者が高い地位にあった可能性があることを指摘する。そして本作はキャヴェンディッシュとホッブズの共作であることはまず間違いないが、ホッブズが出版前に修正を施した可能性はあっても、だからといってホッブズの考えを表明したとは言えないと主張する。Johann P. Sommerville, 'Hobbes, Selden, Erastianism, and the history of the Jews,' in *Hobbes and History*, ed. by Rogers and Sorell, pp. 159-87, espc. n. 124. しかし本稿の関心は、「三つの論考」がホッブズ作か否かではなく、ホッブズが古典から何を学んでいたのかを探ることにある。サマヴィルでさえも本作にホッブズが関与したことを認めているので、本稿はホッブズのローマ理解の淵源を特定する資料として「タキトゥス論」を検討する。なお『余暇』については以下も参照。藤原保信『ホッブズの政治哲学』、藤原保信著作集第一巻、佐藤正志・的射場敬一編、新評論、二〇〇八年、三五六—三六五頁。

（12）Quentin Skinner, *Visions of Politics*, 3 vols. (Cambridge: Cambridge University Press, 2002), III: Hobbes and Civil Science, p. 55.

（13）木村俊道「ホッブズのローマ、もしくは人文主義と帝国——Daniela Coli, Hobbes, Roma e Machiavelli nell'Inghilterra degli Stuart をめぐって」、『政治思想学会会報』第四一号、二〇一五年、九頁。

（14）Richard Tuck, 'Hobbes and Tacitus,' in *Hobbes and History*, ed. by G. A. J. Rogers and Tom Sorell (London: Routledge, 2000), p. 106.

（15）タキトゥス『年代記——ティベリウス帝からネロ帝へ』上巻、国原吉之助訳、岩波書店、一九八一年、一三—一四頁（第一巻第一節）。

（16）*Three Discourses*, p. 33.

（17）*Three Discourses*, p. 33. ダニエラ・コーリ「ホッブズのローマ――タキトゥスとマキアヴェッリの間で」、石黒盛久訳、『世界史研究論叢』第六号、二〇一六年、一〇一頁。

（18）*Three Discourses*, pp. 33-34.

（19）*Three Discourses*, pp. 36-37.

（20）*Three Discourses*, p. 37.

（21）コーリ「ホッブズのローマ」、一〇二頁。

（22）*Three Discourses*, pp. 47-48.

（23）コーリ「ホッブズのローマ」、一〇二頁。

（24）Kinch Hoekstra, 'A Lion in the House: Hobbes and Democracy,' in *Rethinking The Foundations of Modern Political Thought*, ed. by Annabel Brett and James Tully（Cambridge: Cambridge University Press, 2006）, pp. 208-09. ホッブズは『哲学者と法学徒との対話』や『自由・必然・偶然にかんする問題』において、選挙によって始まる政体はないと説明している。ヘクストラによればこれらは「獲得による国家」における政体の場合であって「設立による国家」の最初の形態が民主制であるとの文言と齟齬をきたすことはない。

（25）Strauss, *Political Philosophy of Hobbes*, pp. 64-65.『ホッブズの政治学』八七―八八頁。高野の訳注も参照（『法の原理』三一四―三一五頁、注八〇）。ホッブズは一六二九年に出版したトゥキディデス『戦史』の英語訳に付した序文のなかで、アテナイの民主政が他人の助言への相互批判やレトリックを用いた弁論家やデマゴーグの抗争に陥っていたので、トゥキディデスは民主政を好んでいなかったと指摘する（Thomas Hobbes, *The English Works of Thomas Hobbes*, ed. by Sir William Molesworth. 11 vols.（London: John Bohn, 1843）, VIII: Translation of Thucydides, Vol. I, pp. xvi-xvii）。ホッブズは古代ギリシアの歴史から、弁論家の情念に訴えかける言説が熟議を困難にしたという、彼のその後の著作に通底する民主制懐疑論を学んだのである（Cf. D. J. Kapust, and B. P. Turner, 'Democratical Gentlemen and the Lust for Mastery: Status, Ambition, and the Language of Liberty in Hobbes's Political Thought,' *Political Theory*, Vol. 41, No. 4（2013）p. 660）。

（26）*Elements of Law* 1.19.11; 2.1.1; 2.3.1.

（27）*Elements of Law* 2.3.2; 2.4.1; 2.4.10.

(28) *De Cive* 5.12.

(29) *De Cive* 8.1.

(30) *Elements of Law* 2.2.1.

(31) *De Cive* 7.1.

(32) *De Cive* 7.5.

(33) *De Cive* 7.7; Richard Tuck, *The Sleeping Sovereign: The Invention of Modern Democracy* (Cambridge: Cambridge University Press, 2016), pp. 98-99. ホッブズは『市民論』第二版に加えた原注で、複数の人々の一致した意志によって命令したりすることができるのは会合においてだけであると指摘する（*De Cive* 6.1 note）。民主制は各人間で交わされた約定*pactus*から成り立っており、国家設立以前には一個の人格としての「民会」はなく、国家を設立するために民会と約定を結ぶこともない（*De Cive* 7.7）。このように*populus*は一つの人格であり、その凝集性は全成員が集う会合の開催に求められる。タックは、アリストテレスが示した「極端な民主制」、すなわち多数者が一人の人間のごとく凝集して主権を握る形態の議論がホッブズに影響を与えたと指摘する。アリストテレス『政治学』、一九四頁（第四巻第四章（1292a7）。Richard Tuck, 'Hobbes and Democracy,' in *Rethinking The Foundations of Modern Political Thought*, p. 176. それに対しスミスは、タックがアリストテレスの民主制論を正確に把握していないと批判する。Sophie Smith, 'Democracy and the Body Politic from Aristotle to Hobbes,' *Political Theory*, Vol. 46, No. 2 (2018) pp. 167-196.

(34) *Elements of Law* 2.1.16.

(35) *Elements of Law* 2.1.17. 傍点引用者。ヘクストラは、ホッブズにとってローマが「時々」民主制であったとしても、人民が主権者である「ラディカルな」民主制でなかったのは明らかであり、ローマを貴族制とみなす記述の方が重要であると指摘する。更にヘクストラは、ヴェネツィアの参事会は（実務を執政官や顧問官に委ねてはいたが）主権者として究極的権威を保持していたというホッブズの言及を重視し（*Elements of Law* 2.1.17）、ホッブズが民主制として想定するのはローマよりもヴェネツィアであると論じる（Hoekstra 'A Lion in the House,' pp. 195-96, n. 22）。

(36) ローマ共和制を民主制とみなすのは、ホッブズの独創ではない。フィルマーは『パトリアーカ』においてボダンの『国家論』を参照しながら、タルクィニウスの追放からカエサルまでの四八〇年間はローマが民主制あるいは民衆的統治であったが、その期間に統治形態の変更を繰り返し混乱・内乱に陥り、帝国の完成によって初めて平和がもたらされたと述べる。Robert Filmer,

'*Patriarcha' and Other Writings*, ed. by Johann P. Sommerville (Cambridge: Cambridge University Press, 1991), pp. 25-26（ロバート・フィルマー『フィルマー著作集』、伊藤宏之・渡部秀和訳、京都大学学術出版会、二〇一六年、四三―四六頁（第二巻第一一―一三章））。またヒュームはローマ共和制を悪しき民主制、すなわち「代表制なき民主制」の代表例とする。デイヴィッド・ヒューム『道徳・政治・文学論集』完訳版、田中敏弘訳、名古屋大学出版会、二〇一一年、一二頁。ローマ史解釈をめぐる以上の議論については、犬塚元『デイヴィッド・ヒュームの政治学』、東京大学出版会、二〇〇四年、第一章を参照。

（37）*Elements of Law* 2.8.7.

（38）*Elements of Law* 2.5.8.

（39）*Elements of Law* 2.5.3.

（40）*De Cive* 7.5.

（41）*De Cive* 7.6.

（42）*De Cive* 7.16. ホッブズは、人民（民会）が一定の期間だけ任期制君主に命令権を終身にわたり委託し自らは解散した場合でも集合する権利をもつのか検討する。Cf. Tuck, *Sleeping Sovereign*, pp. 87-90. ホッブズが示しているのは、主権は単一である一方、その行使あるいは執行は分割され得るという、ローマ法に由来しボダンが引き継ぎ、そしてハリントンとも接近する発想である。Kinch Hoekstra, 'Early Modern Absolutism and Constitutionalism,' *Cardozo Law Review*, No. 34 (2013) pp. 1082-83; Tuck, *Sleeping Sovereign*, pp. 95-96.

（43）*De Cive* 7.16. タックによれば、「任期制君主」の間も人民は「眠れる主権者」として潜在的に主権を有するというホッブズの考えは、主権権力とその行使との区別というボダンがローマの独裁官に見出した区別の継承であり、ローマの独裁者はその任期中は主権者であったというグロティウスの考えへの対抗である。Tuck, *Sleeping Sovereign*, pp. 70-71, 90-91.

（44）*De Cive* 12.1. ホッブズは『市民論』第一二章で、善悪や正不正についての誤った教説、君主への服従を不正とみなす教説、暴君征伐論、主権分割論、超自然的なものへの信仰、市民の所有権の主張、野心、雄弁などを内乱の理由に挙げている。

（45）*De Cive* 12.8. この箇所でホッブズは「君主制においては臣民たちは群衆であり、（逆説的ではあるが）王は人民である」という文言を残している。アガンベンはこの「逆説」がホッブズの循環的政体論の鍵であると解釈する。アガンベン『スタシス』、七八―八六頁。

（46）*Elements of Law* 2.8.10

(47) *Elements of Law* 2.2.9.

(48) *De Cive* 7.11. 同様に、民会が多数決により少数の貴族たちに対して権利を移譲して成立するのが貴族制であり、そこで最高命令権をもつのは貴族たちの会合である（*De Cive* 7.8）。国家設立のための議決と政体変更のための議決の二段構えの構成は、プーフェンドルフの「二重信約」の議論、すなわち市民社会を作るための個人間の契約と、その後に支配形態を決める第二の契約の二つのものとの関連性を指摘することができる。Tuck, *Sleeping Sovereign*, p. 72.

(49) ホッブズは、民主制が「少数の演説者の統治に過ぎない」という理由で君主制と貴族制の比較のみを行う。*Elements of Law* 2.5.3.

(50) *Elements of Law* 2.5.8. 一方でヴェネツィアのように主権的合議体が政務官らを選ぶのみで国事の処理が一部の者に委ねられている場合、受託者への助言は君主への助言と同等であるので、内乱による解体の危機はないとも説明される（*Elements of Law* 2.5.8）。ここにおいて、委任された君主は絶対君主とほぼ同等の性質を持つということができる。

(51) *De Cive* 10.3.

(52) *De Cive* 10.12.

(53) *De Cive* 10.17. ヘクストラはこの引用部分が、ローマがその民主制を自ら放棄したことに対するホッブズの「賞賛」を表していると説明し、ホッブズが「民主的でない」証拠とする（Hoekstra 'A Lion in the House,' p. 195）。しかしこれまで見てきたことからわかるように、ホッブズにとって民主制から君主制への移行は賞賛以前に必然なのである。

(54)『市民論』で君主制に転換する理由が国家間の「戦争状態」に変更された背景には、この書が三十年戦争の只中に（ヨーロッパ共通語である）ラテン語で書かれ、パリで出版されたという経緯がある。実際、ホッブズが三十年戦争をテーマに論じた原稿の存在が明らかになっている（Malcolm, *Reason of State, Propaganda, and the Thirty Years' War*）。ホッブズが内乱どころか国家間戦争の中にあるヨーロッパの現状に鑑みて、ヨーロッパの読者に向けて書き方を変えた可能性は高い。

(55) *De Cive* 10.18.

(56) *De Cive* 7.15.

(57) コーリ「ホッブズのローマ」、一〇一頁。

(58) *Elements of Law* 2.5.2; *De Cive* 10.8.

(59) Quentin Skinner, *Hobbes and Republican Liberty* (Cambridge: Cambridge University Press, 2008). スキナーは、『リヴァイア

サン』でルッカの自由とコンスタンティノープル（オスマン帝国）の自由に違いはないと述べたホッブズに対し（*Leviathan* Ch. 21, p. 332 [110].（二）九三頁）、ハリントンがスルタン制における「強制」の存在を強調して反論したことを紹介する。Quentin Skinner, *Liberty before Liberalism* (Cambridge: Cambridge University Press, 1997), pp. 85-86（クェンティン・スキナー『自由主義に先立つ自由』、梅津順一訳、聖学院大学出版会、二〇〇一年、九〇―九一頁）.

（60）*Leviathan* Ch. 17, pp. 260-01 [87-88].（二）三二―三四頁。

（61）*Leviathan* Ch. 19, p. 284 [94].（二）五二頁。

（62）*Leviathan* Ch. 18, p. 264 [88].（二）三六頁。タックは、この記述を国家設立のための民主的合意を求める『法の原理』や『市民論』での議論の名残りとみなし、ホッブズが『リヴァイアサン』をチャールズ王太子に献呈するべく「民主的含意」を取り除こうとしたが完全除去できなかったのだと論じる（Tuck, *Sleeping Sovereign*, pp. 104-05, n. 40）。しかし相互信約を結んだその瞬間にコモンウェルスが成立していたと考えるならば、一旦民主制が成立し、その後君主制などに移行するという二段階のプロセスを読み取ることはできない。

（63）*Leviathan* Ch. 18, p. 278 [93].（二）四七頁。

（64）*Leviathan* Ch. 29, p. 512 [172].（二）二五一頁。

（65）Fukuda Arihiro, *Sovereignty and Sword: Harrington, Hobbes, and Mixed Government in the English Civil Wars* (Oxford: Oxford University Press, 1997), p. 56, n. 16. イングランドにおいて、暴君殺しや内乱を防ぐための知恵として混合政体論が重要視されていたのだが、ホッブズはこれを明確に否定している。福田有広は、イングランドで支配的であった暴政を防ぐため混合政体を唱えるフォーテスキュー的な混合政体論が、イングランド内乱を契機として内乱を抑えるために混合政体を強調するポリュビオス的混合政体論の見方へ転換したと指摘した上で、ホッブズがどちらに対しても批判的であったことを指摘する（Ibid., pp. 22-29, 52-54）。

（66）*Leviathan* Ch. 29, p. 500 [168].（二）二四一頁。

（67）*Leviathan* Ch. 19, p. 290 [96].（二）五七頁。

（68）『リヴァイアサン』第二九章でホッブズは、コモンウェルス解体の内的な原因には、①コモンウェルス設立時の障害、②恣意的かつ騒乱的な教説、③隣国の統治形態の模倣（アテナイあるいはスパルタを模倣しようとする動きが古代ギリシア諸国の民衆派と貴族派の内乱に及ぼした影響を例にする）、④政治の書物や歴史を読むこと、があると指摘する。神崎『内乱の政治哲学』、八八―八九頁参照。

(69) *Leviathan* Ch. 29, pp. 506-08 [170-01]. （二）二四六—二四七頁。このあとにホッブズは、「君主のもとに生活する人々はこれらの書物から、民衆的コモンウェルスの臣民は自由を享受するのに、自分たちは君主制において全て奴隷であるという意見を抱く」と述べる。こうした記述は、古代ローマに自由や共和制の理想を見出す「共和主義者」への批判と捉えることができる（犬塚『デイヴィッド・ヒュームの政治学』、二二頁）。なお『リヴァイアサン』の校註で編者マルコムは、ホッブズの頭には暴君殺しを正当化したローマの歴史叙述があったと指摘する（*Leviathan* Ch. 29, p. 509, note *z*）。例えばキケロは『義務について』においてカエサルの暗殺を念頭に、親しい人の殺害が最大の犯罪であるにもかかわらず、親しい間柄にある暴君の殺害をローマ人は称賛したと述べる（キケロ「義務について」、高橋宏幸訳、『キケロー選集』第九巻、岩波書店、一九九九年、二八八—二八九頁（第三巻第四節（一九））。また神崎は、ホッブズがプラトン『国家』の政体論を念頭にこの箇所を書いたと指摘する（神崎『内乱の政治哲学』、八九—九〇頁）。

(70) *Leviathan* Ch. 30, pp. 524-26 [177]. （二）二六三—二六四頁。ここでホッブズはメディアの助言によって、ペレウスの娘らが老いたペレウスを若返らせようと彼をばらばらにして煮込んだが蘇らなかったという逸話を挿入し、不従順で国制改革だけ試みるものは国家を破壊すると述べる。なおメディアの逸話は、『法の原理』（*Elements of Law* 2.8.15）、『市民論』（*De Cive* 12.13）でも取り上げられている。

(71) *Leviathan* Ch. 3, p. 44 [11]. （一）六四頁。

(72) Strauss, *Political Philosophy of Hobbes*, pp. 79-81, 96-97.『ホッブズの政治学』一〇五—一〇七、一二二—一二三頁。多くの人々を対象とする法律とは異なり、高貴な自然本性の持ち主に戒律の応用をもたらす歴史は、とりわけ貴族の（道徳）教育において重要である。Ibid., pp. 81-82. 一〇七—一〇八頁。シューマンも、歴史に学ぶことが道徳的生活にとって有用だという人文主義の伝統からホッブズが乖離していると指摘する。Schuhmann 'Hobbes's concept of history,' pp. 8-9.

(73) *Leviathan* Ch. 5, p. 76 [22]. （一）九三—九四頁。

(74) *Leviathan* Ch. 29, p. 518 [174]. （二）二五四—二五五頁。

(75) しかしそもそも、政体が解体して自然状態に帰してしまうのであれば、国家（設立、獲得を問わず）が作られては消滅すると言う無限の循環に陥ってしまうため、（循環を脱するための混合政体も認められていない以上）ホッブズが解体の要因としてあげる諸項目を達成した政体の実現を目指す他には選択肢がない。理想のコモンウェルスを明らかにしたと思われがちなホッブズであるが、彼は政体の不安定さや国家状態から自然状態への回帰という循環構造を示すことで、理想の実現不可能性を暗に示しているのかもしれない。

(76) 彼はイングランド内乱を描いた『ビヒモス』末尾において、「私はこの革命の中に、二人の簒奪者、父と子を経て、先の国王からその子息へと至る、主権の循環運動 a circular motion を見た」と語り、チャールズ一世から始まる主権の転移がチャールズ二世によって永遠に止まると述べる。Thomas Hobbes, *Behemoth*, ed. by Paul Seaward (Oxford: Clarendon Press, 2009), pp. 389-90（ホッブズ『ビヒモス』、山田園子訳、岩波書店、二〇一四年、三三〇頁（第四巻））. ここでホッブズは、主権が転移可能であるという認識を示している。鈴木朝生「内戦の歴史と歴史の内戦——一七世紀イングランドの場合」、『年報政治学』第五一巻、二〇〇〇年、二九—三〇頁。

(77) ホッブズは後に著した『哲学者と法学徒との対話』では、君主制の起源と発展について検討するなかでローマ史に触れている。そこで彼は反乱が原因となりある政体からほかの政体への変転を繰り返した例として、ローマでは国王に対する反乱から民主制ができ、元老院がスッラの支配下にあった民主制を侵害し、今度は人民がマリウス下の元老院を侵害し、さらに皇帝がカエサルやその後継者たちの支配下にあった人民を侵害したと説明する。Thomas Hobbes, 'Dialogue between a Philosopher and a Student, of the Common Laws of England,' in *Writings on Common Law and Hereditary Right*, ed. by Alan Cromartie and Quentin Skinner (Oxford: Clarendon Press, 2007), p. 138（ホッブズ『哲学者と法学徒との対話——イングランドのコモン・ローをめぐる』、田中浩・重森臣広・新井明訳、岩波書店、二〇〇二年、一三四—一三五頁）.

(78) *Leviathan* Ch. 5, pp. 64, 72 [18, 21].（一）八四—八五、九一—九二頁。

(79) *Leviathan* Ch. 20, p. 322 [107]; Ch. 30, p. 522 [176].（二）八三頁、二六一—二六二頁。

(80) 藤原『ホッブズの政治哲学』、五七頁。こうした演繹的推論による因果関係の把握を、ホッブズは『物体論』において分析—総合の方法の議論を用いて説明する。彼は、感覚や心像の表象の原因について推論により得られる「なにゆえか」τοῦ διότι についての知は、合成と分解から成り立っていて、それぞれ「分析的方法」*methodus analytica* と「総合的方法」*methodus synthetica* と呼ばれると説明する。ホッブズ『物体論』、八七—八八頁（第六章第一節）。哲学の推論において二つの方法は「分析・総合の方法」とまとめられ、「全体をそのもっとも個別的な、したがってまたもっとも普遍的な部分の原因にまで分解し、そこから結果を理解して行くという方法」として一体的に機能する。藤原『ホッブズの政治哲学』、六七頁。分析—総合の方法論については以下も参照。J. W. N. Watkins, *Hobbes's System of Ideas: A Study in the Political Significance of Philosophical Theories*, 2nd edn. (London: Hutchinson, 1973), pp. 43-54（J・W・N・ワトキンス『ホッブズ——その思想体系』、田中浩・高野清弘訳、未來社、一九八八年、一一四―一三八頁).

【謝辞】

本稿は、二〇一八年五月二七日に開催された政治思想学会研究大会（甲南大学）分科会において発表した、報告原稿の一部を発展させたものである。司会者の梅田百合香氏、登壇者の稲村一隆氏、古田拓也氏、上村剛氏、コメントを頂いたフロアの各氏、犬塚元氏に感謝申し上げる。また本稿を推敲するにあたり、二名の匿名査読者からの助言は非常に有益であった。この場を借りて御礼申し上げる。

健康格差・頭脳流出・グローバル正義
――「退出の権利」に対する制約の正当化に関する一考察

白川俊介

一　問題の所在――移民正義論における「退出」の問題の等閑視

本稿の目的は、「頭脳流出」（brain drain）が惹起する「グローバル正義」にまつわる諸問題に鑑み、それに対処する一つの方策として、人々の「退出の権利」（right to exit / leave）を制約し、自国に留まるべきだということを規範的な観点から正当化できるかどうかを検討することにある。

なぜ「退出の権利」に着目するのか。理論的な観点からいえば、グローバル正義論との関係において人の移動を論じる際に、いわゆる「移民正義論」（immigration justice）においては、「受け入れ」（immigration）の正当化可能性ばかりに関心が集まるという偏りが見受けられるからである。[1]「移民正義論」は基本的に、富裕国が貧困国の人々を「受け入れる」義務があるかどうかを、グローバル正義論の文脈で論じるものであり、この点をめぐって、「国境開放」（open borders）派と「受け入れ制限」（immigration restriction）派による論争がある。[2]ただし、実のところある人をある社会に「受け入れる」という事象が生じるには、それ以前に当人が自分が帰属する社会から「退出する」（emigrate）という事象が生じているわけである。しかしながら、人が「移動する」ということに関して、「受け入れ」という事象に比べて、「退出」という事象は、近年までもっぱら等閑視されてきた。

もっとも、「受け入れ」に焦点が当てられるのにもそれなりの理由がある。貧困国の苦難の原因を作りだしているのは、ある意味で富裕国であるといってよいのであって、したがって、富裕国は貧困国の苦難に手を差し伸べる義務があろう。ゆえに、富裕国が貧困国の人々を受け入れるのは、そうした不正義を匡正する義務の一環だと考えられるわけである。だが、「退出」という事象も場合によっては、グローバルな正義にまつわる諸問題を惹起する。それはとりわけ「頭脳流出」という現象に顕著に見てとれる。

その詳細は次節で述べるが、一例を挙げれば、ヨーロッパの多くの国々のあいだには「シェンゲン協定」が締結されており、人々はいわゆる「シェンゲン圏」内を自由に移動できる。その結果として、東欧や南欧諸国から西欧諸国への人口の流入が問題となっている。特に深刻なのは、医療従事者・教育者・科学者・専門的技術者といった高学歴人材や高度技能人材の流出である。広い意味での国づくりの基盤を担うべき「エリート」の流出は、国家の存続にかかわるのであり、当該社会にとって由々しき事態である。だが、そうした頭脳流出は当該社会だけの問題ではなく、国際社会が取り組むべき問題でもある。

たとえば医療従事者の流出を考えてみよう。昨今、途上国と先進国のあいだで「健康格差」(health gap / health inequality) が指摘されている。(3) 途上国と先進国では、平均寿命・病気などの罹患率・乳児死亡率などに大きな差がある。これは一つには途上国と先進国では受けられる医療に格差があるからである。そしてそれは、医療資源や医療技術の問題もあるだろうが、単純に、医療従事者が国外に流出してしまい、医療従事者の数が不足していることにも起因する。重要なことは、医療従事者の国外流出は不均整なグローバルな経済構造によるものであり、それによって途上国と先進国のあいだの「健康格差」はますます拡大していく、ということである。だとすれば、「頭脳流出」およびそれが原因の一つとなっている「健康格差」の拡大は、国際社会が一丸となって対処し匡正すべきグローバル正義の問題だといえよう。(4)

「健康格差」の匡正というグローバル正義の要請に鑑み、それに対処する一つの方策は、医療従事者の国外流出に歯止めをかけ、自国に留まるよう促すことであろう。そこで本稿では、人々が有する「退出の権利」を制約し、自国に留まる義務があると正当に論じることができるかどうかを規範的な観点から検討したい。

本稿は次のような道筋をたどる。まず、なぜ退出の権利に着目するのかという点を「健康権」の侵害と「人権保障のジレンマ」という観点からいま少し掘り下げ、その規範的意義を明確にしたい（一）。そのうえで、退出の権利を制約し、自国に留まる義務があると正当に論じることができるかという点について、いわゆる「政治的責務」（political obligation）論（あるいは「遵法義務」論[5]）を補助線にしつつ検討したい（三）。政治的責務論は、個人の権利や自由を尊重しつつ、それと相反する国家に服従する義務をいかに正当化できるかということ、つまり個人の自由や権利に対する正当な制約事由について論じてきたのであり、個人の移動の自由や退出の権利の制約に対する正当化論拠を探究するうえでの手引きに大いになりうると思われるからである。[6]そして最後に、本稿で得られた知見をまとめ、若干の今後の課題を示して稿を終えたい（四）。

二　「頭脳流出」とグローバル正義――なぜ「退出」の問題を論じる必要があるのか

1　「頭脳流出」と「健康格差」――「健康権」の侵害という観点から

「頭脳流出」は一般には、高い能力を有する人々が、みずからが帰属する社会を離脱して別の社会に移動することを指し、たとえば日本の技術者や研究者がアメリカに移動するといった、先進国間における人材の移動を含む。けれども本稿では、とりわけ貧困国における高い能力を有する人々が富裕国に移動することを「頭脳流出」としてやや狭く定義する。そのうえで、諸種の高度技能人材のうち、特に医者や看護師など保健医療サービスに従事する人々の「流出」に焦点を当てる。[7]

世界の移住者全体の数からすれば、医療従事者の移住が占める割合は決して高くはなく、それに殊更着目すべき理由は取り立てて見当たらないように思われるかもしれない。しかしながら、医療従事者はその職業的特質として、人の生命や生活の質の保証に深くかかわっている。したがって、とりわけ貧困国から富裕国への「医療従事者の頭脳流出」(medical brain drain) は、貧困国の人権状況を大いに悪化させる恐れがある。

二〇〇六年の『世界保健報告』によれば、サハラ以南のアフリカ諸国において、二四〇万人の医者や看護師や助産師が不足し、その他の医療従事者を含めれば、実に四三〇万人の人手が不足しているとされる。[8] こうした事態が引き起こされている一つの大きな要因は、ここ数十年にわたり、先進諸国が医療従事者を積極的に国外から確保しようとしてきた動きにある。[9] イギリス、アメリカ、カナダ、オーストラリアなどは、一九六〇年代ごろから、寿命が延びたことなどに起因する医師や看護師らの不足に直面しており、それを補うために、国外から医療従事者を積極的に採用し受け入れる政策をとってきた。

必然的に、貧困国の医者や看護師たちはよりよい賃金や機会を求めて、自国を離れて富裕国に移り住むようになった。たとえば、ジョナサン・ウルフによれば、この数十年間で、アメリカで開業した医者のうち、約四分の一が国外で教育を受けた者であり、これは実際の数字にすれば二〇万人にのぼる。[10] また、二〇一〇年の『世界保健報告』には、ハイチ、シエラレオネ、アンゴラ、モザンビークなどでは、自国で教育を受けた医師のうちの半数以上が国外に流出しているといった記述もある。[11] さらに次のような指摘もある。

保健衛生にかかわるニーズや問題が最も多いアフリカだけを見ても、毎年約二万三〇〇〇人もの資格を有する専門家が国を離れている。南アフリカの医療学校の情報によれば、卒業生のうち、三分の一から二分の一が先進国に出て行ってしまう。看護師の流出はさらに深刻である。たとえば、一五万人以上のフィリピン人看護師が、そして一万八〇〇〇人以上のジンバブエ人看護師が国外で働いている。近年の英国の報告によれば、英国の医師のうちの三一%、看護師のうちの一三%が国外出身者だと見積もられている。ロンドンにかぎれば、その数はそれぞれ医者が二三%、看護師が四七%とされている。[12]

このような医療従事者の国外流出は、少なくとも次の二点で問題であろう。第一に、貧困国の人々の「健康権」（the right to health）の深刻な侵害が大いに懸念される点である。[13]「健康権」という考えは、一九四六年七月に承認され、一九四八年四月に発効した「世界保健機関憲章」の前文で初めて世に登場し、その後一九六六年に国連総会本会議で採択され、一九七八年に発効した「経済的・社会的及び文化的権利に関する国際規約」の第一二条で一つの独立した権利として規定された。さらに、こうした規約の国際的な解釈を助ける意味で、二〇〇〇年に「一般的意見一四」（general comment 14）が出されている。[14]「一般的意見一四」によれば、「健康は、他の人権の行使にとって不可欠な基本的人権であり、「すべての人間は、尊厳ある人生をおくるために到達可能な最高水準の健康を享受する権利を有する」とされている。[15]

他方で、WHOによれば、十分な保健医療サービスが受けられるためには、人口一〇〇〇人あたりの医師・看護師・助産師の総数が少なくとも二・二八人必要だとされている。[16]ところが、ヨーロッパにおいては、人口一〇〇〇人当たり、一〇・三人の医師・看護師・助産師がいるのに対して、アフリカ諸国では平均して一・四人しかいないとされ、アフリカの人々は適切な保健医療サービスを受けることができていない。[17]そのことは、アフリカ諸国の人々のHIVエイズやマラリア、その他疫病の罹患率の高さや平均寿命の短さ、乳児死亡率の高さなどに直結している。[18]つまり、貧困国から富裕国への医療従事者の「頭脳流出」は、貧困国における保健医療サービスのさらなる低下を招き、貧困国の人々の「健康権」を大いに侵害することにつながるのである。ジリアン・ブロックによれば、

　富裕国が貧困国の熟練労働者を無償で採用するとき、実際起こっているのは次のようなことである。すなわち、貧困国は、富裕国の市民の健康管理を支援している一方で、その過程で重要な資源を失っているのである。……健康管理の専門家がもとより全く足りていない国からすれば、労働者をさらに失えば、その国の人々にとって、公衆衛生サービスの低下や人々の健康を著しく損なうことにつながる可能性が高い。[19]

第二に、富裕国にとって、医療従事者を他国から受け入れることは、その国の人々の保健医療サービスの向上につながるけれども、そのことにかかわる人材育成のコストを富裕国は一切負担していないという点で問題である。医療従事者などの高度技能人材は何もないところから突如として現れるわけではなく、高度な教育を適切に受けることによって育成される。とりわけ、多くのアフリカ諸国では、医療従事者は公的な教育機関において育成されており、人材育成にかかわるコストをほぼすべて国家が負担している。しかしながら、そうした人々が自国を離れて国外で保健医療サービスに従事するということは、貧困国が人材育成のコストを負担する一方で、その成果を享受するのは富裕国だということを意味する。つまり、富裕国は貧困国に「ただ乗り」していることになるのである。[20]

したがって、ウルフが指摘しているように、イギリスやアメリカなどでアフリカ諸国出身の医療従事者を採用することは、富裕国が、自国民に対して「健康権」を十分に保障する義務を満たすための能力を貧困国から奪っていることになるだけでなく、しばしば見落とされがちではあるが、莫大な財政的な補助金を貧困国から奪っていることにもなるのである。[21] 不利な立場にある貧困国が一方的にコストを支払い、有利な立場にある富裕国だけが便益を享受しているという状況は極めて問題である。[22]

このように、貧困国から富裕国への「頭脳流出」は、貧困国の保健医療システムの弱体化を招き、人々の「健康権」の侵害につながっている。[23]「健康権」についての「一般的意見一四」にもあるように、「先進国と途上国の間における人々の健康上の地位に現存する大きな不平等は政治的・社会的および経済的に受け入れがたく」、そのことは、かかる格差を是正するグローバルな義務を喚起するのである。[24]

2　人権保障のジレンマ——「退出の権利」対「健康権」

以上のような状況に鑑みて、グローバルな健康格差を是正し、貧困国の人々の「健康権」を尊重し保障するという観点から、医療従事者の「頭脳流出」が問題の原因の一つであるならば、それを規制すべきだというのは実に容易い。しかしながら、事はそう単純ではない。というのも、医療従事者には「移動の自由」という基本的人権があるからである。たとえば、「世界人権宣言」第一三条二項には次のようにある。

あらゆる人は、自国その他いずれの国からも出ていく権利（right to leave）、および自国に戻る権利を有する。

また、「国際人権規約」の第一二条二項にも次のようにある。

あらゆる人は、自国を含むいずれの国からも自由に離れる（free to leave）ことができる。[25]

「移動の自由」は、人々がみずからの「善き生の構想」を探求し模索していくうえで必要不可欠な条件であり、それなしでは他の自由も成り立たないという意味で、ジョン・ロールズのいうところの「基本的自由」（basic liberty）である。[26] さらに、チャンドラン・クカサスによれば、貧困国から富裕国への移住は、貧困から抜け出す有効な手立ての一つであるため、それを制限することは人々を貧困状態に強制的に留め置くのと同義でもある。[27] けれども他方で、「一般的意見一四」にあるように、「健康権」も「他の人権の行使にとって不可欠な基本的人権」である。

したがって、ここに「人権保障のジレンマ」が生じる。すなわち、「移動の自由」を擁護するならば、「頭脳流出」を止めるすべはなく、ゆえに貧困国の人々の「健康権」が侵害されてしまう一方で、「健康権」を擁護するならば、医療従事者の基本的人権としての「移動の自由」が奪われてしまうのである。[28] かかる「人権保障のジレンマ」にどのように対応すべきだろうか。まずもって考えるべきは、「移動の自由」と「健康権」が両立不可能な場合、どちらがより優先されるべきかということであろう。

ジョセフ・カレンズによれば、一般に「リベラリズム」[29]の理論家は、「移動の自由」を大いに重視する。というのも、第一に「リベラル」は自我観について、無色透明で文化中立的な純粋選択主体としての「負荷なき自我」（encumbered self）観を採る。第二に、そうした個人の自律的かつ理性的な選択を重視し、それを妨げないために、国家はあらゆる個人から等しく距離をとり、いかなる善き生の構想からも中立的でなければならない。「リベラル」はそう考えるのである。

だとすれば、理屈からいって、仮に貧困国Aに住む者がみずからの「善き生の構想」を探求するうえで、その国を出て富裕国Bに移り住むことがその人の人生設計上重要なのであれば、当人の移動の自由を制限する事由を理論的に見いだしえない、ということになる[30]。したがって、「リベラル」からすれば、「地表を横断する自由な移動が認められるべきであり、貧困国の人々が（治安が要請する以外の）制約を受けずに富裕国へと移動するのを（その逆に富裕国の人々が貧困国へと移動するのも）可能にすべき[31]」だということになるのである。

ただし、ここでロールズが「正義の二原理」の第一原理において「基本的自由」の保障を述べたとき、それは「他の人々の同様な自由と両立しうるかぎりにおいて、最大限広範囲にわたる自由でなければならない[32]」という留保が付されていた点は注目に値する。つまり、「基本的自由」といえども、他の「基本的自由」と両立しえない場合には、一定の制約を受けることがありえるということである[33]。とすれば、「健康権」は、それが脅かされれば、「善き生」を営むどころか「生存」すらもままならないという意味で、「移動の自由」よりも優先されうるのではなかろうか。

また、デイヴィッド・ミラーによれば、そもそも「移動の自由」は、人間にとって根源的な権利だとは必ずしもいえない。ミラーによれば、リベラルな国家においてでさえ、個人に完全な移動の自由があるわけではない。というのも、たとえば他人の所有地にみだりに踏み入ることは法的に制限されているからである。だがそれを理由に、その国家では「移動の自由」が制限されていると主張する者などいない。このことが意味しているのは、「移動の自由」は個人の自由を保証するうえで本質的に重要な権利である、とまではいえないということである。ただし、他国に移動しなければ政治的な迫害を受ける、または、必要な医療が受けられない、あるいは仕事が見つけられないなどの場合、つまり個人にとっての「基本的権利」（basic rights）が確保されていない社会においては、「移動の自由」は不可欠の権利である。ただし、この場合の「移動の自由」は本質的に重要な権利というよりも、「矯正的権利」（remedial right）として機能するものだと理解すべきだ、というのである[34]。

以上の議論を踏まえると、差し当たり少なくとも次のようにはいえそうである。すなわち、「移動の自由」は確かに人権として保障されるべきだが、それはいつでも常に保障されるべき「完全無欠の」(absolute) 権利というわけではなく、一定の条件の下に制約をうける権利だということである。ただし、当然のことながら、「退出の権利」は、歴史的には諸種の迫害から逃れる権利として確立されてきた極めて重要な権利である。したがって、そうした権利を制約し自国に留まる義務があるというのは極めて強い要求である。ゆえに、いかなる正当化根拠に基づけばそれを正当に要求しうるのかを掘り下げて検討する必要があろう。以下、この点について、いわゆる「政治的責務論」を手がかりに論じていこう。[35]

各人が自分の帰属する社会に対して義務を負う理由については、次節で論じるようにいくつかの考え方がある。ある論者はそれを何らかの利益の共有という「相互性」に基づいて説明し、また別の論者は、同胞とのあいだで有する特別な「関係性」に基づいて説明し、また、より一般的な義務という観点から説明できるとする論者もいる。本稿の狙いは、こうした政治的責務の正当化論の検討を補助線にして、グローバルな正義の要請という観点からして妥当な退出の権利に対する制約論を導くことができるかどうかを明らかにすることである。

三　いかなる観点から退出の権利に対する制約を正当化できるか
——「政治的責務論」を補助線として

自由な諸個人は、それにもかかわらずなぜ自分が帰属する社会に対して義務を負うのか。この問いに対する一つの簡潔な答えは、人々は社会から利益を受け取っているからだ、というものである。だとすれば、なぜ社会から利益を受け取っているという理由で人々は義務を負わねばならないのだろうか。これについて、政治的責務論においては一般に次の二つの応答が可能である。すなわち「フェアプレイ」(fair play) 論と「感謝」(gratitude) 論である。行論の都合上、まずはフェアプレイ論について検討し、次いで感謝論を検討しよう。[36]

1 「フェアプレイ」に基づく正当化

フェアプレイ論は、しばしば「公正の原理」(the principle of fairness) ともいわれる。戦後の政治哲学においてフェアプレイ論を論じる先鞭をつけたのが、H・L・A・ハートであった。ハートは論文「自然権は存在するか」において次のように述べた。

多数の人々がルールに依拠した共同事業 (joint enterprise) に従事し、そのためにみずからの自由を制約している場合、必要に応じて制約に服してきた者は、彼らの服従によって便益を受けてきた者に同様の服従を要求する権利を有する。[37]

かかる議論はロールズにも継承されている。ロールズによれば、「利益を受諾している者は、フェアプレイの義務によって自分の役割を果たすように義務づけられ、協力せずに都合よく無償の利益を利用しないように義務づけられる」[38]のである。ハートとロールズの議論には若干の違いがあるが、両者の言わんとするのは概ね、多数の人々がルールに従って何らかの事業を共に営む枠組みにおいて、それから何らかの利益を享受している者同士は、お互いに応分の負担も負うべきなのであり、利益だけを享受して負担を免れるといういわゆる「ただ乗り」は道徳的に許されない、ということである。つまり、人々はそのような「制約の相互性」(mutuality of restriction)[39]を負うというわけである。

こうしたフェアプレイ論の最大の強みは、「既存の社会に帰属する多くの人々は自分たちが帰属する政治共同体が提供する財から実際に利益を得ている、という周知の経験的主張に基づいている」[40]ところにあると思われるが、それは退出の権利を制約する正当化根拠となりうるであろうか。

まず確認しておかねばならないのは、医者や看護師といった職に就くには、それなりの教育を受けねばならないという点である。しかも、先にも述べたように、とりわけ多くのアフリカ諸国では、医療従事者は公的な教育機関において育成されており、人材育成にかかわるコストをほぼすべて国家が負担しているという事実がある。であるとすれば、医療に従事しようとする者は、国家が提供する財から大いに利益を享受しているということになるので、応分の負担も負うべきだというのは筋が通っている。

しかし、だからといって、それが退出の権利を制約し、自国に留まるべき正当な根拠を与えるわけではなかろう。というのも、フェアプレイ論によれば、何らかの利益を享受した者は応分の負担を引き受けるべきだからである。逆に言えば、応分の負担を越える負担を課すことはできない、ということである。たとえば、医学や看護学といった専門的な教育を受けるための学費が国費負担であった場合、当人が学費を返上したとすれば、その人は応分の負担をしたことになり、それ以上の義務を負うとは言いがたい。しかも、当該社会からの退出を志向する者は共同事業からの離脱を志向しているのであり、ゆえに当然ながら共同事業から利益を受け取ることもないだろう。だとすれば、共同事業からの利益の享受を忌避した時点で、「制約の相互性」はかからない。したがって、みずからが受けた利益に対する応分の負担を引き受けた者に対しては、それ以上の義務を負うべきだとはいえない。それゆえ、フェアプレイ論からは退出の権利を制約する正当化根拠を導出できないように思われる。

2 「感謝」に基づく正当化

相互に利益を与えあうような共同事業に携わり、そこから利益を得ている者は、応分の負担を引き受けるべきだという意味での「相互性」の観点から政治的責務を導出するのがフェアプレイ論だとすれば、それとはやや異なる「相互性」の観点から政治的責務を導出しようとするのが「感謝論」である。

「感謝論」は端的にいえば、利益を与えられた者は、当該利益を与えてくれた者に報いるべきだ、といういわば「恩返し」から義務を導出する議論である。こうした議論の起源は古代ギリシャにまで遡ることができる。たとえばソクラテスは、政治的責務を親に対する感謝になぞらえつつ、われわれは親に対して恩返しをする義務があるように、自分が所属する共同体に対してもその恩に報いる義務を負うという。[41] もっとも親子関係からのアナロジーで国家と国民の関係を規定し、ゆえに国民には国家に従う義務があるという議論は、そもそもこのアナロジーの成立自体が大いに疑わしい。ただし感謝論の核心は、利益を与えてくれた者と与えられた者のあいだの「相互性」に鑑み、「利益を与えてくれた者に対して、それに報いなければならない[42]」というある種の「自然的義務」が人にはあるのだ、というところにある[43]。

かかる感謝論は、直観的には退出の権利を制約し、自国に留まるべきだという正当な理由を与えるように思われる。なぜなら、先にも述べたように、医者や看護師といった職に就くには、それなりの専門教育や職業訓練を受けてきたはずなのであり、医療従事者はそうした国家がもたらす恩恵に大いに預かってきたのだから、それに報いる義務があるというのはもっともであるように思われるからである。

しかしながら、感謝論はいくつかの難点を抱えている。第一に、人は与えられた利益に報いるべきだ、というのは確かにそうかもしれないが、その義務がいかなるものであるかは、実のところ極めて曖昧模糊としている[44]。したがって、恩恵を与えてくれた者に感謝する義務があるとしても、それが具体的にいかなる行動を取ることを含意するのかは不明確である[45]。ゆえに、国家が与えてくれた恩恵に預かってきたのだから、自国に留まるべきだとは直ちにはいえない。

第二に、これは前項で論じたフェアプレイ論の問題点とも重なるところであるが、利益を与えてくれた者に対して、それに報いなければならないということは、逆にいえば、預かった恩恵をすべて清算しさえすれば、それ以上の義務を負うことはないということである。したがって、自分に対して与えられた教育投資のすべてを清算しさえすれば、それでもなお自国に留まる義務があるとは言いがたいということになってしまう[46]。

ただし、ここで利益を与えてくれた者に対して「報いる」ということが何を意味するのかをもう少し考える必要がある。A・D・M・ウォーカーは、利益を与えられたことに「報いる」ことは、必ずしもそれに見合うだけの「お返し」(repay) をすることではないという。そうではなく、恩人に対する好意と尊重を明確に態度として表し、それと矛盾する行動を取らないことを感謝の義務は要求する、というわけである[47]。したがって、ウォーカーは、「国家のおかげで恩恵を与えられている市民は、国家の利益に反する振る舞いを差し控える、という一応の感謝の義務を有する[48]」という形で政治的責務を導出する。

感謝する義務をこのように解釈することが妥当だとすれば、それは退出の権利に対する制約根拠となりうるかもしれない。なぜなら、医療従事者が自国を離れることは、健康権の保障という観点からすれば、その国の人権状況を悪化させることになるので、当該国家にとって不利益であることは否めないからである。ゆえに一見すると、国家の利益に反する振る舞いを差し控える義務は、退出の権利を正当に制約するものだと考えられるかもしれない。

だが、だからといって、感謝の義務が直ちに自国に留まる義務を正当化するわけではない。ジョージ・クロスコによれば、感謝の義務は、たとえば兵役の義務のような強い義務を正当化できない。なぜなら、感謝の義務の本質をいかに解釈しようとも、与えられた利益以上の重い負担を強いる義務を正当化できないからである。ゆえにクロスコからすれば、感謝論は政治的責務の正当化論としては弱すぎるのである。[49] だとすると、退出の権利という人権に対する制約を正当化しうるような強い議論を感謝論から導出することはできないように思われる。

3 「関係的責務」に基づく正当化

フェアプレイ論や感謝論は、政治的責務の導出根拠に「利益の享受」を持ち出さざるをえない。そのため、いかに理屈づけようとも、両者の議論は受け取った利益を清算しさえすれば、それ以上の義務を負わねばならないいわれはない、という批判に対してはどうしても脆弱なのであり、ゆえに、退出の権利を制約しうる正当な根拠を示しえない。だとすれば、利益の享受にかかわらず、人は自分が帰属する社会に対して政治的責務を負うという議論に目を向ける必要があろう。それが「関係的責務論」（associative obligation）である。

近年の政治哲学において、政治的責務をどこから導出するかという点について、「還元主義」（reductionism）と「非還元主義」（nonreductionism）あるいは「関係主義」（assosiativism）との論争がある。[50] 端的に言って両者の違いは、人々が有する社会関係そのものの価値が政治的責務を生じさせると考えるのか否か、という点にある。言うまでもなく、「関係的事実」（relational facts）それ自体に重要な道徳的意義を見いだすのが非還元主義者／関係主義者であり、そのような経験的事実は義務の発生根拠としては不十分だと考えるのが還元主義者である。

政治的責務論はどちらかといえば還元主義に基づくほうが主流であったが、近年になって非還元主義に基づく政治的責務の正当化論もかなり主張されるようになった。そのことは、いわゆる「コミュニタリアニズム」の興隆と無関係ではない[51]。政治哲学を現代において復権したロールズの著書『正義論』は、基本的には社会契約説の発想が根底にあり、自律的かつ理性的な諸個人の合意によって社会は成り立っていると考えられている。そうしたロールズをはじめとする「リベラリズム」の理論家に対して、とりわけ彼らが前提としている自我観について痛烈に批判したのが「コミュニタリアン」である。「コミュニタリアン」によれば、リベラルは純粋選択主体としての「負荷なき自我」を想定しているが、それは誤りである。そうではなく、人は「社会的動物」なのであり、関係性のなかに「埋め込まれた」(embedded)存在だというわけである[52]。

関係的責務論は、こうした「コミュニタリアン」の主張と大いに共振する形で展開されている。たとえばジョン・ホートンによれば、政治的責務とは人々が「同一化」(identify)する「特定の政体に対する成員資格に付随するもの」として理解され[53]、「政治的アイデンティティを通して、人々はそれに対応する政治的責務を認識し受け入れる[54]」のである。

自分が帰属する社会に対する「同一化」についてより踏み込んで論じるのが、リベラル・ナショナリズムの代表的論客として知られるヤエル・タミールである。タミールはある共同体の「形式上の成員であること」と「当該共同体の成員であると意識していること」を区別すべきだという。なぜなら、単にそこに生まれたからとか、そこの国籍を有しているからという客観的な理由だけでは政治的責務を正当化できないからである。単に形式的な紐帯を有しているのではなく、その紐帯を積極的かつ自覚的に引き受けようとする態度を有する人々が、同胞に対する関係的責務を担うことになる[55]。ゆえに、「深遠かつ重要な責務はアイデンティティと関係性から生じる[56]」というわけである。

こうした関係的責務の観点から退出の権利を制約し、自国に留まる義務があることを正当化できるかどうかは、退出を志向する者と残される者とのあいだの道義的関係性に依存するであろう。ここで関係的責務の理論家は、人々がみずからが有している共同体的な紐帯に積極的かつ主体的に意義を見いだすことを重視する点に着目したい。たとえば関係的責務論の代表的な擁護者であるサミュエル・シェフラーも「ある人の他の人々に対する関係がその人々に対する特別な義務を生じさせるのは、その人が関係を尊重する理由を持つ場合である」[57]と述べている。しかしながら、社会からの離脱を志向する者はもはやそういうものを持ち合わせていないかもしれない。そうだとすれば、退出を志向する者と残される者の道義的関係性に積極的意義を見いだすことはできず、離脱を志向する者に残される者に対する義務を負うべきだとは言いがたいのではなかろうか。ホートンは次のように述べている。

私が英国市民であることをやめる（そしておそらく他国の成員になる）とすれば、私は特定の政治共同体に対するアイデンティティを失う。同胞だった者や自分の政府との関係性は変化する。その政府はもはや私の政府ではないのである。……同様に、それまで同胞であった人々は、もはやそうではなくなるのである。[58]

さらに、関係的責務にまつわるより根本的な問題点を二つ指摘しておきたい。第一に、関係的責務論は、「実際に義務があるということ」と「義務があると感じること」、つまり「義務」と「義務感」を混同している。ジョン・シモンズによれば、「諸個人が政府を「自分たちの」政府であると思い、「自分たちの」国に恩があるという感覚をなんとなく有するという事実があるからといって、当然ながら、その人たちが政治的義務を有すると考えるべきだということにはならない」[59]。クリストファー・ウェルマンが挙げている身近な例でいえば、自分の家族の結婚式に参加する義務があるかということを考えると、家族であることは、結婚式に参加すべきだという「感覚」を惹起するかもしれないが、家族であるからといって結婚式に参加する義務を直ちに負うことにはならないというわけである。[60] したがって、関係的責務論からすれば、離脱を志向する者は残される者に対して何らかの義務を負うという感覚を有するとは言えるかもしれないが、そのことが実際に何らかの義務を負うことを直ちに正当化するわけではないのである。[61]

第二に、関係的責務の理論家は概ね、「重要な社会集団の構成員や緊密な個人的関係への参加者は、他の者に対して負わないような重要な義務を互いに負う」[62]のであり、関係的責務は当該集団の内部の者だけに妥当する「特別な義務」

(special duty) だと考える。かかる観点から退出の権利を制約し、その人には自国に留まる義務があると論じるとすれば、それはある社会が困窮している状況や人権状況の悪さの責任を当該社会の内部の者だけに帰責することになってしまう。しかしながら、それは極めて酷な要求である。なぜなら途上国の苦難は、冒頭で述べたように、しばしば「構造的不正義」(structural injustice) といわれるように、当該社会だけの問題だというよりは、グローバルな経済社会構造そのものに内在する問題でもあるからである[63]。かかる観点からして、当の社会に帰属する人々のみに妥当する特別な関係的責務という観点から退出の権利を制約し、自国に留まる義務があると論じるのは妥当でないように思われる。

4 「正義の自然的義務」に基づく正当化

そうだとすれば、「特別な義務」ではなく何らかの「一般的義務」(general duty) に訴えかけるほうがより見込みがあるのかもしれない。その一つの説明は、ロールズが『正義論』で展開した「正義の自然的義務」(the natural duty of justice) 論に見いだせる。ロールズはこの義務を次のように説明する。

> 公正としての正義の観点からすれば、基本的な自然的義務とは正義の義務である。この義務は自分に適用される正義に適った既存の制度を支持し遵守するようにわれわれに要求する。この義務はまた、高いコストを負わずに実現可能な場合には、未だに実現していない正義に適った制度を設立するように命じる。社会の基本構造が正義に適っているか、当該状況で合理的に期待しうるほどに正義に適っていれば、各人は既存の体制に貢献する自然的義務を負う[64]。

アンナ・スティルツは、かかる自然的義務論を手がかりに、退出の権利に対する一定程度の制約について論じている[65]。スティルツによれば、自然的義務とは人々が共有する「制度を媒介にして生じる義務」(institutionally mediated duty) である。そして、人々がいかなる義務を有するかは「背景的な制度」によって規定され、公正に割り当てられる。

そうであれば、同胞に対する義務を捨て去ることができるかどうかも、いかなる義務が制度によって割り当てられるかということに依存する。だとすれば少なくとも、退出の権利を無条件に正当化できるとは考えられない。せいぜい、退出に関する条件は制度によって規定される公正な配分的義務による制約を受ける、ということぐらいしか言えない。このようにスティルツは、「正義の自然的義務」に基づいて退出の権利を正当に制約できる、というわけである。

しかしながら、こうした議論は次の二つの点で脆弱である。第一に、ロールズが明確に述べているように、正義の自然的義務が要求するのは、「正義に適った」制度を支える義務である。だが、医療従事者がそこからの退出を志向するような社会は、人々の人権を保障できていない、いわゆる「破綻国家」などである場合が多かろう。だとすれば、そのような社会の人々に対して、正義の自然的義務に基づく退出の権利の制約に対する正当化論はあまり意味をなさないであろう[66]。

そして、より重要なのは、シモンズのいう「個別性の要請」(particularity requirement)[67]に応えられないという点である。自然的義務とは「特定の社会的枠組みのもとで協働する特定の個人に対してだけでなく、広く人々一般に対して負う[68]」義務だが、政治的責務は通常、自分が帰属する社会に対して負う「個別的な義務」である。したがって、正義の自然的義務からすれば、ともに正義に適った制度を有する社会AおよびBがあるとして、Aの市民がなぜ社会Bではなく「自分が帰属する」社会Aの正義に適った制度を支える義務を有すると言えるのかを明確には説明できない。言い換えれば、正義の自然的義務論は「個人を一つの個別的な政治共同体・政治制度に結びつける要請[69]」を満たすことができないのである。

けれども、スティルツからすれば、正義の自然的義務が「個別性の要請」を満たすことができないのは、退出の権利に対する制約を論じるうえでさしたる問題ではない。彼女によれば、「市民権を放棄することに対して、配分的義務を課すことが許されるだろうし、こうした義務を適切に引き受けるには、退出しようとする国に対する管轄権のうえでのつながり以上のものは必要ない[70]」からである。

だが、スティルツのこうした主張はやや的外れであろう。というのも、「個別性の要請」はつながりの質の問題ではなく、正義に適った制度を支えるある種の普遍的な義務が、なぜ「自分の」正義に適った制度を支える個別的な義務に変換されるのか、というところにあるのであり、だとすればスティルツの主張はその批判に応じるものにはなっていないように思われるからである。私見では、正義の自然的義務が「個別性の要請」を満たしえないのは、どこかよその国ではなく「自国に」留まらねばならない理由を提供できないという点で、退出の権利に対する制約の正当化根拠を論じるうえでは、致命的であるように思われる。ゆえに、正義の自然的義務論は退出の権利に対する制約を正当化しえないと言えよう。

5 グローバル正義にまつわる「一般的義務」に基づく正当化

関係的責務のような「特別な義務」に訴えることは、関係を有する当事者に対してだけに自国に留まり当該社会の劣悪な状況を改善する義務を負わせることになるという点で望ましくない。他方で、ある種の「一般的義務」に訴えかけることも、なぜ自国に留まり、みずからが帰属する社会的枠組みを支えねばならないのかを説明しえない、つまり「個別性の要請」を満たしえないという点で致命的な欠陥を有する。ここから言えるのは、「特別な義務」だけに訴えかけても、「一般的義務」だけに訴えかけても、それだけでは退出の権利に対する制約を適切に正当化できないということである。ゆえに、両者の義務を架橋するような議論が必要である。そこで、以下では、「特別な義務」と「一般的な義務」を両立させる一つの説明として、ロバート・グッディンのいわゆる「割当責任論」(assigned responsibility) を検討したい。

グッディンによれば、まず人々は弱者を保護するという「一般的義務」を有する。この点に特に異論はないように思われるが、問題は、かかる「一般的義務」と「特別な義務」はいかなる関係にあると考えられるのか、という点である。グッディンによれば、「一般的義務」と「特別な義務」は質的に異なる義務ではない。むしろ、「特別な義務とは道徳的共同体における一般的義務が特定の主体に割り当てられるための装置にすぎない[71]」。帰結主義の立場に立つグッディンからすれば、最も重要なことはあらゆる弱者が適切に保護されるという帰結がもたらされることである。この帰結が最も効率的に、つまり最も低いコストでもたらされるために、「一般的義務」は分割され、それを効率的に遂行できる者に割り当てられるのである。[72]

ただし、ミラーにいわせれば、こうした割当責任論はグローバルな社会に当てはめられると、比較的豊かなスウェーデン人の権利や福祉に対する責任をスウェーデン人に割り当て、ソマリア人の権利や福祉に対する責任をソマリア人に割り当てるというおかしな帰結を生じさせることになる。[73] グッディンの議論からかかる批判が導かれるのは、彼が弱者の保護という一般的義務を国家が効率的に遂行できる根拠の一つに、同じ領域に住んでいるということに基づく地理的な近接性を挙げているからである。[74]

しかしながら、ミラーはかかる地理的な近接性にあまり重きを置いていないようだが、本稿の文脈において地理的な近接性は看過できない。なぜなら、医療という財の提供は、単に高名な医学書に書いてあることをそのまま遂行することではないからである。患者とコミュニケーションを取りながら、一人一人に最適な医療を提供せねばならない。ゆえにコミュニケーションが容易にとれるのみならず、当該社会における慣習や文化に精通している必要もあるだろう。こうしたことは、当該社会に生まれ育ち、皮膚感覚で身につける、いわば「暗黙知」のようなものであって、当該社会から遠く離れた者がそれらを持ち合わせているとは考えにくい。医療とは、医学や看護学、薬学などの専門的知識があれば誰もが同じように提供できるようなものではない。ゆえに、当該社会のことをよくわかっている近くの者に一般的義務が割り当てられるというのは、理に適っているように思われる。[75]

こうした議論を援用することで次のようにいえよう。まず人々は、弱者を保護する一般的義務を有する。この義務は、グローバル正義が要請するものであり、「グローバルな配分的正義」が成り立つことを否定する論者でさえも是認する、いわば人道に基づく義務である。[76] ある社会の医療体制が脆弱であり、ゆえにその社会の人々の健康権が侵害されているとすれば、彼らを保護する一般的義務を人々は有する。この状況を最もコストをかけることなく、効率的に改善できるのは当該社会の医療従事者である。ゆえに、弱者の保護という一般的義務から当該社会の医療従事者は退出の権利を制約され、自国に留まるべきだ、といえよう。[77]

ただし、先に「正義の自然的義務論」に言及した際に確認したように、「自分が」住まう社会から退出せずに「自国に」留まるべきだといえるには、「個別性の要請」を満たす必要があると考えられる。しかしながら、横濱竜也が指摘しているように、グッディンの議論においては、同胞に配慮する特別な義務とは普遍的義務の別名にすぎないので、グッディンは「個別性の要請にかなう政治的責務の正当化には成功していない」[78]。少なくとも、グッディンの言う「効率性」だけでは、義務を遂行する「動機」としてはかなり心許ないように思われる[79]。

ここでホートンが「個別性の要請」を満たそうとするならば、人々の関係性や連帯意識に目を向ける必要があるという点に着目したい[80]。それはなぜ特定の人々に対して義務を負わねばならないのかという「動機」の問題と切り離せない。そしてこの意味で、関係的責務論に対して向けられた、「義務」と「義務感」を混同しているという批判に再度注目しよう。確かに、先に述べたように「義務感」が直ちに「義務」を生じさせるかどうかは定かではない。けれども、たとえばロールズが「正義原理」の安定的な実行には、人々が適切な「正義感覚」(the sense of justice) を有している必要があるとしたように[81]、義務が適切に遂行されるのは、概してそれが人々の「義務感」に支えられる場合であろう。ゆえに、一般的義務から派生した特別な義務は、同胞に対するある種の「義務感」に支えられることによって、適切に遂行されることになるように思われる。

以上をまとめると次のようになる。グッディンの議論に従い、人々は弱者を保護する一般的義務を有し、かかる義務の効率的かつ効果的な実行という観点から、当該社会の健康権を保障するために、医療従事者の退出の権利は制約され、そこに留まって医療を提供すべきだといえる。ただし、かかる義務を人々が実行する「動機」という観点からして、医療従事者が、その社会の人々を大切な同胞であり、みずからが進んで保護しなければならないという義務感を有している必要があるのである。このようにグローバル正義が要請する一般的義務を基本に、それと特別な義務を関係的責務論のエッセンスを用いて架橋することで、退出の権利に対する制約をある程度正当化する道筋をつけることができるように思われる。

四　結論――「頭脳流出」と「健康格差」にどのように対処するか

これまでの議論をまとめよう。本稿では、医療従事者の頭脳流出と、それに起因するグローバルな健康格差に鑑み、人々の退出の権利を制約し、自国に留まるべきだということを正当に主張できるかどうかを、政治的責務論を補助線にして検討してきた。結論からいえば、退出の権利は基本的人権であり、それを制約しうるほどのかなり強い義務を人々は自分が帰属する社会に対して負うと正当に主張するのはかなり難しいように思われる。

フェアプレイ論や感謝論は、与えられた利益に対する応分の負担しか要求できないので、退出の権利に対して、せいぜい「応分の負担をすれば」という条件をつけることくらいしかできない。しかしながら、当該社会が本当に求めているのは、供与した利益の清算ではなく、極めて公共性の高い医療という財を人々に継続的に提供してくれることである。フェアプレイや感謝という観点からは、そこまでを正当化する理屈を導くことは到底できない。

応分の負担以上の大きな犠牲を払うことを正当に要求できるには、「自国に対して」こそ義務を負うという「個別性の要請」を満たすことが欠かせない。この観点からして、「正義の自然的義務論」には期待できない。「関係的責務論」はその要請を最も満たしうるが、グローバル正義の要請に基づく義務を個々の社会の内部の者だけに帰責するような論理構造を有している点でそもそも望ましくない。そこで本稿では、弱者の保護という一般的義務から出発し、医療という財の質に鑑みて、それを地理的な近接性の観点から近くの者に割り当てるというグッディンの「割当責任論」を一定程度擁護した。もっとも、かかるグッディンの議論も「個別性の要請」を満たしているとは言いがたく、一般的義務を遂行する「動機」という面で難点を抱える。ゆえに、関係的責務から導かれる「義務感」に人々がある程度拘束される必要があるのではないかと論じた。このようないわば「修正された割当責任論」は、医療という財の性質という観点から、第一義的には当該社会で生まれ育った者が自国に留まり同胞に対して尽くしてくれたほうが望ましいけれども、その責任を当該社会の者だけに帰することを回避し、他の社会の者が医療を提供することを排除しない。ただし、かかる一般的義務の遂行を強制できない以上、せいぜい人々の退出の権利は「ある程度」の制約を受け、グローバル正義が要請する一般的義務を遂行できる者は自国に留まる「一応の」義務を負う、としか正当に主張できないように思われる。

最後にかかる議論の含意および今後の検討課題に二点触れて、本稿を終えたい。第一に、そもそも個人の退出の権利に焦点を当てる議論は、ともすれば健康権の保障責任を医療従事者個人に帰することになるおそれがあるように思われる。医療に従事する個人がその責任を完全に免れるとはいえないが、それを個人に帰責するよりもむしろ、制度的に多角的な観点から健康権を保障するメカニズムが必要となろう。すなわち、健康権の保障を担う多様な主体が協働するある種の「グローバル・ガヴァナンス」について検討することが求められるであろう。(82)

第二に、かかる問題に対する規範的なアプローチとしては、「退出の権利」を含む「自由移動の権利」の保障／制約という観点ではなく、「留まる権利」(right to remain / stay)の保障という視角を導入する必要があるように思われる。そしてそれは、「移動の自由」とはそもそも何を意味するのかということを改めて問い直すことにもつながるであろう。(83)

「移動の自由」とは、通常は「A」から「B」に自由に「移動する」ことを意味するであろう。したがって、それを規制する場合に、「A」から「出る」(exit)自由と「B」に「入る」(entry)自由が問題になる。しかしながら、「移動の自由」はあるところから別のところへ「移動する」自由だけを意味するのだろうか。おそらくそうではないだろう。「移動の自由」は、それと表裏一体のものとして、「移動しない自由」も含むのではないか。つまり、「A」から「B」に移動できるけれども、「A」に「留まる」自由である。「留まる」ことができなければ、その人は移動せざるをえないのであって、それは自由な移動ではなく強制移動である。だとすれば、「移動の自由」は、まず「留まる自由」が保障されたうえで、移動するかしないかを自由に選択できる自由であると理解されるべきである。したがって、「移動の自由」を字義通り「移動する自由」だと捉えるだけでは、片手落ちである。(84)

「頭脳流出」という現象が生じるのは、当該社会における賃金や機会の少なさやあるいは衛生状況の悪さなどに原因があり、しばしば人々はそこから離れたくなくても移動する以外に選択肢がないのかもしれない。すなわち、人々は自分が生まれた社会が貧しいがゆえによりよい機会を求めて出ていかざるをえないという意味で、父祖の地に「留まる自由」を侵害されているのである。だとすれば、まずもって重要なことは、移動せざるをえない状況を作りだしているグローバルな社会構造の匡正である。かかる観点からグローバル正義の義務について構想する必要があるだろう。

（1）See for example P. Cole, The Right to Leave versus a Duty to Remain: Health-Care Workers and the 'Brain Drain' in R. S. Shah (ed.), *The International Migration of Health Workers: Ethics, Rights and Justice*, New York: Palgrave Macmillan, 2010, p. 118; G. Brock and M. Blake, *Debating Brain Drain: May Governments Restrict Emigration*, New York: Oxford University Press, 2015, p. 14.

（2）かかる論争の外観としては、C. Wellman and P. Cole, *Debating the Ethics of Immigration: Is There a Right to Exclude?* New York: Oxford University Press, 2011を参照。

（3）See for example M. Marmot, *The Health Gap: Improving Health in an Unequal World*, London: Bloomsbury Publishing, 2016（栗林寛幸監訳『健康格差——不平等な世界への挑戦——』日本評論社、二〇一七年）.

（4）ゆえに、デイヴィッド・ミラーによれば、かかる問題は単なる経済問題以上のものを含む、政治哲学が取り組むべき課題なのである（see D. Miller, *Strangers in Our Midst: The Political Philosophy of Immigration*, Cambridge: Harvard University Press, 2016, pp. 11-12）。

（5）本稿では、概ね 'obligation' に「責務」という訳語が、'duty' に「義務」という訳語が当てられてきた学術的慣行に従ってはいるが、両者を互換的な意味で使用する。

（6）本稿のねらいは、「国家」ないし「政府」が自国民の「退出の権利」を正当な根拠をもって制約できるかを明らかにすること自体にはない。というのも私見では、「国家」が強制力を行使して個人の「退出の権利」を制約することは正当化しがたいように思われるからである。この点については、ジリアン・ブロックとマイケル・ブレイクの次の対論において詳細に検討されており（see Brock and Blake, *Debating Brain Drain*）、両者の議論に対する評価と私の立場を示したものとして、S. Shirakawa, Can Liberal States Coercively Restrict the Right to Leave?: Brain Drain, Migration and Global Justice, in *Kwansei Gakuin Humanities Review*, vol. 23 (2018), pp. 1-18を参照。本稿の主張を先取りして述べておけば、本稿では個人の「退出の権利」に対する制約は「弱者を保護する」という「一般的義務」の観点から「ある程度」正当化することができると論じる。言い換えれば、退出の権利は常に保障されるべき「完全無欠の権利」ではなく、弱者の保護という一般的義務による制約を受け、ゆえに人々は自国に留まる

「一応の」（pro tanto）義務を負うのである。

（7）Ibid., pp. 2-3; see also K. Oberman, Can Brain Drain Justify Immigration Restrictions? in *Ethics*, vol. 123（2013）, p. 428.

（8）World Health Organization, *The World Health Report 2006: Working Together for Health*, Geneva: World Health Organization, 2006.

（9）Kapur, D. and J. McHale, Should a Cosmopolitan Worry about the 'Brain Drain'? in *Ethics and International Affairs*, vol. 20, no. 3（2006）, pp. 308-309.

（10）J. Wolff, *The Human Right to Health*, New York: Norton, 2012, p. 109.

（11）World Health Organization, *The World Health Report 2010: Health Systems Financing – The Path to Universal Coverage*, Geneva: World Health Organization, 2010.

（12）G. Brock, *Global Justice: A Cosmopolitan Account*, New York: Oxford University Press, 2009, p. 198.

（13）「健康に対する人権」（human right to health）とも呼ばれるが、本稿では「健康権」で統一する。

（14）棟居（椎野）徳子「「健康権（the right to health）」の国際社会における現代的意義——国際人権規約委員会の「一般的意見第一四」を参照に——」、『社会環境研究』第一〇号、二〇〇五年、六一—七五頁。「健康権」についての詳細は、さしあたりWolff, *The Human Right to Health*, ch. 1を参照のこと。

（15）S. P. Marks（ed.）, *Health and Human Right: Basic International Documents*, Third Edition, Cambridge: Harvard University Press, 2012, p. 125.

（16）World Health Organization, *The World Health Report 2004: Changing History*, Geneva: World Health Organization, 2004.

（17）Brock, *Global Justice*, p. 200.

（18）World Health Organization, *World Health Statistics 2016: Monitoring Health for the SDGs*, Geneva: World Health Organization, 2016.

（19）Brock, *Global Justice*, p. 199.

（20）See for example D. Dolvo and F. Nyonator, Migration of Graduates of the University of Ghana Medical School: A Preliminary Rapid Appraisal, in *Human Resource Development Journal*, vol. 3, no. 1（2003）, pp. 1-16.

（21）Wolff, *The Human Right to Health*, p. 110.

(22) もちろん、富裕国で職を得た人々が祖国に稼ぎの一部を送金することはあるが、「コストの埋め合わせとしては不十分」である(Ibid.)。

(23) Ibid., p. 114. ただし、たとえばフィリピンなどのように、移住者による送金が外貨の獲得という意味で重要な手段となっている点などに鑑みれば、医療従事者の「頭脳流出」が常に問題含みだというわけではない。この点については、たとえば以下を参照。See C. Packer, V. Runnels, and R. Labonté, Does the Migration of Health Workers Bring Benefits to the Countries They Leave Behind? in *The International Migration of Health Workers*, pp. 44-77.

(24) Marks, *Health and Human Right*, p. 135.

(25)「世界人権宣言」と「国際人権規約」の条文はそれぞれ、G. Brownlie and G. Goodwill-Gill (eds.), *Basic Documents on Human Rights*, Sixth Edition, Oxford: Oxford University Press, 2010, pp. 42, 392を参照した。

(26) カレンズによれば、「移動の自由はそれ自体が重要な自由であり、また他の自由の必要条件でもある」(J. Carens, Migration and Morality: A Liberal Egalitalian Perspective, in B. Barry and R. Goodin (eds.), *Free Movement: Ethical Issues in the Transnational Migration of People and of Money*, London: Harvester Wheatsheaf, 1992, p. 25)。

(27) C. Kukathas, Immigration: The Case for Open Borders, in A. Cohen and C. Wellman (eds.), *Contemporary Debates in Applied Ethics*, Oxford: BlackWell, 2005, p. 211.

(28) かかる「人権保障のジレンマ」については、以下も参照。See B. J. Mesquita and M. Gordon, *The International Migration of Health Workers: A Human Rights Analysis*, 2005, London: Medact; Kapur and McHale, Should a Cosmopolitan Worry about the 'Brain Drain'? pp. 305-306; Cole, The Right to Leave versus a Duty to Remain, pp. 120-123; 佐藤千鶴子「医療労働者の国際移動と医療人的資源政策——南アフリカの事例——」、『立命館国際地域研究』第二九号、二〇〇九年、一六頁。

(29) ここでは特に、いわゆる「義務論的リベラリズム」を念頭に置いている。

(30) See J. Carens, Aliens and Citizens: The Case for Open Borders, in W. Kymlicka (ed.), *The Rights of Minority Cultures*, Oxford: Oxford University Press, 1995, pp. 334-339.

(31) R. Shapcott, *International Ethics: A Critical Introduction*, London: Polity Press, 2010, p. 93(松井康浩・白川俊介・千知岩正継訳『国際倫理学』岩波書店、二〇一二年、一一〇頁).

(32) J. Rawls, *A Theory of Justice*, Revised Edition, New York: Columbia University Press, 1999, p. 302(川本隆史・福間聡・神島

裕子訳『正義論 改訂版』紀伊國屋書店、二〇一〇年、四〇二頁〔傍点は筆者による〕).

(33)「国際人権規約」においては、第一二条三項において、移動の自由は確かに「いかなる制限も受けない」とあるが、その直後に、「その制限が、法律で定められ、国の安全、公の秩序、公衆の健康若しくは道徳又は他の者の権利及び自由を保護するために必要であり、かつ、この規約において認められる他の権利と両立するものである場合は、この限りではない」という但し書きが付されている（see Brownlie and Goodwill-Gill, *Basic Documents on Human Rights*, p. 392)。

(34) D. Miller, Immigration: The Case for Limits, in *Contemporary Debates in Applied Ethics*, 2005, pp. 195-196.

(35) 本稿の執筆にあたり、政治的責務論（遵法義務論）については次の著作における議論を参考にした。J. Horton, *Political Obligation*, Second Edition, London: Palgrave Macmillan, 2010; G. Klosko, *Political Obligations*, New York: Oxford University Press, 2005; D. Knowles, *Political Obligation: A Critical Introduction*, London: Routledge, 2010; J. Simmons, *Moral Principles and Political Obligations*, Princeton: Princeton University Press, 1979; id., *Justification and Legitimacy: Essays on Rights and Obligations*, New York: Cambridge University Press, 2001; C. Wellman and J. Simmons, *Is There a Duty to Obey the Law?* New York: Cambridge University Press; 鈴木正彦『リベラリズムと市民的不服従』慶應義塾大学出版会、二〇〇八年、瀧川裕英『国家の哲学――政治的責務から地球共和国へ――』東京大学出版会、二〇一七年、横濱竜也『遵法責務論』弘文堂、二〇一六年。

(36) ここで、政治的責務論の主たる位置を占めてきたいわゆる「同意論」に本稿が言及しない点をいぶかしく思う者もいよう。そこで本稿で同意論を取り上げない理由に触れておきたい。同意論は概ね、同意していない義務が降りかかるのは不当だ、という形を取る。だとすれば、本稿の文脈で言えば、自国に留まる義務があることに同意しないかぎり、そうした義務を負わないので、退出の権利に対する制約は不当だということになってしまう。ゆえに、同意論に基づいていては退出の権利に対する正当化論拠を導きえないのは明らかである。こういう意味で、本稿の目的にそぐわないので、同意論を本稿で検討する必要は特段見当たらないように思われる。

(37) H. L. A. Hart, Are There Any Natural Rights, in *Philosophical Review*, vol. 64, no. 2 (1955), p. 185（小林公訳「自然権は存在するか」、小林公・森村進訳『権利・功利・自由』木鐸社、一九八七年所収、一三頁).

(38) J. Rawls, Legal Obligation and the Duty of Fair Play, in S. Hook (ed.), *Law and Philosophy: A Symposium*, New York: New York University Press, 1964, p. 9.

(39) Hart, Are There Any Natural Rights, p. 185（邦訳：一三頁).

(40) D. McDermott, Fair-Play Obligation, in *Political Studies*, vol. 52, iss. 2 (2004), p. 217.

(41) プラトン「クリトン」、久保勉訳『ソクラテスの弁明・クリトン』所収、岩波書店、二〇一七年、九二―九四頁。

(42) J. Simmons, *Moral Principles and Political Obligations*, Princeton: Princeton University Press, p. 160.

(43) See J. Horton, *Political Obligation*, Second Edition, London: Palgrave Macmillan, 2010, p. 97.

(44) See Simmons, *Moral Principles and Political Obligations*, pp. 166-168.

(45) ゆえに、ウェルマンは、感謝は「義務」(duty) の問題というよりも「徳」(virtue) の問題であるとする。See C. Wellman, Gratitude as a Virtue, in *Pacific Philosophical Quarterly*, vol. 80 (1997), pp. 284–300; see also G. Meilaender, *The Theory and Practice of Virtue*, Notre Dame: University of Notre Dame Press, 1984.

(46) この点に関して、匿名の査読者より、仮に与えられた利益を清算したとしても、当人には納税者に対する説明責任が求められるのではないか、というコメントを頂いた。フェアプレイ論にしろ感謝論にしろ、いずれにせよ求められるのは与えられたものに対する応分の負担であり感謝であるとすれば、納税者に対する説明責任までがそれに含まれるかどうかは議論の余地があるように思われるので、今後の検討課題としたい。だがいずれにせよ、そうした責任を果たしてしまえば、その人が自国に留まる義務はないということになるのではなかろうか。

(47) A. D. M. Walker, Political Obligation and the Argument from Gratitude, in *Philosophy and Public Affairs*, vol. 17, no. 3 (1988), p. 200.

(48) Ibid., p. 205.

(49) G. Klosko, Political Obligation and Gratitude, in *Philosophy and Public Affairs*, vol. 18, no. 4 (1989), pp. 354-357.

(50) See J. Seglow, *Defending Associative Duties*, London: Routledge, pp. 1-3, 11-20; C. Wellman, Relational Facts in Liberal Political Theory: Is there Magic in the Pronoun 'My'? in his *Liberal Rights and Responsibilities: Essays on Citizenship and Sovereign*ty, New York: Oxford University Press, 2014 pp. 28-29.

(51) See R. Dagger, Membership, Fair Play, and Political Obligation, in *Political Studies*, vol. 48 (2000), p. 105; Horton, *Political Obligation*, p. 180; C. Wellman, Associative Allegiances and Political Obligations, in his *Liberal Rights and Responsibilities*, 2014, pp. 8-10.

(52) See for example M. Sandel, *Liberalism and the Limits of Justice*, Cambridge: Cambridge University Press, 1982 (菊池理夫訳

『リベラリズムと正義の限界』勁草書房、二〇〇九年）。

（53）See Horton, *Political Obligation*, pp. 17, 191.

（54）Ibid., p. 186.

（55）Y. Tamir, *Liberal Nationalism*, Princeton: Princeton University Press, 1993, pp. 134-139（押村高ほか訳『リベラルなナショナリズムとは』夏目書房、二〇〇七年、二八九―二九八頁）。

（56）Ibid., p. 99（同上：二二八頁）。

（57）S. Scheffler, *Boundaries and Allegiances: Problems of Justice and Responsibility in Liberal Thought*, New York: Oxford University Press, 2001, p. 101.

（58）Horton, *Political Obligation*, p. 182［傍点は原文による］.

（59）J. Simmons, Associative Political Obligations, in *Ethics*, vol. 106, no. 2（1996）, p. 256. See also Dagger, Membership, Fair Play, and Political Obligation, p. 109.

（60）Wellman, Associative Allegiances and Political Obligations, p. 12. ゆえにウェルマンからすれば、関係的責務論は道徳的義務にかかわるというよりは、人の道徳的評価、つまりいわゆる「徳の倫理学」（virtue ethics）にかかわるのである（ibid., pp. 10-14）。

（61）See also Brock and Blake, *Debating Brain Drain*, p. 142.

（62）Scheffler, *Boundaries and Allegiances*, p. 48.

（63）See for example I. M. Young, *Responsibility for Justice*, New York: Oxford University Press, 2011（岡野八代・池田直子訳『正義への責任』岩波書店、二〇一四年）。

（64）Rawls, *A Theory of Justice*, p. 115（邦訳：一五五頁）。

（65）A. Stiltz, Is There an Unqualified Right to Leave? in S. Fine and L. Ypi,（eds.）, *Migration in Political Theory: The Ethics of Movement and Membership*, Oxford: Oxford University Press, 2016, pp. 71-75.

（66）スティルツもこの点は是認しており、次のように述べている。すなわち、「今日の多くの国家は基本的人権を保障できていない。退出を志向する者に対して配分的義務を課す私の議論は、こうした国家には当てはまらない」（ibid., p. 73）。

（67）Simmons, *Moral Principles and Political Obligations*, p. 31.

（68）Rawls, *A Theory of Justice*, p. 115（邦訳：一五五頁）。

（69）Simmons, *Moral Principles and Political Obligations*, p. 31［傍点は原文による］。

（70）Stiltz, Is There an Unqualified Right to Leave? p. 73.

（71）R. Goodin, What is So Special about Our Fellow Countrymen? in *Ethics*, vol. 98（1988）, p. 678.

（72）グッディンの議論において、さしあたりかかる義務が割り当てられるのは国家的主体である（see ibid., p. 682）。

（73）D. Miller, *On Nationality*, Oxford: Oxford University Press, 1995, pp. 62-64（富沢克ほか訳『ナショナリティについて』風行社、二〇〇七年、一一一―一一四頁）。

（74）See Goodin, What is So Special about Our Fellow Countrymen? p. 686. ただし、誤解のないように述べておけば、あくまでそれは単にある弱者とその人を保護できる者を引き合わせる（match）のに有用だという意味においてである。

（75）瀧川裕英によれば、そもそもグッディンに対するミラーの批判は的を外している。というのも、割当責任には弱者の保護という一般的義務を誰もが負うという前提があるのであり、割り当てられた責任を果たせない者がいれば、その責任は別の者に降りかかることになるという点を看過しているからである（瀧川『国家の哲学』、三〇三―三〇四頁）。

（76）See for example D. Miller, *National Responsibility and Global Justice*, Oxford: Oxford University Press, 2007（富沢克ほか訳『国際正義とは何か――グローバル化とネーションとしての責任――』風行社、二〇一〇年）。

（77）キーラン・オバーマンも、特別な義務ではなく一般的義務から頭脳流出に対する制約を正当化しようとする（see Oberman, Can Brain Drain Justify Immigration Restrictions? pp. 436-439）。ただし、本稿とは異なり、オバーマンはそれを「受け入れ」に関する制約という文脈で論じている。

（78）横濱『遵法責務論』、二〇六頁。

（79）この点で私は、帰結主義者はコミュニタリアンの懸念を真剣に取り合っていないというシェフラーの批判に同意する（see Scheffler, *Boundaries and Allegiances*, ch. 2）。

（80）See Horton, *Political Obligation*, p. 180.

（81）See for example Rawls, *A Theory of Justice*, esp. ch. 8.

（82）この観点から、近年のジェニファー・ルガーの議論は興味深い。See J. Ruger, *Global Health Governance*, New York: Oxford University Press, 2018.

（83）この点を展開したものとして、白川俊介「グローバルな正義と故国に「留まる権利」――「移動の自由」についての批判的一考察を手がかりに――」、関西倫理学会二〇一七年度研究大会報告原稿（於：神戸大学、二〇一七年一一月一八日）を参照。

（84）この点については以下も参照のこと。See K. Oberman, Immigration, Global Poverty and the Right to Say, in *Political Studies*, vol. 59 (2011), pp. 253-268; 井上達夫『世界正義論』筑摩書房、二〇一二年、二六六―二六七頁。

【付記】

本稿は、政治思想学会第二五回研究大会（於：甲南大学、二〇一八年五月二七日）における自由論題分科会Cにおける拙報告原稿「政府は『退出の権利』を制限できるか――『頭脳流出』とグローバルな正義――」を大幅に加筆修正したものである。拙報告に貴重なコメントを頂いた方々、および本稿の査読者の方々に深く感謝申し上げたい。

本稿の作成にあたり、邦訳があるものを引用する場合には、基本的には邦訳書を参照したが、文章上の理由から表現を変えたところがある。

本稿は、文部科学省平成二七年度科学研究費補助金（若手研究（B）課題番号：15K16979）および関西学院大学二〇一七年度個人特別研究費による研究成果の一部である。

［政治思想学会研究奨励賞受賞論文］

アリストテレス『哲学のすすめ』第十章の一考察

石野敬太

一　序論

アリストテレスの倫理学的・政治学的著作のうち、わが国の政治思想（史）ないし政治哲学研究において、肯定的であれ批判的であれ、最も頻繁に言及されるのは『ニコマコス倫理学』[1]と『政治学』[2]だろう。実際、わが国で出版されたアリストテレス倫理学・政治哲学に関する専門的著作[3]は、いずれも両著作を主要テキストとして取り扱い、『形而上学』などの他の著作との関連において、両著作に錯綜して流れるアリストテレスの思想的水脈から独自の解釈をすくい出している。しかしながら、特にわが国においては、アリストテレスの倫理学的・政治学的著作のうち、彼がプラトンのアカデメイア在学時に執筆した初期著作『哲学のすすめ（*Protrepticus*）』（今日では新プラトン主義者のイアンブリコス（紀元後二四五―三二五年）の同名の著作『哲学のすすめ』に含まれた引用から構成される断片群が残る）は真剣な吟味・考察がこれまでほとんど加えられていない[4]。紀元前一世紀に編纂された「アリストテレス著作集（*Corpus Aristotelicum*）」の範疇外に置かれた『哲学のすすめ』は、現代のわが国においても、依然としてアリストテレス研究の範疇外に置かれているように思われる。他方、英米の『哲学のすすめ』に関する研究に目を向けると、バイウォーターの『哲学のすすめ』断片の発見以来[5]、イェーガーとデューリングとの間の論争を経た後[6]、一九六〇年代以降下火になったものの、『哲学のすすめ』

の研究は細々ながらも継続的に行われてきた。特に、ハッチンソンとジョンソンの『哲学のすすめ』の諸断片の信憑性に関する共著論文が発表されて以来、(7) その研究は再び隆盛の兆しを見せている。

本稿は、わが国のアリストテレス政治哲学研究における以上の空白を埋める一つの試みである。本稿の目的は、『哲学のすすめ』第十章の考察をとおして、そこで哲学と政治の結節点として描かれる立法モデルを再構築し、その実質的内容をテキスト内在的に精確に理解することにある。この目的のために、以下の考察は次のように構成される。第二章では、本稿の考察の主要テキストとして『哲学のすすめ』第十章54.22-55.7を議論の俎上に載せ、立法モデルが階層的な三段階に区別されていることを確認した上で、その具体的内容について論じた先行研究を批判的に検討する。第三章では、先行研究が抱える問題を回避し、かつテキストから乖離しない仕方で、第二章で剔抉した立法の三段階の内実のより妥当な解釈を提示する。その際、筆者は『哲学のすすめ』第十章でアリストテレスが一貫して用いる議論の形式、すなわち、立法術と他の技術（医術・体育術・建築術）との間のアナロジーをテキスト読解に適切に反映させ、同章で提起された諸概念を解釈することを試みる。本稿の考察をとおして、アリストテレス政治哲学研究に対して重要な意義を有することが指摘されながらも、これまで看過されてきた『哲学のすすめ』でアリストテレスが提起する理想的な立法モデルの全体像が解明されるだろう。

二　『哲学のすすめ』54.22-55.7の考察

1　立法の階層的構造

『哲学のすすめ』第十章において、アリストテレスは哲学と政治の関係性を主題に据えると、「善き立法家は哲学を必要とする」という自身の了見の正当化を行う文脈で以下のように述べる。

T1

なぜなら、まさに（καθάπερ）他の諸々の制作的な技術（ταῖς ἄλλαις τέχναις ταῖς δημιουργικαῖς）において、たとえば建築術における墨縄や物差しやコンパスなど、その諸々の道具のうちで最善の道具は、自然から（ἀπὸ τῆς φύσεως）発見されるように、〈欠損〉、あるものは水とともに、他のものは光や太陽光線とともに把握され、我々はこれらに照らし合わせて判断し（πρὸς ἃ κρίνοντες）、感覚的に十分な真っ直ぐさや滑らかさを吟味する（βασανίζομεν）が、同じ様に（ὁμοίως）政治家もまた（καὶ）、何が正しいか、何が立派か、何が有益かを、それらに照らし合わせて判断する何らかの基準（τινὰς ὅρους…πρὸς οὓς κρινεῖ τί δίκαιον καὶ τί καλὸν καὶ τί συμφέρον）を、自然それ自体、すなわち、真理から（ἀπὸ τῆς φύσεως αὐτῆς καὶ τῆς ἀληθείας）得て持っていなければならないからだ。（54.22-55.3）[8]

T2

なぜなら、ちょうど（ὥσπερ）建築術において、諸々の道具のうちのこれら（ταῦτα）が他の全ての道具より優れているように、同様に（οὕτω）、最善の法（νόμος κάλλιστος）もまた（καὶ）、最も自然に即して制定されたもの（ὁ μάλιστα κατὰ φύσιν κείμενος）だからである。[9] しかし、このことは、これまで哲学することなく、真理を認識するに至っていない人には、とうてい為すこと（ποιεῖν）はできない。（55.4-55.7）

T1とT2で着目されるのは次の三点である。第一に、両箇所の議論が、T1では「まさに」―「同じ様に」、T2では「ちょうど」―「同様に」から成る建築と立法のアナロジーによって構成されていることである。このアナロジーは、「まさに」「ちょうど」の直後に建築に関する（一般的な）見解が述べられた後、「同じ様に」「同様に」が挿まれ、その直後に、立法に関するアリストテレス自身の見解が帰納的に導き出されている。[10] 第二に、建築と立法のアナロジーをとおして、建築と立法の幾つかの段階がT1で示されていることである。そして第三に、T2で「最善の法」すなわち「最も自然に即して制定された」法が導入され、その制定に「哲学すること」が必要であると明言されていることである。このように、両箇所の議論は、建築とのアナロジーをとおして、立法作業の形式的な諸段階を示すと同時に、それらに一定の内実を与えることで、結果として理想的な立法モデルを提示する構造を持つ。

T1とT2での建築とのアナロジーをとおして提起された、立法モデルの具体的内実はいかなるものなのか。この問題は、近年の『哲学のすすめ』の研究における中心的な論点の一つである。その論争で主要な争点は次の二点である。第一の争点は、政治家が「何が正しいか、何が立派か、何が有益か」を判断する際に依拠する「何らかの基準」とは具体的に何なのか、という問題である。第二の争点は、T2で導入された「最善の法」の制定が、立法のどの段階に分類されるのか、という問題である。

本稿の目的は以上二つの争点に対する筆者の解釈を提示することであるが、そのためにまず、T1の直前の箇所（54.12-54.22）を検討するのが有益であり賢明だろう。同箇所でアリストテレスは、医者・体育家と立法家との間のアナロジーに基づいて、立法の要諦とその目的を次のように規定している。

T3

ちょうど（ὥσπερ）、有能である限りの医者や体育術に携わる人々の大部分が、善き医者や体育家になる者は自然について経験を積んだ者（περὶ φύσεως ἐμπείρους）にならなければならないということに、ほとんど意見を同じくしているが、同様に（οὕτω）、善き立法家もまた（καὶ）、自然についての経験を、しかも先の人たちよりも遥かに多く、積んだ者でなければならない。なぜなら、先の人たちは身体の卓越性のみを作り出す人たち（τῆς τοῦ σώματος ἀρετῆς εἰσι δημιουργοὶ μόνον）であるのに対し、後者は、魂の諸々の卓越性に関わり、またポリスの幸福と不幸について教示する任を負う人たち（περὶ τὰς τῆς ψυχῆς ἀρετὰς ὄντες καὶ περὶ πόλεως εὐδαιμονίας καὶ κακοδαιμονίας διδάξειν προσποιούμενοι）[11]である以上、さらにいっそう哲学を必要とするからである。（54.12-54.22）[12]

T3で示されるアリストテレスの見解は以下の二点を含む。第一に、善き立法家は、善き医者や善き体育家よりも「自然」についての経験を積まなければならない。第二に、この要諦は、立法家に固有の二つの職務、すなわち、「魂の諸々の卓越性に関わり、またポリスの幸福と不幸について教示する」という目的の観点から説示される。(13)

第一の点についてデューリングが指摘しているように、T3で言及される「自然についての経験」は、『哲学のすすめ』第九章の末尾で提示される「存在する諸々の事物の自然〔本性〕と真理を…観照すること（τὴν δὲ τῶν ὄντων φύσιν καὶ τὴν ἀλήθειαν...θεωρεῖν）」（54.4. Cf. 53.25）という「哲学〔観照〕」の規定を下敷きにした、善き立法家になるための条件である。(14) したがって、「善き立法家は自然についての経験を積まなければならない」という条件は、換言すれば、「自然」を観照し、それについての「観照的知識（ἡ θεωρητικὴ φρόνησις）」(15)（54.11-12. Cf. 56.2-3. 56.9-10）を持たなければならない、ということに他ならない。

以上の考察と併せてT1を読めば、「自然」についての経験が実際の立法作業でどのような位置を占めるのか明確に認識することができる。すなわち、それは、「自然それ自体、すなわち、真理から」政治家が依拠すべき「何らかの基準」を把握する際に要請されるのである。(16) それゆえ、「自然」についての「観照的知識」を得ることは、立法の基盤を形成する、立法作業の第一段階にあたるといえる。そして、この基盤の上に、「自然」から「何らかの基準」を把握する、という第二段階の作業が成立する。この「何らかの基準」は、建築における「最善の道具」であるコンパスなどに対応し、立法における最善の基準としての役割を担う。そして最後に、「何らかの基準」に照らし合わせて「何が正しいか、何が立派か、何が有益か」を個別的に判断する、(17) という第三段階の作業が成立するのである。

2　先行研究の概観

前節では、立法が遵守すべき三つの階層的な段階を剔抉した。それを形式的に再定式化すると、以下のようになる。

①「自然についての経験」
②「最善の基準の獲得」

③「最善の基準に照らし合わせての個別的価値判断」

これらの段階のうち、第一段階の作業の具体的内容はアリストテレス自身によって明示されていた。すなわち、「自然」についての観照的知識を獲得することである。では、第二段階および第三段階に彼はいかなる具体的内実を付与しているのだろうか。本節では、この問題を検討している論者として、モナン、ボボニッチ、デューリングらを取り上げる。

まず、モナンの解釈をみてみよう。モナンによれば、第二段階の作業内容は「ὅρους［基準］の形成」、すなわち、倫理的・政治的実践における「原則（principles）」の形成である。[18] 以上の理解に基づき、モナンは、第三段階にあたる作業を「形成された原則の観点からなされる個別的価値判断、つまり、πρὸς οὓς（ὅρους）κρινεῖ τί δίκαιον καὶ τί καλὸν καὶ τί συμφέρον［何が正しいか、何が立派か、何が有益かを、その基準に照らし合わせて判断すること］」と同定する。[19] そしてモナンは、「個別的価値判断」の具体例がT3で導入される「最善の法」の制定―「彼［政治家］のκρίνειν［判断］の産物がνόμος［法］である」―に他ならないと主張する。[20] 換言すれば、「最善の法」の制定は立法作業の第三段階に分類されるとモナンは解釈している。

ボボニッチも第二段階にあたる作業を「何らかの基準」の把握と捉える点でモナンと立場を同じくしている。しかし、その内実についてのボボニッチの解釈はモナンのそれと大きく異なる。ボボニッチ曰く、「何らかの基準」の把握とは「正義や立派さなどの定義のようなもの」を把握することである。[21] さらにボボニッチは、第三段階にあたる作業として、「法はこれらの定義を満たしているか否かという観点から評価される」と述べ、その内実がT2の「最善の法」の制定であるとするモナンと同じ立場を表明している。[22]

最後に、デューリングの解釈をみてみよう。デューリングも、モナンと同様に、立法の第二段階にあたる作業を「自然それ自体」からの倫理的・政治的実践における「支配的な原則（ruling principles）」の把握としている。デューリングの解釈で特徴的なのは、T2に含まれる 55.5-6（彼が再構成した断片集ではB47に含まれる）のνόμος κάλλιστος ὁ μάλιστα κατὰ φύσιν κείμενος［最善の法は最も自然に即して制定されたもの］についての理解である。彼は、それを次のように説明している。

νόμος は確実にイアンブリコスあるいは写字生の誤りである。…もし、…アリストテレスが ὅρος ὁ μάλιστα κατὰ φύσιν κείμενος［自然に最も即して制定された基準］と書いたのであれば、それは ὅρος ἀπὸ τῆς φύσεως αὐτῆς［自然それ自体からの基準］の文体上の異なった表現に過ぎない。だが、仮に我々がアリストテレスは νόμος と書いたと信じたとしても、このことは…法が支配的な原則の写しであるとアリストテレスがこの箇所で認めていることを示唆しない。それは、自然、すなわち、自然から導出された基準に最も適合する場合に（when it conforms best with nature, i.e. with the principles drawn from nature）κάλλιστος［最善］なのである。

以上のデューリングの解釈で特筆すべきは次の三点である。第一に、彼は55.5の νόμος κάλλιστος を ὅρος に変更することを提案する。[23] 第二に、最善の法は「自然、すなわち、自然から導出された基準に最も適合する」と述べているように、モナンらと同様に彼も「何らかの基準」に照らし合わせて「最善の法」が制定されると解釈している。第三に、彼は「自然から導出された基準」を「自然」の言い換えとして捉えている。

以上概観したモナン、ボボニッチ、デューリングらが提案した解釈は以下のようにまとめることができる。第一に、立法作業における②「最善の基準の把握」と③「最善の基準に照らし合わせての個別的価値判断」の実質的内容が「何らかの基準」の把握と「最善の法」の制定であると理解する点で彼らの解釈は軌を一にする。このような理解に即せば、「法の善さは、それがどれほど厳密にその［何らかの］基準に則しているかに依存する」というモナンの解釈はまさに論の赴くところとなるだろう。[24] これらの共通点に加えて、デューリングは55.5-6を ὅρος ὁ μάλιστα κατὰ φύσιν κείμενος に変更する案を提出し、さらに「自然」と「自然から導出された基準」を同一のものとして捉えている。

3　先行研究の批判的検討

前節で確認したモナン、ボボニッチ、デューリングらの解釈は適切だろうか。②「最善の基準の獲得」の形式的な作業内容が「何らかの基準」の把握であると理解する点以外は、おそらく、不適切である。彼らの解釈の第一の問題点は、③「最善の基準に照らし合わせての個別的価値判断」、すなわち、「何が正しいか、何が立派か、何が有益か」についての政治家の判断の産物が「最善の法」の制定であるという、彼らの解釈の根幹をなす主張が妥当であることを示すテキスト上の証拠が示されていないことである。それゆえに、「最善の法」の制定が立法の第三段階に分類される正当な理由を彼らは説明していない。第二の問題点は、彼らの理解では、T1における建築と立法のアナロジーが完結しなくなることである。本章第一節で既に指摘したように、アリストテレスはT1でのアナロジーを「まさに」によって導入し、その直後に建築の第二段階にあたる作業を例示している。すなわち、「墨縄や物差しやコンパスなど、その諸々の道具のうちで最善の道具」を把握することである。このように、アリストテレスは建築における最善の道具に極めて具体的な内容を付与しているにもかかわらず、彼らの理解では、アリストテレスは立法における最善の基準に「何らかの基準」という形式的な規定のみを付与していることになる。『哲学のすすめ』第十章全体の主眼が「善き立法家は哲学を必要とする」という主張の正当化にあることを考慮するならば、立法家が依拠すべきとされる「何らかの基準」に一定の内実を与えない限り、いくらその主張を繰り返したところで、それは単なる空疎な言葉の連なりでしかなくなるだろう。

デューリングが提案したテキストの変更も、第二の問題を回避することにはならない。彼の提案の第一の問題点は、以下の通りである。なるほど、デューリングが提案した変更は、「何らかの基準」が *ὅρος ὁ μάλιστα κατὰ φύσιν κείμενος* と再定式化されていると理解することへとつながる。しかし、このテキストの変更が示しうるのは、デューリング自身の言い方を用いれば、アリストテレスが「文体上の異なった表現」を用いたことだけである。したがって、55.5 の *νόμος κάλλιστος* を *ὅρος* に変更したとしても、「何らかの基準」に具体的内実が付与されたと理解することはできない。第二の問題点は、ハッチンソンとジョンソンが提起した批判である。[25] たしかに、55.5のνόμος κάλλιστοςは、正しくはὅροςと表記されており、νόμος κάλλιστοςの表記が「イアンブリコスあるいは写字生の誤り」であった可能性は完全には否定できない。しかし、仮にその可能性を認めるならば、νόμος κάλλιστοςがὅροςと読み違えられた可能性は極めて低いのではないか、という当然予想される批判に堪える論拠を提示すべきだろう。この問題にデューリングは応答していない。[26]

最後に、「自然」と「自然から導出された基準」を同一視するデューリングの理解を検討しよう。この理解の問題点は明らかであろう。デューリングの言う「自然から導出された基準」とは、「何らかの基準」に他ならない。したがって、デューリングの理解に即した場合、T2でのアリストテレスの主張―善き立法家は「何らかの基準を、自然そのものから得なければならない」―は、「自然を、自然そのものから得なければならない」という、およそ理解不能な主張になってしまう。

以上の考察から明らかなように、モナン、ボボニッチ、デューリングらが提案した解釈は、十分に正当化されていない。

三 『哲学のすすめ』第十章における立法モデル

1 「最善の法」の制定の位置付け

前章では、『哲学のすすめ』第十章における議論の構造と内容を確認し、既存の解釈の問題点を浮き彫りにした。こうして本章の課題は、先行研究が抱える欠点を回避しつつ、テキストから乖離しないT1とT2の解釈を提示することである。本章では、本稿第二章第一節で指摘した議論の形式の観点から両箇所を再検討し、立法モデルの内容を確定することを試みる。

まず、T1での議論の構造を見直してみよう。T1冒頭の「なぜなら（γάρ）」は、T1全体がそれに先立つ議論（54.12-22、本稿ではT3として引用）で提示された主張を正当化することに目的があることを明示している。そこで、改めて54.12-22でのアリストテレスの最も重要な主張を述べれば、それは「善き立法家もまた、自然についての経験を…積んだ者でなければならない」、換言すれば、善き立法家は哲学しなければならない、というものであった。この主張の理由としてT1で挙げられるのが、政治家は自身が依拠する「何らかの基準」を「自然から」把握しなければならない、という立法の要諦である。

T1の直後に続くT2もγάρから始まっている。このことは、T2もT1で表明された主張を正当化することに目的があることを明確に示している。では、T1でのアリストテレスの主張は何であろうか。それは、建築家が、何が十分に真っ直ぐで滑らかかを判断する際に照らし合わせる最善の道具を自然から把握しなければならないのと同様に、政治家もまた、個別的価値判断を行う際に照らし合わせる「何らかの基準」を自然から把握しなければならない、という、T1で54.12-22での主張の正当化のために指摘された立法の要諦に他ならない[27]。つまり、アリストテレスは、T2で正当化することになる建築と立法の第二段階についての主張を、54.12-22の論拠としてT1で提示し、T2でその正当化に改めて着手しているのである。すると当然、T2の「ちょうど（ὥσπερ）」以下でアリストテレスが行う最初の作業は、建築における最善の道具を自然から把握しなければならない、という主張の正当化であることになる。

そこで、まずは55.4の指示代名詞「これら（ταῦτα）」の指示対象を確認しよう。この問題については、研究者の見解はほぼ一致している。すなわち、彼らは、55.24の「最善の道具（τὰ βέλτιστα）」がταῦταの指示対象であると理解している[28]。また、τὰ βέλτισταの例としてコンパスなどが挙げられていることから、ταῦταの実質的内容は「墨縄や物差しやコンパス」であると理解して間違いない。アリストテレスによれば、「諸々の道具のうちのこれら」すなわち「墨縄や物差しやコンパス」は「他の全ての道具より優れている」。それゆえに、建築術における最善の道具は自然から把握されなければならないのである。

以上の理解に即せば、「同様に（οὕτω）」以下でアリストテレスが着手する作業が、建築におけるコンパスなどの最善の道具と同様に、立法における「最善の基準」も自然から把握しなければならない、という主張の正当化であると理解するのが適切だろう。事実、55.5の「また（καὶ）」は、οὕτω以下でのアリストテレスの議論が、建築における最善の道具に対応する、立法における「最善の基準」に焦点を当てていることを示している。さらにここで、アリストテレスが立法における「何らかの基準」を、建築における「墨縄や物差しやコンパス」に対応するものとして導入していたことを想起しよう。この対応関係とT2全体が立法の第二段階に関する記述であることを考慮するならば、「諸々の道具のうちのこれら」がT1の「墨縄や物差しやコンパス」を指示するのと同様、前者と類比的に導入される「最善の法」も、T1の「何らかの基準」を指示すると理解する方がοὕτωまでのアリストテレスの立論に即している。言い換えれば、οὕτω以下でのアリストテレスの作業は、そもそも立法の第三段階の具体的内実を記述することではなく、その第二段階にあたる作業に関する自身の見解を、建築とのアナロジーに依拠して論証することであると解釈することができる。[29]この解釈に従えば、「最善の法」とは「何らかの基準」の実質的内容を表す表現に他ならず、それゆえにまた、「何らかの基準」を「自然にかなった法〔最善の法〕の基準」[30]と看做し、立法家がそれに照らし合わせて行う個別的価値判断の所産が「最善の法」である、という先行研究の理解は成立しないことになる。先行研究が提示したこのような理解に反し、本節の読解から帰結するのは、「自然にかなった法」すなわち「最善の法」こそが、個別的価値判断の基準として機能する、という理解である。

以上のT1とT2の考察から、次の二点を本節の結論として提示したい。第一に、善き立法家は「何らかの基準」に依拠して「何が正しいか、何が立派か、何が有益か」を判断した上で「最善の法」を制定するのではなく、立法家は「最善の法」に依拠して「何が正しいか、何が立派か、何が有益か」を判断する。そして第二に、第一の結論の帰結として、「最善の法」の制定は、立法の③「最善の基準に照らし合わせての個別的価値判断」ではなく、②「最善の基準の獲得」の具体的内実の記述として理解される。

本節のT1とT2の理解は、先行研究が抱える問題点を回避することができるだろうか。既存の研究の問題点は以下の通りであった。（ここでは、解釈上の問題点のみを取り扱うため、デューリングが提示したνόμος-ὅροςを巡るテキスト上の問題は無視する。）

①立法の第三段階「最善の基準に照らし合わせての個別的価値判断」の所産が「最善の法」の制定であることを示すテキスト上の証拠が明示されていないこと。
②立法における「最善の基準」に対して、アリストテレスが「何らかの基準」という形式的な規定のみを付与していることになること。
③アリストテレスの主張―善き立法家は「何らかの基準を、自然そのもの、すなわち真理から得なければならない」―を理解不能な主張へと変えてしまうこと。

まず、第二の問題点から検討しよう。本節の解釈がこの問題から免れていることは明らかである。なぜなら、本節の理解によれば、「何らかの基準」という形式的な規定の実質的内容がT2の「最善の法」に他ならないからである。この理解が正しいならば、本節の解釈は第一の問題点も回避することができる。というのも、本節は「最善の法」の制定を立法の第三段階ではなく、その第二段階「最善の基準の獲得」に分類される作業として捉えるからである。さらに、本節の解釈に従えば、アリストテレスの主張を理解可能なかたちで再定式化することができる。すなわち、善き立法家は「最善の法を、自然そのもの、すなわち真理から得なければならない」ということが、アリストテレスの主張である。このように、本節の解釈は第三の問題点も回避することができる。

最後に、本節で提示したT1とT2の解釈を基に、両箇所の議論を再構成しよう。「ちょうど建築術において、コンパスなどの最善の道具が自然から把握されなければならない様に、それと同様に立法術においてもまた、善き立法家は何らかの基準を自然そのものから把握しなければならない。なぜなら、ちょうどコンパスなどが、感覚的に何が十分に真っ直ぐかで何が十分滑らかかの個別的判断において、他の全ての道具より優れている様に、同様に最善の法もまた、何が正しいか、何が立派か、何が有益かの個別的判断において、他の全ての基準より優れているからである」。そして、アリストテレスによれば、「最善の法」の制定は、哲学をしていない者が為すことはできない。それゆえに、善き立法家は「さらにいっそう哲学を必要とする」のである。

2 「最善の法」の制定と「ポリスにおける法」の制定

前節までに考察したアリストテレスの議論に従えば、善き立法家は、第一に、「自然そのもの」についての観照的知識を獲得し、第二に、「自然そのもの」から「最善の法」を得て持つ必要がある。「最善の法」に照らし合わせての個別的価値判断は、以上の作業の上に成立するのである。しかしながら、ここで二つの問いが生じる。第一の問いは、「最善の法」の制定の方法に関わる。善き立法家は「最善の法」を「自然そのもの」から「得て持つ（ἔχειν）」というアリストテレスの簡潔な記述は、実際にはどのような作業を描写しているのだろうか。言い換えれば、そもそも善き立法家はどのような仕方で「最善の法」を「自然そのもの」から得て持つとされているのだろうか。この問いに答えることが、本節の第一の課題である。第二の問いは、「何らかの基準」と「最善の法」を同一視する前節の理解から帰結する。前節で確定したように、「最善の法」の制定は、立法の第三段階ではなく、第二段階に分類される。すると当然、今度は第三段階にあたる「最善の基準に照らし合わせての個別的価値判断」にアリストテレスがどのような具体的内容を付与しているのかが問題となる。これが、本節の第二の課題である。

以上二つの問いに応答するために、T2の直後に続く55.7-21を検討しよう。少し長いが、下に引用する。

T4

しかもまた、一方で他の諸々の技術においても、人々は、彼らの道具や最も厳密な計算（τοὺς λογισμοὺς τοὺς ἀκριβεστάτους）を、原初のものそのものから（ἀπ᾽ αὐτῶν τῶν πρώτων）獲得することによって、概略知っているというのでは決してない。彼らは、それらの道具を「原初のものから」第二次的、第三次的なもの、ないしさらに遠く離れたものから得ているのであり、彼らの理論を経験から（ἐξ ἐμπειρίας）得ているのである。他方で、厳密なものそのものからの模倣（ἀπ᾽ αὐτῶν τῶν ἀκριβῶν ἡ μίμησις）は、全ての人々のうち、ただ哲学者のみに許されている。なぜなら、哲学者は原初のものの観照者であって、模倣物の観照者ではないからだ（55.7-14）。したがって、ちょうど（ὥσπερ）物差しや、その他この種の道具を使わずに、他の建物にただ近似したかたちで［家を］作るような建築家が決して優れた建築家ではないように、同じ様に（ὁμοίως）、恐らくは他の人々の行為や他の諸ポリスの国制―スパルタのであれ、クレテのであれ、あるいはその他の諸ポリスであれ―に目を向け（ἀποβλέπων…πρός）、それを模倣することによって（μιμούμενος）ポリスにおける法を定め、自分自身の行為を行う人は、決して優れた立法者でもなければ、立派［な政治家］[31]でもない。（55.14-21）

第一の問いに対するアリストテレスの回答は、T4で極めて明示的に語られている。すなわち、善き立法家は「原初のものそのもの」「厳密なものそのもの」の「模倣（ἡ μίμησις）」をとおして立法に必要な「道具や最も厳密な計算」を獲得する。このアリストテレスの回答を理解する上で重要なのは、第一に、模倣の対象として挙げられる「原初のものそのもの」「厳密なものそのもの」が当該箇所の文脈において何を指示するのか、そして第二に、その模倣をとおして立法家が何を獲得するのかを明らかにすることである。しかし、「原初のものそのもの」「厳密なものそのもの」の実質的内容を厳密に特定することは本稿の考察範囲を超えるため、本稿では暫定的な解釈を提示するにとどめる[32]。

そこで、まず、T4の55.7-14でアリストテレスが用いている用語に着目しよう。アリストテレスは、立法以外の技術において、その道具や計算を「［原初のものから］第二次的、第三次的なもの、ないしさらに遠く離れたものから得ている」技術者と、「厳密なものそのものからの模倣」を為す哲学者を対置している。このような表現は、T1においても、たとえば「自然から発見される」や「自然それ自体、すなわち、真理から得て持って」など、立法の第二段階の作業を記述する際に頻繁に用いられていた。このことは、55.7-14も立法の第二段階に関する記述であることを強く示唆する。

次に55.14-21を検討しよう。同箇所では、ὥσπερとὁμοίωςから構成される建築と立法のアナロジーが再度導入され、「ちょうど物差しやその他この種の道具を使わずに…［家を］作る」建築家と「他の人々の行為や他の諸ポリスの国制に目を向け、それを模倣することによってポリスにおける法を定め」る立法家が類比的に捉えられ、厳しく批判されている。これらの表現は、T1での「墨縄や物差しやコンパス…に照らし合わせて」や「それらに照らし合わせて判断する何らかの基準」と言った、立法の第三段階を記述するために用いられた表現と重なり合うものと理解して問題ないだろう。

つまり、T4でのアリストテレスの立論は次の構成をとると理解される。まず、55.7-14で立法の第二段階を再び議論の俎上に載せ、「原初のものそのもの」「厳密なものそのもの」を模倣し、立法における最善の道具を得ることが「哲学者のみに許されている」ことを示す。そして、続く55.14-21で、今度は立法の第三段階に再び立ち戻り、「原初のものそのもの」「厳密なものそのもの」の模倣をとおして得た基準ではなく、既存の国制を模倣してポリスにおける法を定める立法家を「優れた立法家ではない」と結論づけることで、「立法家は哲学を必要とする」という自身の主張を補強する。[33] このように、T4の議論がT1とT2で提示された立法モデルを下敷きにし、かつその第二段階(55.7-14)と第三段階(55.14-21)に関する記述から構成されていることは疑いない。それゆえ、立法の第二段階で最善の道具の源泉として言及される「原初のものそのもの」「厳密なものそのもの」は、T1で同一の位置付けを与えられている「自然そのもの」と同義的に捉えて問題ないだろう。[34]

では、「原初のものそのもの」「厳密なものそのもの」の模倣をとおして、立法家は何を把握するのだろうか。この問題についてモナンは、次のように述べている。「哲学者はこれら[原初のものそのもの・厳密なものそのもの]から彼の依拠する原則(principles)を直接引き出し、それから模倣へと進む[35]」。本稿第二章第二節で既にみたように、「彼の依拠する原則」によってモナンが意味するのは「何らかの基準」であった。したがって、55.7-14の彼の理解は、以下の通りである。すなわち、立法家は「原初のものそのもの」「厳密なものそのもの」を模倣することで「何らかの基準」を把握する。その上で、「何らかの基準」に「目を向け、それを模倣する」ことで、「最善の法」を制定する。しかし、このような理解が不適切なのは前章の考察から明らかである。なぜなら、「最善の法」の制定は立法の第三段階ではなく、第二段階に分類されるからである。55.7-14が立法モデルの第二段階に関する議論から成り、かつ「原初のものそのもの」「厳密なものそのもの」が「自然そのもの」と同一視されうる以上、その模倣をとおして把握されるものは「最善の法」であると看做すべきだろう。

以上で、本章冒頭で提示した二つの問いに対するアリストテレスの回答は得られたことになる。アリストテレスの議論に従えば、善き立法家は「自然そのもの」＝「厳密なものそのもの」「原初のものそのもの」の「模倣」をとおして「最善の法」を制定し、それに照らし合わせてポリスにおける法を定める。したがって、ポリスにおける法の制定が立法モデルの第三段階に分類されることは確実と言ってよい[36]。「最善の法」は、ポリスにおける法を定めるための基準として要請されるのである。

しかしながら、ポリスにおける法の制定を立法の第三段階に分類することは、一見不可解に思われるだろう。というのも、「自然そのもの」を模倣することで「最善の法」を制定したにもかかわらず、なぜさらにそれに照らし合わせてポリスにおける法を定める必要があるのか。ここで、T2で「制定された」と訳出された κείμενος（κεῖμαι の現在完了形・男性分詞・単数形）に着目したい[37]。この用語について指摘されるべきは、それが実践的に（現実的に）制定された法を記述するためだけではなく、「理論的に」あるいは「言葉の上で」制定された法を記述するためにも頻繁に用いられることである。たとえば、『政治学』第四巻第四章でアリストテレスは、『ポリテイア』におけるソクラテスの妻子共有の提案が実現されたならば、「正しく制定された法（τοὺς ὀρθῶς κειμένους νόμους）によって当然生じて良いはずのこと…とは正反対のことが起こることは必然である」（1262b5）と述べている[38]。

κεῖμαι を理論的な意味と実践的な意味で用いるアリストテレスの使用方法は、『政治学』に通底するアリストテレスの探求方法に基づいていると考えらえる。アリストテレスによれば、善き立法家は、「諸々のポリスのうちで善い法を有する（εὐνομεῖσθαι）と言われるポリスが採用している国制」（*Pol.* 1260b30-31）のみならず、「絶対的に最善の国制」（*Pol.* 1288b25-26）も研究しなければならない[39]。このように、既存の諸々の国制の種類や差異だけでなく、理論的に最善な国制をも研究することで、立法家は「この同じ［政治の］知識（φρονήσεως）によって、最良の法（νόμους τοὺς ἀρίστους）と、それぞれの国制に適合する法を見分けることができる」（*Pol.* 1289a11-13）。そして、その作業の上に、立法家は国制に照らし合わせて（πρὸς…τὰς πολιτείας）法を定めなければならない」（*Pol.* 1289a13-15）のである[40]。もし、アリストテレスが『哲学のすすめ』の執筆時に、『政治学』において正式に表明されることになる探求方法を既に念頭に置いていたとすれば[41]、

「自然そのもの」から導出される「最善の法」は「理論的に」最善の基準であり、それに照らし合わせてポリスにおける法は制定されるべきである、というアリストテレスの最終的な主張が提示されている箇所としてT4を解釈することができる。

本稿の解釈をまとめよう。本稿は、『哲学のすすめ』第十章でアリストテレスが提示する立法モデルを、①「自然についての経験」、②「最善の基準の獲得」、③「最善の基準に照らし合わせての個別的価値判断」の階層的な三段階から構成されるモデルとして理解した。先行研究は、第二段階で導入される「何らかの基準」の実質的内容の確定を怠り、「最善の法」の制定とポリスにおける法の制定を区別することなく、前者を立法の第三段階に分類していた。このような既存の研究に反して、本稿の解釈の特徴は、「何らかの基準」の具体的内実として「最善の法」を捉え、その制定とポリスにおける法の制定を厳密に区別した上で、上述のモデルに即して前者を立法の第二段階に、後者を第三段階に分類する点にある。このような本稿の解釈は、T1~T4でのアリストテレスの議論の形式に着目し、立法における「最善の法」の位置付けを適切に解釈する上で決定的に重要な用語であるκεῖμαιが、理論的な意味と実践的な意味で用いられることを『政治学』におけるアリストテレスの議論から導き出すことによって可能となった。先行研究が、例外なく「最善の法」の制定を誤って立法の第三段階に分類したのは、κεῖμαιを理論的な意味ではなく、実践的な意味で理解したことにあると言ってよい。以上の本稿の読解に従えば、それぞれの段階の具体的内実は、次のように解釈される。第一に、善き立法家は立法における最善の基準の源泉である「自然そのもの」「原初のものそのもの」「厳密なものそのもの」を観照し、それらについての観照的な知識を得る。第二に、それらの「模倣」をとおして、建築における最善の道具である「墨縄や物差しやコンパス」に対応する、立法における最善の基準である「最善の法」を理論的に制定する。第三に、「最善の法」に照らし合わせてポリスにおける法を定める。以上が、『哲学のすすめ』第十章でアリストテレスが提起する立法モデルの妥当な解釈であると考えられる。

四　結論

本稿は、アリストテレスの初期著作『哲学のすすめ』第十章を詳細に検討し、そこでアリストテレスが提示する理想的な立法モデルの実質的内容を審らかにした。序論でも述べたように、『哲学のすすめ』はアリストテレスがプラトンのアカデメイア在学時代（おそらく紀元前三五〇年前後）に執筆した著作である。当時のアテナイでは、プラトンとイソクラテスが「哲学」と「政治」のあり方や両者のあるべき関係を巡って激しい論争を展開していた。その論争において、若きアリストテレスは、アカデメイアの立場に自らを置きつつ、後期著作においてより緻密に規定される諸概念も用いながら、イソクラテスの『アンティドシス』に対する反論の意味を込めて『哲学のすすめ』を執筆したとされる[42]。つまり、紀元前六世紀後半以来ギリシアで形成された「哲学」と「政治」の内実とその関係を巡る論争を背景に、プラトンとイソクラテスから意識的に一定の距離を保ちつつ、アリストテレスが執筆した著作が『哲学のすすめ』に他ならない。他方で、『哲学のすすめ』における議論が、『ニコマコス倫理学』、『政治学』、『形而上学』、『動物部分論』などにおいて「再利用された」[43]ことを示す研究も徐々に現れつつある。以上の点を考慮するなら、『哲学のすすめ』において表明されるアリストテレスの思想の精確な理解は、少なくとも二重の意味において、すなわち、アリストテレス自身の政治哲学の全体的理解を志向する上でも、アリストテレス政治哲学とプラトンやイソクラテスの政治哲学との影響関係をより良く理解する上でも[44]、重要な意義を有すると思われる。そのためにはまず、『哲学のすすめ』のテキスト内在的な研究が必要不可欠であることは論を俟たない。その意味で、本稿はわが国のアリストテレス政治哲学研究に対して一定の意義を有すると考えられる。しかしながら、『哲学のすすめ』第十章に議論を限定したとしても、論じるべき問題はなお多く残っている。とりわけ重要なのは、第一に、同章の鍵概念として用いられる「自然」が、T1～T4の議論の文脈でいかなる意味が付与されているのかを、『形而上学』第五巻第四章や『自然学』第二巻を参照しながら、厳密かつ精確に確定することだろう[45]。そして、第二に、本稿が提示した『哲学のすすめ』における立法モデルと、『ニコマコス倫理学』や『政治学』から剔抉される立法モデルとの一貫性も明らかにする必要があるだろう。しかし、これらの検討は別途の詳細な議論が必要とされる。この点は、今後の筆者の課題として指摘するにとどめたい。

【謝辞】

本稿は、二〇一七年八月三一日の「第一七三回ＰＨＩＬＥＴＨセミナー&第七回ＰＡＰ研　アリストテレス&プラトン：政治哲学とその周辺」における報告「Philosophy and Politics in Ch. X of Aristotle's *Protrepticus*」に加筆、修正を加えたものである。司会を担当して下さった近藤智彦先生、コメントをしていただいた方々に深く感謝申し上げます。また、本稿の修正に当たり、二名の匿名審査員の方々から大変貴重なご意見をいただきました。心より御礼申し上げます。

（1）『ニコマコス倫理学』の略称として*EN.* を用いる。底本は以下を用いている。I. Bywater, ed., *Aristotelis Ethica Nicomachea*, London: Oxford University Press, 1984.

（2）『政治学』の略称として*Pol.* を用いる。底本は以下を用いている。W. D. Ross, ed., *Aristotelis Politica*, Oxford and New York: Oxford University Press, 1957.

（3）藤井義男『アリストテレスの倫理學』岩波書店、一九五一年、岩田靖夫『アリストテレスの政治思想』岩波書店、二〇一〇年、荒木勝『アリストテレス政治哲学の重層性』創文社、二〇一一年。

（4）例外として、藤沢令夫「観ること（θεωρία）と為すこと（πρᾶξις）―イソクラテス、プラトン、および後期アリストテレスとの比較におけるアリストテレス『プロトレプティコス』の哲学思想―」、『西洋古典学研究』第二十一号、一九七三年、一―一九頁が挙げられる。

（5）I. Bywater, On a Lost Dialogue of Aristotle, in *Journal of Philology*, Vol. 2（1869）pp. 55-69.

（6）W. Jaeger, *Aristotle: Fundamentals of the History of His Development* 2nd ed. trans. R. Robinson. Oxford: Oxford University Press, 1957; I. Düring, Problems in Aristotle's *Protrepticus*, in *Eranos*, Vol. 52（1954）pp. 139-171; Aristotle in the *Protrepticus*, in *Autour d'Aristote*, Louvain（1955）pp. 81-97; *Aristotle's Protrepticus: An Attempt at Reconstruction*, Gothenburg: Studia Graeca et

Latina Gothoburgensia, 1961.

（7）D. S. Hutchinson and M. R. Johnson, Authenticating Aristotle's *Protrepticus*, in *Oxford Studies in Ancient Philosophy*, Vol. 29 (2005) pp. 193-294.

（8）『哲学のすすめ』の底本は以下を用いている。H. Pistelli, *Iamblichi Protrepticus*, Leipzig: Yeubner, 1888（repr. Stuttgart, 1967）. 異読をした時には註にそれを記す。邦訳は、廣川洋一訳『アリストテレス「哲学のすすめ」』、講談社学術文庫、二〇一一年を参照したが、訳語は適宜改変した。以下、引用文中の（　）は引用テキストの原語、［　］は筆者による補足、傍点は強調を示す。

（9）この箇所は、インターネット上で公開されているD. S. Hutchinson & M. R. Johnsonによる再構成の最新版（*Aristotle: Protrepticus, with Commentary*, www.protrepticus.info, accessed on June 12, 2018）では削除されているが、Pisteliなどに従い、削除しない。Cf. 55.21-22; M. Walker, *Aristotle on the Uses of Contemplation*, Cambridge: Cambridge University Press, 2018, p. 146.

（10）この箇所の議論の形式については、D. S. Hutchinson & M. R. Johnson, *Iamblichus*, Protrepticus *chapter X commentary* (unpublished. www.protrepticus.info, accessed on June 12, 2018), p. 3を参照（以下、同書をDSH & MRJと略記）。同様の議論の形式は、『哲学のすすめ』第六章（38.14-22）でも採用されている。同箇所でアリストテレスは、身体に対する諸々の技術と「知識（φρονήσεις）」として医術と体育術が存在することから、「魂と魂の卓越性についてもまた、何らかの配慮と技術が存在すること（καὶ περὶ ψυχὴν καὶ τὰς ψυχικὰς ἀρετάς ἐστί τις ἐπιμέλεια καὶ τέχνη）」を明確にしている（DSH & MRJに従い、38.19はψυχῆςではなくψυχικὰςを採る）。アリストテレスによれば、「同様に（οὕτω）、自然についてもまた（καὶ）［何らかの配慮と技術が存在する］」。Cf. 38.3-39.4; *EN*. 1180b27-28. この箇所で「知識」と訳されたφρόνησιςの『哲学のすすめ』における用法とその訳語の選択については、脚注15を参照。

（11）ここで「任を負う人たち」と訳出されたπροσποιούμενοι（προσποιέωの現在分詞、男性・複数・主格）の用法をリデル・スコット・ジョーンズの希英辞典（H. G Liddell and R. Scott, *A Greek-English Lexicon with a revised supplement*, Oxford: Clarendon Press, 1996, p. 1524）で確認すると、大別して以下二つの用例が挙げられている。①自分の権限内に含む（include in one's purview）、②本来自分のものでないものをそうであるかのように主張する（take to oneself what does not belong to one）、～のふりをする（pretend）。アリストテレスは、**προσποιέω**を②の意味で頻繁に用いており（Cf. *EN*. 1127b9, 18, 21, 26, 1178a31; *EE*. 1121a25, 1235b10）、ハッチンソンとジョンソンは「知識を有するふりをする（pretending to be knowledgeable）」と訳している

(*Aristotle: Protrepticus, with Commentary*, 2017, p. 53)。しかし、引用箇所の文脈が、立法の要諦とその目的との関連において立法家の職務を確定するものであることを考えると、上引用の訳は文脈に合わない（Cf. *EN.* 1181a9-19）。そこで、本稿では①を採用し、議論の文脈に照らして「任を負う」を訳語として選択した（Cf. 廣川、前掲書、七一頁）。

（12）DSH & MRJ, *ibid.*, p. 2 は、T3を下敷きにして執筆された箇所として、*EN.* 1102a5-21を挙げている。

（13）T3で挙げられる立法家の第一の目的は、「市民たちをある特定の性質の人々に、すなわち、立派なことを為す善き人々にする、という点に最大の配慮を払う（πλείστην ἐπιμέλειαν...ποιῆσαι）」（*EN.* 1099b29-32）や、「真の政治家は、市民たちを法に従う善き人々にすること（ποιεῖν）を望んでいる」（*EN.* 1102a9-10. Cf. 1103b3-6; *Pol.* 1280b5-8, 1333a14-16, 1333b37-38）といった、『ニコマコス倫理学』や『政治学』で一貫して主張される立法家の目的の規定と重なり合うものと看做していいだろう。また、善き立法家に帰せられる第二の目的も、たとえば「優れた立法家の任務は、ポリスや人間の種族やその他あらゆる共同体がどのようにして善き生に与ることができるか、それらにとって可能な幸福に与ることができるかを洞察することである」（*Pol.* 1325a7-10. Cf. *EN.* 1103b-6, 1160a12-14）などの記述と重なり合うものである。したがって、T3でアリストテレスは、『ニコマコス倫理学』や『政治学』において主張される立法家の目的と同一の目的を『哲学のすすめ』においても念頭に置いており、その目的の観点から善き立法家の条件を確定しているのである。Cf. DSH & MRJ, *ibid.*, p. 2.

（14）Düring, *ibid.*, pp. 214-215. Cf. Walker, *ibid.*, pp. 30-33.

（15）ここで「知識」と訳出されたφρόνησιςは、通常「思慮」などと訳出される術語で、『ニコマコス倫理学』第六巻では「他の仕方ではあり得ない」事柄に関わる「学問的知識（ἐπιστήμη）」から峻別され、「他の仕方でもありうる」事柄に関わるとされる。しかしながら、イェーガーが正しく指摘しているように、『哲学のすすめ』ではφρόνησιςとἐπιστήμηが同義語として用いられている（Jaeger, *ibid.*, pp. 81-84）。『哲学のすすめ』ではφρόνησιςが「哲学（観照）」と「実践（政治・倫理）」に関わる知を指すために使用されていることを示すため、一般的な用語である「知識」を訳語として採用した。『哲学のすすめ』における、いわゆる観照知と実践知の区別については、藤沢、前掲論文を参照。

（16）とは言え、「自然」について「経験」を積まなければならないのは、もっぱら「何らかの基準」を把握するためである、と理解してはならない。「自然」についての「経験」は、後に「この［自然についての］知識は観照的ではあるが、しかしそれは我々に、それに則して、あらゆるものを製作する力を与えてくれる」（56.2-3）や、視覚のように、「我々がそれに則して何事かを実践することを可能にし、我々の実践にとって最大の助けになる」（56.6-8）と言われているように、あくまでも副次的なものとして実践に対する有用性・有益性を持つ。この点に関しては、特に 53.15-18, 54.10-12, 56.9-12および以下を参照。A. W. Nightingale, *Spectacles of Truth in Classical Greek Philosophy: Theoria in Its Cultural Context*, Cambridge: Cambridge University Press, 2004, pp. 191-197; M. Walker, *ibid.*, pp. 39-41.

（17）55.3で三度繰り返される「何が（τί）」が、「何らかの基準」に照らし合わせて判断されるものが個別的な事柄であり、「正しさとは何か」「立派さとは何か」「有益さとは何か」といった、徳の定義や普遍的な規定ではないことを示している。

（18）J. D. Monan, *Moral Knowledge and Its Methodology in Aristotle*, Oxford: Clarendon Press, 1968, pp. 20-21.

（19）Cf. DSH & MRJ, *ibid.*, p. 5.

（20）Monan, *ibid.*, pp. 20-21.

（21）C. Bobonich, Why Should Philosophers Rule: Plato's *Republic* and Aristotle's *Protrepticus*, in *Social Philosophy & Policy*, Vol. 24, No. 2（2007）p. 166. たしかに、55.1のὅρουςは「定義」と訳出される用語である。Cf. *Topica* 101b22（W. D. Ross, *Aristotelis: Topica et Sophistici Elenchi*, Oxford: Oxford University Press, 1958）. しかし、後述するように、この箇所のὅρουςを「定義」として理解することはできない。事実、ボボニッチ自身もこの箇所のὅρουςを「基準（norms）」と訳出したデューリング訳を用いている。

（22）Bobonich, *ibid.*, p. 166. Cf. p. 168.

（23）M. Walker, The Utility of Contemplation in Aristotle's *Protrepticus*, in *Ancient Philosophy*, Vol. 30（2010）p. 141, n. 8は、このDüringによる提案を（一部）受け入れ、「もし［ὅροςの代わりに］νόμοςを読んだとしても、［T2の］主要な点は成立する。すなわち、哲学的立法者（the philosophical lawmaker）によって制作された法が、最も自然に即している」と述べている。

（24）Monan, *ibid.*, p. 21. Cf. Jaeger, *ibid.*, p. 90.『哲学のすすめ』における「アリストテレスの自然への観想は、また立法者がそうした観想から『自然にかなった法［最善の法］の基準』を発見する、という意味を持つ観想なのであった」という荒木の理解（前掲書、三一―三二頁）も、モナンやウォーカーと同一のものと看做していいだろう。

（25）DSH & MRJ, *ibid.*, pp. 5-6

（26）実際には、デューリングは*Topica*. 140a6-17とT1、T2、T4（後に一部を引用）を比較すれば、「νόμος-ὅροςを巡るテキスト上の問題は無視することができる」と述べている（*ibid.*, p. 219）。しかし、なぜそのように主張できるのか、説明なしに理解することは困難である。

(27) この理解が妥当であるのは、ὁμοίως に続く 55.1-3でのアリストテレスの主張が ἔχειν τινὰς ὅρους δεῖ と表現されていることから明らかである。政治家は「何らかの基準」に照らし合わせて「何が正しいか、何が立派か、何が有益か」を判断しなければならない、ということがT1でのアリストテレスの最も重要な主張だったとしたら、πρὸς οὓς δεῖ κρίνειν あるいはそれに類似したかたちで表現したはずである。54.14-17（T3の一部として引用）でも、δεῖ…εἶναι が用いられている点に注意。

(28) A. H. Chroust, *Aristotle: Protrepticus A Reconstruction*, Indiana: University of Notre Dame Press, 1964, p. 20; Düring, *ibid.*, p. 69; 廣川洋一訳、前掲書、七二頁。荒木（前掲書、三一―三二頁）は、55.4の指示代名詞 ταῦτα を「これらの自然から得られた技芸が」と訳している。この訳から判断すると、荒木は 54.22-23 の ταῖς ἄλλαις τέχναις ταῖς δημιουργικαῖς が ταῦτα の支持対象であると考えているようである。しかし、ταῦτα が中性であるのに対し、ταῖς ἄλλαις τέχναις ταῖς δημιουργικαῖς は女性であるから、荒木の理解は誤っている。

(29) したがって、「最善の法」の制定を、最善の道具に照らし合わせて建てられた建物に対応するものとして理解するDSH & MRJ, *ibid.*, p. 5の解釈（"The finest law, accordingly, is that which has been laid down in accordance with norms that have been taken from nature, just as the best building is one that has been built with tools that have been calibrated to nature"）も斥けられなければならない。

(30) 荒木、前掲書、三一頁。

(31) 底本には「政治家」と訳出される πολιτικός はないが、Plezia およびDSH & MRJ に従って補った。

(32) この問題に対する先行研究として、まず挙げるべきはイェーガー（*ibid.*, 1948）だろう。彼はこの箇所の「厳密なものそのもの」や「原初のものそのもの」をプラトンのイデアと同定し、それを自身の発展史的解釈の基礎とした。しかし、このイェーガーの理解に対しては、K. V. Fritz & E. Kapp, *Aristotle's* Constitutions of Athens *and Related Texts*, New York: Hafner, 1950, p. 37が適切な批判を加えている。『哲学のすすめ』におけるアリストテレスの「より先のもの」と「より後のもの」に関する議論と、それに対するプラトンの影響については、É. De Stricker, On the First Section of Fragment 5A of the *Protrepticus*, in I. Düring & G. E. L. Owen, eds., *Aristotle and Plato in the Mid-Fourth Century: Papers of the Symposium Aristotelicum held at Oxford in August*, Göteborg, 1957, pp. 76-104を参照。

(33) 多くの論者が指摘しているように、この批判はイソクラテスに向けられていると考えられる。イソクラテスにおける立法の最善の基準とポリスにおける法を定め方については、『アンティドシス』（83）や『ニコクレスに与う』（17）を参照。これらの箇所でイソクラテスは、立法の最善の基準は他のポリスで高い評価を得ている既存の法であり、それを模倣することでポリスにおける法を定めることを強く勧めている。(G. Norlin, *Isocrates*, Vol. I, Cambridge: Harvard University Press, 1928; G. Norlin, *Isocrates*, Vol. II, Cambridge: Harvard University Press, 1929.)『哲学のすすめ』でのアリストテレスによるイソクラテス批判については、D. S. Hutchinson & M. R. Johnson, *The* Antidosis *of Isocrates and Aristotle's* Protrepticus, 2010 (unpublished, www.protprepticus.info.) を参照。D. S. Hutchinson & M. R. Johnson, Protreptic Aspects of Aristotle's *Nicomachean Ethics*, in *The Cambridge Companion to Aristotle's* Nicomachean Ethics, R. Polansky ed., Cambridge: Cambridge University Press (2014) pp. 407-408は、『ニコマコス倫理学』1181a12以降の議論がT4におけるイソクラテス批判を基に執筆されたと主張している。また、『政治学』1324b3-5では、「実際、ある人々のところではまさしくこのこと—隣国を隷属化すること—が法や国制の基準(ὅρος)とされているのである。…たとえば、ラケダイモンやクレテがそうであって、そこでは教育と多くの法がほとんど戦争を目標にして組織化されている(πρὸς τοὺς πολέμους συντέτακται)のである」と述べられており、この箇所もT4での議論を下敷きにして展開されたものと考えられる。

(34) Cf. D. Devereux, *Theōria* and *Praxis* in Aristotle's Ethics, in P. Destrée and M. Zingano, ed., *Theoria: Studies on the Meaning of Contemplation in Aristotle's* Ethics, Louvain-La-Neuve: Peeters Press (2014) pp. 164-165.

(35) Monan, *ibid.*, p. 21.

(36) 55.25で立法の第三段階で制定されるポリスにおける法を記述する際にアリストテレスが用いる用語(ὀρθαὶ, καλαί)は、おそらくは、T1で用いられたκρινεῖ τί δίκαιον καὶ τί <u>καλόν</u> καὶ τί συμφέρον を念頭に置いたものだろう。

(37) たとえば、*Pol.* 1319a7や1324b6を参照。

(38) 他に、*Pol.* 1274b26-28, 1282b2-3 (δεῖ τοὺς νόμους εἶναι κυρίους κειμένους ὀρθῶς), 1287a23-32, 1324b3-9, 1334a2-5, 1337a14, 1338a9-11; *EN.* 1129b19-25 (...ὁ κείμενος ὀρθῶς), 1130b25-26; *Rhet.* 1354a31-33を参照。

(39) この主張を正当化するために、アリストテレスは『政治学』第四巻第一章冒頭で、体育家・医者と立法家のアナロジーを導入している点に注意。Cf. *Pol.* 1282b10-11; 1294a4-9.

(40) Cf. *Pol.* 1282b10-13; 1337a14.

(41) この点を積極的に主張する研究として、D. S. Hutchinson & M. R. Johnson, *ibid.*, 2014; M. R. Johnson, Aristotle's Architectonic Sciences, in *Theory and Practice in Aristotle's Natural Science*, D. Ebrey, ed., Cambridge: Cambridge University Press (2015) pp.

163-186を参照。

（42）藤沢、前掲論文、六頁。

（43）D. S. Hutchinson & M. R. Johnson, *ibid.*, 2014, p. 387.

（44）この方向の研究として、T. Wareh, *The Theory and Practice of Life: Isocrates and the Philosophers*, Washington, DC: Center for Hellenic Studies, 2012やJ. H. Collins II, *Exhortations to Philosophy: The Protreptics of Plato, Isocrates, and Aristotle*, New York: Oxford University Press, 2015を参照。筆者の見解では、プラトン政治哲学と『哲学のすすめ』において表明されるアリストテレス政治哲学の決定的な違いは以下の点にある。すなわち、プラトンが、法はあくまでも一般的な規則を提示するにとどまり、個別的な状況に適切に対応できないが故に、立法家が法と反する行為を為すことを許容したのに対し（*Polit.* 294a-296a; I. Burnet, *Platonis Opera* I, Oxford: Oxford University Press, 1900.）、アリストテレスは、立法モデルの第三段階で制定されたポリスにおける法が「支配し、それだけがもっとも有力な地位にあるべきである」（39.115）と明確に述べていることである。このいわば「法の支配」の原則は、『政治学』でも引き継がれていると考えられる（Cf. *Pol.* 1282b2-6; 1287b17-18）。しかし、『哲学のすすめ』においてアリストテレスは、プラトンが『政治家』等で提起した法の蓋然性の問題を論じてはいない。後にその課題に取り組んだ箇所が、『政治学』第三巻第十一章や第十五章における、いわゆる「多数者の知恵」に関する議論であると理解できるかもしれない。

（45）この方向の研究として、K. V. Fritz & E. Kapp, *ibid.*, pp. 32-66, pp. 212-213やI. Düring, Aristotle on Ultimate Principles from 'Nature and Reality', in I. Düring & G. E. L. Owen, ed., *ibid.*, pp. 35-55を参照。

［政治思想学会研究奨励賞受賞論文］

丸山眞男の知性論
——存在拘束性とdetachment

塩原　光

序論

知識人および知性とは何であり、いかなる社会的役割を果たすことができるのか。この問いに対する日本の戦後思想史からの応答を求めて、本稿では丸山眞男［一九一四—一九九六］による知識人と知性の役割をめぐる模索について検討する。

まずは日本の戦後思想史における知識人、知性をめぐる問題点と丸山を取りあげることの意味、本稿で検討する問題を先行研究の知見との関連で示しておきたい。戦後日本の文脈で知識人を論じるにあたって、本稿は特に進歩的知識人（進歩的文化人）が戦後日本の論壇で「覇権」を握ったこと、その進歩的知識人の代表者が丸山であったと、近年論じられていることに注目したい。進歩的知識人の代表者としての丸山は、共産党や共産主義からは距離を置き、「左翼の正統的な圏域」を創出した。とりわけ六〇年安保闘争期以降は、党派的な組織に従った政治活動から、自発的な市民運動が自立した時代であり、丸山を代表とする進歩的知識人がジャーナリズム上で「もっとも輝いた」時代、「大衆の市民化」を担った時代だったという。(1) そのように戦後日本の言論空間において進歩的な知識人や大学人の知的権威が「覇権」を掌握していたという位置付けに対して、本稿では、その進歩的知識人自らが知識人や知的権威なるものの内実としての「知性」（「インテリジェンス」）を批判的に問い直してきた思想史の一端を明らかにすることを試みる。

本稿が論じる丸山の知性論は丸山のK・マンハイム理解に問題を絞っている。丸山にとっての知識人と知性の問題をマンハイムとの関連から検討した西村稔の先行研究では、丸山が一九四八年の「日本ファシズムの思想と運動」で提示した「本来のインテリゲンチャ」（都市におけるサラリーマン階級、文化人乃至ジャーナリスト、教授、弁護士などの自由知識職業者、及び学生）と「疑似インテリゲンチャ」（小工場主、町工場の親方、土建請負業者、小売商店の店主、大工棟梁、小地主、自作農上層、学校教員、小学校・青年学校の教員、村役場の吏員・役員、下級官吏、僧侶、神官）という「旧定義」の、「近代日本の知識人」（一九七七年）に至るまでの変化を、マンハイム「自由に浮動する知識層」評価と関連付けて論じている。その「近代日本の知識人」で丸山は、形式的資格（高等教育の有無）からのインテリの定義と、実質的な意味（職場に特定される技能や知識を越えた普遍的な事柄について議論する能力）からのインテリの定義を分けて論じており、旧定義からの知識人像に変化が見られるという。さらに丸山が一九五〇年代の思想史論において、マンハイム「自由に浮動する知識層」を示しながら明六社知識人を肯定的に評価した箇所に着目し、後者の能力にこそ丸山はインテリの理念型をみていたこと、すなわち職業や所属に規定されるインテリ概念を自ら批判的に捉えるようになったと考察されている。[2]

本稿は丸山のマンハイム受容のなかでも「自由に浮動する知識層」ではなく、「存在拘束性」論およびdetachmentの思惟方法に注目した。このdetachment、距離をおくことというキーワードが丸山の著作や発言に頻出することは、西村もその用例を列挙する形で紹介している。典拠としては「超国家主義の論理と心理」で引かれるニーチェ「へだたりのパトス」と、ウェーバー『職業としての政治』における政治家に必要な自分自身から「距離」を取る能力に関連するものとして、detachmentは丸山の政治的倫理の一特徴とされてきた。[3] 本稿が挙げていくdetachmentや「距離」の用例も先行研究から多くの示唆を受けたが、英語版『イデオロギーとユートピア』と丸山の読書ノートから、マンハイムの「距離化」概念に注目した部分と、それが当時の時代状況、特に知識人論に対する丸山の応答と関連することはこれまで論じられて来なかった。丸山は普遍的な事象を議論できる能力をもつ「自由に浮動する知識層」に依拠しながら所属主義で規定された知識人像を批判しただけではなく、戦後の知識人をめぐる問題状況や時代背景の中でマンハイムを想起しながら、知識人なるものの内実としての知性を積極的に問い直していた。

またマンハイムが「自由に浮動する知識層」を新中間層の議論として扱っていたように、丸山も同時代に新しく提起された「市民」の概念を念頭に置きながら、担い手を広く想定する知性を模索していた。[4] 本稿が検討する一九五〇年代から六〇年安保闘争期は、講壇中心型の思想インテリから専門技術の知識が重視される実務型インテリへの、知識人像の変動期だったという見解もある。[5] この時代はスターリン批判や高度経済成長の背景によって「イデオロギーの終焉」の潮流が生じており、思想インテリのみならず、理念や思想の意義そのものが挑戦を受けた時代であった。この時代に丸山はマンハイムを想起しながら、いかに知性の可能性を説き、いかなる知性の担い手を構想したのかを検討する。

進歩的知識人への批判とそれに対する丸山の応答に注目するという発想についてもあらかじめ説明しておきたい。これは東京女子大学丸山眞男文庫デジタルアーカイブを利用し、未完に終わった「近代日本の知識人」論文の草稿類と、『増補版現代政治の思想と行動』「後記」（一九六四年五月）草稿を確認することで得られた。「近代日本の知識人」草稿からは、一九七七年の学士会講演と一九八二年の『後衛の位置から』収録時には削除された、若い世代の現実主義的知識人による進歩的知識人批判の気質を論じた箇所の存在が明らかになった。[6] 丸山は直接名指してはいないが、若い世代の現実主義派とは、江藤淳、高坂正堯、永井陽之助といった一九六〇年以降の『中央公論』執筆者が想定されてきた。[7] 草稿では、新世代知識人の、何らかのイデオロギーや世界観へのコミットを避ける気風や態度、マルクス主義、自由主義、実存主義であれ、何らかの世界観にコミットすることを避ける「軽快」趣味の気質を捉えながら、一方ではそうした気質が専門家としての「謙虚」さにもつながっており、マルクス主義的な専門諸科学を横断する総合知への不信があるとしていた。しかし、丸山が新世代の現実主義的知識人の気質に着目していたことは、現実主義派の主張と正面から取り組む段階以前の未定稿ゆえの半端な言説として、あるいは戦争を体験した旧世代から発せられた新世代への違和感として処理されてきた。[8] 高坂正堯が「現実主義者の平和論」で述べた「目的と手段との間の生き生きとした会話（傍点高坂）」のような理想主義と現実主義との対話の呼びかけへの応答は為されなかったし、それよりは大熊信行の占領下民主主義「虚妄」論に対する丸山の応答――「大日本帝国の「実在」よりも戦後民主主義の「虚妄」の方に賭ける」――

に注目が集まった。[9] しかし本稿では、一九六〇年以降の現実主義的知識人への丸山の応答よりも、なぜ丸山は彼らの世界観・イデオロギー忌避的な気質、進歩的知識人に対する批判に反応するようになったのか、一九五〇年代の文脈の検討を通して明らかにすることを試みる。

『増補版現代政治の思想と行動』「後記」の「草稿断片」【282-1-1-6】で丸山は、「総括とか戦後知識人論とかいう形の評論」が、「戦後史にかんする新たな固定観念の沈殿に寄與して」いること、「このようなさまざまの傾向の合流地点に戦後民主主義を「占領民主主義」の名において一括して「虚妄」とする神話が渦まいている」と記していた。さらに別の箇所では「奇妙なことには「進歩的知識人」の言動にあれほどアレルギーを起こした「中庸的文化人」が、この気候の変化にはきわめて寛容」なことへの不満も記していた。結局「後記」完成稿では、「戦後知識人論」、進歩的知識人に対する「中庸的文化人」のアレルギーという表現は削除されたが、これら資料からは丸山が若手の現実主義的知識人の台頭にとどまらず、それ以前の一九五〇年代の文脈でも繰り広げられてきた、進歩的知識人批判や知識人をめぐる議論の合流地点として、大熊による占領下民主主義「虚妄」説を位置づけていたことが浮かび上がる。もちろん、これらは最終的には丸山が削った表現に過ぎないため、そうした表現をどこまで顧慮すべきなのかは問題となる。しかし、一九六〇年代の丸山が直面した戦後民主主義への批判、現実主義の台頭、イデオロギーの終焉という潮流の中で、一九五〇年代以来の進歩的知識人への批判を想起していたことは、知識人と知性という問題から時代への抵抗を試みた丸山を再発見する上で、重要な手がかりにはなるだろう。

後に論じていくように一九五〇年代の丸山は平和運動に参加する進歩的知識人（進歩的文化人）に対する論壇の批判的論調に応答しながら、あるべき知識人像や知性について模索していた。本稿では、特に一九五〇年代から六〇年安保闘争最盛期前後の福田恆存と江藤淳の進歩的知識人批判に焦点を当てながら、その時々の丸山の応答を検討する。[10]

一　存在拘束性論の知性

一九五九年、都留重人と加藤周一との鼎談において丸山は一九五〇年代末の日本社会の状況を考えながら、知識人と「インテリジェンス」のあり方に言及していた。丸山は一九五〇年代末の日本を「はじめて地上の理想国を失った」時代として捉えていた。アメリカの軍事占領と極東政策の帰結としての冷戦状況、スターリン批判、ハンガリー事件を受けて、ユートピアとしての模範国という目標が喪失状況にあること、日本にはユートピア思想の伝統がない代わりに、地上の国を理想化する伝統が強いことが指摘された。そのうえで「大衆社会的な状況がひろがるにつれ、意識は断片化する。しかも国民に生きる目標を与える理想は失われ」ていき、ユートピア思想の伝統の欠如、理想国の喪失がそうした傾向を後押しすると考えていた。このユートピア思想の欠如は、知識人にとってのインテリジェンスの欠如と関連していた。技術革新と近代化が進んだ先に、組織が膨大化し「人間が歯車化」する大衆社会状況において、丸山は「実際には歯車だが、インテリジェンスというからには、自分はある会社の社員だとか、ある学校の教師であるという存在に拘束されるとともに、それを越えた機能を持つのが本来でしょう」と答え、「全体的・展望的なものを志さないでは、単なる技術であって、知性というものではない。その意味では、僕は各組織の中のインテリゲンチャが、特権意識を裏返しただけの劣等感を脱して、蜂の巣的停滞をつきやぶる自分の使命を、もっと自覚しなければいけないと思う」と主張していた(11)。

存在に拘束されるとともに、それを超えた機能をもつインテリジェンスとは、マンハイムの存在拘束性〔Seinsverbundenheit〕の議論である。晩年の丸山は、「マンハイムは相関主義。〔…〕すべての人は階級的に制約されている。知識人も階級的に制約されるけれども、知識人の本質というのは、自由に浮動することにある。自分の出自の階級を越えて、他の階級の立場を理解できるというのが知識人の特権だと言うのです。ぼくはそれは面白いと思うのです」と、「社会的に自由に浮動する知識層」〔Die sozial-freischwebende Intelligenz〕を評価する発言を残しているが、一九四八年「科学としての政治学」においては相関主義の概念とその実体的担当者を自由に浮動する知識層として定めたことに「疑問をもっている」と述べていた。(12)

存在に拘束されるとともにそれを越えるインテリジェンスは、一九四九年一二月の高見順との対談ですでに登場していた。「インテリヂェンスというもの」は、「立場に拘束されつつ立場を超えたもの」をもつところに積極的な意味があり、そうした「知性の次元の独自の意味が認められてはじめて」、「共産主義を含めた思想・学問の自由を一致して守りぬくための知識人の結集が可能になる」(13)。このように一九四九年の文脈で知識人の結集が語られるとすれば、おそらく丸山の念頭には平和問題談話会に集う学者たちの運動があった。しかし一九四九年という段階は平和問題談話会がその後実際的な平和問題に関わっていくなかで、オールド・リベラリストをも巻き込んだ当初のアカデミックな性格が変容する過渡期であったことには注意したい。丸山は、一九六八年六月の座談会「平和問題談話会について」では、当初の東京研究部会は安倍能成、和辻哲郎、田中耕太郎などオールド・リベラリストがいる中での組織であり、「共産党が社共合同を打ち出しているとか、社会党が反発しているとか、そういうアクチュアルな問題から良かれ悪しかれ超然としたというのかな、もう少しアカデミックな空気が強かった」と述べており、その雰囲気が変化し、「思想運動か、政治運動かのけじめがわからなくなってくる」のは、一九五〇年一月の講和問題声明以後であったという。(14)

平和問題談話会の結成はユネスコの社会科学者による「共同声明」(『世界』一九四九年一月)が契機となった。丸山は「勉学についての二、三の助言」(一九四九年)で「平和の基礎としての社会的洞察を民衆に与えることが、人間の学(The Sciences of Man)としての社会科学の重大な役割だ、と述べているのを見て、私は今更のように感動しました」(傍点丸山)と感想を述べていた。当初の平和問題談話会の政治中立的な雰囲気の中で、丸山は人間の学としての社会科学のトータルな真理の追求と、戦争責任を自覚した社会科学者の立場からの運動へのこだわりがあった。東京女子大学丸山眞男文庫所蔵『世界』一九四九年三月号の田辺元によるユネスコ声明への批評文には、以下のような丸山の線引きと書き込みがある(〔 〕は筆者、丸山書込みは太字強調)。

「いはゆる「人間の學」」としての社會科學的認識を持ち得ざる小生にとっては〔…〕」

丸山とのズレの問題

「過去に於て慚づべき無力の罪を犯し、平和の為に戦争防止の思想的任務を果たさなかったことを悔ゆる小生の如き者は、こんどこそ再び過誤を重ねまいとみづから更新を誓ふ外ありませぬ。他に對する覚醒はこの自己の悔悟更新と相即する筈です。いはゆる啓蒙運動に止まるならば、小生の如き者は御計畫に参加することはできませぬ」

さらに、同『世界』の「平和問題討議会議事録」における、「日本の學者の自己批判について、大衆並びに知識人の組織について」の段では、羽仁五郎の次の発言に線引きと書き込みがある。

「ユネスコの社會科學者がかように語りかけたのに対して、日本の學者がただちにこれに應えることができるか〔…〕その一歩手前に、われわれとして反省せねばならないことがあるのじゃないか。私はそこに疑問をもつのです。各部會からの御報告を伺っておりますと、實に美しい言葉が語られ、立派な決意がのべられています。〔…〕われわれは簡単にこういう言葉を吐く資格があるかどうか」〔…〕

「學者の節操」〔枠部分が書込〕〔…〕

「そもそも學者は、たれに對して責任をもたなければならないものなのでしょうか」

日本の学者としての自己批判　及び日本と日本人の問題（cf p 68）**P 49 田辺氏所感**

平和問題談話会に参加した丸山は「戦前は社会科学者の協力がなくて各個撃破された」経験から「アカデミシャンの横の連帯」が重要だと考えており[15]、高見順との対談における存在拘束性論のインテリジェンスもこうした連帯を促す発言ではあった。しかし社会科学者が組織的に連帯して「美しい言葉」で声明を発表しながらその社会的使命を果たすことよりは、田辺元が他に對する覚醒と共に自己の悔悟更新を説いたように、丸山も社会科学者各個の自己批判を強調していた。

この「自己批判」については、丸山のマンハイム理解と無関係ではない。丸山の学生時代の知識社会学受容は新明正道『知識社会学の諸相』の影響から始まっており、マンハイムだけは独自に学んでいた。[16] 丸山眞男文庫所蔵『知識社會學の諸相』(【0187845】寶文館、一九三二年)の『イデオロギーとユートピア』への言及箇所には丸山の書込みと線引きがある。マンハイムは全体的イデオロギー概念の完成を謳うマルクス主義に対する批判として、存在拘束性論の普遍性を論じていた。その解説箇所に丸山の書込みがある(傍線、太字が丸山)。

「此の特殊性に對して、人が單に敵のみならず、原則的に、凡て、従つて自己の立場をもイデオロギー的に見る勇氣を有つならば、人は全體的イデオロギー概念の普遍的把握に到達する」

他在において自分自身である　自己批判

「他在において自分自身」というメモがいつ記されたかについて同書からは明らかでないが、このメモはC・シュミットが『獄中記』(一九五〇年)で、他者を他在〔Anderssein〕において理解しようとする根本的な好奇心こそが学問的自由〔der wissenschaftlichen freiheit〕の前提であると、マンハイムが亡命中の対独放送で述べたことに触れた箇所からの影響だろう。[17] 一九七九年、内山秀夫ゼミナールに招待された丸山は、過去の問題を理解する際に現代の感覚を投影することを戒める「学問的認識のアルファ」としてこの箇所を引いているが、[18] 一九六四年『増補版現代政治の思想と行動』「現代における人間と政治」の末尾には「なぜなら知性の機能とは、つまるところ他者をあくまで他者としながら、しかも他者をその他在において理解すること」という初出になかった一文が追加され、境界領域に住む知識人の知性に「他在」における他者理解が適用されていた。

東大法学部一九六五年度日本政治思想史講義の最終回(一九六六年二月一日)で丸山は、「〈諸君が専門研究家としてではなく普通の市民として、もし日本の過去の思想に親しむことに意味があるとすれば、〉思想の歴史を通じて、〈自己を〉他在〈Anderssein〉の中に身を置いて、距離をもって自分自身と環境を見〔…〕て、「直接的環境とひとつづきになっているその依存性から、一度自分を剝」がし、そして「自分を現在から切り離して、現在を相対化し対象化」せよと語っていた。「他在Anderssein」に身を置くことはすなわち歴史を学ぶことで自分と環境から距離をおく知性の働きであり、専門家特有の知性ではなく、普通の市民が歴史を学ぶことの意義でもあった。知性についてはさらに続けて、「知識の集積が知性ではな」く、「自分と環境を対象化する能力」、「距離をおく必要」、「傍観とは違う意味での相対的距離の設定」が、「〈知性をもって奉仕することの意味〉」であると説かれている。(19)

ここまでを整理すれば、「立場に拘束されつつ立場を超えたもの」をもつ知性はマンハイムの存在拘束性論に由来するものであり、平和問題談話会に集う戦後のアカデミシャンに求めた自己批判というキーワードは、のちにシュミット『獄中記』のマンハイムをも経由し、さらに一九六〇年代半ばには専門家ではなく普通の市民にも適用可能な知性の問題として定着していった。それは「他在」に自分を置きながら、自分と環境から距離をおく自己批判的な知性であった。

先に引用した一九五九年の都留と加藤との鼎談での、技術革新と近代化あるいは大衆社会の到来という文脈における「インテリジェンス」は、職場や各組織の中のインテリゲンチャをその担い手として、「蜂の巣的停滞」（組織同士のコミュニケーション欠如）をつきやぶる使命をもつとされていた。さらに続く発言で丸山は「今後は思想家が壮大な思想を提示し、それを社会に与えるという形で、展望が出てくるのか、それとも、むしろ、日常の経験の交換を通して、その経験を抽象化するという操作を各職場でつみかさねて行く過程の中から、一般的なパースペクティブ（見通し）を次第に得るようになるのか」と問題提起している。思想家の壮大な思想だけでなく、むしろ各職場から日常の経験を抽象化していく知的営為にまで、存在拘束性論の知性に求められる機能は拡大していた。

それでは丸山はいつ頃から、いかなる影響を受けて、存在拘束性の発展形態としての境界領域の知識人の知性と、自分と環境に距離を置く知性を意識していったのか。この検討にあたり一九五〇年代の進歩的知識人論を確認する。

存在に拘束されるとともに、それを越えた機能を持つインテリジェンスを説き始めた頃の丸山には、知識人の弱点を批判する発言が散見される。

一九四八年七月発行『未来』の同人座談会では、現実に「インテリ」とみなされる者と、「ほんとの意味でインテリジェンスを尊び、それをめざす人間」とを分け、後者から「所謂「インテリ」性」を克服できるとして「口先でインテリを批判し、「人民の中へ」などと軽々しくいう」、「インテリ根性こそ最も軽蔑すべき」であると述べている。[20]

一九五〇年四月の座談会では、中島健蔵が平和問題談話会を指して、学者や文学者の団結も無意味ではないが、それだけでは弱いと発言すると、丸山は「それは同感」であり、学者や文学者の結集が戦争を止める大きな力になるとは妄想していないと前置きしながら、「ああいうことをやると、すぐ、ただ声明を出してもしようがないじゃないか、現実的には何ら力のない声明を出していい気になっているだけだ、こういう嘲笑というか、単なるシニカルな嘲笑が、一般の新聞、とくに反動的な側から非常に浴びせられています」と述べていた。問題は「そんなことはただの理想で現実的じゃないという言い方」が蔓延る傾向であり、「現実的現実的ということによって、既成事実にどんどん屈服」してしまうことであった。[21]

一九五二年の丸山は、この現実への屈服を「知識人特有の弱点」として捉えていた。「知識人の場合はなまじ理論を持っているだけに、しばしば自己の意図に副わない「現実」の進展に対しても、いつの間にかこれを合理化し正当化する理窟をこしらえあげて良心を満足させてしまう」。さらに「本来気の弱い知識人は」、「自分の立場と既成事実との間の緊張関係」に堪えきれず、「お手のものの思想や学問が動員され」その緊張関係を埋めてしまう。ここでは、開戦を防げなかった戦前の知識人を「嘗ての自由主義ないし進歩的知識人」と呼んで批判していた。[22] 一九五三年末『思想』誌上の「思想の言葉」では、「進歩派」、「左派」に対する違和感として「多数無意見組は正理正論を本当に理解すれば必ずついてくる」という「オプティミズムが過剰」だとして、「政治的リアリズム」の欠如を指摘した。[23]

進歩的な知識人に対してしばしばその弱点を衝いていた丸山だったが、一九五〇年代後半にかけて「進歩派」、「進歩的知識人」、「進歩的文化人」に対する批判的論調が強まるにつれて次第に違和感を表明するようになっていく。

一九五六年一二月二五日の朝日新聞は流行語として「進歩的文化人」を取りあげ、福田恆存が解説を執筆した。「人間の生きかたを進歩の観点からだけしかみない」、「進歩のためには自由も才能も自我の尊厳も人間の幸福も犠牲に」することが「進歩的」の意味であり、「文化人」とは、「知的指導」を商品として「自分だけが文化の担い手であると思い込」む人々だと説明し、進歩的文化人という言葉は「揶揄」に過ぎないとも述べている。早くには一九五四年、『文藝春秋』誌に進歩的文化人を批判する諸評論が登場した他、「学者先生戦前戦後言質集」（一九五四年三月→一九五七年度版『進歩的文化人——学者先生戦前戦後言質集』）が全貌社から刊行され、平和論者の戦中期の戦争協力発言が暴露された(24)。

こうした進歩的知識人批判の論調に丸山は敏感に反応した。丸山眞男文庫所蔵の福田恆存『平和論にたいする疑問』（【0190474】文芸春秋新社、一九五五年）には、フランスとイタリアについて述べた次の箇所「二つの世界が戦争したら、アメリカにつくことは必定、一般の市民でそれを疑ってゐるやうな高級な人間はゐません」の余白に「見聞した一つの現実だけで断定する」（傍点ママ）と書込みがある。進歩的知識人批判の画期となったと評される福田の平和論批判の論旨よりも、丸山はその現実認識の特徴に反応していた(25)。

当時の草稿【449-2】「『日本の思想』関係断片　進歩的文化人関係」では、進歩的文化人批判は「思想や立場についての内容的な批判」や「事象自体の当否」ではなく、「それに携わる人の恰好とか雰囲気とかの面にすりかえ」る批判が目立つと記している。この草稿内で丸山はジャーナリズムに対して「『進歩派』に代って急速に騰貴した『良識』株」を報道するべきだと記していた(26)。

この時期、「良識」が表題に付された雑誌記事としては、竹山道雄と林健太郎の対談「良識は反動ではない——いわゆる進歩的平和屋にもの申す」（『文芸春秋』一九五八年一二月）が挙げられる。革新でも反動でもない「落ち着いたバランスのある客観的な考え方」（竹山道雄）というイメージが「良識」に反映されており、この対談を取りあげた『読売新聞』一九五八年一一月一三日夕刊の匿名批評「真のインテリとは何か」では、良識のある立場とは「左右からはさみうち」されるような「マンハイム的な第三の道」であり、真のインテリは「常に時流を客観しつつ、危機意識の中でその良識に点火する思想家」であるとされていた。

同時期の丸山は一九五七年八月の「思想と政治」で「良識」を批判していた。ジャーナリズムでは「良識」が「政治的中立」と同じ意味で使用されているが、そこに「一定の立場に積極的にコミット」し「賭ける」ことを回避したり、「アクセサリー」的な教養や知識の支配を許す日本の知的伝統があると指摘した。そのうえで、丸山は「私は良識ということは、物事を距離をおいて見るということだと思います」と述べた。物事を距離をおいてみることは、「物事に対してコミットしない無責任な態度」をとる傍観者になることではなく、「自分自身をも隔離する精神」であり、「良識派」はもっぱら批判する側に立つばかりで、自らを批判の対象に入れないという意味で「自己自身を隔離」できていないと批判していた(27)。

進歩的知識人批判および、マンハイム的であることを自称する「良識」派の現実認識と対決しながら、丸山は「距離をおく」ことを説いていた。これは一九五〇年代後半以降、安保闘争期の丸山の知識人とその知性の模索を検討するための足掛かりとなる。

三　detached な知性

六〇年安保闘争最盛期の六月、当時東大法学部生だった熊野勝之は、十三日(月)東大構内で開かれた「教授学生懇談会」の様子を後年のエッセイで振り返っている。「丸山先生が足早に入って来られ、いきなりわら半紙一枚の声明を早口で怒ったように読み上げ出て行」き、その後丸山の研究室を訪問した際には「自己の行為に責任を取れる範囲で行動すること。もっと冷徹な知性の力が必要。溶けた鉄のような肩の上に氷のような頭」を持てと言われたという(28)。わら半紙一枚の声明については不明であるが、七月一一日の明星学園講演でもこれと似た発言があり、政治行動の最低限のモラルとしての「情熱——主観的正義感」に加え、「冷静な認識および状況判断」、「冷徹な悧功さ《ママ》」、「蛇のような叡智」

を説いている。[29] こうした証言からはウェーバーの心情倫理と責任倫理が想起されるが、この冷徹な知性の典拠はマンハイムであった。

丸山眞男文庫には丸山が戦後に入手した英語版『イデオロギーとユートピア』(【0182479】Mannheim Karl, *Ideology and utopia*, London: Routledge & Kegan Paul Ltd, 1936)と、そのメモを記したノート(【37-1】「Karl Mannheim, Ideology and Utopia & Das konservative Denken I」)があり、このノートに冷徹な知性に対応するメモがある。「detached perspective (p. 252). 距離をおいてみる．自分の直接的環境からぬけ出すこと．〔…〕→それによって絶対的と思われていた判断なり思考様式なりが相対化される．自己欺瞞を退ける．のぼせ上らずに冷徹な判断が可能になる」〈14〉。その下には「social conflictの排除や回避ではなく、その合理化」、「知性の勇気、情熱をもって認識せよ。冷徹に行動せよ」とある〈14〉。このメモに対応する英語版二五二頁の余白には“detached perspective”と書込まれている。[30] これは英語版第五章収録「知識社会学」における「知識社会学の前提としての距離化の過程」の一節であり“detached perspective”とは、一つの集団において通用する絶対的な思考様式が部分的なものとして認識されていくこと、すなわち「距離化Distanzierung」(樺俊雄訳「知識社会学」)を指す箇所であった。[31]

英語版『イデオロギーとユートピア』は丸山の一九五二年度東大法学部演習(マンハイムゼミナール)のテキストであり、演習に参加した学生は「ディタッチト(detached)」について教示を受けたと後年に回想している他、[32] 一九五六年の東洋政治思想史講義の最終回の結びでは、「knowledgeではなくintelligenceを身につけること。自分の直接的な環境、所与から自分自身を隔離して見る。〔…〕Detachmentとは認識の積極的な作用である。〔…〕criticalな際にこうしたintelligenceが意味をもつ」と語ったことが、受講ノートやプリントを元に復元されている。[33]

ではそのdetachedな知性の担い手を、丸山はいかに想定していたのか。一九五〇年代の丸山の「距離をおく」知性の用例は、政治指導者の倫理や徳、「政治的リアリズム」を説く文脈で語られており、マキャベリ、E・バークの「慎重(prudence)」や、ウェーバー『職業としての政治』からは「ものと人との間にある距離をおいてみる精神」を引きつつ、「道徳的感傷主義といわゆるマキャベリズムとの二者択一的思考を政治的観察と実践から排除」する必須の倫理であると説いている。[34] また『職業としての政治』の「目測力」[Augenmaß] を用いて「目測力とは、内的な精神の集中と平静を以て現実にたちむかう能力――すなわち、物事と人間に対して距離（Distanz）をおいて見る態度」が責任ある情熱的政治家に必要な能力であると説明している。[35]

例外は一九五六年に、トクヴィルに対して積極的評価を与えた文章にある。トクヴィルは「政治家としての鋭い日常的な感覚と学者としての異常な抽象能力」の双方を備えながら、政治に対する明確な好悪の選択を行い、「薄気味悪いほどの冷徹さで全局面の正確な展望を与え」た。丸山によればトクヴィルは「あたかも後世の歴史家が行うようなdetached な（距離をおいた）観察と分析」ができる「認識人」である。ここでは政治家の徳ではなく、観察、分析、認識能力という知性の次元で detached を用いている。[36]

さらなる例外は政治家や思想家からも離れて、職業従事者一般に「もの（Sache）に対する情熱」を説く箇所に登場する。情熱を傾ける「もの」とは仕事に関係した問題でも、仕事以外の事柄でもよいが、ものへの情熱が減退すると、他人の言動や地位や評判への関心が職場を支配する。例えば所属する職域分野の「日本経済に占める意味とか将来」や「生産工程のもっと技術的な側面」への興味をもつこと、これを「デタッチト〔detached 客観的〕な興味」であるとしている。[37] 一九六〇年四月の学生新聞でも、五年十年先から状況を認識するような「距離をおいた目」を持つことは「政治家ばかりでなく、我々一般にも望まれる」と語っている。[38]「ものに向う精神」に注目すれば、他者に対する批判で自己保存を図るような他人志向型の人間やグループを「ものに向う精神を見失った」人々と呼びながら、声なき声の会の市民運動に「不断の生命」（傍点丸山）を求めてもいた。[39]

政治家から市民にまで担い手を発見した detached で冷徹な知性は、当時の論壇の進歩的知識人批判から影響を受けながら形成されていた。この頃福田恆存は、「社会科学者」に対して「一つ一つの抵抗運動において、〔…〕進歩主義的気分に守られながら、その気分を守り、その気分に浸ること」が目的となっていると指摘して、自然科学技術が生活に浸透する中、進歩の気分に浸る社会科学は「科学たりえぬ限界」を自覚せよと主張していた（「進歩主義の自己欺瞞」『文芸春秋』一九六〇年一月）。[40] その後「常識に還れ」（『新潮』一九六〇年九月）では、「社会科学的思考」に「常識」や「現実」を対置している。「常識とは現実に随ひ、現実に教へられる考へ方であり、生き方である。が、人々は現実に随ふ前に、現実を解釈し解決することを急ぐ。その物差しにはあらゆる目盛りが刻みこまれている。歴史、科学、憲法、平和、進歩、民主化、市民、大衆の自覚、政治的関心、階級意識、等々、寸法書には一分の狂ひもない」。これでは「現実に教はる餘地」が出てこないと主張した[41]。丸山眞男文庫所蔵の福田恆存『一度は考へておくべき事』【0192389】（一九五七年）所収「戦争責任といふこと」には、社会科学にたいする「私の不信感」として論理的には首尾一貫している「その學全體が現実に裏切られてゐるといふ事態」に気づかない社会科学者、に対する次の箇所に線引き「そのことを實感するために、ときどき窓から地上をのぞいてみることが必要であります」と、余白書込み「文学者にこそいいたい」が記されている。さらに「教育・その現象」には、平和教育が「赤」と見なすことは間違いだとする反駁の観念性を批判した次の箇所に傍点書込み「「平和教育」に熱中してゐるおまへは「赤」だとおどす論法が低劣なものであることがいふまでもないこととして〔…〕」と余白書込み「そのいうまでもないことが横行している現実をどうしようというのだろう」がある。丸山が福田の現実認識と社会科学不信に敏感に反応していたことが読み取れる。

また江藤淳は「政治的季節の中の個人」（『中央公論』一九六〇年九月）において、自身も参加した安保批判の会が「反対の会」に変質したと指摘しながら「「民主主義擁護」の運動だったはずのものを、巧妙に「安保反対」にみちびいていこうとする過度の政治主義が潜在して、力をふるっていた」と違和感を表明した。また「〝戦後〟知識人の破産」（『文芸春秋』一九六〇年十一月）では、安保以後の「進歩的知識人」の「知的破産」、「戦後の日本のインテリゲンチャが信奉してきた規範であり、思考の型」が破産したと主張した。江藤は丸山眞男の「復初の説」を引きながら、「「ものの本性、事柄の本源」を八月十五日に求める」ことは「仮構」、「理想家の幻想」であり、「ものの役に立つ思想などという既成品」などは無いので、「自分の眼で見たことを自分でいう以外に思想に役の立ちかたなどありはしない」と批判していた。

江藤の戦後知識人破産宣告に対して、丸山に代わって応答したのは梅本克己であった。一九六一年六月十九日『日本読書新聞』「現代の一つ目小僧　丸山眞男氏への手紙」では、丸山の「現代における態度決定」（『世界』一九六〇年七月）

に言及しながら江藤に応答している。梅本は、無限の認識過程を「断ち切る」決断には不完全な認識に基づく価値判断が伴わざるを得ないと丸山が論じた箇所に触れて、ウェーバーの『職業としての政治』の一節「結果に対する責任を現実に全身をもって共感し、しかもある一点において、「自分はこのほかのことをなしえない、自分はここに立つ」〔…〕という決断の論理」を想起している。そして江藤の「破産」論文に対し、「面接の重役が大学生に説教するように「理想家」の幻想を嘲笑」する不偏不党性を批判して、結果責任を負いながらも「決断」する丸山の市民像に期待した。[42]

では丸山は梅本のようにウェーバー的な立場から、福田や江藤の進歩的知識人批判と対決したのだろうか。丸山眞男文庫デジタルアーカイブには、丸山眞男編『人間と政治』一九六一年一〇月刊行前の記録と推定される高畠通敏との対話記録がある。ここで丸山は、「政治的季節の中の個人」に言及している（【424-1】「人間と政治高畠通敏氏との対話速記録」）。

M　安保批判の会が「批判」の会なので、非常に喜んで入ったのがいつの間にか、「反対」の会になってしまった。自分の知らない間にすりかえられている。〔…〕いやしくもあの時の状態の中で批判と反対の辨別をするというのはナンセンスである。発想は批判でも何か運動をやれば賛成か反対しかないわけですから〔…〕しかも「政治的季節の中の個人」は大変に評判がいい。僕はあれを読んでどうして今頃江藤淳ともあろうものが、とびっくりした。〔…〕〈51-52〉

M　と同時に彼のプライバシーは非常に空間的である。時々刻々の決断としてのみプライバシーが守られるというのではなく、垣根をつくってこっから先は自分の領分だという観念〈53〉

さらに別頁では、「内面性対組織というあるいは政治」という考え方を代表して、「福田恒存とか江藤淳」が挙げられ〈59〉、「プライベットから発するパブリック意識が正当化されていない」〈62〉と述べている。「非政治的な市民の政治的関心」（「「である」ことと「する」こと」一九五九年）を阻む思考様式を福田と江藤に発見していた。[43] また戦後の知識人と知性への問題提起を探る上では次の丸山の発言に着目したい。

「〔…〕組織を通じてこの資本主義体制を打破していく以外ないんだ、それをはなれて、組織対個人なんていっているのはユートピアンだ」という「最大公約数の左翼の発想」も退けながら、「今の日本の知的な状況での打開点というのは福田恆存的発想と左翼の最大公約数的発想とに対する両面作戦としてのみあるんであって〔…〕」〈62〉

丸山は福田や江藤のような、政治に対して垣根の中の内面的自由を守る政治観や、左翼の組織重視の政治観との両面作戦を考えていた。この「両面作戦」を明らかにするには、一九六一年一〇月の木下順二との対談「現代劇における方法意識」における、日本の進歩主義の問題点と「良識的知識人」に言及した箇所が参考になる。木下は「現実の行動、それこそアクチュアルな立場」では、「進歩ってものを信ずるよりしょうがない」と述べ、「行動のなかで、もし矛盾を発見するなら発見する」という立場を表明した。これに対して丸山は、「いくら進歩を信じたって、そこからは具体的な選択」は生じないため、進歩勢力の「何を選びとり、何を選びとらないか」という「決断」や「賭け」があるのだと主張した。その決断の結果を「認識するということによって失敗や挫折からも学」ぶところに「歴史の進歩」があると主張した。これを丸山は「非情な認識、つまりデタッチメント」と呼び、「現実から、また自分自身から、距離をおいた認識を福田恒存の専売にしておく手はない」と述べた(44)。冷徹に認識するdetachedな知性は、認識過程を断ち切る「決断」や「賭け」の只中の自分自身からも距離を取ることができる知性であった。それに続けて、学問や芸術のような非政治的な領域が常に政治に規定されていることへの緊張感がない、「良識的知識人の盲点」に言及した時、丸山の念頭には「常識」や「現実」に従うことを主張した福田恆存や「政治主義」を忌避して文学者の領分を守ろうとする江藤淳が置かれていたと考えられる(45)。

さて丸山は一九六〇年五月二十四日の学者文化人集会において「選択のとき」を発表し、この集会は六月六日の『週刊読書人』で「市民主義の旗の下に」という見出しとともに報じられた。丸山は、先に引いた高畠通敏との未発表対談で、学者文化人の運動の基本的な立場として「市民主義」が用いられたことに不満をもらしていた。

M「〔…〕学者が自分の行動動機を説明する理論乃至は学者に対してぼくなんかは市民主義という言葉は使わなかったが、例えば五月二十四日の教育会館でしゃべったというのは学者、文化人の集会でこの人達にどういう風に伝えるかということを考えた、当然――ところがそれが印刷されて散ぶされると、それが運動全体の基礎づけというか、そういうことになっちゃって、そうすると非常に違っちゃう　ぼくなりの非常に疎外感がある」〈63〉

丸山は運動の基礎付けとして「市民主義」を掲げてしまうと、学者・文化人各個の非政治的領域から立ち出でた決断と責任意識をあいまいにしてしまうと考えていたのだろう。翌年の佐藤昇との対談でも、市民、市民的、市民主義という言葉が「機能的概念」ではなく「実体的概念」となり得ることに注意を促し、「各人が職業的、身分的、その他何々団体員的所属から不断に自分をひきはなす思想的操作」が「「市民」的意識」であると述べていた(46)。職業的には学者・文化人だが街頭市民にもなれるという考えから運動に合流するのではなく、自己の所属領域から自己を引き離すその機能的側面としての市民意識を、学者・文化人に求めていた。

一九四〇年代の後半から丸山は立場に拘束されつつ立場を超える知性を説いていたが、一九五〇年代後半から安保闘争を経た丸山は一九五〇年代後半から問題としていた「良識」的な知識人、江藤淳、福田恆存を挙げながら、距離を置くdetachedな知性を様々な場面で説いていた。それは認識過程を断ち切る「決断」を行いながらも、自分自身をも批判できる冷徹な知性であり、自由に浮動する知識層特有の知性としてではなく、学者・文化人を包含した社会の構成員一般の知性として位置づけようとしていた(47)。

このdetachedな知性の帰結として、丸山がはじめて体系的な知識人像を提出した「現代における人間と政治」(一九六一年十月)との関連を確認したい。第二章冒頭で引いた一九五九年の丸山、都留、加藤の鼎談で丸山は、技術革新と近代化、ひとびとの意識の断片化とユートピア思想の喪失という現象に言及していたが、この問いは一九五九年から一九六〇年代前半の丸山にとっても、イデオロギーの終焉論の流行とともに、知識人像形成にとって重要な時代背景であった。一九六〇年一一月、九州地方で行われた岩波文化講演会における「内と外」講演とその草稿類からは、イデオロギーの終焉現象に対する丸山の関心をさらに確認できる。草稿「「内と外」原稿・メモ」（【資料番号 348-1-2】）によれば、ここでも福田、江藤への対抗心を思わせる記述がある。

> 西側の知識人の間の流行
> 「イデオロギーの終末宣言」
> アパシーあるいは政治的冷淡さの知的称揚、個々の孤立した事実を関係づけたり、より長期的なトレンドのなかに置いて見る試みは、片よっているといわれる（いわば社会科学的という條件つき、社会科学アレルギー）
> 事実を見よ、見よといういい方で事実の承認を迫る。（認識ではなくて評価せよ！）〈70〉

> イデオロギーというのは、この「うち」の世界と「外」の世界をつなげる思想であり、外の、政治の動向を批判し、政治の目標、目標を実現する手段などについて比較し選択する思想である。
> 政治について発言し、批判する場合、意識すると否とを問わず誰もイデオロギー的に思考している。イデオロギーというと下品で、思想というと上品にみえる。公的問題を公的問題として対象にしないと、かえって「うち」の感情的好悪と偏見を無原則に輸出することになる〈72〉

講演では、「垣根を空間的に分離して」、「うちの世界で平穏な生活を享受するという自由と、積極的に外の世界に立ち出で」て「自主的な決定」を行う自由とが混同されないようにすることを説いた上で、「現代のある種の文化人」、「保守主義者」は、「自分の中にある自由についての偏見というものを出来事に照らして、不断に吟味するという心がまえを著しく欠いている」と指摘していた。草稿類で言及された「社会科学アレルギー」「事実の承認」はおそらく福田恆存を、政治から垣根的に自由を守る文化人とは江藤淳を指しているだろう。彼らのように「ムード的に極端と思われる、不愉快と思われるものの受信を拒む」ことで「表面的に、いわゆる良識的な世論によって、世論を画一化することは、実はある種の立場、ある種の議論による世論の画一化」であり、「いわゆる良識の全体主義もまた全体主義である」と主張していた。[48] イデオロギーの終焉論が流行する中で、丸山は「うち」と「外」の世界をつなげる役割をイデオロギーに付与しつつ、外に現れる政治の動向を本来の目標、イデオロギーに照らし合わせて、不断に吟味する意義を説いていた。

一九六一年一〇月の渡米前に発表した「現代における人間と政治」（一九六一年九月）で丸山は、体制同調的な内側世界と体制批判的なグループとして内側から疎外された外側の世界との「境界領域」（知識人の多数が住む領域）から、境界に住む意義を自覚し、双方の「イメージの交換をはばむ障壁」に積極的に抗議し抵抗することが、「リベラル」たる知識人と知性の役割とした。[49] 知識人と知性の体系的な役割をはじめて論じたこの論文冒頭で丸山が問題視した現象がイデオロギーの終焉であった。社会やデモクラシーのことよりも自分の仕事に精を出すべきだという批判が英国ニューレフトに対して行われていることにも着目しながら、「わが国における同類」の知識人批判も同様だと暗に指摘していた。一九五〇年代と安保闘争期に、福田や江藤らの進歩的知識人批判に対して丸山は、傍観者という意味ではなく自分自身からdetachedな知性を働かせること、すなわち価値判断を伴いつつもその結果責任を負い、自分自身をも隔離する冷徹な知性を模索していた。このことが、「良識の全体主義」に抵抗しながら境界領域に住む、リベラルな知識人像を準備させていたと考えられる。

四 アカデミズムと知性

最後に、丸山にとっての学問に関わる者の知性の問題を検討したい。一九五九年六月の藤田省三は「現代反アカデミズムの構造」を執筆した際、反アカデミズム的潮流のひとつとして東京大学学生新聞で組まれた連載「アカデミズムにもの申す」（一九五八年九月十七日―一二月一〇日まで）を引用した。藤田によればここでの「アカデミズム」の定義は多様であり、大学、特に東大人とその行動様式、気質、研究方法、社会運動に直接参加しようとしない研究者の態度を指す場合もあるという。藤田は「有用な学問であっても、その学問の人的な担い手（研究者）が直接運動の組織者や演説者になったりする必要は些かもなく」と述べたように、「反アカデミズム」には批判的な立場を表明した。[50]しかし安保闘争昂揚期の藤田は東京大学が「知性の名によって立ち上が」り、安保闘争への政治参加を通して「官僚養成所」、「特権意識の培養所」を脱し、「純粋な学問の府」になることを求めていた。[51]

一九五九年の丸山は「アカデミズムにもの申す」連載を、現実にある大学批判であると読んでおり、九月二四日の執筆担当である中野好夫が「どうして東京大学にもの申すと言わないのか」と書いたことが一番当たっていたとしながら、「現実の大学がいかにアカデミックでないか」を反アカデミズムは批判すべきであり、特権的、閉鎖的というような批判は「単なるコンプレックスから出た悪口」だと述べていた。丸山にとっての関心は、「ほんとうの機能的の意味のエリート」が学問や文化を「創造的に日本に根づかして」いくことであった。それは「大衆から遊離する」ことではないのに、大衆コンプレックスがある日本のインテリは、「エリートといわれるとしゅんと」してしまう。これは「日本に〔いかに〕ほんとうにインテリジェンスがないか」を証明していると述べていた。[52]

一九六四年の南原繁との対談では、南原が「社会科学者にかぎらず人文科学者でも自然科学者でも、およそ学者というものは、国家・社会の政治的な大きいできごとに絶えず注意して、人類・社会の進歩にたいして貢献するという義務があると思うのです」と発言した一方で、丸山は「「学問をやっているものには一つの社会的責任がある」ということは、原理論としてはもっとも」だが、「学問をもって実際に生かしたいとか、両者を架橋したいという善意をもって政治の世界と接触を保っていた人」が政治に巻き込まれていった戦前期の体験を考えると、「学者としての自立性」、学問の「批判精神」を失うことへの警戒が強いと述べていた。[53]同時期のエッセイでも丸山は「大衆にわからないような学問は無価値」、「知識人はもっと体を張れ」、「俺は地方で地味に実践してるんだ」という類の主張を、アカデミズムへのコンプレックス、精神的独立心の欠如として退け、「知識人の正しい生き方は一つしかないことは断じてない」と主張していた。[54]

このように丸山は大学や学者に対して、手放しで社会的意義や社会的貢献を問う事には慎重であり、アカデミズムと学者の精神的独立を強く保つ傾向にあったが、大学と学問の自由を大学外の社会的実践から分ける思考法はとらず、学問に取り組む主体の知的態度を説く傾向があった。例えば一九五九年の全学連幹部の東京大学構内立てこもり事件をめぐっては、「大学の自由」、「アカデミッシェ・フライハイト」とは何かを法学部生に向って説いていた。大学構内への立てこもりを学園の自治の名で合理化することは、大学共同体や教授学生一般への侮辱であること、労働者や市民にできないことが学生ならできるかのように振る舞うことは特権への甘ったれに過ぎないこと、純粋な心情倫理のみを抱きながら結果責任に無自覚である点で「political wisdom 政治的叡智」に欠ける行動であると批判した。丸山にとって「学問的精神の反対物」とは「批判に耳をかさないドグマの精神」であり、「大衆運動の組織者の第一歩は普通の市民、普通の学生の考え方感じ方を内側からとらえる能力」だと述べていた[55]。

自分自身から距離を取り、他者の批判にも開かれねばならない知的態度は、科学的な討議の場面で働くマンハイム的な知性とも関連していた。一九六〇年八月二十九日から九月二日にかけての米国の研究者たちとの共同討議「日本の近代化にかんする共同研究の予備会議」、通称「箱根会議」でも、マンハイムに触れながら発言をした丸山のメモがある。丸山は米国の学者たちの報告には「できるだけ世界観的な論争や倫理的、政治的な問題への involvement を含む」ような仮説の立て方や用語選択を回避する「価値中立的態度」が共通していた点を指摘していた。その上で、「ここで私は、価値判断から自由な科学的態度は、各自の価値判断を回避したり、隠蔽したりすることによってでなく、むしろそれを自覚化した上で、これを理性的にコントロールすることによってのみ可能となるというカール・マンハイムの提言を想起せざるをえないのである。それは個人的研究の場合だけでなく、同じ学問的テーマに関する異ったアプローチからの集団討議の場合にもあてはまる」と述べていた[56]。

丸山は学者の社会的責任を実際上の成果で問うことには慎重であった。しかし他方では他者の関心を自ら遮断するドグマチックな精神から距離をとる知性によって、治外法権的に大学構内の自由を享受する閉塞的な学問の自由を戒めた。そして価値判断を自覚しながら、それを理性的にコントロールする知的態度を学問的討議の際に強調していた。こうした自己隔離の知性は、大学アカデミズムの社会に対する閉塞性と学問的討議の政治的な価値中立性をも批判する知性であった。

結論

丸山は一九五〇年代と六〇年安保闘争期の福田恆存と江藤淳を中心とする、価値中立的な進歩的知識人批判のいわゆる「良識の全体主義」（前掲、「内と外」）と、イデオロギーの終焉が説かれる時代傾向に対して、マンハイム由来の存在拘束性論の知性とdetachedな知性で応答した、これが本稿の結論である。存在拘束性論の知性とdetachedな知性は一九五〇年代以来の進歩的知識人批判に対しては、自己の価値判断を回避せず、十分に自覚した上で自分自身から批判的に距離を取り、冷静に責任倫理を発揮する知性であり、また価値中立的かつ傍観者的な態度を戒める知性であった。さらに大学におけるアカデミズムとの関連で言えば、丸山は学者に対しては実際上の社会的責任を問うことには慎重な姿勢を示したが、大学内にのみ実質的な学問の自由の領域があると考えるような独善的なドグマの精神を戒め、学問的討議の際に働くマンハイムの知性を想起した。

戦後の言論空間において「覇権」なるものを掌握し、大衆を市民化することを担った進歩的知識人の代表者として丸山が取りあげられていることは冒頭で触れた。しかし丸山は、戦後の知識人が自らの思想的偏重を自覚し、自己を批判的に引き離す知性にこそ市民的意識の本質を見出していた。

本稿は、一九六〇年代末に至るまでの知識人と知性をめぐる丸山の模索の全体像を論じるための前段階の議論にとどまった。自分自身と物事から距離をおく知性は、鶴見俊輔、高畠通敏、小田実らのように集団のなかで働く知性との連携は取れたのか、吉本隆明からの進歩的知識人批判や、自己否定を唱えながら大学の知的権威批判を展開した大学闘争の時代に丸山の知性はいかに試されたのか、自己を批判的に引き離す知性を模索してきた丸山があの時代の自己否定論に感じた違和感は何だったのか、今後論ずべきことは多い。それ以前にも一九六一年秋以降の渡米体験と英米知識人との交流、一九六〇年代末に未完に終わった「近代日本の知識人」論文で構想した戦後の知的共同体再編問題、サルトル来日時の丸山との対談記録等、探さねばならない資料も多い。知識人と知性、その社会的役割は何か。懸命にこの問いに取り組んだ戦後日本の精神的遺産を引き続き検討していきたい。

(1) 竹内洋『丸山眞男の時代――大学・知識人・ジャーナリズム』中公新書、二〇〇五年、一五二頁、二一八頁。

(2) 西村稔「知識人と「教養」(六・完)――丸山眞男の教養思想――」『岡山大学法学会雑誌』第六六巻第二号、二〇一六年一二月、一一三―一一四頁。

(3) 西村稔「知識人と「教養」(一)――丸山眞男の教養思想――」『岡山大学法学会雑誌』第六四巻第一号、一四〇頁。また東京女子大学丸山眞男文庫所蔵『職業としての政治』の該当部分の書込を紹介している研究として、阪本尚文「丸山眞男と八月革命(1)：東京女子大学丸山眞男文庫所蔵資料を活用して」『行政社会論集』二〇一五年七月、一四頁。

(4) 担い手の問題との関連として、丸山が「科学としての政治学」(一九四七年) 註一〇において、マンハイムの相関主義とその実体的担当者としての「自由に浮動する知識層」への限定に疑問を提示したことをいかに解釈するかという問題がある。西村の論考(同右)では、一九五〇年代の思想史論以降の、自由に浮動するインテリの使用例から、マンハイム評価は否定から肯定に転回したと説明される。しかし丸山のマンハノム受容を、対象と自分自身からも距離を置くイデオロギー論の知性から検討する本稿の立場では、マンハイム的知性の本質は、その実体的な担い手は誰かという議論としてではなく、様々な社会層に担い手を想定した際の知性の機能をめぐる議論として捉えられるべきだと解釈する。

(5) 竹内洋『革新幻想の戦後史』中央公論新社、二〇一一年、四三五頁。また趙星銀『「大衆」と「市民」の戦後思想 藤田省三と松下圭一』岩波書店、二〇一七年、二一五頁。

(6) 東京女子大学丸山眞男文庫デジタルアーカイブ【275】「「日本の知識人 (続、本稿)」草稿・メモ」。以下、本文中の【 】内数字はすべて丸山眞男文庫登録番号を指し、また引用中の〈 〉内は、デジタルアーカイブ資料のコマ番号を指す。

(7) 苅部直「戦後日本の理想主義と現実主義」(三浦信孝編『戦後思想の光と影』風行社、二〇一六年、一〇〇頁)。

(8) 苅部直、同右。

(9) 高坂正堯「現実主義者の平和論」(酒井哲哉編『リーディングス戦後日本の思想水脈1 平和国家のアイデンティティ』岩波書店、二〇一六年、一六六頁)。

(10) 先行研究では、一九六一年の渡米前執筆の「現代における人間と政治」における、境界領域の「リベラル」な知識人の知性と一九六四年の「日本という状況の中でリベラルであるということ」(『丸山眞男座談』六、一六一頁)を戦後一貫して考えてきたという発言との関連の解明が試みられている。アメリカ合衆国という他者、一九六〇年以降の吉本隆明と新左翼、市民運動を担う集団的知性(高畠通敏、鶴見俊輔)との関係の中で、リベラルの旗をおろさなかった丸山のこだわりと、その自由主義の特徴(自己内対話、境界的知性、非政治的な自由主義の克服)を論じている(清水靖久「丸山眞男と米国」『法政研究』第七四巻第四号、九州大学法政学会、二〇〇八年三月)。本稿は、丸山が一九六一年に構想した境界に住むリベラルな知識人の知性は、国内の特に一九五〇年代から六〇年安保闘争期に至る進歩的知識人批判への応答のなかで形成されてきた側面を検討したという位置付けになる。具体的には三点目の非政治的な自由主義の克服については、大日本帝国リベラルへの批判だけにとどまらず、現実主義的で価値中立的な保守系論客の進歩的知識人批判からの影響も無視できないと考えている。

(11) 「現代はいかなる時代か」『朝日ジャーナル』一九五九年八月九日(『朝日ジャーナルの時代1959—1992』朝日新聞社、一九九三年、一八—一九頁)。同座談会は『丸山眞男座談』三に丸山発言抄として収められているが、この引用箇所は省略されている。

(12) 松沢弘陽、植手通有編『丸山眞男回顧談』上、岩波書店、二〇〇六年、二三八—二四〇頁。「科学としての政治学」『丸山眞男集』第三巻、岩波書店、一九九五年、一五二頁。

(13) 「インテリゲンチャと歴史的立場」『丸山眞男座談』一、岩波書店、一九九八年、二九六頁。

(14) 『世界』臨時増刊号、一九八五年七月、一六頁。久野収も平和問題談話会の当初の雰囲気を「あまりに高踏的で、インテリゲンチャ臭が強すぎたのが、当時の私たちには不満だった」と回想している(九—一二頁)。

(15) 同右、一三頁。

(16) 家永美夜子宛一九八五年四月一二日『丸山眞男書簡集』三、みすず書房、二〇〇四年、一三一頁。

(17) 丸山眞男文庫所蔵『獄中記』原書【0182581】C. Schmitt, Ex Captiviate Salus Erfahrungen der Zeit 1945/47, 1950. 該当箇所には、線引きと「学問的自由の前提」という書込みがある。

(18) 『丸山眞男集』第十一巻、岩波書店、一九九六年、一七二頁。

(19) 『丸山眞男講義録』第五冊、東京大学出版会、一九九九年、三〇二—三〇三頁。

(20) 「芸術・民衆・知識階級」『未来』、一九四八年七月、一〇頁。瓜生忠夫の編集後記によれば座談会実施は一九四七年十一月。

（21）「平和の問題と文学」『文学』、一九五〇年八月、四五頁。
（22）「「現実」主義の陥穽」『丸山眞男集』第五巻、岩波書店、一九九五年、二〇二頁。
（23）「進歩派の政治感覚」『丸山眞男集』第六巻、岩波書店、一九九五年、六五―六六頁。
（24）竹内洋『革新幻想の戦後史』中央公論新社、二〇一一年、三一四頁。
（25）一九五四年一二月一日松田道雄宛書簡では、福田恆存「平和論の進め方についての疑問」への反論は、丸山より冷静な松田が適任であることを告げた上で、アメリカと協力するのが何が悪いなどと居直るインテリがいるかと思うと、今まで声をからして何を叫んできたかとなさけなくなる、という旨の不満を漏らしていた。この書簡について高草木光一『松田道雄と「いのち」の社会主義』（岩波書店、二〇一八年）から示唆を受けて、熊本学園大学図書館松田道雄文庫を訪問、高草木氏が調査中に偶然見つけた資料であるために未公開資料扱いとなっていた同書簡を同図書館の御好意で参照させていただいた。同書簡は未整理資料であるため大意を示すのみとした。
（26）さらに同じ時期の草稿類でも、新聞雑誌の匿名批評の場で、日本の平和論者の「人格、生き方、行動様式」が問題にされることを挙げ、「批判者自身の生き方」がまったく問われないまま、「平和運動者にケチをつけるというだけの目的をもった御殿女中的な批判」が生じていることを「批評の病理現象」と記している（【107-44】「匿名批評のルールについて」『丸山眞男集別集』第二巻、六〇―六二頁）。
（27）「思想と政治」『丸山眞男集』第七巻、岩波書店、一九九六年、一四六頁。
（28）「神農もはじめはうずに目を回し」（『丸山眞男集』第二巻、月報九）。元となる熊野の記録は、「一学生の歩み　安保闘争の記録」（『緑会雑誌』復刊第三号、一九六一年一月号）である。六月一五日の『東京大学新聞』はこの「法学部教官学生懇談会」を報じたが、丸山の声明文読み上げについての記述はない。丸山が参加した法文経二一番教室の会合では丸山、篠原一、岡義武ら政治学者が集まり「議会主義を破壊しても、安保条約を阻止すべきではないか」という発言が出るなど「かなり熱の入った討論が展開され」たらしい。
（29）「明星学園講演会速記録」『丸山眞男集別集』第二巻、岩波書店、二〇一五年、二九九頁。
（30）英語版を戦後に入手したという証言は、「思想史の方法を模索して」『丸山眞男集』第十巻、岩波書店、一九九六年、三三四頁。
（31）邦訳は、樺俊雄ほか編『知識社会学』マンハイム全集第二冊、潮出版、一九七五年、三一八頁を参照。なお英語版二五三頁、“detached perspective”（距離化）発生の第三要因の箇所に丸山の傍線書込みがある。「同一の社会空間の中で二つ、ないし多数の社会的に制約された世界解釈の仕方が互いに争いあい、それら相互の批判によって互いに解明し距離化しあって、その結果として距離化しながら認識すること」（訳文同右、『知識社会学』、三一九頁）。

(32)『丸山眞男手帖』二四、丸山眞男手帖の会、二〇〇三年、六頁。

(33)『丸山眞男講義録 日本政治思想史1956/59』別冊一、東京大学出版会、二〇一七年、二三三頁。

(34)「現代政治の思想と行動第三部 追記」『丸山眞男集』第七巻、一九九六年、四七頁。

(35)『丸山眞男講義録』第三冊、東京大学出版会、一九九九年、二四頁。

(36)「断想」『丸山眞男集』第六巻、岩波書店、一九九五年、一四八頁。丸山のdetached用例については、西村稔の研究ノート「知識人と「教養」（一）」『岡山大学法學会雑誌』第六四巻第一号、二〇一四年、一三九—一四一頁でも詳しい。本稿はその展開として、マンハイム由来の丸山の知性論との関連を明らかにしようと試みた。

(37)「丸山先生に聞く」『丸山眞男集別集』第二巻、岩波書店、二〇一五年、一六三—一六四頁。

(38)「私達は無力だろうか」『丸山眞男集』第十六巻、岩波書店、一九九六年、二二頁。

(39)「感想三つ」一九六〇年九月二十日『復刻版声なき声のたより』第一巻、思想の科学社、三三二頁。

(40)『福田恆存評論集』第七巻、麗澤大学出版会、二〇〇八年、二五頁。

(41)同右、六八頁。

(42)『梅本克己著作集』第九巻、三一書房、一九七八年、三八三—三八六頁。都築勉はこの梅本の丸山論を引きながら「六〇年安保に際しての丸山の行動の隠れた一面を見事に突いていた」としている（『戦後日本の知識人——丸山眞男とその時代』世織書房、一九九五年、四二八頁）。本稿では梅本のウェーバー的認識と決断の論理に加えて、マンハイムの存在拘束性との連続性を重点的に検討した上で、都築も三七一頁で引用している職業、身分、所属から引き離す思想的操作としての市民意識とを関連付けて検討するという立場をとった。

(43)「近代日本の思想と文学」（一九五九年）において丸山は、戦前日本のプロレタリア文学以降の作家たちのイデオロギーを排した文学至上主義への回帰を論じている。プライバシーの領域と政治の領域を分けることで、無制限にプライバシーの中に割込んで来る政治への抵抗力の欠如を見ていた。

(44)西村稔、前掲「知識人と「教養」（一）」（一四五頁）では、苅部直『移りゆく教養』（二〇三頁）が引く福田恆存『幸福への手帖』（一九五六年）の、読書で得た知識で専ら人を教育しようとする「いはゆる教養人」を戒め、「距離を置いて」テクストを読むことを説く箇所が、丸山の「専売」発言に該当するのではと推測されているが、本稿では十分に検討できなかった。

(45)「現代劇における方法意識」『丸山眞男座談』四、岩波書店、一九九八年、二五八―二六〇頁。

(46)「現代における革命の論理」『丸山眞男座談』四、岩波書店、一四九―一五一頁。丸山の市民意識と自分自身を隔離する意識との関係は、都築勉『戦後日本の知識人――丸山眞男とその時代』（世織書房、一九九五年、三七一頁）が早くから指摘していたが、自己隔離は知性の問題としては扱われず、次頁では境界領域に立つ知識人（「現代における人間と政治」）の丸山を市民派知識人とは異なる自由主義的な知識人として論じていた。本稿では自己隔離の知性と、他者をその他在において理解するべく境界にたつ知性は、どちらもマンハイム的知性論の応用として捉える立場なので、境界的知性は必ずしも精神的貴族および丸山自身の知識人としての立場表明ではなく、担い手を実体的に固定しない、誰しもが参与可能な知性論の構想だった可能性を重視する。しかし、広い新中間層にむけた知性論と、より少数者の知識人に丸山が想定した知性を混同することには注意を払いたい。また苅部直が『丸山眞男――リベラリストの肖像』（岩波書店、二〇〇六年、一八〇頁）で引用した北川隆吉の回想では、五月二十四日「選択のとき」講演後、学者・研究者団のデモ行進の街宣車が「職業上の特性」や「知的な職業」の立場から安保反対を訴える宣伝文を読み上げた時、丸山は「隊列のうしろから走って来られて、四輪車の街宣車にパッと飛び乗られて」、「市民として」と言うように修正させたという（北川隆吉・東京自治問題研究所編『戦後民主主義「知」の自画像』三省堂、二〇〇〇年、一〇一―一〇二頁）。この逸話からは、学者研究者に市民の一員であるという意識を持てと指導する丸山ではなく、知的という言葉の使われ方に過敏に反応する丸山の姿が見てとれると考える。六月二日に発足した「民主主義を守る全国学者・研究者の会」（民学研）の決議文は、「自己の義務に忠実な市民として」憲法の原理が侵されたことへの抗議と「知性の権威を確信する学問研究者として」理性的討議を否定することへの抗議が併記されていた（『民学研ニュース』第一号、一九六〇年六月十日）。実際に読み上げられた宣伝文が北川の回想通りの「知的な職業」だったのか、決議文通りの「知性の権威を確信する学問研究者」だったのかは明らかでないが、この逸話は市民意識を自己の所属から距離を置く知性として位置づけた丸山が、学問研究者であることを形容するためだけに「知的」や「知性」が使われたことに異を唱えたエピソードとして理解することもできると考える。

(47)この時期のマンハイム関連の出来事と言えば、P・ティリッヒと京極純一との対談（「東西インテリ論」『中央公論』一九六〇年八月）が挙げられる。ティリッヒは、知識人とは政治の対立状況にあたり常に分裂すること、したがってマンハイムのような知性に依拠する知識人像に期待することに疑問を投じていた。近年の深井智朗の研究により一九六〇年五月十一日に国際文化会館にて堀田善衛、加藤周一、木下順二、鶴見俊輔、長（武田）清子、鵜飼信成、丸山眞男とティリッヒが昼食を共にしながらの討論会を開いていたことが明らかになったが、この時の討論記録は明らかになっていない。ただ帰国後ティリッヒが丸山に宛てた書簡には「私は知識人の政治的責任という問題についてさらに議論を続ける必要も感じています」と記していたらしい（深井智朗「知識人の政治的責任という問題についてさらに議論を続ける必要も感じています……：一九六〇年六月のパウル・ティリヒと丸山眞男」『未来』（五七七）、二〇一四年十月号）。もしティリッヒが京極と同様に丸山たちともマンハイム的知識人に関する議論を交わしたとすれば、丸山がいかに応答したのかは興味深い。深井智朗によれば国際文化会館に保管されていたはずの録音記録は現在所在不明であり、録音の公表についても人格権を主張するティリッヒの遺族の要望等、制約があるという。今後日本の研究者・関係者相互の協力により、一九六〇年の戦後知識人と亡命知識人ティリッヒとの対話記録を明らかにすることが必要である。

(48)「内と外」『丸山眞男集別集』第二巻、二〇一五年、岩波書店、三七二―三七八頁。本稿ではマンハイム的知性であるdetachedな知性を論じるにとどまったが、同時期の「近代日本の思想と文学」（一九五九年）では、三木清の「弾力ある知性」（一九三七年）や、H・G・ウェルズの新世界百科全書構想を「人類共通の精神、普遍的知性」とした上で、社会科学と文学の思考的隔たりを媒介する立場が表明されている。

(49) 丸山眞男編『人間の研究Ⅳ 人間と政治』有斐閣、一九六一年一〇月、二〇七―二〇八頁。

(50) 藤田省三『戦後精神の経験Ⅰ』藤田省三著作集七、みすず書房、一九九八年、一三七―一三九頁。

(51)「知識人への要請」『東京大学学生新聞』一九六〇年六月一日。

(52)「一月十三日丸山眞男先生速記録」『丸山眞男集別集』第二巻、岩波書店、二〇一五年、一九三頁。

(53)「学問と政治」『丸山眞男座談』一、岩波書店、一九九八年、四頁。

(54)「我が道を往く学問論」『丸山眞男集』第八巻、岩波書店、一九九六年、一〇四頁。

(55)「全学連幹部構内隠匿事件に関する法学生大会での発言」『丸山眞男集別集』第二巻、岩波書店、二〇一五年、二一〇―二一一頁。

(56)「箱根会議における総括的発言メモ」『丸山眞男集別集』第二巻、岩波書店、二〇一五年、三〇七頁。丸山文庫所蔵の英語版『イデオロギーとユートピア』【0182479】一一〇頁には、「価値判断とemotionalなものを排除するのではなく、それを理性的なcontrolにおこうというのが知識社会学の立場」という、メモと類似する書込が確認できる。

［政治思想学会研究奨励賞受賞論文］

統治性・政治神学・統治機械

――フーコー・シュミット・アガンベンの主権と統治をめぐるカコフォニー

長島皓平

一　序論

本稿の研究対象は、イタリアの哲学者、ジョルジョ・アガンベンの政治哲学である。一九七〇年代から美学の領域における研究を自身の出発点とし、言語論や歴史哲学などに関する論考を多数著してきたアガンベンであるが、とりわけ一九九五年に公刊した『ホモ・サケル』とその後の一連の著作群における政治哲学を主題とした思索によって世界的に知られるようになった[1]。二〇一五年における『身体の使用』の公刊をもって完結したホモ・サケル・シリーズであるが、幅広い対象を領域横断的に精査し思索の糧とするアガンベンの試みは様々な分野からの研究が期待されている[2]。

世界的な関心を集めてきたアガンベンの思想については以前から多くの研究者が取り組んでおり、すでに少なくない量の研究の蓄積がある[3]。本邦においても、岡田温司や上村忠男、高桑和巳らをはじめとした多くの研究者によるアガンベンについての著作やアガンベンの翻訳を通じて、アガンベンの受容は広くなされているといえる[4]。しかし、アガンベンの政治思想を扱っている研究のうち少なくない数が、すでに広く人口に膾炙した主権と生政治の問題に関するアガンベンの思索にのみ拘ってきた[5]。

本稿の主題となるのは、ホモ・サケル・プロジェクトにおけるアガンベンの政治哲学の理論的展開である。アガンベンの思索は、カール・シュミットの主権理論をミシェル・フーコーの生政治概念を用いて発展的に解釈することから出発した一九九五年の『ホモ・サケル』から、二〇〇七年に公刊された『王国と栄光』におけるフーコーの統治性概念を参照点としたオイコノミア神学をめぐるものへと展開を遂げている。本稿は、主権と統治という視座のもとでフーコーやシュミットらの議論とアガンベンにおける理論的変遷を同定することを通じて、『王国と栄光』におけるアガンベンの政治哲学の政治思想的意義を明らかにすることを試みる。

この狙いを達成するために、本稿は以下の構成をとる。アガンベンはフーコーを批判的に参照し続けてきたため、アガンベンの政治哲学はフーコーの政治哲学へのアンチテーゼであるという側面が存在する。そこで第二章において、フーコーにおける権力論を概観する。第三章においては、アガンベンがフーコーの統治性研究に批判的に取り組むに当たって依拠するカール・シュミットとエーリク・ペーターゾンとの間で生じた政治神学をめぐる論争の内実を明らかにすることによって『王国と栄光』の議論の前提を確認する。しかし、こうした『王国と栄光』の試みはホモ・サケル・プロジェクトにおいて当初から一貫していたわけではなかった。そこで第四章ではまず、『ホモ・サケル』から『王国と栄光』に至るまでのアガンベンの理論の変遷を概観した後に『王国と栄光』の議論を再構成する。

主権と統治を切り離したフーコーの分析に対し、政治神学を巡るシュミットとペーターゾンの論争を踏まえ、オイコノミアの系譜を辿るアガンベンは主権が統治と切り離せないことを神学の伝統から明らかにしようと試みた。

二　規律から統治へ——フーコーの統治性研究

1　規律

本章では、フーコーにおける規律権力論から統治性とその現代における実践としての新自由主義研究への展開を精査する。

フーコーは『監獄の誕生』の冒頭において、いまでは広く知られるようになったダミアンに加えられる身体刑の執行の様子を生々しく叙述している。[6] フーコーによればこのような華々しい身体刑は、

君主統治権にまつわる一つの儀式であって、受刑者の身体に加える報復の祭式本位の烙印を活用する。しかも君主の、またその権力の物理的な現存が不連続、不規則であり、常に自分の法の上に君臨しているだけに、この場合の処罰は、なおさら強烈な恐怖の効果を見物人の目にくりひろげる。[7]

しかしながら、ベッカリーアをはじめとする多くの改革論者の登場にみられるように、とりわけ一八世紀中頃から、フランスの、そしてヨーロッパの刑罰は恣意的に適用されるものから、犯罪行為とそれに対応する処罰の記号体系化を伴った合理的なものへと変容する。ベッカリーアによれば、

大多数の者たちにとって、死刑とは単なる見世物である。（……）ある刑罰が正しくあるためには（……）人間たちを犯罪から遠ざけるのに必要最低限度な程度の強さを有し、かつ、その程度を超えてはならない。[8]

フーコーによればこうした刑罰の性質の変容は、次の帰結を生んだ。君主の下での儀式であった旧体制の身体刑に対して、記号体系化された合理的な刑罰は個人を近代的な法主体として再規定する。しかし、フーコーはこの「合理的な」刑罰を分節化し、そこからさらに二つの対照的な要素を取り上げている。社会がこの合理的な刑罰の導入、そして犯罪を処罰に結びつける記号体系の一般化によって個人の矯正を期待する一方で、強制権に依拠し、身体に働きかけることで矯正を試みる刑罰制度が存在した。それこそが監獄である。前近代的な身体刑から合理的な刑罰に移行したのちに、何故この処罰権力のモデルが監獄における監禁に象徴される「強制権・身体・独房・秘密」[9]を中心としたものになるにいたったのかという問いに対する回答が「規律・訓練」[10]であった。フーコーの分析によれば、ベンサムの考案した

パノプティコンに代表される身体に恒常的に働きかけ、服従させられ訓練させられる従順な身体を作り出すメカニズムは、学校・兵站・病院・工場といった空間において顕著に展開していくことになる。

2　統治

ここまではすでに広く人口に膾炙したフーコーの規律権力論である。しかしながら、フーコーと同時代人であり深い親交があったジル・ドゥルーズが指摘するように、フーコーの権力論はすぐさま規律・訓練という枠組みを超え出て行く。[11] というのも、すでに社会は規律型権力という枠組みでは捉えきることのできないタイプの権力に直面していたためだ。[12]『監獄の誕生』が出版された翌年の一九七六年に『性の歴史Ⅰ』においてフーコーはこう述べている。

> 死なせるか生きるままにしておくという古い権利に代わって、生きさせるか死の中へ廃棄するという権力が現れた（……）生に対するこの権力は、十七世紀以来二つの主要な形態において発展してきた（……）身体に関わる規律と人口の調整とは、生に対する権力の組織化が展開する二つの極である。[13]

これまで取り組んできた規律権力を生に働きかける「生権力」という枠組みの中で捉えなおしたフーコーは、同時に「人口」に働きかけ、調整し管理するというまた別の権力の様相を描き出している。『性の歴史Ⅰ』において新たに光を投げかけられたこの権力の本格的な検討が試みられるのが『コレージュ・ド・フランス講義　1977-1978年度　安全・領土・人口』と『コレージュ・ド・フランス講義　1978-1979年度　生政治の誕生』においてである。

『安全・領土・人口』の初回の講義においてフーコーは、自身のこれまでの権力論を整理することから始めている。権力のモードとして第一に中世から一七、八世紀にみられた法を犯すものに対する処罰を定める「法メカニズム」があり、第二に一八世紀に端緒を見出す監視と矯正による「規律メカニズム」があった、そして第三に現代においてなお組織されつつある現象の蓋然的な性質を対象にし、許可と禁止の二項対立ではなく、コスト計算に基づき最適とみなされる平均値を設定することにより許容の限界を定める「安全メカニズム」が存在する。[14] 注意しなければならないのは、この三つのメカニズムが排他的であるというわけではなく、相互に重なり合いながら「三者のあいだの相関システム」が変わる、すなわち主調となるメカニズムが変わって行くという点であるが、[15] 実のところフーコーは続く二、三回目の講義において都市計画・食糧難・疫病といった諸事例の分析を通じて「安全メカニズム」の独自性を明らかにすることを試みているにもかかわらず、フーコー自身の講義において「安全メカニズム」あるいはこのメカニズムを機能させる安全装置はすぐさま背景に退いていく。四回目の講義の最後にフーコーはこう述べている。

私は今年度の講義の題に「安全・領土・人口」を選んだわけですが、つまるところ、今、より正確な題を選んでいいのであればそうはならなかったでしょう。今、私が本当にやりたいのは（本当にやりたいのならですが）、何か「統治性」の歴史とでも呼ぶようなものなのでしょう。[16]

こうしてフーコーの「統治性」研究が始まる。しかし、フーコーによる造語である統治性gouvernementalitéとは何か。それは第一に社会契約論を典型とする主権をめぐる言説における主体であった人民peopleではなく「人口population」を対象に、「政治経済学」を主要な形式として権力の行使を可能にする「諸制度・手続き・分析・考察・計算・戦術」からなる全体であり、第二に「統治」と呼べるタイプの権力を主権や規律といったタイプの権力より優越させてきている傾向のことである。[17] この「統治性」という概念はあまりに大雑把である。フーコーは国家の「外に出る」、[18] すなわち国家を相対化した上で権力をテクノロジーの観点から明らかにするという狙いのために、この「統治性」に依拠した。しかし、むしろ「統治性」の概念の曖昧さゆえにその系譜を古代ギリシア以前にまで遡るという大胆なフーコーの試みが可能になったともいえる。

フーコーが統治性の系譜を探るにあたって出発点とするのは、古代ギリシアではなくその東方、古代オリエント社会である。フーコーは統治の起源がエジプト・アッシリア・メソポタミア・ヘブライの地域における「王・神・首長」

が牧者であり、人間たちは「群れ」であるという司牧的権力にあるとする。[19] フーコーはとりわけヘブライにおいて司牧というテーマが展開していると指摘する。厳密には、ヘブライにおいて牧者という用語はもっぱら神を指すのであり、[20] 本質的には神と人間たちの関係であるが、フーコーが強調するのはこの権力が古代ギリシアには存在しなかったという点である。第一に、ギリシアの神は「領土的な神」であり、「何らかの特権的な場（都市であれ神殿であれ）」を有しているのに対し、牧者の権力は「領土に対して行使される権力ではな」く移動する群れに対して行使される。[21] 第二に、司牧的権力は対象となる群れの救済、食料の確保という善をなすという性質を有し、そして最後に司牧的権力は「全体にかつ個別に《omnes et singulatim》」働きかける。[22] この司牧的権力は古代ギリシアにおいてプラトンの『政治家』をはじめとするいくつかの例外を除いて全く異質なものであった。[23] 司牧的権力はキリスト教の思考を通して西洋に伝播していくのであるが、フーコーはキリスト教が司牧の制度化を通じて司牧的権力を複雑化したのであり、これこそがまさに「人間たちを統治する術」であったと指摘する。[24] しかしながら、キリスト教の内部において発展するこの司牧的権力が「政治」と交わるのは一六世紀を待たなければならなかった。

　宗教改革をはじめとする社会構成の劇的な変動に伴って、一六世紀に初めて主権者はどのような合理性に基づいて、これまで宗教的・私的な領域にあった人間たちの統治を引き受けることができるか、という問いが生じた。[25] 実のところ、司牧的権力が危機を迎える以前の思考において、主権の行使と君主の統治は区別されていなかった。このことをトマス・アクィナスの君主の統治論にみることができる。

> 都市や王国の創設がこの世の創造を模範としているように、その統治の理法も神の統宰から学ばなければならない。[26]

アクィナスにおいて、君主・主権者の統治は「統治の類比モデル」に依拠している。王の統治は自然を統治する神をモデルとし、牧者が羊たちに対して、[27] あるいは一家の父が家族に対して行うように個人の救済を促さなければならない[28]。フーコーはこう述べている。

神が世界を司牧的に統治していたとするなら、それは世界が救済のエコノミーに服従していたということ（……）世界は人間が救済を得るために作られていたということです[29]。

司牧的統治の危機はまさにこの救済のエコノミーという形式が消滅したことの表れである。神の救済という世界像とは異なる、近代の合目的的な世界像が登場したことにより、主権者は単なる主権の行使でもなく、救済のエコノミーの枠内における統治でもないもの、フーコーが「統治術」と呼ぶものを担うことになる。主権者は今や、牧者としてでも父としてでもなく「所与としての国家」を「その最大限の存在へと移行すること」を可能にするために統治する[30]。『安全・領土・人口』の残りの講義は、この特異な統治の指針として「国家理性」を位置付け[31]、その国内における統治である「内政」と対外的な統治の結果生じたヨーロッパのバランスを統治術の具体例として叙述していく。フーコーの議論では、こうした枠組みにおいて法権利が統治の過剰を抑制するという有様が検討されているが、統治の系譜にとって肝要なのは一八世紀において統治術の制限が内在的な原理によって調整されるという事態が出現するということである。フーコーは『生政治の誕生』の初回の講義においてこう述べている。

歴史的ないし理論的に規定されたものとしての法権利という原理は、かつて、主権者と主権者がなしえたことに対し、ある種の限界を設けていました（……）その後、いわば批判的統治理性の時代が始まります（……）対立の根拠とされるもの、それはもはや主権の濫用ではなく、統治の過剰です[32]。

法権利による制限から、自らの内的な調整に依る統治、すなわち「批判的統治理性」の誕生のメルクマールとなるのが「政治経済学」であったが、この新たなタイプの計算の例としてフーコーが検討するのが「自由主義」である[33]。「自由主義」は交換こそが事物の真の価値を決定するような一つの社会において、統治および統治のあらゆる行動の有用性の価値とは何かという問いを提起するのであるが[34]、「自由主義」の枠組みにおいては統治が、個人、行為、言葉、富、資源、所有物、法権利などの全てに影響力を行使するところの「利害関心」をその指針とすることになる。

しかし、法権利という制限から解き放たれた「自由主義」は互いに食い違うことのある個別的利害関心と集団的利害関心を調整する「安全」のメカニズムを必要とする。このことは、「自由主義」がその内部において各人に自由を生産し、組織するとともにリスクを管理する必要にせまられるということを意味している。それゆえに、自由主義的統治術の帰結として、このリスク管理という契機において自由主義と上述の規律権力が結びつくとフーコーは指摘している[35]。自由主義的統治は自由を組織し、増加させるという契機において、管理と介入を行う。この「自由主義」において見られる規律と介入の混交が上述の三つのメカニズムが相互排他的ではない一つの例となっている。

この「自由主義」は二〇世紀における経済危機の進展において、F・ルーズベルトによる福祉政策に見られるように、経済的介入主義に直面する。このことが意味するのは、「自由主義」が本質的に内部に孕んでいた経済的リスクが増大し、外的な制限を必要とする事態が生じたということである。こうした自由主義的統治の危機に対する様々な介入をめぐる議論、すなわち共産主義、社会主義、国民社会主義、全体主義といった代替案において最も影響力を有していたのが、ケインズ主義的な介入政策であった。

こうして、「自由主義」は危機に直面することになる。そして、こうした経済的介入主義をめぐるコンテクストから生じたのが、二一世紀においても最も重要な問題の一つとなっている新自由主義であった。

3　新自由主義

二〇世紀における経済的介入をめぐる「自由主義」の危機から生まれた新自由主義は、経済成長を信奉する現代の政治経済を考察する上で重要な役割を果たすことになる。フーコーは、この新自由主義の理論的源泉をオルド自由主義にみる。オルド自由主義は、ヴァルター・オイケンをはじめとするフライブルク大学を中心とした学者らによって構築されていくが、後の新自由主義理論の発展に寄与する理論家らが一堂に会した一九三八年のウォルター・リップマン・シンポジウムにも参加していたフリードヒ・ハイエクに新自由主義の特性をみることができる。フーコーは交換を社会の原理としていた自由主義に対し、新自由主義は競争を新たにその原理として据えたと指摘しており、ハイエクによれば、

競争はほとんどの状況で、われわれが知っている最も効率的な方法であるということだけではない。より重要なのは、競争こそ、政治権力の恣意的な介入や強制なしに諸個人の活動の相互調整が可能になる唯一の方法だからである(36)。

競争が有利に働くためには、十分に考え抜かれた法的な枠組みを必要とする(37)。

ここにおいて決定的なのは、自由主義の枠組みにおいて自由の生産が法権利の枠組みから自立的な領域を作り出すことであったのに対し、新自由主義においては自由な競争を生み出すための法的枠組みを必要とするという事態である。全体主義を強く意識しつつこの競争こそが、個人の自由を保証する経済体制であると主張する新自由主義は、ドイツのオルド自由主義からフランス、アメリカへと伝播していく。

フーコーが切り開いた統治性、そしてその現代的な形態としての新自由主義をめぐる議論は現在加熱の一途をたどっている(38)。ウェンディ・ブラウンの指摘を待つまでもなく(39)、この新自由主義的統治がもたらした世界規模での収奪、その帰結としての経済的不均衡の問題は現代の民主主義を脅かしている。しかしながら、現代の新自由主義をめぐる議論が多くをフーコーに負っているとはいえ、フーコーの議論に内在する問題点も数多く指摘されている。デイヴィッド・ハーヴェイは新自由主義に関する先駆的な研究の中で、新自由主義が理論的かつ実際的に多様な形態を有することを指摘しており、事実新自由主義はその目的と実践において多様な形態を取ってきた(40)。また、二〇〇八年の金融危機の際に「潰すには大きすぎる」大企業に対し、各国の政府が救済に乗り出して以来、新自由主義における国家の果たす役割が

あらためて注目されている。[41] フーコーは統治性を論ずるにあたり、常に国家を本質的な実体であるかのように扱うことを周到に避けてきたが、その結果として現代の新自由主義的統治において国家があらためて重要な役割を果たすことを予見することはできなかった。

しかしながら、本稿においてより重要なのは自由主義における批判的統治理性から新自由主義における市場に従属的な国家に至るまで、フーコーにおいてはもはや主権は放棄され、統治が自律的なメカニズムとして一貫して論じられているという点である。第四章における議論を先取りするならば、アガンベンの『王国と栄光』における主権と統治は西洋を通じて作動してきた統治機械において表裏一体であるというテーゼは、現代において主権国家が新自由主義的統治の実践の中で中心的役割を担っているという事態と符合するのではないだろうか。[42]

しかし、本稿では『王国と栄光』においてアガンベンが依拠する政治神学を巡る論争を先に概観する。

三　政治神学を巡る論争——ペーターゾンとシュミット

政治神学とは二〇世紀のドイツにおいて多大な影響力を有し、のちにナチスの桂冠法学者となった公法学者、カール・シュミットによって一九二二年に出版された同名の著作『政治神学』において提起された問題系である。シュミットはこう述べている。

近代国家学の重要な概念はすべて世俗化された神学的概念である[43]

シュミットは国家学と神学の歴史的かつ構造的な同質性を指摘する際に、法学における例外状態と神学における奇跡の類似性を指摘する。例外状態の布告によって現行の法秩序を停止する主権者は、奇跡によって自然法則を例外的に破る神に由来するとシュミットは指摘する。[44] シュミットのこうしたテーゼが客観的かつ中立的な立場からなされているとは言い難い。むしろ、シュミットは二〇世紀前半のドイツにおける価値中立的な法実証主義の台頭に警鐘を鳴らしていた人物の一人であった。事実、シュミットの政治神学論と彼の政治的スタンス、とりわけ決断主義との連関を指摘する研究は枚挙に遑がない(45)。ヴァイマール共和国において当初泡沫政党でしかなかったナチ党に対し批判的であったシュミットは、世界恐慌の大混乱ののちにナチ党が権力を掌握すると、掌を返すように党に擦り寄ったがために、日和見主義的であると批判された(46)。本章では、こうしたシュミットの政治的な危うさに留意しつつ、シュミットと同時代の神学者であるエーリク・ペーターゾンとの間に生じた「政治神学」をめぐる論争を概観する。

神学者であり教会史家でもあるエーリク・ペーターゾンは、一九二〇年以前からシュミットを、著作を通じて知っており、とりわけ一九二四年に当時シュミットが在籍していたボン大学に着任し直接対面してからは、シュミットの「親友」と評されるほどの密な交友関係にあった(47)。しかし、シュミットのナチスへの関与が加速する一九三三年以降ペーターゾンとシュミットの関係は崩れ去る。こうした状況の中で、一九三五年にペーターゾンは『政治的問題としての一神教』を著した。当時、第三帝国を神学的に正当化するライヒ神学の潮流との対決のなかで、政治神学の不可能性を主張するペーターゾンの議論は政治的な意義を有していたが、ペーターゾンの批判の対象は上述のシュミットの政治神学テーゼであった。ペーターゾンは注釈の末尾においてこう述べている。

「政治神学」という概念は私の知るところでは、カール・シュミットの『政治神学』によって学術に導入された。彼の当時の短い叙述は体型的になされてはいなかった。われわれはここにおいて、具体例に基づいて「政治神学」の神学的不可能性を明らかにすることを試みた(48)。

紀元後数世紀までに議論を限定しつつ、アリストテレス以降の神的君主制論の展開を辿ることによって、「政治神学」が「ユダヤ教」か「異教」という基礎においてのみ成立しうるとするペーターゾンに対し(49)、シュミットは自身の最後の著作となる『政治神学Ⅱ―「あらゆる政治神学は一掃された」という伝説―』において反論を試みている。教会法学者であるハンス・バリオンの古希を祝した論集に寄せたシュミットのこの論考に付されたサブタイトルは当然のことながら、ペーターゾンのテーゼを指している[50]。

シュミットはペーターゾンが優れた神学者であることを否定することなく、ペーターゾンの神学的な反政治神学論の試みに対し、自身が神学の門外漢であることを断った上でペーターゾンのテーゼを次のようにまとめている。

1　神的君主制論は三位一体の教義によって、アウグストゥスの平和（Pax Augusta）の解釈はキリスト教終末論によって、必然的に瓦解する。

2　それによって政治的問題としての一神教は神学的に一掃され、キリスト教はローマ帝国の軛から解放されたが、それればかりでなく、キリスト教の福音を何らかの政治的状況の正当化に濫用しようとする一切の「政治神学」との原理的決別が完成される。

3「政治神学」というようなものは、ユダヤ教や異教の基礎の上にのみ存立しうる[51]。

簡潔にペーターゾンの議論をまとめるならば、次のようになる。ペーターゾンは『形而上学』第一二巻の末尾にあり、アリストテレスの神学とされている箇所である「全存在は悪く統治されることを願わない。〈多数者の統治は善ならず、一つの統治者こそよい〉」という一節から議論を始める[52]。プラトン的二元論へのアンチテーゼでもあるこのアリストテレスの君主制論は、偽アリストテレスやアレクサンドレイアのフィロンへと影響を及ぼし、とりわけ後者においてユダヤ教への改宗者に向けて「神的君主制」として改鋳された[53]。しかしながら、この神的君主制は一なる神と一なる民が対応するユダヤ教と天上の一なる神と地上の一なる王が対応する異教との混交であり、神の位格が父‐子‐聖霊の三つに別れるキリスト教においては成立しない（と、ペーターゾンは考える）[54]。しかしながら、三位一体の教説を神的君主制と接合しようと試みたテルトゥリアヌスや民族的多元性を解消するローマ帝国に終末論的予言の成就をみるオリゲネスなど多くの教父が誤ってキリスト教的な神的君主制を唱えた。とりわけカイサレイアのエウセビオスは戦争に結びつく民族的多元性を解消するローマ帝国の支配を平和と同一視し、コンスタンティヌス大帝を賛美したが、ここにおいてエウセビオスはローマ帝国と平和、そして一神教を結びつけている。(55)

シュミットによるペーターゾンへの批判の要点は多岐に渡るが、その中でも重要な点を三つ取り上げる。まずシュミットが批判の矛先を向けるのは、ペーターゾンがギリシア教父の一人であり、皇帝の理髪師と評されたカイサレイアのエウセビオスを政治神学の全問題にとっての典型として考えたという点である。(56) 政治神学が有する歴史的また教義的に豊穣な内実にもかかわらずペーターゾンは、エウセビオスを典型として扱う具体的な理由を示していない。(57) エウセビオスを批判したとしても、政治神学そのものを一掃することはできない。

次に、シュミットはペーターゾンの用いたある一節が、意図せずペーターゾンが批判しようと試みたシュミットの『政治神学』へと接近していることを示していると指摘する。ペーターゾンが『政治的問題としての一神教』において七度も引用する慣用句、「王は君臨すれども統治せず (le roi règne, mais il ne gouverne pas.)」は一六〇〇年頃にポーランド王シギスムント三世について述べられた「王は君臨すれども統治せず (rex regnat sed non gubernat.)」という格言に由来する。本来、政治神学的コンテクストにおいて用いられたのではなかったこの慣用句が示すものは、「権力闘争そのものを合理化するために権力の頂点を闘争の埒外に置こうとする一神教的合理主義の構造と合致」する。(58) シュミットは『政治神学』において「ある特定の時代が構成する形而上学的世界像は、その時代に自明なものとして受け入れられている政治組織の形式と同一の構造を」持っており、主権概念の社会学とは、形而上学的世界像と政治組織の形式とが持つ「同一性の認識作業」である、と述べている。(59) ペーターゾンは意図せずして政治神学の不可能性を主張するその著作において、政治神学の典型例に繰り返し言及している。

二つ目の根拠と関連して、最後にシュミットはペーターゾンが『政治的問題としての一神教』において、キリスト教における神的君主制の不可能性を以って政治神学を一掃したと主張しているにもかかわらず、ペーターゾン自身がその他の著作において古代における神的君主制以外の政治神学という問題設定に取り組んでいるという点を指摘する。(60) 実のところ、シュミットがペーターゾンに初めて言及したのは『国民票決と国民発案』においてであったが、そこにおいてシュミットはペーターゾンの教授資格申請論文を基にした宗教史研究である『ヘイス・テオス』における喝采の概念に注目している(61)。あらゆる「人民」にとって必要不可欠な喝采の概念の、シュミットが政治神学の一例であると考えるウェーバーの「カリスマ的正統性」への近接性を指摘することによってシュミットが示唆するのは、ペーターゾン自身が喝采概念の研究を通じて古代における神的君主制というモデルに限定されない政治神学という問題設定に与していたという点である(62)。

こうしてペーターゾンとシュミットの政治神学を巡る論争の概要は明らかにされたが、アガンベンによればこの論争で争われていたのは実はカテコーン(ὁ κατέχων)概念であったという(63)。両者はカテコーンを巡って論争を繰り広げることで、彼らが依拠する哲学・神学者らにおいて真の問題となっていたオイコノミアの領域に目を向けることがなかったとアガンベンは指摘するが(64)、まずはアガンベンがオイコノミア神学に取り組むに至るまでの思想の軌跡を再構成することで、『王国と栄光』のアガンベンの思想における内在的な意義が明瞭になる。

四　ジョルジョ・アガンベンのホモ・サケル・プロジェクトにおける理論的展開

1　ホモ・サケル

本章では、アガンベンの政治哲学を『ホモ・サケル』を中心とした前期の議論と『王国と栄光』を中心とした後期の議論に分けて論じていく。アガンベンの問題系がどのように展開したのかを同定し、その意義を論じるためだ。

結論を先取りするならば、前期におけるアガンベンは主権の問題を生政治の観点から扱う一方で、後期においては神学の次元において主権と統治の関係を捉え直す。

ジョルジョ・アガンベンのホモ・サケル・プロジェクトは『ホモ・サケル』によって始まった。同書においてアガンベンが試みるのはシュミットの主権理論をフーコーの生政治概念と組み合わせることによって西洋政治の基礎構造を叙述することであった。

『ホモ・サケル』における議論はアガンベンが末尾において簡潔にまとめている。

1　原初的な政治的関係は、締め出し（外部と内部、排除と包摂のあいだの不分明地帯としての例外状態）である。

2　主権権力の基礎的な働きは、剥き出しの生を始原的な政治的要素として、また自然と文化、ゾーエーとビオスとを明確に区別する境界線として生産するというものである。

3　西洋の生政治的範例は今日、収容所であって、都市［国家］ではない。[65]

アガンベンが『ホモ・サケル』における思索を始めるにあたって着目するのは、ハンナ・アーレントが『人間の条件』で用いた古代ギリシアにおける人間の生の分節化である。アーレントの指摘によれば、古代ギリシアにおける人間の生はビオス（βίος）とゾーエー（ζωή）という二つの概念に分節化されていたという。[66] ビオスは政治的な生を指すのに対し、ゾーエーは単に生きているという事実を指す。それゆえに、ビオスは社会的動物たる人間の生を意味するのに対し、ゾーエーは動物や神の生をも意味することができた。古代ギリシアにおいて女性や奴隷にはゾーエーはあっても、ビオスは無かったという解釈から、アガンベンは西洋の政治を通じて人間の生を分節化し補足する主権権力が働いていたと指摘する。

アガンベンによれば、「主権とは法権利が生を参照し、法権利自体を宙づりにすることによって生を法権利に包含する場としての、原初的な構造」である。[67] 人間の生は単にビオスとゾーエーに分割されるのではない。シュミットは主権の本質を現行の法秩序を停止する例外状態の創出にみたが、アガンベンは例外状態の創出が法権利の枠組みを作り出すことに着目し、主権権力の働きはゾーエーを捕捉し、「剥き出しの生」を生産した上で、ビオスを付与することにあるとする。それゆえに、ビオスは恣意的に剥奪され得る。アガンベンが、ホモ・サケル（homo sacer）というローマ法における形象に注目するのは、法権利の枠組みから締め出され、合法的に殺害可能なホモ・サケルがこの主権の働きを例証しているためだ。アガンベンは「国民国家の没落と人権の終焉」というテーマに注目するが[68]、遍く保証されるはずの人権が実際には国民国家の法的枠組みにおいてのみ保証されうるという事実からアガンベンが読み取るのは、現代においてもなお主権権力が働き続けているということだ。法権利の枠外に置かれた難民は、現代のホモ・サケルである。しかし、アガンベンの考察はさらにラディカルなものとなる。

アガンベンが、現代における政治的パラダイムは強制収容所である、と述べるときに意味しているのはわれわれが皆「潜在的にホモ・サケルである」という事態だ[69]。周知の通り、第三帝国下において施行されたニュルンベルク法によって、ユダヤ人をはじめとして多くの人々の法的権利、ビオスが剥奪された。強制収容所は合法的なものであった。こうした主権権力が今なお働き続けているということは、あらゆる人間が恣意的に法的権利を剥奪され得るという構造が今なお存在していることに他ならない。

アガンベンの政治哲学が革新的なのは、すでにポスト主権という言葉が広く人口に膾炙して久しい二〇世紀末に、改めて主権理論を独自の視点から取り上げたという点である[70]。アーレント、シュミット、フーコーの思索を発展的に解釈することで、難民や強制収容所という具体例を主権権力の生政治的機能という視点で捉え直す試みは、多くの反響を呼んだ。フーコーの権力論を俯瞰してきた今なら、アガンベンの方法がフーコーのそれと対照的であることがわかる。フーコーにおいて主権が歴史的に限定された概念であるのに対し、アガンベンはそれらの概念を抽象化することで、主権権力のアクチュアリティを描き出す[71]。

ところで、ホモ・サケル・プロジェクトにおける『ホモ・サケル』に続く『例外状態』の最終章において、アガンベンは『ホモ・サケル』における考察にある変更を加えている。これまでの議論において、主権権力はもっぱら権力(potestas)においてのみ考察されたが、そこでは権威(auctoritas)が果たす役割が再考されている。アーレントは権威が近代世界において消失したと述べていたが[72]、アガンベンは西洋の法体系が権力と権威という二つの要素からなる「二重構造」として現れるのではないかと推察している[73]。

しかし、アガンベンが『例外状態』において指摘したこの二重構造は『王国と栄光』においてさらに主権と統治からなる「統治機械」へと組み込まれていく。

2　統治機械

本節において、後期アガンベンの主著ともいえる『王国と栄光』の議論の全てを検討することは紙幅の関係上かなわず、またアガンベンの政治思想的意義を明らかにするという目的にも即さない。それゆえ、本節ではアガンベンによる超越的（主権的）な神の内在的な統治を可能にする「統治機械」をめぐる議論に着目する。

アガンベンは『王国と栄光』の冒頭において、なぜ「西洋において権力が〈オイコノミア oikonomia〉という形、つまり人間たちの統治という形を引き受けるように」なったのかという問いをたてている。[74] 生政治が規律と統治からなるというフーコーのテーゼにもかかわらずこれまで統治について言及することのなかったアガンベンはここにおいて統治という問題に改めて取り組むことになる。[75]

アガンベンがこの問いに答えるにあたって依拠するのが、政治神学と表裏一体の関係にあるオイコノミア神学である。アガンベンはこの二つのパラダイム、すなわち「単一の神において主権的権力の超越性を基礎付ける」政治神学と「主権権力の超越性の代わり」に内在的秩序であるオイコノミアを据えるオイコノミア神学の系譜を明らかにする。[76]

すでに指摘されているように、オイコノミアは通常、経済と訳されるエコノミーという語では捉え切ることのできない多様な意味を担っている。例えば、それは古代ギリシアにおける「家政」、キリスト教神学における「救済」、神による世界の「配置」を意味してきた。[77] このようなオイコノミア概念の系譜を辿った独創的な研究の端緒を開いたのはG・リヒターであった。[78] アガンベンもこの研究と問題関心を共有しているが、オイコノミア神学の検討の中でアガンベンが精査する「統治機械」の意味内容を明らかにするという本節の目的に即して以下ではアリストテレスからトマス・アクィナスまでの一部に議論を限定する。

オイコノミア自体を主題とした最古の著作はソクラテスの弟子であるクセノポンのものが知られているが、国政と家政を明確に区別したのはアリストテレスであった。[79] オイコノミア oikonomia という語の成り立ちからも明らかなように、オイコノミアが意味するのはポリス（πόλις）と対置される家（οἶκος）における運営である。古代ギリシアにおける家は近代的な家とは異なり奴隷からなる共同体を意味していたために、オイコノミアは経営を意味することになる。ところで、既にペーターゾンが取り上げていたアリストテレスの神学とされる箇所で、アリストテレスは家を内在的に運営する主人と世界を外から運営する神を対比させていた[80]。しかしながら、宇宙を神々と人間が共に住まう一つの家とすることで神を宇宙の主人として捉えたストア派を経て、キリスト教神学において宇宙統治としてのオイコノミアは新たな意味を獲得する[81]。

　パウロが神学の領域において初めてオイコノミアを用いているとされる一節においてこう述べられている[82]。

> もっとも、わたしが福音を告げ知らせても、それはわたしの誇りにはなりません。そうせずにはいられないことだからです。福音を告げ知らせないなら、わたしは不幸なのです。自分からそうしているなら、報酬を得るでしょう。しかし、強いられてするなら、それはオイコノミア（οἰκονομίαν）が委ねられているのです[83]。

ここにおいてオイコノミアは二つの意味を担うという。オイコノミアは一方で単なる職務であり、他方で神の救済計画をも意味した。

> （わたしは）すべてのものをお造りになった神において世の初めから隠されていた神秘のオイコノミアが何であるかをすべての人々に解き明かしています[84]。

　この擬パウロのエフェソの信徒への手紙において明瞭に示されているように、新約聖書においてオイコノミアは人間の救済という神の計画をも意味した[85]。しかし、パウロのこの箇所におけるオイコノミアが神学的な意味を担うという通説に対して、アガンベンはリヒターの研究を参照しつつ、オイコノミアが神学的な意味を持つに至るのはギリシア・ラテン教父による展開を通じてであるとしている。そこでは、「神秘のオイコノミア ἡ οἰκονομία τοῦ μυστηρίου」が「オイコノミアの神秘」へと転倒され、ロゴスたる息子という形象を意味することによって三位一体という神秘を作り上げることになるという。(86) しかし、オイコノミアが三位一体を意味するにあたり、教父たちが気にかけたのは神の単一性のグノーシス的分裂であった。フーコーが取り上げたアクィナスの君主の統治論ではなく『世界統治論』までの神学を精査することでアガンベンは超越的な神と内在的な神を一つに分節化し直す統治機械を浮かび上がらせる。(87) すでにシュミットがペーターゾンへの反論において「君臨すれども統治せず」という一節が持つ政治神学的重要性を指摘していたことは確認した。ここにおいて主権と統治が分節化されているが、それはキリスト教神学において生まれた「統治機械」の帰結である。アガンベンによれば、

> 1　摂理（統治）とは（……）存在と実践を（……）「神の統治（gubernatio dei）」において、神による世界統治において一つに分節化し直す機械として姿を表す。
>
> 2　摂理（統治）は（……）世界の外にある神と統治する神とのあいだのグノーシス的な分裂を無くしてこの二つの神を両立させようとする試みである。(88)

「統治機械」は、グノーシス的分裂を防ぐことによって主権と統治を両立させる。アガンベンは近代国家におけるこの二面性の残滓を指摘している。(89)「統治機械」に着目することで系譜学的な分析を通して主権と統治を切り離したフーコーに対して、アガンベンがシュミットとペーターゾンの論争を糧に神学の次元において両者の結びつきを確認した意義が明らかになった。

五　結論

本稿では、フーコーの統治性研究とシュミットとペーターゾンの間に生じた論争を精査することで、『王国と栄光』におけるジョルジョ・アガンベンの理論的展開が持つ政治思想的重要性を明らかにした。

フーコーは『監獄の誕生』において身体に働きかけることによって従順な身体を作り出す規律権力を描き出したが、この規律権力は『性の歴史Ⅰ』において生権力という枠組みにおいて捉えなおされた。生権力には規律権力の他に統治権力とでも呼ぶべきもう一つの側面が存在した。フーコーがこの統治に取り組んだのが『安全・領土・人口』と『生政治の誕生』においてであった。この二つの講義を通じてフーコーは古代オリエント社会に由来する統治の問題がキリスト教における発展を経て、近代において政治と交錯する様を描き出す。しかし、近代の自由主義において統治は法権利から自律し、新自由主義においては市場における競争を機能させるために法権利を従属させるに至った。フーコーはこの統治性研究を通して、常に前近代の刑罰システムと規律権力、そして統治権力を分節化した。

アガンベンがフーコーの統治性研究を批判的に検討するにあたって依拠したのが『王国と栄光』の議論の前提となっているシュミットとペーターゾンとの間で生じた政治神学を巡る論争であった。シュミットの政治神学とは政治と神学が構造的、歴史的に交錯する現象であるとともに、シュミット自身の思想においてはカテコーン概念によって世俗的政治権力を基礎付けることでもあった。ペーターゾンは『政治的問題としての一神教』において、一なる神と一なる民という神的君主制＝政治神学はユダヤ教や異教との混交においてのみ可能であり、この意味で第一ニカイア公会議以降三位一体の教説を奉ずるキリスト教において政治神学は成立し得ないという立場からシュミットの考える政治神学は不可能であるとした。シュミットはこの主張に対し『政治神学Ⅱ』において、再反論を試みており、本稿ではシュミットの反論のうち、エウセビオスを典型例としてのみ「政治神学」全ての不可能性を主張し得ないこと、またペーターゾン自身から神的君主制とは異なる政治神学の可能性が窺えるという点を取り上げた。アガンベンは、この政治神学をめぐる議論において問題となっているのはシュミットとペーターゾンにおけるカテコーン概念をめぐる差異であるとする。しかし、『王国と栄光』におけるアガンベンの視点は、両者の議論が政治神学パラダイムに対してオイコノミア神学を見過ごしてきたという点に向けられた。彼らが着目した哲学・神学者らはオイコノミア神学を精査するのに十分な典拠となっており、他ならぬペーターゾンがオイコノミア的政治という展望を仄めかしているにもかかわらず、シュミットとペーターゾンは神学における統治を考察することを怠った。

しかし、『王国と栄光』の試みはホモ・サケル・プロジェクトにおいて当初から一貫していたわけではなかった。『ホモ・サケル』においてアガンベンはシュミットの主権理論とフーコーの生政治を組み合わせることで、西洋政治の基礎構造を叙述することを試みた。古代ギリシアにおいてすでに人間の生は政治的な生としてのビオスと事実的な生としてのゾーエーに分割されてきたが、古代ローマ法における犠牲化不可能かつ合法的に殺害可能なホモ・サケルという形象が明らかにしているのは、人間のビオスが恣意的に剥奪可能であるという事態であった。アガンベンは、人間のゾーエーを捕捉し、ビオスを付与することが主権権力の権能であるとしたが、この構造は現代における難民の例に明らかなように、今なおわれわれが直面しているという。アガンベンの『ホモ・サケル』はフーコーが歴史的に限定した主権権力を、生政治を用いて現代的な視点から捉え直すことによってフーコーの議論を刷新しようと試みた。

こうしたアガンベンの分析は『王国と栄光』において大きく転換した。キリスト教神学におけるオイコノミアの展開を精査することによってアガンベンは主権と統治が結びついていることを明らかにする。アリストテレスにおいて国政と区別された家政＝オイコノミアは、アリストテレスの神学において世界の外にいる神による宇宙統治に対比されていたが、ストア派を経て、統治する神は内在的なものになった。キリスト教神学においてオイコノミアは神の救済計画を指したが、二元論を唱えるグノーシス派との対決を通じて三位一体の教説へと転化する。アクィナスの世界統治論に至るまでの教説で明らかになったのは、超越的な神と内在的な神、主権と統治を結びつける「統治機械」の存在であった。主権と統治を切り離したフーコーの分析とも、「政治」神学に拘ったシュミットらの議論とも異なり、アガンベンはオイコノミアを精査することによって主権が統治と切り離せないことを神学の伝統から明らかにしようと試みた。

（1）世界的な注目を集めたというのは事実だが、実のところイタリア国内においては比較的に注目されてこなかったという側面もある。アウトサイダーとしてのアガンベンという指摘について次を参照のこと。Antonio Lucci e Luca Viglialoro, 'NEMO PROPHETA IN PATRIA. Giorgio Agamben, o dell' (in-)attualità di un contemporaneo' in Antonio Lucci e Luca Viglialoro (eds), *Giorgio Agamben la vita delle forme*, il melangolo, 2016, p. 6.

（2）アガンベン自身によれば、ホモ・サケル・プロジェクトは「放棄された」という。ホモ・サケル・プロジェクトの探求は「他のあらゆる詩作と思索の仕事もそうであるように、けっして終結することはありえないのであって、ただ放棄されうる（そしてひょっとして他の者たちによって継承されうる）に過ぎないのである」。Giorgio Agamben, *L'uso dei corpi*, Neri Pozza, 2014, p. 1（上村忠男訳『身体の使用　脱構成的可能態の理論のために』みすず書房、二〇一六年、一～二頁）。以下、翻訳は全て適宜変更した。

（3）近年、アガンベンに関する研究は増加の一途を辿っており、紙幅の関係上本稿においてそうした多くの研究を挙げることはかなわないが著名な執筆陣を有し、比較的早期に多くの有益な問題提起をしているものとして次のものがある。Matthew Calarco and Steven Decaroli (eds), *Giorgio Agamben: Sovereignty and Life*, Stanford University Press, 2007.

（4）本邦におけるアガンベン研究としては、次のものがある。岡田温司『アガンベン読解』平凡社、二〇一一年。岡田温司『アガンベンの身振り』月曜社、二〇一八年。高桑和巳『アガンベンの名を借りて』青弓社、二〇一六年。また、シュミット、フーコー、アガンベンを論じたものとして次のものがある。大竹弘二『公開性の根源　秘密政治の系譜学』太田出版、二〇一八年。

（5）一例として次の論文を参照のこと。Peter Fitzpatrick, '*Homo sacer* and the Insistence of Law', in Andrew Norris (ed), *Politics, Metaphysics and Death: Essays on Giorgio Agamben's Homo Sacer*, Duke University Press, 2005, pp. 49-73.

（6）Michel Foucault, *Surveiller et punir: Naissance de la prison*, Gallimard, 1975, pp. 9-11（田村俶訳『監獄の誕生　監視と処罰』新潮社、一九七七年、九～一一頁）。

（7）*Ibid*., p. 133（同上、一三三頁）。

（8）Cesare Beccaria, *Dei delitti e delle pene*, in *Opere di Cesare Beccaria*: volume unico, per N. Bettoni, 1824, p. 60（小谷雅男訳『犯罪と刑罰』東京大学出版会、二〇一一年、九三頁）。

（9）Michel Foucault, op. cit., p. 134（『監獄の誕生』、一三四頁）。

（10）*Ibid*., p. 139（同上、一四三頁）.

（11）フーコーとドゥルーズがリールで初めて顔を合わせた時、両者の間に特筆すべき交流は生じなかったが、十年後『ニーチェと哲学』の出版によって注目を集めていたドゥルーズをフーコーがクレルモンの大学におけるポストに推薦して以来親密な交流が始まった。Didier Eribon, *Michel Foucault*, Flammarion, 1989, pp. 237f（田村俶訳『ミシェル・フーコー伝』新潮社、一九九一年、二〇三～二〇四頁）.

（12）Gilles Deleuze, *Foucault*, Les edition de minuit, 1986, p. 98（宇野邦一訳『フーコー』河出書房新社、一九八七年、一四四頁）. Gilles Deleuze, *Pourparlers 1972-1990*, Les edition de minuit, 1990, p. 236（宮林寛訳『記号と事件　１９７２―１９９０年の対話』河出書房新社、一九九二年、二八八頁）. 後者の文献の参照箇所は、アントニオ・ネグリをインタヴュアーとしたインタヴュー形式であり本稿では扱うことができなかったがアガンベンとネグリは互いに度々言及しあっている。遠藤孝「『構成する権力』と『主権権力』　権力をめぐるネグリとアガンベンの論争」『法学新報』第一一七巻一・二号、二〇一〇年、九九～一二七頁。

（13）Michel Foucault, *Histoire de la sexualité, tome 1: La volonté de savoir*, Gallimard, 1976, pp. 181f（渡辺守章訳『性の歴史Ⅰ　知への意志』新潮社、一九八六年、一七五～一七六頁）.

（14）Michel Foucault, *Sécurité, territoire, population: Cours au collège de France* (*1977-1978*), Gallimard-Seuil, 2004, pp. 7f（高桑和巳訳『コレージュ・ド・フランス講義　１９７７―１９７８年度　安全・領土・人口』筑摩書房、二〇〇七年、八～九頁）

（15）*Ibid*., p. 10（同上、一一頁）.

（16）*Ibid*., p. 111（同上、一三二頁）.

（17）*Ibid*., pp. 111-112（同上、一三二～一三三頁）.

（18）*Ibid*., p. 122（同上、一四八頁）.

（19）*Ibid*., p. 128（同上、一五三頁）.

（20）次の一節をはじめとして旧約聖書には牧者たる神という形象の例の枚挙に遑がない。「わたしの生涯を今日まで導かれた牧者なる神よ」日本聖書協会『新共同訳　旧約聖書』創世記（四八：一五）。以下、旧約聖書の底本は次のものを用いた。*BIBLIA HEBRAICA STUTTGARTENSIA*, editio funditus renovata, K. Elliger et W. Rudolph（eds）, Stuttgart 1967/1977.

（21）Michel Foucault, op. cit., p. 129（『安全・領土・人口』、一五五頁）.

（22）*Ibid*., p. 132（同上、一五七～一五八頁）.

（23）フーコーが指摘する通り、プラトンはこの司牧的権力に触れているが、それは政治家の政治的権力を定義するにあたっての消極的な参照にとどまっている。Platon, 'Politicus,' in John Burnet (ed.), *PLATONIS OPERA TOMVS I*, Oxford University Press, 1900, 260e（藤沢令夫ほか訳『プラトン全集3』岩波書店、一九七六年、260e）．しかし、後述するように統治という問題系自体は西洋の歴史を貫いている。

（24）Michel Foucault, op. cit., p. 169（『安全・領土・人口』、二〇五頁）．

（25）*Ibid.*, pp. 236-237（同上、二八七～二八八頁）．

（26）S. Thomae Aquinatis, *De regimine principum ad regem Cypri, et De regimine Judaeorum ad ducissam Brabantiae: politica opuscula duo Ad fidem optimarum editionum diligenter recusa*, Marietti, 1971, p. 17（柴田平三郎訳『君主の統治について　謹んでキプロス王に捧げる』岩波書店、二〇〇九年、八四頁）．

（27）「王という観念が意味するのは（……）民衆の共通善を追求する牧者である」*Ibid.*, p. 3（同上、二三頁）．

（28）「この家長はどこかしら王と似た点もあり、それゆえ人民の王たちも、ときに父と呼ばれるのである。」*Ibid.*, p. 3（同上、二四頁）．

（29）Michel Foucault, op. cit., pp. 240f（『安全・領土・人口』、二九二頁）．

（30）Michel Foucault, *Naissance de la biopolitique: Cours au collège de France (1978-1979)*, Gallimard-Seuil, 2004, pp. 5f（慎改康之訳『コレージュ・ド・フランス講義　１９７８―１９７９年度　生政治の誕生』筑摩書房、二〇〇八年、六頁）．

（31）フーコーは国家理性論の前提としてマイネッケによる研究に言及している。マイネッケによれば国家理性とは「国家行動の基本原則、国家の運動法則」であった。Friedrich Meinecke, *Die Idee der Staatsräson in der neueren Geschichte*, München 1957, S. 1（岸田達也訳『近代史における国家理性の理念 Ⅰ』中央公論新社、二〇一六年、三頁）．しかしながら、エートスとクラトスという対立軸を基にマイネッケが描く国家理性論とは対照的に、フーコーは統治術と結びついた国家理性を考察するにあたって、ボテロ、ヘムニッツ、パラッツォらを対象としている。重田園江『統治の抗争史　フーコー講義 1978-79』勁草書房、二〇一八年、四八～五八頁。

（32）Michel Foucault, op. cit., pp. 14f（『生政治の誕生』、一六～一七頁）．

（33）ここにおける自由主義とは政治的自由主義と経済的自由主義を区別する従来の区分とは異なり、統治の系譜における自由主義の経済的かつ政治的な意義を明らかにするために自由主義と一言で表されている。こうした着想をフーコーはＰ・ロザンヴァロンに負っている。ロザンヴァロンの自由主義論について、次の著作を参照のこと。Pierre Rosanvallon, *La libéralisme économique: Histoire de l'idée de marché*, Seuil, 1989.

（34）Michel Foucault, op. cit., p. 48（『生政治の誕生』、五八頁）.

（35）*Ibid*., p. 62（同上、八二頁）.

（36）Friedrich A. Hayek, *The Road to Serfdom*, Routledge, 2007, pp. 85-86（西山千明訳『隷属への道』春秋社、一九九二年、四二頁）.

（37）*Ibid*., p. 85（同上、四一頁）.

（38）現在の新自由主義研究においてフーコーの視点はマルクス主義や地政学などと並んで主要なものの一つに数えられている。Damien Cahill et al., 'Introduction: Approaches to Neoliberalism', in Damien Cahill et al.（eds）, *The Sage Handbook of Neoliberalism*, SAGE, 2018, p. xvii.

（39）Wendy Brown, *Undoing the Demos: Neoliberalism's Stealth Revolution*, Zone Books, 2015（中井亜佐子訳『いかにして民主主義は失われていくのか　新自由主義の見えざる攻撃』みすず書房、二〇一七年）.

（40）David Harvey, *A Brief History of Neoliberalism*, Oxford University Press, 2007（渡辺治監訳『新自由主義　その歴史的展開と現在』作品社、二〇〇七年）.

（41）多くの論者がこの点を指摘しているが一例として次の研究を参照のこと。Adam Kotsko, *Neoliberalism's Demons: On the Political Theology of Late Capital*, Stanford University Press, 2018, p. 42.

（42）アガンベン自身は新自由主義というテーマに直接取り組んだことはないが、アガンベンの試みは新自由主義批判を包括しうるという。次の論文を参照のこと。Adam Kotsko, 'The Theology of Neoliberalism', in Colby Dickinson and Adam Kotsko（eds）, *Agamben's Coming Philosophy: Finding a New Use for Theology*, Rowman and Littlefield, 2015, pp. 183-200.

（43）Carl Schmitt, *Politische Theologie: Vier Kapital zur Lehre von der Souveränität*, München und Leipzig 1922, S. 49（長尾龍一訳「政治神学　主権論四章」『カール・シュミット著作集Ⅰ 1922-1934』慈学社、二〇〇七年、二八頁）.

（44）*Ebd*., S. 49（同上、二八頁）.

（45）シュミットにおける政治神学研究の嚆矢としてハインリヒ・マイアーの著作を参照のこと。Heinlich Meier, *Die Lehre Carl Schmitts: Vier Kapitel zur Unterscheidung Politischer Theologie und Politischer Philosophie*, Stuttgart 2004.

（46）当時の時代状況に即してシュミットの「転向」を詳細に論じたものに、次の研究がある。Joseph J. Bendersky, *Carl Schmit: Theorist for The Reich*, Princeton University Press, 1983（宮本盛太郎ほか訳『カール・シュミット論：再検討への試み』御茶の水書房、一九八四年）. また、シュミットの同時代人であり真っ先にシュミットの政治的スタンスを批判したものに次の研究がある。Karl Löwith, 'Der Okkasionelle Dezisionismus von C. Schmitt,' in *Heidegger: Denker in dürftiger Zeit. Sämtliche Schriften* Bd. 8, Stuttgart 1984, S. 32-71（田中浩ほか訳「シュミットの機械原因論的決定主義」カール・シュミット『政治神学』未來社、一九七一年）.

（47）Reinhard Mehring, *Carl Schmitt: Aufstieg und Fall eine Biographie*, München 2009, S. 182. R・メーリングはこの箇所において、シュミットとペーターゾンが一九二〇年以前に知り合っていると記しているが、典拠として挙げているB・ニヒトヴァイスの論文によれば、シュミットが交流を持っていたミュンヘン・サークルにペーターゾンがテオドール・ヘッカーを通じて接触していただけで、実際に対面したのはペーターゾンのボン大学着任以降であるという。Barbara Nichtweiß, 'Apokalyptische Verfassungslehren: Carl Schmitt im Horizont der Theologie Erik Petersons,' in Bernd Wacker（Hrsg.）, *Die eigentlich katholische Verschärfung… Konfession, Theologie und Politik im Werk Carl Schmitts*, München 1994, S. 37-64.

（48）Erik Peterson, 'Der Monotheismus als politisches Problem,' in Barbara Nichtweiß（Hrsg.）, *Ausgewählte Schriften* Bd. 1. Theologische Traktate, Würzburg 1994, S. 81.

（49）*Ebd.*, S. 59.

（50）Carl Schmitt, *Politische Theologie II: Die Legende von der Erledigung jeder Politischen Theologie*, Berlin 2017, S. 9（新正幸・長尾龍一訳「政治神学Ⅱ〈あらゆる政治神学は一掃された〉という伝説」『カール・シュミット著作集Ⅱ 1936-1970』慈学社、二〇〇七年、二三〇頁）.

（51）*Ebd.*, S. 74. 同上、二九七頁。

（52）Erik Peterson, 'Der Monotheismus als politisches Problem,' a.a.O., S. 25. Aristoteles, *METAPHYSICA*, Werner Jaeger（ed）, Oxford University Press, 1957, 1076a1（出隆訳『形而上学　下』岩波書店、一九九五年、1076a1）. 後半はイリアスからの引用である。*Homeri Ilias*, Thomas W. Allen（ed）Arno Press, 1979, p. 40（松平千秋訳『イリアス　上』岩波書店、一九九二年、五二頁）.

（53）*Ebd.*, S. 33.

（54）*Ebd.*, S. 41.

(55) *Ebd.*, S. 51.

(56) Carl Schmitt, *Politische Theologie II: Die Legende von der Erledigung jeder Politischen Theologie*, a.a.O., S. 39（「政治神学Ⅱ」、二六一頁）.

(57) ペーターゾンが何故エウセビオスを槍玉に挙げたのかについてシュミットはブルクハルトの影響ではないかと推測している。*Ebd.*, S. 55（「政治神学Ⅱ」、二七八頁）. Jacob Burckhardt, *Die Zeit Constantins des Grossen*, Basel 1929, S. 239f（新井靖一訳『コンスタンティヌス大帝の時代　衰微する古典世界からキリスト教中世へ』筑摩書房、二〇〇三年、三五九頁）.

(58) Carl Schmitt, *Politische Theologie II: Die Legende von der Erledigung jeder Politischen Theologie*, a.a.O., S. 43（「政治神学Ⅱ」、二六六頁）.

(59) Carl Schmitt, *Politische Theologie: Vier Kapital zur Lehre von der Souveränität*, a.a.O., S. 24（「政治神学」、三五頁）.

(60) Carl Schmitt, *Politische Theologie II: Die Legende von der Erledigung jeder Politischen Theologie*, a.a.O., S. 46-48（「政治神学Ⅱ」、二六九～二七二頁）.

(61) Carl Shemitt, *Volksentscheid und Volksbegehren: Ein Beitrag zur Auslegung der Weimarer Verfassung und zur Lehre von der unmittelbaren Demokratie*, Berlin 1927, S. 34（仲正昌樹・松島裕一訳『国民票決と国民発案　ワイマール憲法の解釈および直接民主制論に関する一考察』作品社、二〇一八年、五三頁）. Erik Peterson, *Heis Theos: epigraphische, formgeschichtliche und religionsgeschichtliche Untersuchungen zur antiken "Ein-Gott"-Akklamation*（Nachdruck der Ausgabe von Erik Peterson 1926 mit Ergänzungen und Kommentaren von Christoph Markschies, Henrik Hildebrandt, Barbara Nichtweiss u. a.）, Christoph Markschies（Hrsg.）, *Ausgewählte Schriften* Bd. 8, Würzburg 2012.

(62) しかし、このような意味での「喝采」概念はルソー以来の直接民主制論を念頭に置くシュミットの解釈に依るものであり、従来のペーターゾンによるそれとは異なっているという。『ヘイス・テオス』の成立と内容、そのシュミットによる解釈までを紹介したものとして次の論文がある。松本彩花「カール・シュミットにおける民主主義論の成立過程（3）：第二帝政末期からヴァイマル共和政中期まで」『北大法学論集』第六九巻二号、二〇一八年、一～七四頁。関連してアガンベンは『政治的問題としての一神教』を『ヘイス・テオス』や『神学とは何か』といったペーターゾンの複数の著作に跨ってペーターゾンを論じるシュミットに倣いつつ『王国と栄光』においてペーターゾンの『天使論』を論じているが、こうしたペーターゾン読解は端的に曲解であるという指摘もある。Christoph Schmidt, 'Die Rückkehr des Katechons: Giorgio Agamben contra Erik Peterson,' in Giancarlo Caronello

(Hrsg.), *Erik Peterson: die theologische Präsenz eines Outsiders*, Berlin 2012, S. 609-632.

(63) Giorgio Agamben, *Il regno e la gloria: per una genealogia teologica dell'economia e del governo*, Bollati Boringhieri, 2009, pp. 18ff（高桑和巳訳『王国と栄光　オイコノミアと統治の神学的系譜学のために』青土社、二〇一〇年、二四頁以下）. カテコーン（ὁ κατέχων）とはパウロの「テサロニケの信徒への手紙　二」において登場する不法の者（ὁ ἄνομος）の到来を抑えているとされるものである。この不法の者は従来アンチクリストと同一視されてきたが、新約聖書を通じて五回登場するアンチクリストは、「ヨハネの手紙　一」において終わりの時、キリストの再臨の前に現れるとされていた。アンチクリストの到来の後にキリストが再臨するために、アンチクリストの到来を抑えるカテコーンはキリストの再臨そのものも抑えてしまうという両義的な役割を担うことになる。日本聖書協会『新共同訳　新約聖書』テサロニケの信徒への手紙　二、（二：三～八）「まず、神に対する反逆が起こり、不法の者、つまり、滅びの子が出現しなければならないからです。（……）今、彼（不法の者）を抑えているものがあることは、あなたがたも知っているとおりです。それは定められた時に彼が現れるためなのです。（……）その時が来ると不法の者が現れますが、主イエスは彼を御自分の口から吐く息で殺し、来られるときの御姿の輝かしい光で滅ぼしてしまわれます」。以下、新約聖書を参照する箇所の底本はすべてNestle-Aland, *NOVUM TESTAMENTUM GRAECE*, Stuttgart 2015（28 Aufl.）. ヨハネの手紙一、（二：一八）「子供たちよ、終わりの時が来ています。アンチキリストが来ると、あなたがたがかねて聞いていたとおり、今や多くのアンチキリストが現れています。これによって、終わりの時が来ているとわかります」。また、終末の到来を抑えるものとしてのカテコーン概念の概要とシュミット思想を扱った研究とシュミットとアガンベンをカテコーン的政治という観点から比較した研究を挙げておく。Felix Grossheutschi, *Carl Schmitt und die Lehre von Katechon*, Berlin 1996. Jessica Whyte, *Catastrophe and Redemption: The Political Thought of Giorgio Agamben*, SUNY Press, 2013, p. 7ff. 長島皓平「逆境のメシア：ジョルジョ・アガンベンの政治神学的基礎」『法学政治学論究』第一一三号、二〇一七年、二七三～三〇五頁。ところで、R・グロスはシュミットがこのカテコーン概念を知り得たのはカトリックに改宗する以前のペーターゾンによってではないかと推測している。Raphael Gross, *Carl Schmitt und die Juden: Eine deutsche Rechtlehre erueiterte Ausgabe*, Frankfurt a. M. 2005, S. 288-289（山本尤訳『カール・シュミットとユダヤ人　あるドイツ法学』法政大学出版局、二〇〇三年、二一四頁）.

(64) Giorgio Agamben, *Il regno e la gloria: per una genealogia teologica dell'economia e del governo*, op. cit., p. 27（『王国と栄光』、四〇頁）. アガンベンはオイコノミアの政治神学的重要性の着想をペーターゾンの『政治的問題としての一神教』の序文における一説から得ている。「キリスト者にとって政治的営みは常に三にして一の神への信仰という前提においてのみ存在しうる」Erik

Peterson, 'Der Monotheismus als politisches Problem', a.a.O., S. 24.

（65）Giogio Agamben, *Homo sacer: il potere sovrano e la nuda vita*, Einaudi, 2005, p. 202（高桑和巳訳『ホモ・サケル　主権権力と剥き出しの生』以文社、二〇〇三年、二四六頁）.

（66）Hannah Arendt, *Vita activa oder Vom tätigen Leben*, Berlin 2016, S. 116（森一郎訳『活動的生』みすず書房、二〇一五年、一一六頁）. Giogio Agamben, *Homo sacer: il potere sovrano e la nuda vita*, op. cit., p. 3（『ホモ・サケル』、七頁）. アガンベンが依拠するこのビオスとゾーエーの区別に関して、ジャック・デリダは古代ギリシャにおいてこれらの概念が明確に区別されていたかどうかは疑わしい、と指摘している。Jacques Derrida, *Séminaire : La bête et le souverain Volume I (2001-2002)*, Gallimard, 2008, p. 420（西山雄二ほか訳『獣と主権者　I』白水社、二〇一四年、三九〇～三九一頁）. また、アガンベンはビオスを専ら政治的生としているが私的な領域におけるビオスの可能性もあるのではないかという指摘もある。廣野喜幸「古代ギリシャにおける二つの生命概念、ゾーエーおよびビオスの分析」『ギリシャ哲学セミナー論集』Vol. XIII、二〇一六年、二七頁。

（67）Giorgio Agamben, *Homo sacer: il potere sovrano e la nuda vita*, op. cit., p. 34（『ホモ・サケル』、四四頁）.

（68）アガンベンはこのアイデアもハンナ・アーレントに負っている。Hannah Arendt, *The Origins of Totalitarianism*, Meridian Books, 1962, pp. 267ff（大島通義・大島かおり訳『全体主義の起源２　帝国主義』〔新版〕みすず書房、二〇一七年、二六七頁以下）.

（69）Giorgio Agamben, *Homo sacer: il potere sovrano e la nuda vita*, op. cit., p. 127（『ホモ・サケル』、一六二頁）.

（70）政治理論の領域においてポスト主権の市民社会論の火付け役となった次の著作を参照のこと。Andrew Arato and Jean L. Cohen, *Civil Society and Political Theory*, MIT Press, 1994.

（71）フーコーと比較した際のアガンベンの政治思想的な位相を明らかにするためにこの点を強調したが、もちろんアガンベンが主権の論理に固執しすぎているという批判もある。Adam Kotsko, 'Reading the "Critique of Violence"', in Colby Dickinson and Adam Kotsko（eds）, *Agamben's Coming Philosophy: Finding a New Use for Theology*, op. cit., pp. 41-50. またアガンベンの政治哲学が持つ実現可能性に関しての批判は枚挙に遑がないが、とりわけアガンベンの弟子にあたるE・スティミッリによるフーコーの系譜学的な手法に対し、アガンベンは実現可能性のない存在論を前提としているという批判がある。Elettra Stimilli, 'L'uso del possibile' in Antonio Lucci e Luca Viglialoro（eds）, *Giorgio Agamben la vita delle forme*, op. cit., pp. 17-34.

（72）Hannah Arendt, *Between Past and Future*, Penguin Books, 2006, p. 61（引田隆也・齋藤純一訳『過去と未来の間』みすず書房、一九九四年、一二三頁）.

(73) Giorgio Agamben, *Stato di eccezione*, Bollatti Boringhieri, 2003, p. 109（上村忠男・中村勝己訳『例外状態』未來社、二〇〇七年、一七三頁）. 訳語は一部変更した。

(74) Giorgio Agamben, *Il regno e la gloria: per una genealogia teologica dell'economia e del governo*, op. cit., p. 9（『王国と栄光』、九頁）.

(75) 単純に、『ホモ・サケル』が公刊された一九九五年当時、統治性に関するフーコーの講義録は出版されていなかったという事情もある。

(76) *Ibid*., p. 13（『王国と栄光』、一三頁）.

(77) 佐々木雄大「〈エコノミー〉の概念史概説　自己と世界の配置のために」『ニュクス』第一号、二〇一五年、一一頁以下。

(78) Gerhard Richter, *Oikonomia: Der Gebrauch des Wortes Oikonomia im Neuen Testament, bei den Kirchenvätern und in der theologischen Literatur bis ins 20. Jahrhundert*, Berlin 2005.

(79) Aristoteles, *POLITICA*, W. D. Ross (ed), Oxford University Press, 1957, 1255b（山本光雄訳『政治学』岩波書店、一九六一年、1255b）.

(80) Aristoteles, *METAPHYSICA*, Werner Jaeger (ed), op. cit., 1075a（『形而上学　下』1075a）.

(81) 佐々木、一七頁。Giorgio Agamben, *Il regno e la gloria: per una genealogia teologica dell'economia e del governo*, op. cit., pp. 31-35（『王国と栄光』、四四〜五二頁）.

(82) Giorgio Agamben, *Il regno e la gloria: per una genealogia teologica dell'economia e del governo*, op. cit., p. 35（『王国と栄光』、五三頁）.

(83) 日本聖書協会『新共同訳　新約聖書』コリントの信徒への手紙　一、(九：一六〜一七)。

(84) 日本聖書協会『新共同訳　新約聖書』エフェソの信徒への手紙、(三：九)。

(85) 佐々木、一七頁。

(86) Giorgio Agamben, *Il regno e la gloria: per una genealogia teologica dell'economia e del governo*, op. cit., pp. 35-62（『王国と栄光』、五三〜一〇二頁）. Gerhard Richter, *Oikonomia: Der Gebrauch des Wortes Oikonomia im Neuen Testament, bei den Kirchenvätern und in der theologishcen Literatur bis ins 20. Jahrhundert*, a.a.O., S. 53ff.

(87) Sancti Thomae de Aquino, *Summa Theologiae*, Edizioni SAN PAOLO, 1962, I. q. 103-119（横山哲夫訳『神学大全　第8冊』

創文社、一九六一年). Giorgio Agamben, *Il regno e la gloria: per una genealogia teologica dell, economia e del governo*, op. cit., pp. 126f（『王国と栄光』、二一六頁以下).

（88）摂理と統治についての議論を限られた紙幅で扱うことはできなかった。またこのことに関連して続くグノーシスと三位一体について一部議論を省略している。*Ibid.*, p. 157（『王国と栄光』、二六九～二七〇頁).

（89）*Ibid.*, p. 159（『王国と栄光』、二七二頁).

＊本稿は日本学術振興会科学研究費（18J20823）の助成を受けた研究成果の一部である。

［政治思想学会研究奨励賞受賞論文］

政治的決定手続きの価値

——非道具主義・道具主義・両立主義の再構成と吟味

小林卓人

序論　政治的決定手続きの価値という主題

本稿の目的は、民主主義の正当化可能性を探求してきた諸理論、およびそれらの間で展開された論争を、政治的決定手続きの価値にまつわる三つの立場——非道具主義・道具主義・両立主義——の区別のもとで批判的に再構成し、両立主義を擁護することである。

まず、本稿の主題を明確にするため、三種類の問いを分節化する。（一）民主主義の具体的な制度構想案のうち最も擁護可能なものは何か。（二）民主主義は他の可能な手続きに比べてより擁護可能か。（三）異なる手続きを評価するための基準は何か。本稿の主題は第三の問いに関わる。以下、この序論では、第一と第二の問いがいずれも第三の問いへの特定の回答を想定している点を確認し、本稿の主題に焦点を当てる理由を明らかにする。

第一の問いは、「どのような民主主義であるべきか」という問いとして言い換えられうる。この問いに取り組む理論は、民主主義の理想を最も適切に実現しうる制度構想や、その理想が制度や実践に対して課す規範的制約を提示してきた。例えば熟議民主主義理論は、民主主義の集計的構想への批判——集計的構想は市民の選好を変容や吟味に開かれていない所与のものとする——を出発点とし、市民の選好の変容や決定の妥当性の根拠づけを可能にする公共的熟議を、民主主義の制度構想に組み込む[1]。こうした論争においては、民主主義こそが望ましい手続きであるという前提が（少なくとも仮定として）共有される。

民主主義の望ましさという前提の妥当性を巡り、第二の問いが提起される。この問いは、「なぜ民主主義であるべきか」という問いとして言い換えられうる。つまり、なぜ理論上は可能な非民主的手続きを理想とすべきではないのか。例えば、近年再考されている知者の支配（epistocracy）は、民主主義の理想が含む政治的平等の要請（例えば、一人一票の原理）を退ける。ある手続きは、「能力、技量、およびその技量をもって行為する誠実さに従って政治的権力がフォーマルに分配される程度において、知者の支配である[2]」。その擁護論によれば、もし、民主主義よりも知者の支配によって、決定の質を含む手続きの帰結が改善されうるならば、私たちは知者の支配を採用すべきである。民主主義に対するこうした帰結主義的懐疑論は、思想史上でも、プラトンの哲人王統治やJ・S・ミルの複数投票制など、政治的不平等を特徴とする諸種の制度構想案を導いてきた[3]。また、部分的にはこうした懐疑論への応答として、民主主義には正しい帰結をもたらす傾向性がある、ということを示そうとする認識的民主主義（epistemic democracy）の理論が展開されている[4]。

しかし、第二の問いへの回答もまた、さらに抽象度の高い問いへの特定の回答を想定している。その問いこそが、本稿の主題として提示した第三の問いである。この問いは、「政治的決定手続きが実現すべき価値とは何か」という問いとして言い換えられる。私たちは、異なる手続きを比較する際に、そもそも手続きが実現すべき価値とは何か、という問いに対する何らかの回答を前提として、特定の価値を比較の基準として採用する。例えば知者の支配の擁護論は、良い帰結をもたらす手続きの傾向性を、第三の問いに対する回答として提示してきた。また、民主主義の多くの擁護論は、民主主義の手続き自体がいかなる帰結にもかかわらず実現しうる価値――政治的平等や政治的自律――に言及してきた。

各理論が提示してきた価値が手続きの正当化における重要な考慮事項か否か、という問いは、それ自体が別個で検討されるべきである。この問いへの説得力ある回答がはじめに提示されなければ、第一と第二の問いへの回答を試みるいかなる議論も論点先取に陥るだろう。そのような議論の問題点の一つは、ある特定の手続きに対する理論家の既存の選好が、当の理論家が着目する価値を決定しかねない——民主主義を擁護したいから平等や自律に着目する、知者の支配を擁護したいから良い帰結をもたらす傾向性に着目する、等——というものである。理論構築におけるこうしたバイアスを減じるため、第三の問いを他の二つの問いから独立した形で設定し、提示されてきた諸価値の重要性そのものを精査する必要がある。以上の理由から、本稿は政治的決定手続きの価値という主題を扱う。

具体的には、この主題のもとで、本稿は二つの課題を引き受ける。第一の課題は、この主題に関わる三つの立場——非道具主義・道具主義・両立主義——を定式化し、各立場の既存の理論への精確な理解を促すことである。ここでは、三つの立場が見解を違わせているところの問いを直観的な仕方で述べておこう。手続きの価値は、結果の質とは無関係に成立しうる手続きの特徴に関わるのか、それとも、結果の質に本質的に関わる手続きの特徴に関わるのか。非道具主義は前者の特徴に、道具主義は後者の特徴に専ら焦点を当て、両立主義はいずれの特徴も手続きの評価において必要な考慮事項であると主張する。(5)

第二の課題として本稿は、上述の三つの立場のうち、非道具主義と道具主義が抱える問題を克服しうるものとして、両立主義を擁護する。この課題に関して本稿は、政治的平等の非道具的価値を示す新たな理論として近年積極的に展開されている、社会関係的平等理論に特に着目する。同理論は、市民間の従属なき社会的関係を理想として据え、その理想の構成要素として、政治的決定に影響を与える平等な機会を擁護する。本稿はこの理論枠組み自体を支持しつつも、手続き外部における従属なき社会的関係の実現への貢献の見込みという道具的価値もまた手続きの評価において考慮される必要があることを示す。本稿はこの議論を通じて、社会関係的平等理論に基づいた両立主義を擁護する。

以下、第一節では、政治的決定手続きの正当化という試み、およびこの試みに関わる非道具主義、道具主義、そして両立主義の一般的特徴を明らかにする。第二・三節では、非道具主義と道具主義の立論およびそれらに対する反論を整理する。第四節では、主にD・ヴィーホフとN・コロドニーの研究図式に依拠しつつ、社会関係的平等理論を手続きの非道具的価値を考慮する必要性を主張する新たな理論として位置づける。第五節では、社会関係的平等理論を両立主義的に再解釈した上で、制度編成に対するその含意を示す。

一　予備考察——政治的決定手続きの正当化と価値

1　政治的決定手続きの正当化

政治的決定手続きの正当化という試みは、手続きを構成する諸制度を正当化する試みとして把握される。そのような諸制度には通常、法案の審議と可決・否決を行なう手続きである立法府、政策や政令の決定機関としての行政府、あるいは立法府や行政府の構成員を選出するための公職選挙などが含まれる。いずれの制度も、フォーマルあるいはインフォーマルな熟議や、決定の長所・短所に関する持続的な不合意を背景とした票決を含む。

しかし、熟議や投票による意見形成と意志形成の過程自体は、理論上はいかなる手続きにも備わりうるため、異なる手続きの重要な差異を指し示さない。例えば、「知者」として特定された有権者のみが参加しうる熟議・投票という構想は、全市民が参加しうる熟議・投票という構想と同等に想像可能である。手続きの差異はむしろ、それらを構成する諸制度において採用される、政治的決定に影響を与える機会の分配原理の差異にある。この機会（以下、影響への機会）を定義しよう。コロドニーの定義を用いるならば、「ある人は、決定がその人の選択や判断に対して正‐感応的な（positively sensitive）過程により到達される程度において、影響を享受する」[6]。ここでは影響への機会の概念を、最も狭義に、フォーマルな機会——投票や公職立候補の権利など、参政権として通常制度化されている機会——として用いる。

例えば、民主主義は影響への機会を決定に服従する全市民に対して平等に分配するのに対し、知者の支配は影響への機会を各人の能力に比例する仕方で（不平等を許容しつつ）分配する。私たちは、影響への機会の分配に関する正しい原理を探求するという意味で、分配的正義の理論の一部門に取り組んでいることになる。

ただし、影響への機会という分配対象そのものは、国家の諸制度を介して権威的に行使される政治的権力を分有する機会、という特徴を備える。[7] この特徴によって影響への機会は、単なる個人的な善の追求に資する諸種の基本財——基本的な市民的諸自由や社会経済的財——から区別され、次のような独特の問題を惹起する。参政権とは、その保持者が自身だけでなく他者の生にも影響を与える機会を保護する権利であり、この権利を正当化するための議論は、権力行使の正当化という主題にまつわる道徳的問題に取り組む必要がある（この問題の内容は、後の各節で明らかにしていく）。

影響への機会の分配原理を扱う理論について、ここでは次の基本的な点を確認しよう。制度的に定義される権利を正当化するための議論は、その権利の保護と行使に基づいて機能する当該制度を全体として正当化するための議論に依存する。さらに、ある制度を正当化するための議論は、その制度の価値——当該制度を欲し、確立し、あるいは維持すべき理由を私たちに与えるような、当該制度に備わる特徴——を提示することで構築される[8]。そのため、影響への機会を保護する参政権の正当化は、その機会の分配原理を含む当の手続き、およびそれを構成する諸制度が全体として実現すべき価値に言及することになる。

したがって、ここで私たちが提起すべき問題は、どのような価値が、ある特定の政治的決定手続きの全体としての正当性を測るための基準となりうるのか、というものである。この問題を、以下のように定式化しよう。

制度的正当化の原理の問題：影響への機会に関する正当化可能な分配原理を含む政治的決定手続きがあるとしたら、その手続きの価値（当該手続きを欲し、確立し、あるいは維持すべき理由を私たちに与えるような、当該手続きの特徴）とは何か。

この問題への解は、「vはそのような価値である／ではない」という形式をとる。その解に加えて、特定の手続きpが他の手続きに比べてより大きなvを備えるか、という問題への解を提示することで、pの正当化が行われる（この正当化論は、本稿序論で区別した三つの問いのうち、第一と第二の問いに関わる）。例えば、良い決定を生み出す傾向性がvとして提示されたとしよう。この制度的正当化の原理を所与とすれば、異なる手続き——例えば、民主主義と知者の支配——の比較は、いずれの手続きが良い決定を生み出すより大きな傾向性を備えるか、という経験的ないし数理的問題に取り組むことで行われる。

2 非道具主義・道具主義・両立主義

本稿が検討する非道具主義、道具主義、および両立主義は、いずれも制度的正当化の原理の問題への解を示す。以下では、これら三つの立場の一般的特徴を概観した上で、各立場が制度的正当化の原理に関する見解においてどのように定式化されるかを確認する。

まず、非道具主義（non-instrumentalism）と道具主義（instrumentalism）の特徴を確認しよう。一般的に言えば、これらは「ある事物が実現するに値するのはどのような場合か」という問いに関する見解である。一方の非道具主義によれば、ある事物が実現するに値するのは、その事物が非道具的価値（non-instrumental value: *vni*）を備える場合であり、かつその場合のみである（*vni* が必要十分条件）。他方の道具主義によれば、ある事物が実現するに値するのは、その事物が道具的価値（instrumental value: *vi*）を備える場合であり、かつその場合のみである（*vi* が必要十分条件）。

非道具的価値と道具的価値の意味を確認しよう。(9) 一方で、ある事物に非道具的価値があるという場合、それは当該事物がそれ自体で追求するに値するということを意味する。こうした事物は二種類ある。一つは内在的ないし非派生的に価値ある事物であり、その価値は、当該事物に対して外在的な他のいかなる事物からも派生しない。例えば快楽主義的功利主義は、快楽（pleasure）を内在的に価値あるものとみなす。もう一つは、ある外在的事物から派生する仕方で価値を備えるが、その価値が当の外在的事物の実現に対する因果的貢献では説明されないような事物である。価値ある事物の象徴（例えば、ある偉大な画家の絵画）や、価値ある事物の構成要素（例えば、宗教的信仰における敬虔な態度）が、こうした非道具的かつ非内在的価値を備える。他方で、ある事物に道具的価値があるという場合、それは、当該事物に備わる特定の性質が、他の価値ある事物の実現に対して因果的に貢献しうるので、当該事物は追求するに値する、ということを意味する。例えば包丁の価値は、その「鋭さ」という性質が、「食材が細かく整然と切れている」という状態の実現に対して因果的に貢献しうる、という事実により説明される。

非道具主義と道具主義は、一方は非道具的価値を、他方は道具的価値を、ある事物を追求する理由が成立するための必要十分条件と考える立場である。しかし、これらの立場の間に、両立主義（compatibilism）という立場を認めることもできる。この立場によれば、ある事物が実現するに値するのは、その事物が*vmi*および*vi*を備える場合であり、かつその場合のみである（*vmi*および*vi*が必要十分条件）。この立場は、非道具主義と道具主義がそれぞれ含む十分性の主張を退ける。

以上の三類型を制度的正当化の原理の問いへの回答に組み込むことで、三つの立場が定式化される（以下、それぞれ「非道具主義」、「道具主義」、「両立主義」と略記[10]）。

政治的決定手続きの非道具主義的正当化：私たちがそれを欲し、確立し、あるいは維持すべき手続きは、*vmi*を備えていなければならず、かつ*vmi*を備えているだけでよい。

政治的決定手続きの道具主義的正当化：私たちがそれを欲し、確立し、あるいは維持すべき手続きは、*vi*を備えていなければならず、かつ*vi*を備えているだけでよい。

政治的決定手続きの両立主義的正当化：私たちがそれを欲し、確立し、あるいは維持すべき手続きは、*vmi*および*vi*を備えていなければならず、かつ*vmi*および*vi*を備えているだけでよい。

では、どのような価値が*vmi*や*vi*へと代入されうるのか。ここで、先行研究が提示してきた諸価値の内容を大まかに整理し、研究動向の見取り図を得ておこう。一方で、手続きの非道具的価値は、帰結の質とは無関係にそれ自体で追求するに値する手続きの特徴を指し、以下を含む。（一）平等（equality）や公正（fairness）の実現。（二）自由（freedom）や自律（autonomy）の実現。他方で、手続きの道具的価値は、より良い帰結を生じさせる手続きの傾向性を指し、以下を含む。（三）認識的価値（epistemic value）：正義や公共善に適った決定を生み出す傾向性。（四）啓蒙的価値（enlightening value）：手続きの参加者の知識や徳性を改善する傾向性。（五）安定化の価値（stabilizing value）：市民の動機づけや社会的紐帯を促進し、決定の実施や手続きの正常な機能を維持させる傾向性。

本稿には、これら全ての価値についての理論史を辿る紙幅はない。そこで、近年の認識的民主主義理論の発展をきっかけとして再訪されつつある、（一）平等ないし公正の価値と（二）認識的価値にまつわる論争を本稿の検討対象としたい。その他の価値に関する既存の研究は、文末注にて例示する。[11] 以下の各節で非道具的価値と道具的価値の語が用いられる場合、前者は平等を、後者は認識的価値を、それぞれ指すものと理解されたい。この論争における最大の争点は、政治的決定手続きの認識的価値を改善するという目的で、影響への機会を不平等に分配することは許容されうるか否か、という問題である。以上を念頭に置きつつ、続く三つの節を通じて、まずはそれぞれの立場の展開を確認しよう。

二　非道具主義――政治の情況と判断の平等な尊重

1　立論

非道具主義は、主にJ・ウォルドロン、C・G・グリフィン、およびT・クリスティアーノの理論に見出される。彼らの理論によれば、現代の社会の諸成員が不可避的に直面する政治の情況を前提とする限り、影響への機会の不平等分配を正当化するために手続きの認識的価値に訴えかけることは不可能となる。政治の情況（the circumstances of politics）とは、次の事実を指す。政治社会においては、（一）正義や公共善に関する諸判断が一致せず、（二）その不一致のもとで各人の行為調整を可能にするための政治的決定が必要である。[12] この情況を前提として、影響への機会の平等分配の正当化を試みる議論を辿ってみよう。

政治の情況は、正義や公共善に関する見解が人々の間で一致しているという条件を排除し、社会における一般的な行為調整のコードとしての政治的決定を生み出す手続きの必要性を確立する。ではその手続きにおいて、決定に対する影響への機会は誰に対してどの程度与えられるべきか。全市民は平等な道徳的地位を占める、という規範的前提のもとでは、影響への機会の分配方式として、全員に対する平等分配――例えば、投票における一人一票――を支持する一見明白な（prima facie）理由が得られるだろう。この理由は、重要な差異を示さない者たちには等しく分配せよという形式的平等にのみアピールするものであり、重要な差異が示された場合には、もはや考慮されなくなる類の理由である。

そこで、影響への機会の不平等分配の支持者は次のように論じるだろう。全市民の平等な道徳的地位を認める者ならば誰でも、全市民を拘束する政治的決定自体が、各市民の道徳的地位の十全な承認に基づく正義の諸原理に適っていなければならない、ということをも認めるはずである。そのため手続きの正当性の有無は、手続きの認識的価値――正義に適った決定を生み出す傾向性――の大小に依存する。したがって、決定が正義に適っているか否かについての各人の判断能力は、もしそれが手続きの全体としての認識的価値に対して異なる度合いの貢献をもたらすならば、各人に影響への機会をどの程度分配すべきかを特定するための重要な考慮事項である。すなわち、もし正しい決定を誤った決定から（他の市民よりも正確に）区別できる知者が存在するならば、正しい決定が下される確率を高めるために、影響への機会は知者に対してより多く与えられるべきである。

平等分配の擁護者は次のように応答する。不平等分配の支持者は、ある市民cの能力――正義や公共善について正しい判断を下す蓋然性――の高低を確認するための基準を提示しなければならない。しかし、この基準が依拠するところの正義や公共善の構想とは何であるのか。政治の情況が含む判断の不一致の事実は、この問いに対する相異なる回答を招くことになる。この事実は、観点の多様性、判断の可謬性、そして不可避的な認知的バイアスといった他の事実によってさらに強化される[13]。したがって、いかなるcも、正義や公共善について他の市民よりも正しい判断を下すだろうということが客観的に示されることはない[14]。もし、この状況下でcの判断が他の市民の判断よりも優れていることが単に断定されるならば、それは他の市民の判断に対して不尊重を表すことになる。

以上の議論から、判断の平等な尊重という原理が導かれる。この原理によれば、政治の情況下にある全市民は、政治的決定手続きにおいて、他の市民の判断と自身の判断とを等しく公知的に尊重される道徳的権利を有する。この原理は、影響への機会を不平等に分配する手続きを許容しない。なぜなら、手続きが含む影響への機会の分配原理は、正義や公共善に関する各市民の判断に対する態度――尊重か不尊重か――を公知的に表出するものであり、[15] 不平等分配は異なる人々の判断に対する尊重の非対称性を含意するからである。許容可能な手続きは、影響への機会を平等に分配する手続きのみである。

議論をまとめよう。非道具主義は、制度的正当化の原理の問いに対して、各市民の判断の平等な尊重という価値を提示する。加えてこの立場は、手続きの認識的価値の考慮が影響への機会の分配原理に対して重要な含意を持ちえないことを、知者の特定不可能性という点から示そうと試みる。その結果として、影響への機会の平等分配が擁護される。

2　反論――判断の不尊重は問題なのか

非道具主義への反論は、各市民の判断の平等な尊重という価値が、影響への機会の分配原理を正当化する際の必要かつ十分な考慮事項であるか、という点に関わる。なかでも特に重要な二つの反論を見てみよう。

第一の反論は、判断の平等な尊重という考慮事項の必要性に関わる。もし、正義や公共善のいかなる構想も異論に開かれており、そのために影響への機会の分配原理の正当化に関わりえないならば、なぜ手続きが実現しうるとされる平等や公正の価値だけは（その重要性も異論に開かれうるとしても）手続きの正当化に関わりうるのか。[16] 理論の自己論駁性に関するこうした懸念を回避するためには、非道具主義は判断の不一致に何らかの限定的な――理に適った（reasonable）、誠実な（conscientious）、あるいは適格な（qualified）――範囲を設けるしかない。[17] つまり、実質的な正義や公共善の構想は理に適った異論に開かれるのに対して、手続き的な平等や公正の価値に対する異論は理に適っていない判断に含まれており、後者の異論を真剣に受け止める必要はない、として区別を設けるのだ。

しかし非道具主義の議論は、ここで語義のすり替え（equivocation）を冒す。影響への機会の平等分配が正当化されるためには、平等な尊重の対象は社会の（少なくとも成人した）全成員の諸判断でなければならない。しかし、政治の情況において尊重されるべき判断として認められるのは、社会の全成員の諸判断のうち適格なものからなる部分集合を指す。注目すべきは、社会には不適格な――例えば、人種や性や宗教に関して明白に差別的な――判断を下す成員がいるという事実である。[18] では、（上述の部分集合の外部にある）不適格な判断までもが尊重され、そうした判断を下す蓋然性が高い市民に対しても影響への機会が等しく分配されるべき理由は何か。この問いは未だ回答を得ていない。したがって非道具主義の議論は、各市民の判断に対する平等な尊重が手続きの正当化における必要な考慮事項である、という結論に至っていない。あらゆる判断（主体）ではなく、適格な判断（主体）のみを等しく尊重すれば十分である、という可能性が残るからである。

第二の反論は、判断の平等な尊重という価値の十分性に関わる。この反論によれば、影響への機会の分配原理の正当化において、手続きの認識的価値を必要な考慮事項と見なさない理由は薄弱である。先述のように、自己論駁的でない非道具主義は、判断の不一致に何らかの適格性の限定を設ける。しかし、適格な判断主体が手続きの非道具的価値のみを是認すると考えることは困難である。適格な判断主体は、何らかの政治的帰結――虐殺や人種差別など、明らかに不正なもの――の否定的評価を導く手続き独立的な規範的基準を受容し、そうした帰結を回避する傾向性が手続きに備わることを欲するはずである。[19]

仮にそのような穏当な認識的価値すらも考慮する必要がないならば、誰の判断にも正の影響力を認めず、かつランダムな認識的価値のみを備えた手続き――例えば純粋な籤引き――もまた正当化されるだろう。[20] というのも、籤引きにおいてもまた、ある人物の判断が他の人物の判断よりも尊重されてはいない、という意味で、判断の平等な尊重が満たされるからである。しかし、人々の生に甚大な影響を与える政治的決定がランダムに生み出されてもよい、という見解は許容しがたい。籤引きよりも大きな認識的価値を備える手続きがあるならば、私たちはその手続きを追求すべきである。このように、手続きの正当化に関して、判断の平等な尊重という非道具的価値の十分性に対しては疑念が残る。

以上の二つの反論を踏まえるならば、非道具的価値を重視する理論は、次のように見解を修正する必要がある。第一に、平等や公正という価値が、各市民の判断の尊重において実現されるという見解を放棄し、これらの価値の内容を別様に記述すること。この修正が必要であるのは、人々が正義や公共善について異なる判断能力を示すという事実を否定することは困難であるように思われるからである。[21] 判断能力の差異を考慮に入れてもなお、手続きの正当化が平等や公正といった非道具的価値に言及すべき理由が提示されるならば、非道具主義は上述の反論を確実に回避しうる。第二に、籤引きのようなランダムな手続きでは実現されえない何らかの価値が、平等主義的な手続きによって実現されうることを示すこと。判断の平等な尊重という価値では、この条件を満たすことはできない。

三　道具主義——権力行使の権利の正当化に対する制約

1　立論

道具主義の見解は、主にR・アーヌソンやJ・ブレナンの理論に見出される。この立場によれば、私たちがそれを欲し、確立し、あるいは維持すべき手続きは、他の手続きに比べて、より大きな認識的価値を備えていなければならず、かつその価値を備えているだけでよい。以下がその議論である。[22]

一．参政権＝権力行使の権利：政治的決定に影響を与える権利は、自己のみならず他者に対して、強制力を伴う国家の制度を通じて権力を行使する権利である。

二．権力行使の権利の道具主義的正当化：他者に対して権力を行使する権利が正当化されるのは、その権力の行使によって、当の他者の基本的諸権利の保障が最大限実効的なものとなりうる場合であり、かつその場合のみである。

三．参政権の道具主義的正当化：（前提一と二より、）政治的決定に影響を与える権利が正当化されるのは、その権利の行使を通じて支持される政治的決定が、それに服する他の市民の基本的諸権利の保障を最大限実効的にしうる場合であり、かつその場合のみである。

第一の前提は、影響への機会は国家の強制的かつ権威的な政治的権力を分有する機会である、という点と合致する（本稿第一節を参照せよ）。ここで「影響」の語は、自身の投票により決定を変更させること、といった狭い意味ではなく、自身が選択しようと欲する特定の決定へと結果を方向づけること、という広い意味で解釈してよい[23]。一票は、それ自体が決定を左右しない場合でも、候補者間や決定間の票差に対して僅かながら貢献しうる。その票を投じることは、他者に対する権威的な権力行使を分有する機会であるため、その機会を保障する権利は第二の前提が表す規範的要請に応えなければならない[24]。

議論の要点は、参政権が他の権利を参照することなくそれ自体で正当化される基本的権利であることの否定である[25]。前提二に見て取れるように、各市民が権力行使の権利を享受することは、当の市民が権力行使に非道具的価値を見出しているという事実によっては正当化されえず、その行使が社会全体における基本的諸権利の保障に対して貢献しうるという考慮事項によってのみ正当化されうる。アーヌソンはこの見解を支持するにあたり、未成年者の後見人の権利や刑事裁判における陪審や裁判官の決定権（いずれも他者に権力を行使する権利である）といった事例を挙げ、いずれも非道具的には正当化されないと述べる[26]。特に、強制力を伴う国家の制度を介した権力行使は、しばしば他の市民の生命や財産に甚大な影響を与える。そのような仕方での権力行使が、その対象となる市民の基本的諸権利の保障や侵害を度外視して正当化されうるという見解は維持しえない[27]。したがって、手続きが含む影響への機会の分配原理が正当化されるのは、その原理に従って編成された手続きが、他の可能な手続きに比べて、基本的諸権利の保障を実効的なものとするような決定を生み出すより大きな傾向性を備える場合であり、その場合のみである。

非道具主義者はここで、各市民が参政権に対して個人的に見出す非道具的価値と、諸市民に対して平等に参政権を与える手続きの非道具的価値との差異を強調するかもしれない。後者の価値こそが平等や公正の語で表現されるのであり、この価値を退ける論拠を道具主義は提示できていないのだ、と[28]。しかし、本稿の見解では、この異論に対しては次の応答が成立する。影響への機会を平等に分配する手続きの非道具的価値は、当該機会自体が道徳的に不正でない場合にのみ考慮に値する。というのも、そもそもどのような類の機会が諸市民に対して平等に分配されるべきなのか、という考慮事項が度外視された場合には、ある制度が単に何らかの機会を平等に分配したとしても、その制度が道徳的に重要な意味において平等や公正の価値を実現したことにはならないからである。例えば、「他人の身体に同意なく触れる機会への権利」の制度的保障が提案されたと仮定せよ。この機会は、権利の制度的保障を介して、諸市民に等しく分配される。しかしこの機会は、その道具的価値——触れられる人を交通事故の危機から救出するなど——を生じさせる何らかの喫緊の事情がない限り、他者がもつ人身の自由への基本的権利を単に侵害するという一見明白な不正を孕んでいる。このような権利を保障する制度は、それ自体が不正な社会の構成要素となってしまう、と考えることができる。この問題を、不正な平等分配の問題と呼ぼう。

道具主義者は、影響への機会は前段落で例示した機会に等しい、と考えるだろう。その機会を単に平等に分配する制度は、その全成員が他の成員に対して恣意的に権力を行使する用意があるような不正な社会を構成しかねない（本稿第四節にて、ヴィーホフの研究を参照しつつこの問題に立ち戻る）。影響への機会が正当化されうるのは、この機会の行使によって、社会の全成員の市民的・社会経済的諸権利の実効的保障という喫緊の課題への取り組みの進展が見込まれる場合のみである。以上の考察を通じて道具主義陣営は、影響への機会の分配原理の正当化は手続きの認識的価値の改善という論拠を必要とする点、および、その正当化において手続きの非道具的価値は役割を担えないという点を示しうる。

2　反論——非道具的価値の考慮の余地は残されていないのか

非道具主義への反論と同様、道具主義への反論もまた、影響への機会の分配原理の正当化において、手続きの道具的価値が必要十分な考慮事項であるか否か、という問いのもとで整理しうる。ただし本稿の見解では、非道具主義陣営は現在のところ、道具主義に対する決定的な反論を提示できていない。以下、二点の反論を検討し、この点を確認しよう。

第一に、道具的価値の必要性について。非道具主義陣営からは、参政権や親権や司法権に限らず、基本的諸権利をも含むあらゆる権利は他者に対する権力行使を含意する、という反論が提示されている(29)。もし、この指摘が正しく、かつ他者への権力行使を含意する権利は基本的諸権利の保障の見込みを高めるという道具的理由に基づくことでのみ正当化されるとしたら、基本的諸権利は基本的諸権利の保障の見込みを高める場合にのみ正当化される、という循環が生じてしまう。この循環を回避するためには、他者への権力行使を含意する権利でさえも非道具的に正当化される余地がありうることを認めなければならない。しかし、その場合には道具主義は、影響への機会の分配原理の正当化は道具的価値の考慮を必要とするという主張を支持するために、独特の前提を追加しなければならない。

　しかしながら、この第一の反論は目くらまし以上のものではない。たしかに多くの基本的権利——言論や信教の自由など——は、個人の自由な行為の領域を確定し、その領域への他者の侵害を道徳的あるいは法的に妨げる。このことを指して、その権利の保持者は他者に対して権力を行使しうる、と表現できるかもしれない。しかし参政権は「非遵守に対して深刻な罰を与えるという威嚇によって他者が服従を強制されるような諸規則を定める権力[30]」への権利であり、単に権利保持者の自由な行為領域の排他性を保障する以上の役割を果たす。したがって、非道具主義からの第一の反論が、少なくとも道具的価値の必要性を揺るがすとは思われない。他者の生き方や生の見通しを左右する権利が、なぜ当の他者の基本的諸権利を保障する見込みを度外視して正当化されると言えるのか——こうした正当化の負荷は、むしろ非道具主義に対して投げかけられる。

　第二に、道具的価値の十分性について。非道具主義との論争において道具主義陣営は、手続きの非道具的価値の必要性を示す議論を順に論駁する、という戦略を採ってきた[31]。本節前半で確認した不正な平等分配の問題は、この戦略において重要な足がかりとなる。しかし、もし手続きにおける平等という非道具的価値の必要性が不正な平等分配の問題を回避する仕方で示されれば、道具的価値の十分性の主張はもはや維持されない。道具主義は、非道具的価値の必要性を退ける決定的な議論を打ち立てたというよりは、非道具的価値の必要性を示そうと試みる理論が乗り越えるべきハードルを示したことになる。

　ここで、論争の現状を整理しよう。非道具主義は、各市民の判断の平等な尊重という価値が、手続きの重要な価値であることを未だ示せていない。この立場が直面する問題の一つが不正な平等分配の問題であり、手続きの非道具的価値を重視する理論は、この問題を回避しうる理路を見出さなければならない。逆に、もしそのような理路が見出されるならば、道具主義の立場も修正を迫られるだろう。本稿は、非道具主義と道具主義の間のこうした弁証を通じて、最終的には制度的正当化の原理における両立主義が擁護されうる、と主張する。この主張は、後に第五節で展開したい。次節では、平等主義的手続きの非道具的価値に重点を置きつつ、不正な平等分配の問題を回避しうる新たな理論を検討する。

四　社会関係的平等理論——従属なき関係という理想

本節では、主にヴィーホフとコロドニーによる研究に依拠しつつ、社会関係的平等理論における制度的正当化の原理を検討する。この理論によれば、影響への機会の分配原理が正当化されるのは、その原理を含む政治的決定手続きが、市民間の従属（subordination）なき関係という理想が実現された社会の構成要素となりうる場合のみであり、平等分配はそのような仕方で正当化されうる原理である(32)。ここで関係とは、社会的関係——本稿では、国家の強制力を伴って実施される政治的ないし社会経済的諸制度を背景として成立する非人称的関係、という狭い意味で定義される——を指す。二つの点が重要である。第一に、平等主義的手続きは、市民間の従属なき関係の成立に単に因果的に貢献するのではなく、その関係の構成要素であるという意味で、非道具的価値を備える手続きとして提示される。第二に、手続きの非道具的価値は、各人の判断に対する尊重から独立して説明される。すなわち、私たちが平等主義的手続きを追求するのは、各人の判断を平等に尊重すべきだからではなく、判断能力の高低にかかわらず市民間の従属関係を回避すべきだからである。

以下では、第一に不正な平等分配の問題点を明らかにし、第二に社会関係的平等理論がどのようにしてこの問題の回避を試みるかを確認する。第三に、この理論における道具的価値の位置づけを確認することで、次節で展開する本稿の見解の足がかりとする。

1　不正な平等分配の問題点――道徳的独立との緊張

不正な平等分配とは次のような問題であった。ある機会を個人が享受すること自体が道徳的に不正でありうる場合には、その機会が制度を通じて全市民に対して等しく分配されたとしても、重要な意味において平等が実現されたと述べることはできず、むしろその平等分配をもたらした制度自体が不正なものとなりうる。では、影響への機会、すなわち他者への権力行使を分有する機会は、なぜ不正な平等分配を生じさせるのか。ヴィーホフによれば、その機会の問題は、それがある人物による他の人物の支配を含意し、支配されるところの人物の道徳的独立（*moral independence*）を毀損しうる、という点にある。

道徳的独立とは、私たち一人ひとりが自分自身の生を送り、自身の生とそれを構成する計画や人間関係や苦難に対して特別な関係を有する、という道徳的事実を表す概念である。この概念は、私たちの日常生活においてよく知られた、軽視しえない規範的含意をもつ[33]。一つには、私たちは自身の身体の独立を正当に求めることができ、例えば他者が自身の身体に自身の同意なく触れることに対して、通常は道徳的拒否権を行使しうる。また一つには、私たちは自身の行為者としての独立をも正当に求めることができる。つまり私たちは、自身の人生において引き受けるべき計画、関係、あるいは困難を他者が一方的に決定しようとすることに対して、通常は道徳的拒否権を行使しうる。これらの意味での独立を包摂する概念が道徳的独立であり、それは私たちの他者に対する関わり方を次の仕方で制約する。すなわち私たちは、互いの道徳的独立の毀損を含意するような仕方で関わりあってはならず、そのような含意をもつ仕方で何らかの機会を享受してはならない。

次に、政治的決定手続きにおける影響への機会と道徳的独立との緊張関係を確認しよう。影響への機会は政治的権力を分有する機会である。政治的権力は、強制的な威嚇や権威的命令によって、それが行使されるところの人物の行為に決定的な影響を与える。道徳的独立は、このような仕方で行使される政治的権力を分有する機会を正当化するための考慮事項の種類に関して、少なくとも次のような制約を設ける。すなわち、AのBに対する権力行使の正当化は、その権力行使を構成要素とするような関係を、非派生的に（内在的に）価値ある関係として参照することでは成しえない。例えば、BがAに次のように尋ねたと想像せよ。「あなたの私に対する権力行使は、どのようにして私の道徳的独立と両立しうるのか」。これに対し、Aの答えは次のようなものであった。「私があなたに権力を行使することは、それ自体で良いのだ。あるいはそれは、非派生的に（内在的に）価値ある事物の構成要素なのだ」。ヴィーホフが述べるように、このような応答は「Bの問いに対する回答というよりは、その問いを真剣に受け止めることの拒否であろう」[34]。

ヴィーホフによれば、道徳的独立に関するこうした懸念が、道具主義者による非道具主義批判を動機づけている。道具主義者は、AのBに対する権力行使の道具的価値こそが、その権力行使を（Bの道徳的独立を損なわずに）正当化するための唯一の考慮事項である、と考えるであろう。もしAのBに対する権力行使が、社会における正義や公共善の実現を促す見込みがあるならば、BがAへと向ける不平の妥当性は弱まる。なぜなら、Bもまた、社会における正義や公共善の実現を求める良い理由をもつからである。

私たちは、以上の制約を念頭に置くことで、判断の平等な尊重に基づく非道具主義が直面する不正な平等分配の問題を理解できる。二つの段階を踏んで考察を進めよう。第一に、影響への機会の個人レベルでの正当化論の要は、諸市民がどのように生きるべきかに関する私の判断を（その判断の正否に関わらず）尊重してほしい、という個人的関心である。私の判断を尊重する政治社会・制度の構成要素は、諸市民が服する決定に影響を与え、他者に権力を行使する機会を私のために保障する分配原理である――しかしこの正当化論は、「Aがそのような権力をもつことをその構成要素とするような非派生的に価値ある関係」を考慮事項として参照しており、そのこと自体が「Bの道徳的独立と両立し得ない」ため、道徳的独立の制約により退けられる[35]。第二に、影響への平等な機会の集団レベルでの正当化論に進もう。全市民が、自身の判断に対する尊重に関心を抱いているとする。全市民の判断を等しく尊重する政治社会・制度の構成要素は、影響への機会を全市民に等しく保障する分配原理である。しかし、個人レベルでの正当化論が既に道徳的独立と両立しえないのだから、正当化論を集団レベルへと拡張したところで、道徳的独立との緊張は解消されない。以上の正当化論は一貫して、Bに権力を行使する機会をAのために保障することはAの判断に尊重を払う社会・制度の構成要素として正当化される、という形式を取る。しかしこの正当化論自体が、Bの道徳的独立に対する感応性の欠如を示してしまう。

したがって、不正な平等分配の問題を回避するために、非道具主義は次の問いに取り組まねばならない。各人の道徳的独立と両立可能な仕方で、影響への機会を全員に平等に与える政治的決定手続きの非道具的価値を説明することは、どのようにして可能なのか。次項では、社会関係的平等理論がこの問いにどのようにして取り組みうるかを確認しよう。

2　社会関係的平等理論における制度的正当化の原理

AのBに対する権力行使の正当化において、AがBに対して権力を行使することを構成要素とする関係性を非派生的な価値として指し示す議論は、道徳的独立と両立しない。しかし道徳的独立は、「人々の間の（ある種の）権力関係の存在ではなく不在を構成要素の一つとする善を認めることとは両立する」[36]。社会関係的平等理論は、この理解に基づき、影響への機会の平等分配を含む手続きの価値を、社会において既に遍在している不平等な権力を手続き内部において平等化させる、という点に求める[37]。

ここで問われるべきは、次の二点である。第一に、手続きにおいて権力の不平等の不在（あるいは少なくとも縮減）を求める理由の源泉は何か。第二に、影響への機会の平等分配によって特徴づけられる手続きは、どのような仕方で権力の不平等の縮減を達成するのか。社会関係的平等理論がこれらの問いに対して提示する回答を見てみよう。

第一の問いへの回答は、市民間の平等主義的な社会的関係の構成要素としての従属の不在を参照することで導かれる。このことを理解するため、コロドニーに依拠しつつ、まず私たちの誰もが不正なものとみなしうる不平等な社会的関係の範例を挙げ、そこで生じている問題を特定してみよう[38]。例えば、奴隷と主人との間の関係は、奴隷制という制度を背景として成立する継続的な社会的関係である。この関係は少なくとも、奴隷と主人が互いに行使しうる権力（power）――ある人物に備わる自然的、社会経済的、文化的、あるいはその他の特徴であり、他者の行動に実効的に影響を与えることを可能にするもの――の差異と、事実的権威（de facto authority）――ある人物の命令や要求が他者によって一般的に遵守される傾向性――の差異を特徴とする。私たちがこの関係を問題含みのものとして考える理由は、単に奴隷のみが特定の市民的あるいは社会経済的財を享受できないということではない。というのも主人は、もし慈恵的ならば、奴隷に対して表現や信教の自由や広範な社会経済的財を継続的に提供することもありうるが、そのような慈恵的主人を想像してもなお、奴隷と主人との間の関係が不正であるという（尤もな）直観が残るからである。この関係の問題はむしろ、権力と事実的権威の非対称性が主人に対する奴隷の従属を生じさせ、奴隷と主人との間で地位の優劣を確立する、という事実自体にある。私たちは、各人を道徳的平等者として認めるや否や、ある継続的な社会的関係に参与する人々が互いに従属的な地位に置かれないことを求める理由をも認めるのであり、この理由によって、不平等な権力と事実的権威によって特徴づけられる関係を否認するのである。(39)

政治的決定手続きにおいて権力の不平等の不在ないし縮減を求める理由は、その手続きが市民の間の継続的関係を確立し、その関係の当事者として各市民が得る権力および事実的権威の相対的量を、影響への機会の分配原理によって定義する、という事実に関わる。さらにこの手続きは、その他の広範な社会的関係のあり方を統御する基本的ルールを策定するという意味で、最終的な（*final*）事実的権威を備える。(40) この手続きにおける影響への機会は、（本稿で繰り返し確認してきたように）他者に対して制度を介して権力を行使する機会である。この機会の不平等分配は、この機会をより多く享受する市民とより少なく享受する市民との間で地位の優劣を確立し、後者を前者に対して従属させてしまう。この従属を回避することが、手続きにおける影響への機会の平等分配を求める理由となる。

第二に、以上の理由で追求される平等主義的手続きが、既に社会に遍在する権力の不平等を縮減する、ということの意味を確認しよう。ヴィーホフによれば、ある関係が平等主義的である場合、その関係の当事者たちは、実際に影響への機会を等しく享受するのみならず、影響への機会の平等を維持する用意（commitment）がなければならない。(41) したがって、ある平等主義的な関係の当事者たちが、その関係の外部において非対称的な権力を生じさせかねない様々な差異――自然的差異、社会経済的差異、文化的差異、判断能力の差異、等――を示す場合には、その当事者たちは皆、それらの差異を当の関係内部における権力関係に反映しないよう努める理由をもつことになる。このことは、市民の間の政治的関係にも当てはまる。私たちは、ひとたび他の市民と共に平等者としての関係に参与することの価値を認め、手続きにおける影響への機会の平等分配を支持する理由を見出したならば、自他の間にある様々な差異を、影響への機会の分配原理に反映させない理由をも見出すだろう。この理由が、知者の支配――より良い政治的決定を特定する能力の差異を、影響への機会の差異に反映させる手続き――に対する一応の（pro tanto）異論となる。

したがって、制度的正当化の原理の問いに対して、社会関係的平等理論が提示してきた回答は次のようにまとめられる。私たちがそれを欲し、確立し、あるいは維持すべき政治的決定手続きは、市民たちの間での従属なき社会的関係を構成するという意味で、平等という非道具的価値を備えていなければならない。この価値は、手続きが含む影響への機会の分配原理が平等主義的である程度において実現される。

3　道具的価値の位置づけ

社会関係的平等理論は、影響への機会の平等分配の正当化理由を、権力や事実的権威における市民間の非対称性の縮減に見出す点で、道徳的独立との緊張および不正な平等分配の問題を回避することができる。この意味で、同理論は道具主義の懸念の大部分を解消する理論である。しかし本稿第二節では、非道具主義への次の異論も確認した。もし手続きが平等という非道具的価値を備えるだけで十分に正当化されるならば、籤引きなどのランダムな手続きが正当化されないと考えるべき理由は無いはずである。これは、平等の価値の内容が判断の平等な尊重ではなく従属の不在として解釈されたとしても、なお残る問題である。というのも、ランダムな手続きでは誰一人として決定に対する影響への機会を享受せず、市民の一方が他方に対して政治的権力を行使する余地がないからである。

社会関係的平等理論の支持者は、この問題を認め、例えば民主主義と籤引きの一方を他方に対して擁護する際には、手続きの認識的価値を別途考慮する必要があるとする(42)。したがって、本稿第一節での整理に従うならば、彼らの立場は非道具主義ではなく両立主義に含まれると言えるだろう(43)。この点を考慮するならば、社会関係的平等理論の最大の貢献は、制度的正当化の原理の問いへの回答が平等という非道具的価値を含むことが必要である、という点を示したことに存しており、非道具主義（平等という価値の十分性をも主張する立場）を擁護した点に存するのではない、と結論づけることができる。

しかし、民主主義と籤引きの比較の問題に対する上述の応答は、社会関係的平等理論にとって理論内在的ではない。そのため、一方で、手続きの認識的価値を考慮する必要性は社会関係的平等理論の枠外から（従属なき関係という理想を理論的根拠とせず）導入されるかのように描かれる。(44) 他方で、影響への機会の平等分配は社会関係的平等理論の根本的テーゼ――制度の正当化は、市民間の従属なき社会的関係の理想を導きとしなければならない――を主要な根拠とする。各価値を考慮すべき根拠がこのように異なるため、ヴィーホフやコロドニーの理論では、手続きにおける平等は認識的価値に対して優先される。すなわち、より大きな認識的価値を備えた手続きは追求されるべきだが、それは影響への機会の平等分配を侵害しない限りにおいてである、と結論づけられることになる。

次節では、この結論に対して懐疑的になるべき理由を社会関係的平等主義の観点から示す。すなわち、前段落で述べた根本的テーゼが手続きの認識的価値をも考慮に入れるべき理由を与えることを示し、社会関係的平等理論に全面的に基づいた両立主義を擁護する。

五　従属の不在と両立主義

1　なぜ両立主義か

両立主義は、制度的正当化の原理の問いに対して、非道具的価値と道具的価値の双方を必要な考慮事項として提示する立場であった（本稿第一節を参照せよ）。前節で示した通り、一方の非道具的価値としての平等を考慮に入れる必要性は、社会関係的平等理論を基礎として導かれる。これに加えて、もし他方の道具的価値（認識的価値）を考慮に入れる必要もまた同理論から導かれるならば、私たちは社会関係的平等理論に基づいて両立主義を採用することになる。手続きの認識的価値の必要性を導く議論は、以下の通りである。

一．正当化の原理と従属の不在：私たちがそれを欲し、確立し、あるいは維持すべき政治的決定手続きが備えるべき価値は、それが手続きに備わる度合いに応じて手続きの内外における市民間の従属なき関係が促されうるような価値を全て含む。

二．従属の不在と認識的価値：他の事情が等しければ、手続きに認識的価値が備わる度合いが高いほど、手続きの外部において市民間の従属なき関係が促されうる。

三．認識的価値の必要性：（前提一と二より、）私たちがそれを欲し、確立し、あるいは維持すべき政治的決定手続きが備えるべき価値は、認識的価値を含む。

前提一が含む「手続きの内外における」という条件を支えるのは、次のような事実である。諸市民は確かに、ある政治的決定手続きの内部で影響への機会を不平等に分配されることで、手続き内的な従属関係に巻き込まれうる。しかし、手続きの内部における他者への従属は、社会全体における従属の一要素でしかない。社会全体における従属は、雇用者に対する被雇用者の従属や、一方の配偶者に対する他方の従属など、手続き外的な諸形態を含んでいる[45]。こうした従属関係はいずれも、仮に手続き内部における影響への機会の平等が十全に実現されたとしても、なお残りうる手続き外的な問題である。

したがって、手続き内的な従属の不在は、社会全体における従属の不在の構成要素の一つではあるが、その全要素ではない。前節で述べたように、政治的決定手続きは、社会に遍在する権力や事実的権威の不平等の縮減を目的とする。例えば、企業における雇用者と被雇用者との関係が従属なき関係であるための要件は、被雇用者が、雇用・労働条件に対して発言力を行使する機会を有することや、過大な経済的コストを負うことなく雇用契約から脱しうることを含む。これらの要件が実効的に満たされるためには、社会経済的諸制度を統制する背景条件――労働市場の適切な法的制御や、生活を維持するための財の保障など――が整備される必要がある。こうした背景条件の整備に対して、政治的決定手続き内部における影響への機会の分配原理は、構成要素としてではなく、あくまで因果的に貢献しうる要素の一つとして関わることになる。この因果的貢献がなされる見込みを測ることこそ、まさに手続きの正当化において道具的価値を考慮することである。

社会関係的平等理論の根本的テーゼは、この仕方で手続きの道具的価値をも考慮することが必要である理由を与える。制度の正当化は、市民間の従属なき関係の実現に対する貢献を考慮事項として含む必要がある。ここで「市民」は、政治的決定手続きの参加者としてのみならず、手続きの作用によって影響を被りうる者としても把握される。私たちはこの要請をひとたび受け入れることで、次のような非一貫性を回避するような自己拘束性を引き受けることになる。すなわち、手続き内的な従属の不在の実現を考慮しながら、手続き外的な従属の不在の実現に対する貢献の度合いを考慮しないことは、従属の不在という意味での平等の価値に対するコミットメントの非一貫性を示してしまう。この非一貫性の回避を志向することでのみ、私たちは従属なき関係という理想に十全に応答しうる。したがって、社会関係的平等理論の根本的テーゼから、手続きの正当化においてその非道具的価値と道具的価値の双方を考慮に入れる必要がある、という両立主義的結論が導かれる。

2　制度編成に関する含意

以上の考察の含意は次の通りである。社会関係的平等理論は、手続き内的な従属の不在という非道具的価値を最もよく実現する手続きと、社会における手続き外的な従属の縮減への実質的貢献を果たす傾向性を最もよく備える手続きとが異なる、という可能性を引き受けることになる[46]。特に、後者の手続きが知者の支配である可能性を否定しきれない点が重要である。もちろん、影響への機会の平等分配が手続きの認識的価値を最もよく改善することが実証されるならば、この懸念は解消されうる[47]。しかし、手続きの平等主義的側面をある程度犠牲にすることで手続きの認識的価値の向上を図ることができる、という議論が存在することは事実である[48]。両立主義のもとでは、知者の支配が実際に正当化されるか否かは開かれた問いだが、影響への機会の平等分配から逸脱してでも手続きの認識的価値の向上を図ることが正当化される可能性を回避することはできない[49]。

この点について、次のような異論があるだろう。認識的価値において優れた手続きは、従属なき社会的関係の実現に因果的に貢献する見込みがある。対照的に、影響への機会を平等に分配する手続きは、それが従属なき社会的関係の構成要素である以上、当の関係の実現を確実にもたらす。こうした貢献の確実性の度合いに基づいて両価値を比較するならば、認識的価値は平等に比べて手続きの正当化において補助的な役割しか果たせず、単に付加的な考慮が許される程度の価値でしかないように思われる[50]。

本稿の応答は次の通りである。従属なき社会的関係の実現に対する貢献の確実性の差異は、認識的価値と平等との間のカテゴリカルな優先順序を導出するわけではない。認識的価値において優れた手続きは、不確実ではあるが、手続き外的な従属関係を縮減させうる。こうした従属関係は、手続き内的な影響への機会を平等化するだけでは十分に対応しきれない問題である（例えば、平等主義的な籤引きによる立法が、雇用者に対する被雇用者の従属関係をどれだけ効果的に縮減させうるかを考えてみればよい）。手続き内的な平等は従属なき社会的関係の全体的な（holistic）実現において十分ではなく、この価値の考慮が認識的価値の考慮に対して一方的に優先されると考えることは困難である。したがって、認識的価値は単なる付加的考慮の対象ではなく、平等からの逸脱は許容可能である。

ただし、社会関係的平等理論に基づく両立主義は、手続きの認識的価値を改善するべく手続きの平等主義的特徴を犠牲にするような制度提案に対して、平等からの過度の逸脱を回避すべき理由を与えることもできる。というのも、社会関係的平等理論において、影響への機会の平等分配は単なるベースラインとして——そこからの逸脱が適切に正当化されさえすれば、もはや際限なく妥協されてよい単なる初期条件として——想定されているわけではなく、従属の不在を特徴とする平等主義的関係の構成要素の一つであるために、完全に放棄されてはならない制度的特徴として想定されているからである[51]。したがって、本節で展開した両立主義の擁護が成功するならば、少なくとも次のような比較的穏当な主張は支持される。すなわち、より大きな認識的価値を備えた手続きが選択可能だとしても、平等が重要ではなかったかのように手続きの選択を行うことは正当化されず、平等と認識的価値との間の価値比較衡量は何らかの仕方で行われるべきである(52)。以上が、制度的正当化の原理の問いに対して、社会関係的平等理論から提示しうる見解の全体である。

結論

本稿は、政治的決定手続きの価値という主題のもとで、平等と認識的価値に着目しつつ、非道具主義、道具主義、および両立主義という三つの立場を定式化し、社会関係的平等理論に基づく両立主義を提示した。その過程で本稿は次の三点を明らかにした。第一に、判断の平等な尊重に重点を置く非道具主義は、不正な平等分配の問題に直面し、平等主義的な手続きの正当化に失敗する。不正な平等分配の問題の根底には、権力行使の正当化に関して道具主義者が関心を抱く問題、すなわち権力行使の機会と各人の道徳的独立との両立可能性という問題がある。第二に、社会関係的平等理論のもとでは、手続き内部における影響への機会の平等分配は、従属なき関係の構成要素として非道具的に正当化されうる。この仕方で、この理論は不正な平等分配の問題を回避する理路の提示に成功する。第三に、社会関係的平等理論は、従属なき社会という理想を正当化の起点に置くことで、手続きの認識的価値を考慮に入れる必要性をも導出する。この最後の点を踏まえるならば、影響への機会の平等分配からの逸脱が一定の範囲内で正当化されうる余地は、社会関係的平等理論の枠組みの内部でも残されていることになる。

政治的決定手続きの非道具的価値と道具的価値の双方を考慮に入れる両立主義は、制度的正当化の原理に関する立場であり、比較制度分析・評価における理論的枠組みである。この枠組みのもとで実際に正当化されうる手続きの探求は、序論にて導入した第一と第二の問いに対応する。これらの問いは、別の機会にて詳細に検討したい。

(1) Cf. J. Elster, The Market and the Forum: Three Varieties of Political Theory, in J. Bohman and W. Rehg (eds.), *Deliberative*

Democracy: Essays on Reason and Politics, Cambridge: The MIT Press, 1997, pp. 3-33; B. Manin, On Legitimacy and Political Deliberation, E. Stein and J. Mansbridge（trans.）, *Political Theory*, Vol. 15, No. 3（1987）pp. 338-368.

（2）J. Brennan, *Against Democracy*, Princeton: Princeton University Press, 2016, p. 14; cf. D. M. Estlund, *Democratic Authority: A Philosophical Framework*, Princeton: Princeton University Press, 2008, chap. 2.

（3）Cf. Plato, *The Republic*, G. R. F. Ferrari（ed.）, T. Griffith（trans.）, Cambridge: Cambridge University Press, 2000; J. S. Mill, Considerations on Representative Government, in J. S. Mill, *On Liberty and Other Essays*, J. Gray（ed.）, Oxford: Oxford University Press, 1991.

（4）H. Landemore, *Democratic Reason: Politics, Collective Intelligence, and the Rule of the Many*, Princeton: Princeton University Press, 2013. その論敵として、cf. Brennan, *Against Democracy*; B. Caplan, *The Myth of the Rational Voter: Why Democracies Choose Bad Policies*, Princeton: Princeton University Press, 2007; I. Somin, *Democracy and Political Ignorance: Why Smaller Government Is Smarter*, 2nd. ed., Stanford: Stanford University Press, 2016［2013］.

（5）民主主義正当化論の批判的検討として、井上彰「デモクラシーにおける自由と平等――デモクラシーの価値をめぐる哲学的考察」、齋藤純一・田村哲樹共編『アクセス　デモクラシー論』、日本経済評論社、二〇一二年、一三三～一五七頁をも参照せよ。本稿と同論文との差異は、非道具主義・道具主義・両立主義という類型への着目の有無にある。

（6）N. Kolodny, Rule Over None II: Social Equality and the Justification of Democracy, *Philosophy & Public Affairs*, Vol. 42, No. 4（2014）pp. 309-310. 同箇所でコロドニーは政治的決定に影響を与える平等な機会を定義しており、本稿はその一部を影響の定義として用いる。機会については、N. Kolodny, Rule Over None I: What Justifies Democracy? *Philosophy & Public Affairs*, Vol. 42, No. 3（2014）pp. 197-198を参照せよ。同箇所ではフォーマルな機会とインフォーマルな機会が区別される。本稿が焦点を当てる参政権はフォーマルな機会の一部である。

（7）Cf. R. Arneson, Democratic Rights at National and Workplace Levels, in D. Copp, J. Hampton and J. E. Roemer（eds.）, *The Idea of Democracy*, Cambridge: Cambridge University Press, 1993, p. 120; Mill, Considerations on Representative Government, p. 354.

（8）制度が定義する権利と制度の正当性との関係については、T. M. Scanlon, *Why Does Inequality Matter?* Oxford: Oxford University Press, 2018, pp. 107-108を参照せよ。また本稿は、ある制度を「欲し、確立し、あるいは維持すべき」理由を問うが、この問いはKolodny, Rule Over None I, p. 197; Kolodny, Rule Over None II, p. 290が定式化する「制度」の問いを一般化したものである（コロドニーは民主主義の正当化理由に主題を限定している）。

（9）本段落では価値論（axiology）に関する次の文献を参考にした。H. Richardson, *Democratic Autonomy: Public Reasoning about the Ends of Policy*, Oxford: Oxford University Press, 2002, p. 104; T. Rønnow-Rasmussen, Intrinsic and Extrinsic Value, in I. Hirose and J. Olson（eds.）, *The Oxford Handbook of Value Theory*, Oxford: Oxford University Press, 2015, pp. 29-43; D. Viehoff, XIV —The Truth in Political Instrumentalism, *Proceedings of the Aristotelian Society*, Vol. CXVII, Part 3（2017）p. 278. 民主主義の「内在的価値」について論じてきた理論家たちは、通常は民主主義の非道具的価値について語っていたと理解してよい。

（10）道具主義に対置される立場として手続き主義（proceduralism）が挙げられることもあるが、この対比はカテゴリーの誤りに基づく。一方の道具主義は手続きを評価するための基準に関する見解だが、他方の手続き主義は、手続きから生じた結果の質の評価や、それらの結果に人々が従うべき理由の説明の枠組みである。D・エストランドが認識的手続き主義（epistemic proceduralism）の枠組みを提示したことで、道具的価値に感応的な手続き主義——手続き独立的な基準に照らして正しい結果を生み出す手続きの傾向性を、権威や正統性の構想において考慮する枠組み——の余地が見出された（Estlund, *Democratic Authority*, chap. 6）。いくつかの先行研究において手続き主義の語は非道具主義と互換可能であるため、本稿では非道具主義と道具主義という区分の下で整理を進める。

（11）自由と自律については、C. F. Rostbøll, The Non-Instrumental Value of Democracy: The Freedom Argument, *Constellations*, Vol. 22, No. 2（2015）pp. 267-278; C. F. Rostbøll, Non-Domination and Democratic Legitimacy, *Critical Review of International Social and Political Philosophy*, Vol. 18, No. 4（2015）pp. 424-439. 啓蒙的価値については、R. Dagger, *Civic Virtues: Rights, Citizenship, and Republican Liberalism*, Oxford: Oxford University Press, 1997. 安定化の価値については、J. Rawls, *A Theory of Justice*, rev. ed., Cambridge: The Belknap Press of Harvard University Press, 1999, chaps. 4（especially at §37, p. 206）, 8, and 9.

（12）Cf. J. Waldron, *Law and Disagreement*, Oxford: Oxford University Press, 1999, pp. 101-106; C. G. Griffin, Debate: Democracy as a Non-Instrumentally Just Procedure, *Journal of Political Philosophy*, Vol. 11, No. 1（2003）p. 119; T. Christiano, *The Constitution of Equality: Democratic Authority and Its Limits*, Oxford: Oxford University Press, 2008, pp. 76-78.

（13）Christiano, *Constitution of Equality*, p. 88.

（14）Waldron, *Law and Disagreement*, pp. 114-116.

(15) Griffin, Debate, pp. 117-118.

(16) T. Christiano, Waldron on Law and Disagreement, *Law and Philosophy*, Vol. 19, Issue 4 (2000) pp. 519-522; V. Ottonelli, Equal Respect, Equal Competence and Democratic Legitimacy, *Critical Review of International Social and Political Philosophy*, Vol. 15, No. 2 (2012) pp. 210-211.

(17) J. Rawls, *Political Liberalism*, expanded ed., New York: Columbia University Press, 2005, pp. 48-58; Christiano, *Constitution of Equality*, pp. 76-78; Estlund, *Democratic Authority*, pp. 45-49.

(18) R. Arneson, The Supposed Right to a Democratic Say, in T. Christiano and J. Christman (eds.), *Contemporary Debates in Political Philosophy*, Malden: Blackwell, 2009, pp. 206-207.

(19) Cf. Estlund, *Democratic Authority*, pp. 162-163. ここでの規範的基準とは、道徳や正義の理論のような、分厚い実質を備えたものでなくともよい。「xがFである」ことが真であるための必要十分条件は、xがFであることである、とする最小限真理の形式を満たすあらゆる言明は、真の規範的基準を表す言明として採用されうる。例えば、「大量虐殺が不正である」ことが真であるための必要十分条件は、大量虐殺が不正であることである。Cf. Estlund, *Democratic Authority*, pp. 24-28.

(20) Estlund, *Democratic Authority*, pp. 78-82; cf. D. M. Estlund, Political Quality, *Social Philosophy & Policy*, Vol. 17, Issue 1 (2000) pp. 132-142.

(21) ただし、知者の特定可能性に関する論争は収束しておらず、公共的理性 (public reason) や権威のサービス構想の理論潮流とも接続しつつ継続している。例として、以下の文献を参照せよ。J. Brennan, Does the Demographic Objection to Epistocracy Succeed? *Res Publica*, Vol. 24, Issue 1 (2018) pp. 53-71; K. Lippert-Rasmussen, Estlund on Epistocracy: A Critique, *Res Publica*, Vol. 18, Issue 3 (2012) pp. 241-258; T. Mulligan, On the Compatibility of Epistocracy and Public Reason, *Social Theory and Practice*, Vol. 41, No. 3 (2015) pp. 458-476; D. Viehoff, Authority and Expertise, *Journal of Political Philosophy*, Vol. 24, No. 4 (2016) pp. 406-426.

(22) R. Arneson, Debate: Defending the Purely Instrumental Account of Democratic Legitimacy, *Journal of Political Philosophy*, Vol. 11, No. 1 (2003) pp. 124-126; R. Arneson, Democracy Is Not Intrinsically Just, in K. Dowding, R. E. Goodin and C. Pateman (eds.), *Justice and Democracy: Essays for Brian Barry*, Cambridge: Cambridge University Press, 2004, p. 46; Arneson, The Supposed Right to a Democratic Say, p. 200; Brennan, *Against Democracy*, pp. 10, 141-142; cf. Mill, Considerations on

Representative Government, pp. 353-354.

(23) Cf. Kolodny, Rule Over None I, pp. 199-200; Kolodny, Rule Over None II, p. 320.

(24) Arneson, Debate, p. 125.

(25) アーヌソンは基本的諸権利の語で、言論や思想の自由をはじめ、「何が道徳的に根本的に重要かを明らかにするべく定式化される諸権利」(Arneson, Debate, p. 129) を指す。

(26) Arneson, Debate, pp. 124-125. 民主主義の擁護者と知者の支配の擁護者のいずれも、陪審制との類推により手続きの認識的価値の必要性を示す (Estlund, *Democratic Authority*, pp. 156-158; Brennan, *Against Democracy*, pp. 151-155)。同様の類推により手続きの平等主義的特徴を支持する研究として、cf. M. Schwartzberg, Justifying the Jury: Reconciling Justice, Equality, and Democracy, *American Political Science Review*, Vol. 112, Issue 3 (2018) pp. 446-458.

(27) Cf. Brennan, *Against Democracy*, pp. 141-142, 155-158.

(28) 例えばクリスティアーノによれば、「資源自体が内在的に望ましいものではないとしても、資源の分配における平等には内在的な正義や価値がありうる」(T. Christiano, *The Rule of the Many: Fundamental Issues in Democratic Theory*, Boulder: Westview Press, 1996, p. 64)。

(29) Griffin, Debate, pp. 112-113.

(30) Arneson, The Supposed Right to a Democratic Say, p. 200; cf. Arneson, Debate, pp. 125-126; Arneson, Democracy Is Not Intrinsically Just, p. 47.

(31) Cf. S. Wall, Democracy and Equality, *The Philosophical Quarterly*, Vol. 57, No. 228 (2007) pp. 416-438; Brennan, *Against Democracy*, chap. 5.

(32) Viehoff, Democratic Equality and Political Authority, *Philosophy & Public Affairs*, Vol. 42, No. 4 (2014) p. 364; Kolodny, Rule Over None II, p. 308.

(33) Viehoff, The Truth in Political Instrumentalism, pp. 283-285.

(34) Viehoff, The Truth in Political Instrumentalism, p. 286〔強調点は引用者〕.

(35) Viehoff, The Truth in Political Instrumentalism, p. 287〔強調点は引用者〕.

(36) Viehoff, The Truth in Political Instrumentalism, p. 292〔強調点は原文〕.

（37）Cf. Viehoff, The Truth in Political Instrumentalism, p. 293.

（38）Kolodny, Rule Over None II, pp. 292-303.

（39）平等は人々の関係に関する理想である、という見解は、社会関係的平等理論の基礎をなす。ただし、本文で依拠したコロドニーは社会的不平等を主に権力や権威の非対称性に着目して記述し、例えばアンダーソンによる分析が社会的不平等自体への懸念とその他の懸念（例えば、平等な道徳的地位の否定への懸念）の混同に基づく、と述べる。Kolodny, Rule Over None II, p. 296, n. 8; cf. E. Anderson, What Is the Point of Equality? *Ethics*, Vol. 109, No. 2（1999）pp. 287-337; E. Anderson, *The Imperative of Integration*, Princeton: Princeton University Press, 2010; C. Fourie, What is Social Equality? An Analysis of Status Equality as a Strongly Egalitarian Ideal, *Res Publica*, Vol. 18, No. 2（2012）pp. 107-126; C. Fourie, F. Schuppert, and I. Wallimann-Helmer（eds.）, *Social Equality: On What It Means to Be Equals*, Oxford: Oxford University Press, 2015; D. Miller, Equality and Justice, *Ratio*, Vol. 10, No. 3（1997）pp. 222-237; Scanlon, *Why Does Inequality Matter?*; S. Scheffler, What Is Egalitarianism? *Philosophy & Public Affairs*, Vol. 31, No. 1（2003）pp. 5-39; S. Scheffler, Choice, Circumstance, and the Value of Equality, *Politics, Philosophy & Economics*, Vol. 4, No. 1（2005）pp. 5-28.

（40）Cf. Kolodny, Rule Over None II, pp. 306-307.

（41）Viehoff, Democratic Equality, pp. 355-356.

（42）Kolodny, Rule Over None II, pp. 313-314; Viehoff, Democratic Equality, pp. 374-375.

（43）両立主義の立場自体は先行研究にも認められ、本稿が新たに提唱したものではない。このことを念頭に置くならば、本稿の貢献は次の二点にある。第一に、両立主義をいくぶん直観的に受容し、その根拠を十分に明晰化してこなかった先行研究とは異なり、本稿では両立主義の理論的根拠を社会関係的平等理論の観点から与える点。第二に、社会関係的平等理論に基づいて擁護された両立主義に従うならば、影響への機会の不平等分配が許容されうることを示す点。これらの論点は、続く第五節にて展開される。両立主義の立場を採る代表的研究として、以下を参照せよ。E. Anderson, Democracy: Instrumental vs. Non-Instrumental Value, in T. Christiano and J. Christman（eds.）, *Contemporary Debates in Political Philosophy*, Malden: Blackwell Publishing, 2009, pp. 213-227; C. López-Guerra, *Democracy and Disenfranchisement: The Morality of Electoral Exclusions*, Oxford: Oxford University Press, 2014, pp. 18-22.

（44）Kolodny, Rule Over None II, pp. 313-314; Viehoff, Democratic Equality, pp. 374-375.

(45) こうした問題の具体例を示す研究として、以下を参照せよ。F. Schuppert, Being Equals: Analyzing the Nature of Social Egalitarian Relationships, in C. Fourie, F. Schuppert, and I. Wallimann-Helmer (eds.), *Social Equality: On What It Means to Be Equals*, Oxford: Oxford University Press, 2015, pp. 107-126; cf. E. Anderson, *Private Government: How Employers Rule Our Lives (and Why We Don't Talk about It)*, Princeton: Princeton University Press, 2017.

(46) この可能性は、社会関係的平等理論に限らず、両立主義の立場を採る理論であれば不可避的に直面する課題である。Cf. C. R. Beitz, *Political Equality: An Essay in Democratic Theory*, Princeton: Princeton University Press, 1989, pp. 114-116.

(47) Cf. Landemore, *Democratic Reason*, chaps. 4-7; Schwartzberg, Justifying the Jury.

(48) Cf. Brennan, *Against Democracy*, chap. 8; T. Mulligan, Plural Voting for the Twenty-First Century, *The Philosophical Quarterly*, Vol. 68, No. 271 (2018) pp. 286-306.

(49) 類似の見解として、ミル流の複数投票制の正当化可能性に関するJ・ロールズの見解(Rawls, *A Theory of Justice*, rev. ed., pp. 203-205)を参照せよ。

(50) この異論を検討する必要をご指摘くださった匿名レフェリーに特に感謝する。

(51) こうした制約に応える形で、手続きの平等主義的特徴と認識的価値の両立を図る新たな制度構想が提案されている。例を二つ挙げよう。一つは「手続き的複数投票制」であり、そこでは複数投票制における票の割り当て(知者の選定)が平等主義的手続きによって行われる。T. Latimer, Plural Voting and Political Equality: A Thought Experiment in Democratic Theory, *European Journal of Political Theory*, Vol. 17, No. 1 (2018) pp. 65-86. もう一つは、公職選挙の過程がもたらしうる不公正と認識的価値の毀損という問題を踏まえて提案される「籤引き支配(lottocracy)」である。この手続きでは、公職選挙のかわりに籤引きによって定期的に編成された熟議体が政治的決定作成を行う。A. A. Guerrero, Against Elections: The Lottocratic Alternative, *Philosophy & Public Affairs*, Vol. 42, No. 2 (2014) pp. 135-178.

(52) 価値衡量の方法に関する問い(例えば、平等からのどの程度の逸脱を、従属なき社会的関係の理想に照らして過度とみなすべきか、など)は、別稿での検討を要する。

〔謝辞〕二名の匿名レフェリーをはじめ、本稿の構想・執筆・修正いずれかの段階にて貴重なコメントを下さった全ての方々に、ここに記して御礼申し上げます。なお本稿は、日本学術振興会科学研究費(18J13372)の助成を受けた研究成果の一部です。

〔政治思想学会研究奨励賞受賞論文〕

現代デモクラシー論における熟議の認知的価値

――政治における「理由づけ」の機能とその意義をめぐる再検討

内田　智

一　問題の所在――デモクラシーに認知的価値を認めるということの本稿の意味と狙い

1　問いと目的

近年改めて「集合的自己支配」を理想とするデモクラシーが有する認知的価値epistemic valuesに対して、様々な理由から批判や懐疑が生じている。こうしたなか、現代デモクラシー論はこれらの疑義に――甘受であれ否定であれ――応えることが求められている。そうした研究は「認知デモクラシー論epistemic democracy」と総称される一群の研究を生み出しているが、その展開は未だ緒についたばかりの段階にある(1)。

そうしたなか、とりわけ、注目される現在の論争は、①デモクラシーは少数知者支配epistocracyに比して愚鈍な多者の支配であるか否か（認知的望ましさepistemic desirability問題）、②認知的価値をデモクラシーに認めることはデモクラシーそれ自体の否認を導くか否か（反民主的含意anti-democratic implication問題）、の二点である。

本稿の目的は、これら二点の争点に対して提起される否定的見解に応えつつ、次の二点を明らかにすることである。まず、①デモクラシーは「愚者の支配ではない」ことの根拠を認知的多様性がもたらす機能の観点から論証する。加えて②認知的価値を「政治的」次元において認めることは、デモクラシーが備える「内在的価値intrinsic values」にもっぱら焦点を当てる純粋手続き主義pure proceduralismの危惧に反して、デモクラシーが有する特長の積極的な是認を――彼／彼女らの論議とともに――導くことを示す。

先に本稿の結論を簡単に述べておきたい。デモクラシーは、一連の意見形成・意思決定手続きそのもののうちに他の政体にはない認知的価値を内包する。その源泉となる要素は、民主的手続きのうちに、「継続的かつ包摂的な適切に条件づけられた理由づけの往還」としての熟議プロセスが認められる限りにおいて見出される。

かようなプロセスが認知的にみて、なぜ「政治的」な意見形成・意思決定手続きを「よりよい」方向性へと導く蓋然性を高めるといえるのか。この問いに対して明確な解答を提示することは古典的課題でありながら依然として、否、現代においてこそデモクラシー論にとって不可欠の意義をもつ。

2　本稿の構成

以下、本稿では次節において、現代デモクラシー論における認知的価値をめぐる二つの趨勢、すなわち一方におけるデモクラシーの認知的価値に対する「根本的懐疑」、他方におけるデモクラシーの「回避」姿勢を概観する。その上で第三節では、こうした傾向を超えて近年、「民主的手続きが内包する認知的特性epistemic propertiesとは何か」という観点からデモクラシーの擁護をめざす動向として認知デモクラシー論が登場してきたことを指摘し、その主な特徴と理論的狙いを明らかにする。

続く第四節では、認知デモクラシー論に対する純粋手続き主義者からの批判の要点を確認する。その上で、純粋手続き主義者からの批判に応え、かつ、デモクラシーは「愚者の支配」に過ぎないとする見解をも退けるためには、デモクラシーの認知的価値の所在を示すメカニズムとして熟議プロセスがもつ認知的特性を位置づける必要があることを明示する。第五節では前節の課題に応えるために、まず「理由づけの論議理論Argumentative Theory of Reasoning」に基づき、二人称的な関係における理由づけの機能という観点から、熟議を通じた不合意がもたらす認知的価値を明らかにする。さらに第六節において「多様性は資質に優る定理Diversity Trumps Ability Theorem」の含意を検討することを通じて、熟議手続きのうちに認知的多様性を確保することの意義を明確化する。これら二点により、熟議プロセスが継続的かつ包摂的である限りにおいてデモクラシーが他の政体にはない認知的利得をもたらす理由が詳らかとなる。

最後に第七節では、「政治」において「認知的」であることの意味を明らかにすることで、想定されうる誤解に先行して応答したい。以上の構成により、デモクラシーをめぐる純粋手続き主義者と認知的価値に対する懐疑論者の双方に応答し、現代政治理論における認知デモクラシー論の位置を明らかにする。これらの検討を通じて、デモクラシーは「愚者の支配ではない」ことを明らかとし、さらには認知的価値を「政治的」次元において認めることは純粋手続き主義を説くデモクラシー論者たちの懸念に反して、デモクラシーが有する特長の積極的な是認を導くことを論証することが本稿の狙いである。

3　留保事項

本論に移る前にいくつか但書きを付しておく。第一に本稿では、集合的意思決定につらなる一連の民主的手続きのうち、熟議プロセスに焦点を絞る。本稿は、継続的な熟議プロセスにおける「よりよき論拠の力the force of better arguments」と認知的多様性が含意する「解の正確さcorrectnessへの近似可能性」を組み合わせて検討することで、認知的価値の所在を明らかにしようと試みるものである。本稿では、熟議と集計を分析上完全に切り離されたモメントとして位置づける。無論、集計をめぐる問いは軽視されるべき課題では決してないが、この点をめぐる考察は本稿の課題ではない[2]。

第二に本稿は、独裁政や少数者支配体制といった他の体制にはない認知的特性が、デモクラシーが備える熟議プロセスの内に認められることを論じるものである。この議論を通じて直ちにデモクラシーの権威や正統性を正当化することを狙いとはしていない。無論、デモクラシーの権威や正統性それ自体をめぐる問いとデモクラシーが保持する認知的特性とは何かという問いは相互に関連していると考えることに何らの齟齬もないと思われることはすでに指摘されているところではあるが、(3) さしあたりそれらは別個独立に考察すべき問いであると筆者は考える。加えてデモクラシーと正義との関係についても本稿の検討からだけでは無論、未決にとどまる。本稿の狙いは、あくまでもデモクラシーが備える「知の生成過程」の強みを「政治における知」とは何かという観点と関連づけつつ明らかにすることにある。

第三の留保事項として本稿は、ある政治的な争点や問題に対して、何かしらの「認知的な手続き独立的基準epistemic procedure-independent standard」を形式的に想定する。こうした想定をおくことではじめて、継続的で包摂的な熟議メカニズムを伴った民主的手続きのうちに、他の政体にはない認知的特性を認める論証への道筋が展望できる。もし「真truth」に関わる認知の次元において、こうした基準をまったく想定しないならば「より正確な／不正確な」といった言明自体不可能になってしまうだろう。

政治という領域においても認知的妥当性の問題は回避されえない。政治的問題に対しても「より正確な／不正確な」答えはあるはずである。ただし注意しなければならない点は、手続き独立的基準ならびにその基準の認識可能性に関する上記の想定は、民主的手続きを通じて「正確な」答えを即時的、具体的に導出できることを含意するわけではないということだ。

時として集合としての市民が何かしらの意味で判断を誤る可能性を本稿は否定しない。だがこうした可謬性を認めたとしても、否、むしろ可謬性を認めるからこそ、デモクラシーが内包する熟議手続きは認知的価値を保持するということを本稿は明示する。

二　デモクラシーは「愚鈍な多者の支配」か

1　「集合的自己支配」という理想と「不合理な体制」という懐疑

近代デモクラシーを「愚鈍な支配体制である」として、その正統性をあからさまに否定する議論は、現代政治理論においてはおおむね退けられてきた。デモクラシーの特長如何を問わずそれ自体が現実的な選択肢のなかで最も妥当かつ正当な政体として自明視されてきたといえるかもしれない。とはいえ近年、一部の論者から「近代デモクラシーとは、無関心かつ不合理で、無能かつ無知な民衆による支配体制なのではないか」と疑念や非難が寄せられるようになり、しかもこれらの議論が大いに人口に膾炙している。

例えばI・ソミンは、政治に対する一般民衆の「無知」を問題視することで、市民による集合的自己支配を理想とするデモクラシー観に対して批判を加えている。ソミンは次のように主張する。現代の規範的デモクラシー論者の一部は、「熟議の日」を提案するJ・フィシュキンらを典型として熟議がもつ様々な可能性に期待を寄せる。[4] だが、適切な熟議を遂行するために求められる認知能力を個々の一般民衆に期待できるはずもない。[5]

また、B・カプランは「投票する一般民衆はまったくもって不合理である」として「経済政策をめぐる論争はすべて経済学を習得したエリートに一任すべきであろう」と提言する。彼による批判の要点を端的に述べるならば、次のようになる。投票者は単に「合理的無知」を選択するのではない。それ以上に、あくまでも自らにとってよい感じがする信念feel-good beliefsに基づいた満足感を充足することにしか関心のない「非合理な存在」である。一般民衆の判断は病的なまでに「体系的な認知的バイアス」に取りつかれている。「市場においては私益が公益になる」という「当たり前のこと」を理解する知的能力すらない。これらをふまえるならば、我々は民主的手続きによる意思決定が取り扱う射程をもっと狭めて「脱政治化」すべきなのだ。これがカプランによる診断の一つである。[6]

さらに、政治的問題に対して一般民衆は、あまりにも無関心で貧弱な情報しか持ち合わせていないのではないかという批判や、戦略的な投票行動は当然である、あるいは投票に足を運ばないことは各人にしてみれば極めて合理的であるといった議論もデモクラシーの集合的自己支配という理想に対して疑義をもたせる古典的な論難である。[7] こうした理論展開は、デモクラシーが「愚鈍な支配」にならないためにも「適切な情報を十分に備えた投票者以外は投票しない義務を負うべきである」といったJ・ブレナンのような見解を導くに至っている。[8]

2　規範的デモクラシー論における認知的価値をめぐる議論の前提化と「回避」

こうしたデモクラシーに観察される様々な「愚鈍さ」が指摘される一方で、デモクラシーそれ自体の価値を探究する一連の規範理論もまた、一般民衆の知的能力、民主的手続きが生みだす帰結の認知的な質などといった論点に対して十全な検討を試みてこなかった。この点を明快に突いたH・ランデモアの整理に従うならば、これまでのデモクラシー論の多くはこの論点を「回避」するという姿勢を保持してきたのである(9)。あるいは認知的価値をめぐる議論を前提化してきたともいえる。

例えば、シュンペーターを典型とするエリート主義は、近代デモクラシーを「集合的自己支配」の理想として位置づけることそれ自体を夢想として退け、もっぱら近代的な市民を「政治における受動的な消費者」として位置づける。民衆に知的能力がないということは、定義上、端から問われうる余地のない前提である(10)。こうしたデモクラシー論者にしてみれば、民衆は投票を通じてエリートの気を引き締めさせることができれば、それでよい。「デモクラシーとは、ただもっぱら民衆が彼／彼女を支配しようとする人物を受容する／拒絶するための機会をもっているということのみを意味する(11)」。

エリート主義的理解に対置される参加デモクラシー論においても——方向性こそ真逆だが——前提化と回避の事態は同様である。C・ペイトマンやB・バーバーに代表される参加デモクラシー論は、一般民衆こそが政治的問題について発言権を持ち、集合的自己支配の主体たるべきだという理想に強くコミットする(12)。その上で、様々な回路を通じて政治に参加することで、民衆が政治的問題に対する資質を涵養し、かつ、そうした資質への自覚を促す教育的効果が期待できることを強調する。こうした理解の前提には、参加を通じて民衆は「より能動的で聡明になれる」という想定がある。だが、なぜそのことがデモクラシーそのものを認知的に「よりよい」パフォーマンスを示すものにすることへとつながるといえるのか。この点については自明の前提とされており、その論拠は曖昧である。

さらに八〇年代後半以降現在まで、「デモクラシーの熟議的転回」とも言われるような活況をみせる熟議デモクラシー論も、一部例外を除けば、熟議がもたらす認知的な「効果」という観点からデモクラシーを正当化することには極めて消極的であったといえる。[13][14]

多くの熟議デモクラシー論者にとって、民衆が意思決定につながる熟議に参加する権利をもつべきとされる理由は、もっぱら、投票に先立つ公共的熟議こそが公正な意思決定手続きの正統性の根拠となるという論拠に求められる。[15]基本的に熟議デモクラシー論者は、民衆による集合的自己支配の権利の根拠を、民衆が「よりよい知的能力を有しているか否か」という問いとは独立した問題として基本的に切り離している。熟議プロセスに期待される特長は、熟議を通じて形成される公共的理由の意思決定手続きに対する入力にこそ求められる。それ故、民衆が有能な意思決定者であるとか、熟議が意思決定に対して認知的に「よりよい」出力を生みだす傾向があるか否かは、問いの中心になってこなかった。

ここ数年、政治における熟議の重要性が意識されるなかでミニ・パブリックスをはじめ様々な社会実験が行われている。だが、実験を通じて得られた経験的知見と個別の熟議の効果の間にある関係性を問われたとき、熟議デモクラシー論者の多くは困難に直面する。結局、熟議が認知的に「よりよい」効果を生むか否かを既存の熟議デモクラシー論に求めたところで「経験的研究をざっとみた際の一般的結論はいまのところ、発見された知見をひっくるめると雑多なもので〔私の方からは〕結論は出ない」と述べるほかないのである。[16]

3　熟議デモクラシー論における「認知的謙抑 epistemic abstinence」の理由と背景

熟議デモクラシー論において、デモクラシーの認知的価値をめぐる論点は意図的に「回避」されてきた。その大半の論者が「認知的謙抑」という態度を保持してきたのである。ランデモアによれば、こうした態度をとる理由の背景には、「理に適った多元性の事実」（J・ロールズ）、あるいは「不合意の事実」（J・ウォルドロン）を多くの論者が真摯に受け止めてきたことが挙げられる。これら事実が示すことは、政治社会に生活を営む人々がそれぞれ相異なる価値、信念、生き方、正義構想を抱いており、時にそれらが対立を引き起こすという現実である。そうした不合意をめぐる紛争を解決するために集合的決定が求められる「政治の情況the circumstances of politics」といかに向き合うべきか(17)。

多くの熟議デモクラシー論者はこれらの事実と情況を受け入れる。その上で公共的熟議を伴う民主的手続きが寛容や平等、尊重あるいは相互性そのものを具現化しているという観点から、彼／彼女らは不合意や理に適った多元性に対してデモクラシーの内在的価値を認める。民主的手続きに対して不用意に認知的な――例えば、熟議を経た意思決定手続きは認知的に「より優れた、真なる」結果を生みだすといった――価値を付与することに対して彼／彼女らが警戒するのは、多元性や不合意の重みを何らかの形而上学的な見地から不当に序列化する、あるいは排除することに対する危惧からである(18)。

こうした戦略は一見もっともな方法である一方で、おもわぬ副作用を伴うことになったとランデモアは指摘する。それは、熟議を経ることで民主的意思決定手続きの出力はいかなる変化をみせるのか、という問いへの解答を宙吊りにしたことである。「熟議デモクラシー論者は、ロールズが推奨したように、真理という概念を用いることを回避してきた。だが彼／彼女らは、それだけにとどまらず、実質的な帰結と民主的手続きの評価に関する独立した基準に対する何らの直接的な関心をも実のところ避けてきたのである(19)」。認知的価値をめぐる議論を回避することの副作用とは何か。それは、デモクラシーの認知的価値に対する懐疑論者の立論に、正面からの反論を加える議論が提示できなくなったことである。

三　現代デモクラシー論における認知的転回

前節でランデモアの整理に即して概観してきたように、現代デモクラシー論はデモクラシーの認知的価値について長らく沈黙してきた。だが近年になって、「認知的転回」と呼ばれる、民主的手続きが備える認知的価値を正面から検討する研究が登場しつつある。

認知デモクラシー論の広義の特徴をまとめるならば、それは熟議と集計からなる民主的な意思決定手続きを「知の生成」という観点から検討し、擁護することを企図している点にある。その際に要点となるのは、熟議や集計といった民主的手続きは、はたして「どれほど正確さに関する手続き独立的基準に近似する蓋然性をもつものでありうるか」という論点である。こうした認知デモクラシー論の典型的な特徴は――ややもすれば「真理」という語が強烈すぎて誤解を与えかねない表現だが――デモクラシーの目的は行き着くところ「真理探究track the truth」にある、と捉える点に求められる。認知デモクラシー論者にとって、デモクラシーが他のいかなる意思決定の形態よりも望ましい理由は、この「真理探究」をデモクラシーがなすからに他ならない[20]。

認知デモクラシー論からすれば、実は既存のいかなるタイプのデモクラシー論も、正確さに関する何かしらの手続き独立的基準を想定してきた。D・エストランドの主張に即して言うならば、認知的価値に関して極めて謙抑的な態度を示す熟議デモクラシー論者といえども、実際の熟議が生みだす効果を評定するための基準を実際の手続きとしての熟議プロセスの外部に措定せざるをえない。また、ウォルドロンのような手続きの公正さにもっぱらデモクラシーの内在的価値を見出す論者ですらも、エストランドに言わせれば、何かしらの意味での正確さに関する独立した基準を明らかに措定している。単に意思決定手続きの公正さ「だけ」が問題であるのならば、投票による個々の民主的意思決定としての多数決はコイントスと何ら変わるところはないはずではないか[21]。いかなるデモクラシー論も理論化に際して、理想的な民主的手続きを語ることのうちに、何かしらの手続き独立的基準という想定を暗黙の裡に含めざるを得ないというわけである。

ただし注意が必要なのは、「手続き独立的基準を想定する」と認知デモクラシー論者たちが言明するからといって、そうした基準を具体的に確定させることができるということを必ずしもこの主張は含意していないということである。このことへの誤解が、認知デモクラシー論に対して批判を招く原因の一つとなっている。

四　純粋手続き主義による認知デモクラシー論批判

認知デモクラシー論に対しては、デモクラシー論の内部において純粋手続き主義と呼ばれる立場の論者から批判が提起されている。N・ウルビナティらは、認知デモクラシー論を真理探究のプロセスとしてデモクラシーを捉える構想であると特徴づけたうえで、こうした構想が以下のような二つの反民主的な含意を惹起する問題点を抱えていると批判する。

第一の批判は、認知デモクラシー論における正確さに関する手続き独立的基準の想定は、デモクラシーの構成条件であるはずの「不合意の事実」の否定につながるのではないかという疑念から生じている。ウルビナティらによれば、政治的問題において何かしらの解の存在、そして解を探知することを明示化しようと手続き独立的基準を想定することは、意見の多元性や不合意という事実を不当に狭めることにつながるおそれを生じさせる。すなわち、そうした事実に潜在する価値を、真理探究のプロセスとして把握されるデモクラシーのなかで、やがては克服されるべき一時的な現象に過ぎないものとして軽視してしまうことにつながってしまうのではないか。[22]「不合意の事実」をかような仕方でもって片づけてしまうことは、一方における異議申し立ての可能性、他方における協調と妥協の可能性、その双方の可能性がもつ意義を不当に引き下げるのではあるまいか。認知デモクラシー論は、正確さに関する手続き独立的基準を想定することによって、こうした危険に対するデモクラシーの脆弱性を高めてしまっている点を彼女らは批判する。[23]

第二の批判は、認知デモクラシー論による認知的価値の探究という構想が、民主的手続きがもつ内在的価値、特に政治的平等を認知的価値へと従属させてしまうという懸念に基づいている。彼女らが警戒するのは、あらゆる認知デモクラシー論の構想が民主的手続きに参加する個々の市民の知的能力について何らかの閾値の想定をおくのではないかという点である。そうした想定を置くことの含意は、政治的平等という前提を明白に侵害する可能性を許すということではないだろうか。結果、認知デモクラシー論は、真理探究のプロセスとしてのデモクラシーに寄与する有能な参加主体と無能な参加主体とを選別し、ひいては認知的に有能な少数者による寡頭政へと道を譲ることを認めてしまいはしないか。[24]

こうした批判をふまえウルビナティらは、認知デモクラシー論の挑戦に抗して、デモクラシーの規範内在的な正当化を可能とする構想として純粋手続き主義の妥当性を改めて強調する。デモクラシーの妥当な規範的正当化は、民主的手続きが認知的に正確な帰結を生みだす傾向を有するか否かという観点からではなく、平等な自由という内在的価値に係留された手続的ルールを遵守しているか否かという観点のみからなされるべきである[25]。

反民主的論議への応答として位置づけられる、認知デモクラシー論にとってのもう一つの課題は、こうした純粋手続き主義者からの批判にも応えることである。より具体的にいえば、デモクラシーには他の政治体制にはない認知的価値を生成することを根拠づけるメカニズムがあることを示し、その認知的特性を解明することで彼らの誤解をとくことにある。

本稿ではそうしたメカニズムとして熟議プロセスが挙げられることを示すことが狙いであった。だがここで注意すべきは、熟議とデモクラシーとの間の関係性である。ただ単純に熟議全般が認知的価値を備えていると断定するだけでは、次のような疑念を退けることができない。熟議はデモクラシーと必然的に結びつくものではなく、いかなる規模、属性の領域とも結びつく。ならば、仮に認知的特性を熟議に認めたとしても、それは他の形態の政治的意思決定手続き、例えば集合としての政治社会の内で最も「聡明な」人々による熟議を通じた少数者支配のような体制にも資することになるのではないか[26]。

こうした疑念を退けるという課題は、認知デモクラシー論が不合意の事実を否定し、政治的平等を損なう可能性があるという純粋手続き主義者の懸念に対して応答するためには不可欠である。同時にこうした批判を克服する試みは、デモクラシーとは「愚鈍な多者による支配」にすぎず、一部の知者である専門家たちに政治的意志決定を一任した方がよいとする懐疑論に抗してデモクラシーを擁護するための論拠となるだろう。

五　熟議における理由づけと不合意の意義とは何か

なぜ熟議は民主的である必要があるのか、とりわけ少数の知者による熟議を通じた寡頭政のような体制以上に優れた認知的特性を備えるために集団の成員すべてを等しく熟議プロセスへと包摂する必要があるのか。実のところ、これらの問いに対する解答を十分に示しえていないために、ウルビナティらからの政治的平等の毀損可能性という第二の批判に応じきれない議論が見受けられる。

例えばエストランドは、デモクラシーが備える認知的価値を擁護する際に、「ある全体としての集団よりもより賢い一群の市民が存在することは確かである」ことをあっさりと認めている。彼の議論において知者支配へと滑り落ちないようにさせている防波堤は、既存の専門家による支配への要求が個々の市民の適理的な（彼の言葉では適格な）異論を凌駕することの否定にある(27)。

だが、このような議論にとどめてしまうならば、認知的に優れた一部の知者による少数者支配の可能性の余地を十分に除外できない。この論法だと、集合としての民衆よりも専門家が政治的争点に関する知識においてより聡明であることが最終確定されたとされる領域においては、かえって反民主的な結論を導き出すおそれがある。

こうした反民主的結論を容認する可能性を避けつつ、ウルビナティらから提起された二つの批判に応えるにあたり、本稿では以下二点の主張を提示する。①手続き独立的基準の想定は決して不合意の事実の否定を必然的に含意するものではない。それどころか、熟議における不合意は、（熟議集団全体として捉えた場合）認知的利得をもたらす可能性を有している。②熟議はその内部での認知的多様性を確保するために包摂的なものでなくてはならない。この要請をふまえるならば、民主的手続きとしての包摂的な熟議プロセスの認知的価値の探究は、不確実性を避けることのできない政治の領域において各人を等しく扱うことを求める。これら二点により、純粋手続き主義から提起される認知デモクラシー論に対する批判に応答し、継続的で包摂的な熟議プロセスを内蔵するデモクラシーがもつ他の体制にはない認知的特性を詳らかにする。

1　認知デモクラシー論における不合意の意味

まず、手続き独立的基準を措定することが「不合意の事実」の否定を含意するという批判に対しては、デモクラシー論における手続き独立的基準の想定に関する解釈をめぐる区分を参照することで応じることができる。純粋手続き主義とあわせて、手続き独立的基準の想定をめぐる各々のアプローチによる解釈の要点を述べるならば、以下のようになる。[28]

・**純粋手続き主義**：手続きはその手続きが生みだす帰結のもつ価値にとって必要十分条件を構成する。「よい」帰結であるか否かを判定するための手続き独立的基準などというものはまったく存在しない。民主的な集合的意思決定手続きが正当化されるのは、もっぱら民主的手続きそれ自体が公正であることにのみ求められる。

・**強い認知的手続き主義**：民主的な集合的意志決定手続きが正当化される理由は、民主的手続きを通じて、手続き独立的基準として措定される認知的に「正確な」帰結を導出させることができるという点に求められる。

・**弱い認知的手続き主義**：手続き独立的基準として措定される認知的に「正確な」帰結が何かしら「ある」という形式的な想定をおきながらも、民主的手続きはそれを即時的・具体的に導出させることはできないことは認める。民主的な集合的意志決定手続きが正当化される理由は、それでもなお、この形式的基準へと近似する蓋然性が他の手続きに比べ高くなると見込まれるという点に求められる。

こうした区分をふまえて純粋手続き主義者からの批判を検討するならば、確かにそれは強い認知的手続き主義には当てはまるかもしれない。だが、弱い認知的手続き主義にはまったく妥当な批判ではないと結論づけられる。弱い認知的手続き主義という見解を採用するならば、政治的争点における手続き独立的基準ならびにその解の認識可能性の想定それ自体が不合意の事実の否定を必然的に含意するわけではない。政治学／社会科学において、なにが認知的に正確であるのか、望ましいのか、すぐれた帰結であるのかといった点は、たいてい将来という名の不確実性、あるいは、ロールズの言葉を借りるならば「判断の重荷 burdens of judgement」の背後に覆い隠されたままにおかれざるを得ない。[29]ランデモアはこの点を強調しつつ、「政治」が取り扱う問いの領域は、人間が「集合的問題としての人間生活に関するリスクと不確実性」に対処するところにあると論じる。[30] これを真摯に受け入れるならば、所与の政治的問題に対する解が事前に、しかも具体特定的に「発見される対象」として実在すると特定の人間が確言することは、それ自体「知的に越権的な発想」であるということになるだろう。この点に関しては第七節で改めて詳述する。

ここまで手続き独立的基準の想定が、不合意の事実の否定を必然的に含意するわけではないことを指摘してきた。しかしこうした消極的応答からさらに歩みを進めて、理由づけ reasoning の機能とは何かという観点から熟議を捉えた場合、不合意の事実それ自体が民主的手続きに対して認知的価値をもたらす潜在的可能性を有することを明らかにしよう。

ランデモアは、熟議デモクラシー論において「平等な市民の間での論議と理由づけのための公共的使用」(J・コーエン)として定義される熟議を一つの認知活動としてパラフレーズすべく次のように定義する。「ある活動が熟議的であるのは、ある所与の命題に賛成または反対する論拠を集め、評定するために理由づけが用いられる限りのことである」。[31]

この定義は要するに、理由づけという独自の活動として、熟議に対して他の認知活動にはない特有の意味を付与するものである。ここで彼女が最も強調することは、世界に対する自分自身の信念に関する注意深い分析的な検討を通じたならば、認知的改善とより正確な決定を導出できるはずだ、という私的推論モデルによって理由づけを捉えることは、その機能の理解からして極めて問題があるという点である。この点を突くのがH・メルシエとD・スペルベルらによる「理由づけの論議理論 Argumentative Theory of Reasoning」である。

2　理由づけは何のために機能するのか

(1)　私的推論モデルの困難と論議的モデルの可能性

メルシエらによれば、私的推論モデルが直面する問題は、次の二点にある。まず、①人々は、自らの意見を支持する論拠を見つけるように作用する確証バイアスに陥りやすい。[32] ②加えて、人々はたいていの場合、自ら生成する論拠についてかなり緩い基準を適用し、論拠の質の良し悪しについて確認することすらしない傾向性がある。[33] 私的推論モデルは、こうしたバイアスや傾向性について納得のいく整合的説明を提示することができない。

彼らは、私的推論モデルが直面するこうした問題を指摘した上で、それに代わる理論的視座として、進化心理学的観点から理由づけの本来の機能を論議的・社会的なものとして捉える「理由づけの論議理論」を提示している。

そもそも、理由づけの機能が論議的であり社会的な性質をもつとは、どういうことか。理由づけの論議理論は、この点をコミュニケーションのなかで人間が相互に作用させる信頼 trust と認知的警戒 epistemic vigilance という認知的メカニズムに焦点を据え解明しようとする試みである。人間は、他者とのコミュニケーションを通じて伝達される情報に強く影響される。コミュニケーションを通じて人々は自分にとって価値ある情報を獲得することができる一方、それが他者による詐欺や操作に対する脆弱性を含意するというリスクを引き受けることになる。それゆえ人々は、コミュニケーションからできるだけ多くの価値ある情報を得つつ、詐欺や操作を被るリスクを最小化すべく、情報源ならびに伝達される情報の内容が信頼に足るものであるかを評価するための一群の認知的メカニズムを用いる。これが、彼らの言うところの認知的警戒である[34]。

しかし問題は、情報の受け手の認知的警戒が、不誠実な送り手だけでなく、誠実な送り手にとっても障碍を生みだす可能性があるということだ。たとえ送り手が受け手に対して誠実に価値があると考える情報を伝達しようとしても、受け手の目には十分な信頼性を備えた送り手であると映らないかもしれない。こうした場合、情報の送り手は受け手に対する影響力を失い、他方、受け手は価値あるとされた情報を獲得できない[35]。

情報の送り手と受け手との間で生じるこうした「信頼の限界 the limits of trust」を克服する際の助けとなるのが、理由づけの社会的、論議的使用である。まず、情報の送り手にとって理由づけは、自身の伝達内容を信頼しきれないでいる用心深い受け手を納得させることを可能にするという点で有益なものとなる。送り手が受け手を納得させ、ひいては自身に対する信頼をも高める効果的な方法は、自らが提示する主張とそれを支持する論拠とが整合するか否かを、受け手に積極的に評定させることである。ひるがえって情報の受け手にとってここで往還的、論議的に提示される理由づけは、二つの面で有益なものである。第一に情報の送り手が提示する論拠は、受け手が当該論拠の支持する主張の妥当性を評定することを容易にするだろう。第二に評定を経た結果、受け手は、理由づけ以前の段階では信頼していなかった価値があると考えられる情報を獲得することができるようになる。[36]

こうした特長を理由づけのうちに析出する「理由づけの論議理論」は、先に指摘した私的推論モデルが直面する問題点をいかに克服することができるのだろうか。この点を詳らかにするにあたっては、論拠の生成段階と論拠の評定段階を区別することが重要である。

理由づけの論議理論の視座からすれば、論拠の生成段階における確証バイアス、および自分自身の論拠の質について甘くなる傾向は、むしろ、論議を通じてよりよい論拠を発見するという課題の遂行をより容易にする理由づけの「特徴」として捉え返される。この点をより具体的に述べるならば、次のようになる。まず、確証バイアスは、理由づけを行う際に、独力でありとあらゆる可能なパースペクティヴを考慮に入れるという認知的負荷から免れて、特定争点のある一側面にのみ焦点を絞ることを可能にする。他方、自らが生成する論拠の質について甘くなる傾向は、完全に異論の余地のない決定的論拠の発見へと独力で至ろうとするある意味で「無謀な」試みを押しとどめる。[37]

他方、論拠の評定段階においては、人々は上記のようなバイアスや傾向性を抱かず、他者が提示する論拠の質を評定するにあたって、よりよき理由であるか否かを極めて批判的に検討する。論拠の生成段階と評定段階とのこうした非対称性は、理由づけが自己と他者との間で相互往還的になされるという局面においてこそ最も明確に現れる。確かに人々は、自ら生成した論拠の質については甘くなる傾向は避けられないかもしれない。だが、自分とは異なる他者によって提示された論拠に対しては、人々は、先に述べたような認知的警戒のメカニズムを用いてそのよしあしを慎重に検討するようになる。この認知的警戒のメカニズムこそが、他者が提示する論拠の質に対して、粗略な理由を退けるのに十分なほど「要求度が高く」なるように人々を導く心理的メカニズムなのである。[38]

論拠を評定する際の動機づけは、あくまでも単に自分自身にとって価値あると考えられる情報を獲得したいというところにある。それゆえ、複数の論拠の比較衡量をへて見出されるよりよい論拠が、たとえ自らが抱いていた強固な信念を修正する、あるいは当初信頼をおいていなかった話し手に対して注意を払うといったことを強いるとしても、人々はよりよい論拠を受容すると見込まれるのである。[39]

(2) 論議的・社会的な理由づけの機能と自他の間の不合意の意義

このように、理由づけを私的推論としてではなく、「いまここにある」社会的目標と連動する論議メカニズムとして理解するならば、理由づけがその本来の機能を果たす「通常条件 normal conditions」もまた異なる仕方で捉えなおされる。すなわちそれは、複数の個人の間に生じる不合意のうちにこそ見出される。[40] 不合意は、むしろ人びとの間において理由づけを起動させる要因となる。人々は、自他との間に不合意を探知した場合に、自分とは相対立する考えを抱く他者を納得させるための論拠を生成し、あるいは他者の論拠を評定することで、その不合意に対処するように促される。[41]

このことはひるがえって、不合意が自他との間で探知されない場合、理由づけはその本来の機能を果たさない可能性が高いだろうということを示唆する。M・フリッカーのいう「解釈的不正義 hermeneutical injustice」はこうした事態の典型であろう。[42] これは「被害者である当人が他者に対して、ひいては自らに対しても、自身の被った不当な経験を描き出すための概念枠組みなき状況に曝され続ける」という不正義を意味する。例えば、支配的地位にある人々や声の大きな多数派が従属的地位にある人々や少数派の意見に対して何らの関心も払えない状況が、この種の不正義の一例として挙げられるだろう。

あるいは同質的な専門家たち、卓抜した専門家単独での理由づけもまた、不合意が探知されない場合として捉えられうる。同質性の高い専門家集団の内部で理由づけを行うとしても、それは、すでにその集団内で共有されている信念を支持する自己正当化と論拠を相互に提示しあうにとどまる可能性が極めて高い。[43] 他方、専門家が単独での理由づけを行う場合、自ら獲得し比較衡量することで処理できる情報量という面での避けがたい認知的限界を自覚することなく、自分がすでに抱いている信念と判断に対して後付けの自己正当化を繰り返し、結果、過剰な自信を抱いてしまう可能性が生じる。[44]

集団極化や確証バイアス、自己の信念・判断に対する過剰な自信といった事態は、実際の議論や討論のプロセスにおいて生じうる認知的失敗としてつとに指摘されてきた。[45] しかし、理由づけの論議的・社会的使用を駆動させる「通常条件」は複数の個人間での不合意のうちに見出される、という理由づけの論議理論の主張をふまえるならば、これらの認知的失敗が生じるような状況は複数の個人間での不合意が探知されない状況、それゆえ理由づけがその本来的な機能を果たす「通常条件」から逸脱した状況として捉え直される。そうした状況では、仮に複数の人間により議論がなされたとしても、そこでの論議の往還は論拠の評定を伴わない「異論なき自己正当化だけを強固にする議論」にとどまり、集団極化や確証バイアスは然るべくして生じるのである。(46)

理由づけの論議理論をふまえた上で、先に引用したランデモアによる熟議の定義の含意を述べるならば、それは、理由づけの実践としての熟議は所与の命題に対する賛否をめぐる理由の交換でなければならないということだ。この「交換」が意味するところは、真に熟議が行われるためには、少なくとも何かしらのパースペクティヴを資源として形成された論拠に対して理由づけが行われ、かつ、相対立する論拠の間において理由づけの相互往還的な評定が行われなければならないということである。熟議を通じた不合意がもたらす認知的価値は、こうした理由づけの機能という観点からこそ適切に位置づけられる。(47)

六　認知的多様性と熟議

しかしながら、上述の点だけへの応答では純粋手続き主義者は納得しないだろう。仮にこれによって熟議を通じた不合意がもたらす認知的価値について明らかとなるとしても、熟議が包摂的であるべき理由は不明瞭なままであり、熟議と少数者支配とを結びつける知者支配の可能性を退けられないからだ。ここで採用するに適した理論戦略は、いかなる特定個人または一部の人々ではなく、全体としての集団による熟議プロセスこそが認知的価値を生成する要諦であることとの根拠を模索する方向性である。(48)

1　政治における分散された集合知――「民主的理性」の可能性

すでに見たように、デモクラシーは「愚者の支配」であるとするデモクラシーに対する懐疑論は、一般民衆の知に対する懐疑的診断をその根拠とするものであった。しかし、こうした見解において疑問視される一般民衆の知は、個々の市民のうちに内属する資質およびその資質の発現によって獲得される知識という形で捉えられている。

これに対してランデモアは、政治において必要とされる知を、人々の間において個体横断的に分散されている集合知と捉えるべきであると主張する。[49] こうした分散された集合知として把握された非専門的な市民の知の体系――彼女はこれを民主的理性democratic reasonと呼ぶ――という観念について注意すべきは次の点にある。まずもって分散された集合知としての民主的理性は、集合としての人々の間でのみ生成されうるのであって、個人内で主観的に遂行されうるものではない。さらにこの民主的理性を生成するメカニズムは、先述の往還的理由づけとしての熟議が有する本来の機能という観点から説明されうる。つまり、個々の市民が備えている知的能力あるいは知識を単純に総和／集計することによってではなく、相異なり対立する論拠に対する「賛否をめぐる理由の交換」としての理由づけが行われる往還のなかでこそ、民主的理性が生成される道筋を展望できる。

仮に、既存の手続きを通じて「正確」とされる、さしあたって理に適った合意が形成されたとしても、そこからこぼれおちる異なる理に適った意見はつねに残存し続ける。こうした「不合意の事実」は認知的次元においても当てはまる。不確実な政治的争点に対する解を模索するルートは単なる個人の知識の総和によってもたらされることはない。

2　認知的多様性の意義――「学習過程」としての包摂的熟議

こうした民主的理性の生成がその威力を遺憾なく発揮するための原動力として、ランデモアは認知的多様性の重要性を強調する。ここでいう認知的多様性とは、広くいえば人々が政治的問題に取り組む際のアプローチの差異のことである。具体的には、問題状況を表象する際の各々のパースペクティヴやそれを区分する方法としての解釈、問題に対する解決策を生みだす方法、問題の推移と解決策がもたらす帰結に関して因果連関を推定するための予測モデルといった面における多様性が、認知的多様性として位置づけられる。

こうした認知的多様性は分散された集合知を通じた民主的理性の生成になぜ・いかに寄与するのか。ランデモアは、数理社会学者のS・ペイジらが提示した「多様性は資質に優る定理Diversity Trumps Ability Theorem」を参照しながらこれを詳らかにしている。DTA定理の要諦は、認知的に多様な人々からなる集団は、同質的な人々からなる集団と比べて、よりすぐれた認知的改善を生みだす蓋然性が、論理上、必ず高まることを示す点にある。(50)

問題解決という文脈において同質的な人々の集団は、その人々のうちでの部分最適解――当事者間ではそれが全体最適解である――にいずれはとどまってしまう。これに対して認知的に多様な人々のうちでは、多数の異なるパースペクティヴや解決策、予測モデルからの理由づけの間で往還が生じる結節点、機会が論理上必然的に増大することになり、部分最適解から全体最適解へと至る蓋然性がはじめて生みだされる。こうした意味において、分散した集合知が民主的理性を生成させる過程において、認知的多様性は極めて重要となる。

この点をより明快にするために、かつてのアメリカにおける奴隷制に対する見解・知識の状況を考えてみよう。そこでは当時、奴隷制はそれほど悪くない旨の理解や誤解は先行して支配的集団のうちに定着していた。(51)こうした状況下において、当時、奴隷制の不正を概念化する術をもたなかった周縁化された集団の構成員のパースペクティヴを包摂することの意義は、それのパースペクティヴ自体がより妥当で不偏的であるからではない。「周縁化された人々のパースペクティヴ〔の要諦〕とは、そうした周縁化された人々の社会的境遇から社会システムを検証するためのデータとなるものなのだ〔ということに求められる〕」(52)。

しかし、仮に認知的多様性の意義を認めるとして、熟議手続きにおける認知的多様性がいかにして確保されるかが問われる。DTA定理それ自体は、諸人格が政治的に平等であることを要請するデモクラシーのみを必然的に擁護するわけではないからである。例えばブレナンは、DTA定理に対する数理的見地からの批判をふまえつつ、(53)DTA定理のうちに示されている条件の制約度を考慮に入れるならば、民主的な熟議を擁護するためにこの定理を用いることはできないのではないかという疑義を呈している。(54)仮に認知的多様性に何かしらの価値を認めるとしても、DTA定理の含意はむしろ、一定程度の規模と認知的多様性が担保されつつも政治的問題に「かなり精通したfairly sophisticated」有権者集団のみを擁する、いわば「穏和な」形態の知者支配こそが望ましいということではないか、とブレナンはいうのである[55]。

この種の疑義に対して、ランデモアの立論に従うならば、①認知的多様性は熟議手続きに参加する人々の数と正の相関を示すという想定と②次節において論じるように「政治」という領域が不可避的に抱える不確実性の事実をもって応じることができよう[56]。

認知的多様性は熟議手続きに参加する人々の数と正の相関を示すとは、要するに、熟議を行う集団の規模が大きければ大きいほど、また、そうした熟議プロセスが継続する限り、そのプロセス内部において「学習過程」が再帰的に行われ、認知的多様性を論理上増大させるということである。ここで注意すべきは、論理的蓋然性の問題と経験的蓋然性の問題の区別である。DTA定理、および、それをふまえてランデモアが提示する上記の想定は、あくまで論理的蓋然性の問題である。これに対して、現実の熟議手続きのなかで認知的多様性を増大させるためにいかなる制度条件が充足されるべきか（例えば現実の熟議手続き内部の認知的多様性を増大させるためにランダムサンプリングという手法が有効なのかどうか）は、経験的蓋然性の問題として扱われるべき論点である。

無論、こうした経験的蓋然性の問題に対して応答することは、認知デモクラシー論にとって軽視すべき課題では決してない。論理上の問題からさらに踏み込んで、包摂的な熟議プロセスの構築に向けた制度構想を描くことが必要となることは、言うまでもない。しかし、位相の異なる二つの問題を混同したままで定理そのものの有意性それ自体を否定することは妥当ではない。仮に既存のデモクラシーにおいて定理を経験的に裏づける証拠が見出されないとしても、定理自体の論理上の結論を否定することにはならないはずだ。

これに加えて、多様性を構成するいずれの認知的立場が優越しているかを先決することを、政治的争点は許容するものではないという点が極めて重要である。一般市民の認知能力に懐疑を示し、それを根拠にデモクラシーを退けようとするブレナンは、この点を捉えそこなっている。次節で論じるように、不確実性を避けがたく内包する政治の領域における「知」の特質こそ、知者支配の擁護論に抗して、政治の領域において諸人格を等しく扱うべき根拠を認知的な観点から構成するのである[57]。

七　不確実性に満ちた政治における「認知的」であることの意味——誤解を解く

政治とは、われわれが集合的に不確実なものに対峙し、そのリスクに対処する問いの領域である。そしてそれ故に、政治的な問題や争点について何が「よりよき判断」であるかという点はあくまで後方照応的にその都度その都度の熟議プロセスのなかで検証されていくもの以上ではありえない。

こうした主張をすることは、決して政治的問題のすべてを相対主義化してしまうことにはまったくならない。前節でも論じたように、弱い認知的手続き主義においても手続き独立的基準は放棄されてはいない。「熟議のプロセスが正解をはじき出したか否かを〔いまここで〕確実に知ることができないという事実は、政治における認知的妥当性の問題を我々が回避できるということを意味しない(58)」。

ここでまずもって確認すべき事柄は、そもそもいかなるタイプのデモクラシー論といえども「政治的認知主義political cognitivism」とランデモアが呼ぶ一群の見解に否応なくコミットしているはずであるということだ。政治的認知主義は、何かしらの正確な答えはあり、そうした答えが確実性をもって予め知ることはできないとしても、少なくとも民主的手続きによってはじめて接近可能であるはずのものだ、という想定に依拠している。

ここで注意すべきは、正確さに関する手続き独立的基準の想定をめぐって、「強い」政治的認知主義と「弱い」政治的認知主義という二通りの解釈が成立しうるという点である。前者の立場によれば、実際の政治的意思決定手続きが正確な解を個別具体的な仕方で導出させることができると考える。確かにこうした見解は、認知的に有能とされる少数者による排他的、非民主的な支配を奨励するような「真理」観へと接近していくことになる。

だが手続き独立的基準という想定は、こうした強い政治的認知主義を必然的に含意するわけではない。そうした想定を弱い政治的認知主義の立場によって、より説得的に擁護することは可能である。弱い政治的認知主義が要請するのは、政治的判断はつねに可謬的でありつつも、何かしらの手続きを経た帰結は何らかの意味で正確なものとなりうる蓋然性をもつはずだという点を認めるだけである[59]。たとえ手続き独立的基準を想定するとしても、それは大文字の「真理」、すなわち三人称的な客観的真理の実在を想定することと同義ではまったくない[60]。「真理」に対する懐疑論者の懸念に反して、弱い政治的認知主義の想定は「真理」の実在性の対応的想定を含意するわけではないのだ。

さらに重要な点は、手続き独立的基準の存在を想定したとしても、認識の多元性と可謬性はまったく否定されることはない、ということである。否、政治における不確実性という事実を真摯に受け止めるならば、それらはむしろ政治においてつねに要請される。この点は、陪審を例に考えてみればよい。陪審において有罪／無罪といった手続き独立的な正義の基準があると想定することは当然であろう。だが、陪審員の誰一人として無謬の正しい答えを導き出したという確信を抱くことは、当該の陪審手続きのみからはできないであろう。その独立した基準を「真」たらしめる根拠は、それ以前のたゆまぬ理由づけの往還を通じた正当化と精査に耐えてきたという歴史的事実と、今後さらなる相互的かつ一般的な正当化実践に開かれているという事実に依拠している[61]。

結局のところ、弱い認知的手続き主義の立場をとるならば、正確さに関する手続き独立的基準を「真理」と呼ぼうが「適理性」と呼ぼうが、それは単なる意味論上の問題に過ぎないであろう。その基準の具体的性質については論争の余地がつねに残るだろうが、弱い政治的認知主義という立場自体はいずれの「独立的基準」の構想とも両立可能であるといえる[62]。

こうした弱い政治的認知主義という立場であっても、いわゆるラディカル・デモクラシー論とは相容れないと思われるかもしれない。例えばその代表的理論家であるC・ムフは、政治において「普遍的で合理的な合意の可能性を信じることは、民主的思考を誤った道へと導いていく」と主張する[63]。加えて彼女は、あらゆる政治的・社会的秩序は偶然的な諸実践の所産にほかならず、その当の実践の外部にある「深遠な客観性」を明示するものではないとも指摘している[64]。そのうえでムフは、対立の合理的な解決の不可能性を前提とした上で、相対立する党派が互いに「対抗者adversaries」として承認し合いつつヘゲモニーを相争うという、闘技デモクラシー agonistic democracy の構想を描くことを試みている。

しかし、既存の権力関係を脱構築し、組み替えるための「闘技的な闘争」の可能性を強調し、そうした闘争の展開を既存の権力関係に対する「挑戦」として語ることもまた、正確さに関する何らかの手続き独立的基準の想定を暗黙の裡に含んでいるのではないか。無論、そうした想定を置くこと自体は、正確さに関する手続き独立的基準を具体的に導出させることができるということと同義ではない。政治における偶然性の契機を重視するラディカル・デモクラシー論者にしてみれば、手続き独立的基準を具体的に導出できるという言明こそ僭越なる「独断」として捉えられるかもしれない。しかしながら、たとえ形式的にであれ、正確さに関する手続き独立的基準の想定を置かずして、従来「自然的」として自明視されてきた権力関係が偶然的な諸実践の所産であることを暴露しつつ、「新たな」言説と制度の創造を通じた対抗的ヘゲモニーの構築を語ることなどできないだろう。

こうした論議をふまえてもなお、手続き独立的な「真」なる基準をおくことに対して頑なに拒否感を抱く「末期症状的なまでの相対主義者 full-blown relativism」や、弱い認知的手続き主義は相対主義的に過ぎるとして政治における「真」は「知を愛してやまない少数の専門家」によってのみ導出可能であると考える道徳的実在論者あるいはプラトン主義者に対しては、ランデモアに倣って、あなたがたにこそ自らの立場が擁護可能であることをいまここで示す「挙証責任がある」、と述べればよかろう。[65] デモクラシーに認知的特性を認めたからといって双方からの批判や懸念に直面しなければならない必然性はまったくない。

こうした点をふまえるならば、政治的問題に関する「よりよき判断」の形成に資する認知的差異を事前に具体的な形で特定し、その具体的特定化に従いつつ熟議に包摂される多様性の幅を設定することは、不毛な試み以外の何物でもない。道徳的理由をめぐる論争とは位相の異なる、認知的・論理的理由からもまた、いかなる立場も等しく考慮されるべきなのだ。この点を真摯に受け止めるならば、「手続き独立的基準」の名の下に、認知的に「真」とされるものを規定してしまうことで一部の「聡明」とされる少数者による寡頭政の認知的優位性を擁護する議論が、いかに「政治」という営為において「愚かな越権的振舞い」であるのかは明らかである。加えてこのことは、純粋手続き主義者の懸念に反して――むしろ彼／彼女らとともに――デモクラシーの擁護とそれが有する特長の積極的な是認を導き出すのだ。重要な点は、熟議をふまえた民主的手続きのみが「我々の間」で論拠の評定を可能とし、「我々が抱く『真』に対する信念」に対して、理由にもとづく精査と正当化を継続的かつ包摂的に可能にするということだ。こうした「真理探究」に向けた実践それ自体が、いかなる「善意ある独裁」や「卓抜したエリート支配」も満たすことのできない、理由の「妥当性 validity」に対する探究を可能にするのである。(66)

八　おわりに——不合意と不確実性を不可避とする政治における理由づけの役割

本稿の目的は、「デモクラシーは愚鈍な多者による政治体制ではなかろうか」という疑念と「認知的価値をデモクラシーに求めることはデモクラシーの否認をもたらすのではなかろうか」という懸念に対して、それぞれに応答しうるだけの根拠を析出することであった。本稿の結論を改めて述べるならば、次のようになる。デモクラシーは、一連の意思決定手続きそのものが他の政体にはない認知的価値を持つ。その源泉となる要素は、民主的手続きのうちに、人々の間での継続的で包摂的な「賛否をめぐる理由の交換としての往還的理由づけ」、すなわち熟議プロセスが認められる限りにおいて見出される。

本稿では、この結論を支持する論拠を、熟議における理由づけの機能と認知的多様性の意義に焦点を合わせて詳らかにしてきた。無論、継続的で包摂的な熟議プロセスを構成する具体的な制度条件は何かについて検討を試みることは重要である。また、本稿では熟議と分析上の理由から区別した集計の認知的特性をめぐる問いについても、認知デモクラシー論の課題として考察すべき論点であろう。これら論点の検討は、今後の課題としたい。

政治的問題には、先験的に確定されうる「正解」が存在しているわけではない。集合としての人々の間での二人称的・往還的な相互答責関係の継続的な実践のうちにこそ、政治的問題に対して「より優れた正確な成果なるもの」は生成される。敢えて次のように言ってもよい。認知的にみて、政治的問題に対するより正確な「真」の解は確かに存在するかもしれない。否、存在すると当事者である人々は考えているはずである。だが、デモクラシーがもつ認知的価値は、つねに「公共的な批判と合理的な正当化の要求」のプロセスを通じてはじめて確認することができる。(67) その価値がもたらす内実は、あくまでも認知的に多様な観点を資源とするたゆまぬ相互往還的な理由づけを通じた「今ここにある論拠の評定」を繰り返すことによってはじめて、そしてまたこれによってのみ判明することなのだ。(68)

（1）現代デモクラシー論における認知的価値への着目は、ここ三〇年ほどの限られた研究領域でなされてきたにすぎない。例えば以下の論考が挙げられる。Elizabeth Anderson, ‘The Epistemology of Democracy’, in *Episteme: A Journal of Social Epistemology*, Vol. 3, No. 1-2（2006）, 8-22. James Bohman, ‘Deliberative Democracy and the Epistemic Benefits of Diversity’, in *Episteme: A Journal of Social Epistemology*, Vol. 3, No. 3（2006）, 175-91. James Bohman, ‘Epistemic Value and Deliberative Democracy’, in *The Good Society*, Vol. 18, No. 2（2009）, 28-34. Simone Chambers, ‘Balancing Epistemic Quality and Equal Participation in a System Approach to Deliberative Democracy’, in *Social Epistemology: A Journal of Knowledge, Culture and Policy*, Vol. 31, No. 3（2017）, 266-76. Simone Chambers, ‘The Epistemic Ideal of Reason-Giving in Deliberative Democracy’, in *Social Epistemology Review and Reply Collective*, Vol. 6, No. 10（2017）, 59-64. Joshua Cohen, ‘An Epistemic Conception of Democracy’, in *Ethics*, Vol. 97, No. 1（1986）, 26-38. Joshua Cohen, ‘Deliberation and Democratic Legitimacy’, in James Bohman and William Rehg eds., *Deliberative Democracy: Essays on Reason and Politics*, MIT Press, 1997. David Estlund, ‘Beyond Fairness and Deliberation: The Epistemic Dimension of Democratic Authority’, in Bohman and Rehg eds., *Deliberative Democracy*, 1997. David Estlund, *Democratic Authority: A Philosophical Framework*, Princeton University Press, 2008. David Estlund and Hélène Landemore, ‘The Epistemic Value of Democratic Deliberation [Draft paper]’, in André Bächtiger, Jane Mansbridge, Mark Warren and John Dryzek eds., *Oxford Handbook of Deliberative Democracy*, Oxford University Press, forthcoming. Hélène Landemore, *Democratic Reason: Politics, Collective Intelligence, and the Rule of Many*, Princeton University Press, 2013. Hélène Landemore, ‘Beyond the Fact of Disagreement?: The Epistemic Turn in Deliberative Democracy’, in *Social Epistemology: A Journal of Knowledge, Culture and Policy*, Vol. 31, No. 1（2017）, 277-95. Hélène Landemore and Hugo Mercier, ‘Taking It Out With Others vs. Deliberation Within and the Law of Group Polarization: Some Implications of Argumentative Theory of Reasoning for Deliberative Democracy', in *Análise Social*, Vol. 47, No. 205 (2012), 910-34. Christian List and Robert Goodin, 'Epistemic Democracy: Generalizing the Condorcet Jury Theorem', in *Journal of Political Philosophy*, Vol. 9, No. 3 (2001), 277-306. José Luis Martí, 'The Epistemic Conception of Deliberative Democracy Defended: Reasons, Rightness and Equal Political Autonomy', in Samantha Besson, José Luis Martí eds., *Deliberative Democracy and Its Discontents*, Routledge, 2006. John B. Min and James K. Wong, 'Epistemic Approaches to Deliberative Democracy', in *Philosophy Compass*, Online First, 2018 (DOI: 10.1111/phc3.12497). Fabienne Peter, *Democratic Legitimacy*, Routledge, 2009. Fabienne Peter, 'Political Legitimacy', in *Stanford Encyclopedia of Philosophy*, 2010 [revised 2017] (URL: https://plato.stanford.edu/entries/legitimacy *最終アクセス、二〇一八年八月三〇日). Fabienne Peter, 'The Procedural Epistemic Value of Deliberation', in *Synthese*, Vol. 190, No. 7 (2013), 1253-66. Fabienne Peter, 'The Epistemic Circumstances of Democracy', in Michael S. Brady and Miranda Fricker eds., *The Epistemic Life of Groups: Essays in the Epistemology of Collectives*, Oxford University Press, 2016.

(2) 集計に着目してデモクラシーの認知的価値を論じたものとしては、さしあたりList and Goodin, 'Epistemic Democracy'を参照されたい。

(3) Cf. Martí, 'The Epistemic Conception of Deliberative Democracy Defended', 52).

(4) Bruce Ackerman and James S. Fishkin, *Deliberative Day*, Yale University Press, 2004 (川岸令和、谷澤正嗣、青山豊訳『熟議の日——普通の市民が主権者になるために』、早稲田大学出版部、二〇一五年).

(5) Ilya Somin, *Democracy and Political Ignorance: Why Smaller Government Is Smarter*, Stanford University Press, 2013 (森村進訳『民主主義と政治的無知——小さな政府の方が賢い理由』、信山社、二〇一六年), chap. 3.

(6) Bryan Caplan, *The Myth of Rational Voter: Why Democracies Choose Bad Policies*, Princeton University Press, 2007 (長峯純一、奥井克美監訳『選挙の経済学——投票者はなぜ愚策を選ぶのか』、日経BP社、二〇〇九年), chap. 3.

(7) Cf. Anthony Downs, *An Economic Theory of Democracy*, Harper and Row, 1957 (古田精司監訳『民主主義の経済理論』、成文堂、一九八〇年). William H. Riker, *Liberalism against Populism: A Confrontation between the Theory of Democracy and the Theory of Social Choice*, W. H. Freeman, 1982 (森脇俊雅訳『民主的決定の政治学——リベラリズムとポピュリズム』、芦書房、一九九一年).

(8) Jason Brennan, *The Ethics of Voting*, Princeton University Press, 2011, chap. 3. Jason Brennan, *Against Democracy*, Princeton

University Press, 2016, chap. 1.

（9）Landemore, *Democratic Reason*, 27-9 and 40.

（10）Joseph Schumpeter, *Capitalism, Socialism and Democracy*, Haper and Brothers, 1943[First published]（中山伊知郎、東畑精一訳『資本主義・社会主義・民主主義』、東洋経済新報社、一九九五年）, chaps. 22-23.

（11）Ibid., 284-5（邦訳、四五四頁）.

（12）Carole Pateman, *Participation and Democratic Theory*, Cambridge University Press, 1970（寄本勝美訳『参加と民主主義理論』、早稲田大学出版部、一九七七年）, Benjamin R. Barber, *Strong Democracy: Participatory Politics for a New Age*, University of California Press, 1984（竹井隆人訳『ストロング・デモクラシー――新時代のための参加政治』、日本経済評論社、二〇〇九年）.

（13）数少ない例外としては、Cohen, 'An Epistemic Conception of Democracy' を参照。

（14）Peter, *Democratic Legitimacy*, 33 and Landemore, *Democratic Reason*, 42-44.

（15）Cohen, 'Deliberation and Democratic Legitimacy'.

（16）Dennis Thompson, 'Deliberative Democratic Theory and Empirical Political Science', in *Annual Review of Political Science*, Vol. 11（2008）, 499.

（17）John Rawls, *Political Liberalism* [*Expanded edition*], Columbia University Press, 2005. Jeremy Waldron, *Law and Disagreement*, Oxford University Press, 1999, chap. 2. And also Landemore, 'Beyond the Fact of Disagreement?', 277-8.

（18）John Rawls, 'Justice as Fairness: Political, not Metaphysical', in Samuel Freeman ed., *Collected Papers*, Harvard University Press, 1999.

（19）Landemore, 'Beyond the Fact of Disagreement?', 280.

（20）List and Goodin, 'Epistemic Democracy', 277.

（21）Estlund, *Democratic Authority*, chap. 5.

（22）Maria Paula Saffon and Nadia Urbinati, 'Procedural Democracy, the Bulwark of Equal Liberty', in *Political Theory*, Vol. 41, No. 3（2013）, 448.

（23）Ibid., 448.

（24）Ibid., 446.

(25) Ibid., 460.

(26) Landemore, *Democratic Reason*, 48. また、熟議と熟慮の区別に関しては次を参照。Robert E. Goodin, *Innovating Democracy: Democratic Theory and Practice after the Deliberative Turn*, Oxford University Press, 2008, chap. 3.

(27) Landemore, *Democratic Reason*, 51. エストランドは専門家支配が政治支配として正統化される可能性を生むような認知的教義として次の三つを挙げる。①真理教義＝政治的意思決定（手続き）を評定するための手続き独立的基準を想定するということ、②知識教義＝より知識をもつ者が存在するということ、③権威教義＝よりよく政治的知識をもつ者が政治的権威を担う根拠になるということである。そのうち、彼は専門家支配を排除するために、もっぱら「権威教義」を根拠として議論を構築している。だが、こうした論議構成が成立する背景には「市民は、いかなる第三者へも重大な問題に関する道徳的判断を放り投げてしまうことを拒むはずだから――仮に正確さの基準が存在していて、様々な有資格の知者がいるとしても――、彼／彼女らは決して専門家支配を擁護する道徳的基盤をもたないだろう」（Landemore, *Democratic Reason*, 51, cf. Estlund, 'Beyond Fairness and Deliberation', 183）という想定がある。つまり専門家支配は「適格な受容可能性要求 qualified acceptability requirement」を満たせないはずだというわけである。こうした彼の「民主的権威」をめぐる議論の成否については、本稿ではいかなる判断も下さない。

(28) Cf. Peter, *Democratic Legitimacy*. Peter, 'The Procedural Epistemic Value of Deliberation'. Landemore, *Democratic Reason*, chap. 8.

(29) Rawls, *Political Liberalism*, 54-58.

(30) Landemore, *Democratic Reason*, 13.

(31) Hugo Mercier and Hélène Landemore, 'Reasoning Is for Arguing: Understanding the Successes and Failures of Deliberation', in *Political Psychology*, Vol. 33, No. 2 (2012), 246. コーエンによる定義は、次を参照。Cohen, 'Deliberation and Democratic Legitimacy'.

(32) Hugo Mercier and Dan Sperber, *The Enigma of Reason*, Harvard University Press, 2017, 216.

(33) Ibid., 223.

(34) Ibid., 190-1, Mercier and Landemore, 'Reasoning Is for Arguing', 248.

(35) Mercier and Sperber, *The Enigma of Reason*, 191-2

(36) Ibid., 195.

（37）Ibid., 219.

（38）Ibid., 233.

（39）Mercier and Sperber, *The Enigma of Reason*, 235-6, Mercier and Landemore, 'Reasoning Is for Arguing', 251.

（40）Mercier and Landemore, 'Reasoning Is for Arguing', 247-8.

（41）Mercier and Sperber 2017, 289-90.

（42）Miranda Fricker, *Epistemic Injustice: Power and the Ethics of Knowing*, Oxford University Press, 2007.

（43）Mercier and Sperber, *The Enigma of Reason*, 243-4. あくまで「可能性が高い」と述べるのは、一見したところ同質性が高い集団であっても、異質性が貫入する可能性はゼロではないからである。

（44）Mercier and Sperber, *The Enigma of Reason*, 268. この指摘は、決して孤立した個人が「熟慮deliberation within」を行えないことを意味しない。しかしながら、自他の間に不合意を顕在化させたうえでの熟議に比して、かなり困難な認知的負荷がかかることは明白であると思われる。

（45）現実の個別具体的な議論や討論のプロセスが認知的多様性の拡大につながらず、それにより一見したところ集合知の生成に成功しないように思われることは、無論、とりわけインセンティブをめぐる問題としてつとに指摘されることである――「集団極化」はその典型であろう（cf. Cass Sunstein, 'The Law of Group Polarization', in *Journal of Political Philosophy*, Vol. 10, No. 2 (2002), 175-95）。こうした事態を「理由づけの論議理論」は整合的に説明することができる。端的にいえば、そうした討論、議論には「自他の間の不合意」も「提起された異論が備えている論拠に対する評定」も含まれていない「集合としての自己正当化理由のさらなる確証」が生じているのである。

（46）Mercier and Landemore, 'Reasoning Is for Arguing', 250-3. Mercier and Sperber, *The Enigma of Reason*, 243-44, 268.

（47）Mercier and Landemore, 'Reasoning Is for Arguing', 246. Peter, 'The Epistemic Circumstances of Democracy', 141-7.

（48）Landemore, *Democratic Reason*, 52.

（49）Ibid., 21.

（50）Ibid., 103. ＤＴＡ定理の詳細についてはScott E. Page, *The Difference: How the Power of Diversity Creates Better Groups, Firm, Schools, and Societies*, Princeton University Press, 2007（水谷淳訳『「多様な意見」はなぜ正しいのか――衆愚が集合知に変わるとき』、日経ＢＰ社、二〇〇九年）を、その数理的証明については以下を参照。Lu Hong and Scott E. Page, 'Groups of

Diverse Problem Solvers Can Outperform Groups of High-ability Problem Solvers' in *Proceedings of the Na. Aca. Sciences*, Vol. 101, No. 46 (2004), 163-85.

（51）Cf. Emily Robertson, 'The Epistemic Value of Diversity,' in *Journal of Philosophy of Education*, Vol. 47, No. 2 (2013), 303-4.

（52）Ibid., 304.

（53）Abigail Thompson, 'Does Diversity Trump Ability?: An Example of the Misuse of Mathematics in the Social Sciences,' in *Notices of the AMS*, Vol. 61, No. 9 (2014), 1024-1030. See also Shenghua Luan et al., 'When Does Diversity Trump Ability (and Vice Versa) in Group Decision Making? A Simulation Study,' in *PloS One*, Vol. 7, Issue 2 (2012), 1-8. なお、ペイジらのＤＴＡ定理の論証には瑕疵があるとするトンプソンの批判に対しては、むしろトンプソンの方が数学的定理の証明 proof とコンピューター実験による定理の例証 illustration を混同しているのではないかという指摘も出ている。Daniel Kuehn, 'Diversity, Ability, and Democracy: A Note on Thompson's Challenge to Hong and Page,' in *Critical Review*, Vol. 29, No. 1 (2017), 72-87を参照。

（54）Brennan, *Against Democracy*, 182.

（55）Ibid., 183-4.

（56）Landemore, *Democratic Reason*, 104.

（57）Hélène Landemore, 'Democracy as Heuristic: The Ecological Rationality of Political Equality,' in *The Good Society*, Vol. 23, No. 2 (2014), 160-78. Ibid., 183-4.

（58）Mercier and Landemore, 'Reasoning Is for Arguing,' 244.

（59）デモクラシーの認知的価値に注目する論議の一部には、Ｊ・ボーマンやＥ・アンダーソン、Ｆ・ピーターのように「真理探究」ではなく「バイアス回避」を強調する立場があるが、この立場と「弱い政治的認知主義」は整合的である（Anderson, 'The Epistemology of Democracy,' Bohman, 'Epistemic Value and Deliberative Democracy,' Peter, *Democratic Legitimacy*）。「バイアス」の回避を強調したとしても、実際の手続きにおいてはその回避に先立って何らかの形で「バイアス」をめぐる熟議を通じた論拠の評定がなされ蓄積されるからこそ、その認識ないし回避は可能となる。この点で両者の間には何らの矛盾も存在しない。

（60）「真理」概念をめぐっても、現在のところ、最もなじみがあるであろう「対応説 correspondence theory」のほかにも、「整合説 coherence theory」「デフレ説 deflationary theory」など極めて多様な構想が提起されている。重要な点は、こうした「多元性」と継続的な「論争」そのものが、理由づけの論議理論の含意する「不合意」とＤＴＡ定理の含意する「多様性」の認知的価値を体現しているとも言えるだろうということだ。近年の「真理」概念をめぐる論争については、Nikolaj J. L. L. Pedersen, Cory D. Wright eds. *Truth and Pluralism: Current Debates*, Oxford University Press, 2013を参照。

(61) こうした「真理」観をプラグマティズムの構想として位置づける論考として次を参照。Min and Wong, 'Epistemic Approaches to Deliberative Democracy'.

(62) Landemore, *Democratic Reason*, 230. Martí, 'The Epistemic Conception of Deliberative Democracy Defended', 51-2.

(63) Chantal Mouffe, *On the Political*, Routledge, 2005（酒井隆史監訳、篠原雅武訳『政治的なものについて――闘技的民主主義と多元主義的グローバル秩序の構築』、明石書店、二〇〇八年）, 3（邦訳、一四頁）.

(64) Ibid., 18（邦訳、三五頁）.

(65) Landemore, *Democratic Reason*, 230.

(66) Cf. Cheryl Misak and Robert B. Talisse, 'Debate: Pragmatist Epistemology and Democratic Theory: A Reply to Eric MacGilvray', in *The Journal of Political Philosophy*, Vol. 22, No. 3 (2014), pp. 366-76.

(67) Chambers, 'The Epistemic Ideal of Reason-Giving in Deliberative Democracy', 63.

(68) 本稿の結論は、次のようなR・フォルストの見解とも合致するものである。彼自身はエストランドを想定しつつ「デモクラシーの認知的構想」を拒絶するが、それは認知デモクラシー論が「強い政治的認知主義」のみを唱道していると彼が理解しているからにすぎない。「民主的な手続きと結果に関する評価には『独立した基準』が存在するが、それは『唯一の（the）』政治的真理にかんする客観的な認知的見地という意味においてではない。むしろそれは、既存の手続きからは独立しているが、また別のより相互的で包摂的な手続きに依拠する規範的基準である。よき理由が無視されてきたと想定する根拠があるのであれば、そのことを支持することができるのは、改善された正当化の諸形態である。だが、相互的かつ一般的な論議argumentationを超えた客観的真理を『発見する』独立した方法は存在しない。民主的プロセスが何らかの形で間違った方向へと進んできたということが判明するならば、この洞察はすでに、相互的かつ一般的な正当化のよりよくより包摂的な実践の（暫定的な）結果であり、さらなる論議のなかでその妥当性が検証される必要のある結果なのである。民主的手続きのなかで到達する結果よりもよりよい解答はつねに存在する〔はずである〕。だが、〔この〕『よりよい』ということの意味は、熟議と論議のプロセスのなかでより正当化が可能であるということである」（Rainer Forst, *The Right to Justification: Elements of a Constructivist Theory of Justice*, Columbia University Press, 2012, 185-6）。

＊本論文は、二〇一八年度第二五回政治思想学会研究大会（甲南大学：自由論題分科会A）における報告内容を元に、多くの方々との討論をふまえ、加筆、修正を施したものである。分科会司会の長妻三佐雄先生に感謝申し上げる。また、細部にわたり貴重なコメントをくださった二名の匿名査読者、本稿の完成までに多くの助言をくださった諸先生方に、厚く御礼申し上げたい。
＊本論文は、平成三〇年度科学研究費助成事業（若手研究「認知デモクラシー論の包括的解明：反民主的論議の興隆に対する学術的応答〔課題番号18K12715〕」）による研究成果の一部である。

〔政治思想学会研究奨励賞受賞論文〕

認識的デモクラシー論の内的妥当性と外的妥当性
――科学哲学におけるモデリング理論を手掛かりに

坂井亮太

一　課題の設定

1　研究目的と先行研究における空白

本稿は、認識的デモクラシー論研究に対して、特定の数理モデルの擁護や批判ではなく、多様な数理モデルの総合をめざす研究課題を提起するものである。一般に、特定の実験条件の下で、因果関係が確認されるかという問いを、内的妥当性（internal validity）の問題と呼ぶ。また、この因果関係を、異なる環境条件に対しても一般化できるかという問いを、外的妥当性（external validity）の問題と呼ぶ。(1) 本稿の目的は、認識的デモクラシー論研究が、数理モデル分析から哲学的示唆や政策提言のヒントを得る際の研究設計として、数理モデルの複数性を利用して分析の内的妥当性を高めることを通じ、数理モデル分析の外的妥当性を間接的に向上させるアプローチを提示することにある。

規範的政治理論の一分野である「認識的デモクラシー論（epistemic democracy）」は、デモクラシーがもつ優れた認識的機能に関心を向け、それをデモクラシーの規範的擁護のための根拠の一つにしようと試みる。認識的デモクラシー論者は、(2) デモクラシーには、真理追跡機能（truth-tracking functions）や問題解決機能（problem-solving functions）といった認識的な優位性があると主張する。

認識的デモクラシー論の特徴は、規範的な議論でありながら、その論証の根拠として、数理モデル分析の結果を援用する点にある。[3] 多数決手続の正答率が一個人の正答率を上回ることを示した「コンドルセの陪審定理」（以下CJTと略記）は、認識的デモクラシー論が援用する数理モデルの代表例である。その一方で、数理モデルの分析で得られた結果が現実世界では成立しないことへの懸念（外的妥当性の問題）が、これまで認識的デモクラシー論に対する批判の焦点となってきた。[4] 外的妥当性の問題が重要なのは、規範理論の研究者が、モデル分析を通じて得られた結果を、現実世界や哲学的議論にまで拡張できるかを決定づけるからである。それゆえ、認識的デモクラシー論の内部からも、外的妥当性の問題に対する懸念が提起されている。たとえば、D・エストランドは、コンドルセの陪審定理モデルと契約論モデル（正義の導出手続のモデル）について、それぞれ数理モデルと現実世界、哲学的モデルと現実世界とのアナロジーが成立しないために、両モデルの認識的デモクラシー論への援用は困難であると指摘する。[5] 数理モデル分析の外的妥当性の問題は、認識的デモクラシー論が主張する集合知がもつ認識的機能の政治過程における実証が試みられている今日において、[6] いっそう重要なものになる。

認識的デモクラシー論の既存研究は、数理モデル分析の外的妥当性の問題に対して、三つの解決策を提案してきた。第一の解決策は、数理モデルを現実世界に近づけるように複雑化していく提案である。第二の解決策は、数理モデルの成立条件の一部を現実的なものに変更する提案である。第三の解決策は、モデルと現実世界との相違を、現実世界を改善するための規範的参照点として利用する提案である。あるいは、数理モデルの利用目的をメカニズムの説明に求めることで、外的妥当性の問題への取り組みを回避する議論もなされてきた（「モデル思考（model thinking）」論）。[7] 本稿では、外的妥当性の問題に取り組んできた前述の三つの解決策に注目する。ところが、これら三つの解決策が、予測、説明、規範性[8]といった規範的政治理論がモデル分析に期待する複数の目的を実現しながら、数理モデル分析の外的妥当性の問題を解消できるのかは、まだ検証されていない。

さらに、数理モデル分析の内的妥当性も自明ではない。たとえば、認知的分業がもつ認識的機能を説明する数理モデルには、それぞれ、対象をモデル化する際の不適切さやモデル分析の誤りが指摘されている[9]。これは、一つの数理モデルを取り上げるだけでは、モデル分析の内的妥当性を十分に保証できないことを示している[10]。認識的デモクラシー論の既存研究にみられる単一モデルの分析、代表的モデルを取り上げた分析、統一モデルの探求、特定のモデルを擁護して他のモデルを批判する議論は、この問題に十分にこたえることができない[11]。歪みや誤りを含みうる複数の数理モデル群から、どのようにして信頼に足るインプリケーションを引き出すのかという課題は、認識的デモクラシー論においてまだ十分に検討されていない。認識的デモクラシー論の既存研究において、数理モデル分析を援用することの妥当性を、モデリング理論側から評価する議論もきわめて少ない[12]。

2　目指す貢献と方法

本稿の狙いは、認識的デモクラシー論の数理モデル分析が、現実世界および規範的議論に対して信頼できる論拠を提供するための研究設計を、科学哲学におけるモデリングと理想化（idealization）をめぐる議論を参照点として検討することにある。これまで、「政治哲学の方法を政治哲学者自身が自己認識する際、科学方法論の既存の知見を参照することが実り多い出発点になりうる」と指摘されてきた[13]。認識的デモクラシー論が、数理モデルを用いて、デモクラシーの認識的機能の解明をめざすときにも、科学哲学の手法が新たなアプローチについての示唆を与えてくれる可能性がある。

本稿の認識的デモクラシー論に対する貢献は、数理モデルの複数性を利用することで、数理モデル分析の内的妥当性を高め、数理モデル分析の外的妥当性の向上の端緒となる信頼性の高い基盤を提供するアプローチを提起することにある。本稿では、これに向けて、（1）複数のモデルを用いて対象の全体像を把握する「多重モデルによる理想化（multiple-models idealization）[14]」の概念を認識的デモクラシー論の研究設計に採用すること、（2）「ロバストネス分析（robustness analysis）[15]」の手法を通じて数理モデルの複数性を数理モデル分析の内的妥当性の向上に利用することが有効であると指摘する。科学哲学の分野に限れば、これらの概念と手法を接合して、数理モデル分析の内的妥当性を高める議論がすでに提起されてきた[16]。本稿のアプローチの意義は、数理モデルの複数性をモデル分析の内的妥当性へと変換するだけでなく、内的妥当性の高い分析が、数理モデル分析の外的妥当性を間接的に高めるための基盤となることを指摘して、既存の議論を発展させ認識的デモクラシー論に適用した点にある。

ただし、本稿は、科学哲学の分野に新しい知見を付け加えることを目的とするものではない。あくまで認識的デモクラシー論への理解を深め、新たな研究展望を得るために有益と思われる範囲で、科学哲学の知見を選択的に参照するものである。本稿は、このような限定された議論でありながら、「多重モデルによる理想化」や「ロバストネス分析」といった概念と手法を参照することで、認識的デモクラシー論に対して新たな研究の方向性を提示する貢献をめざす。

以下、第二節では、認識的デモクラシー論の特徴を明らかにする。第三節では、数理モデル分析の外的妥当性の問題に対して、認識的デモクラシー論が提示してきた三つの解決策を批判的に検討する。第四節では、今後の認識的デモクラシー論研究において、複数の種類のモデルによる説明が許容されるべきことを、「多重モデルによる理想化」の概念を参照して提案する。第五節では、第四節の提案をもとにして、複数のモデルに共通する要因を探求する「ロバストネス分析」に取り組むことの有用性を指摘する。そして、本稿が提案するアプローチの理論的貢献について論じる。第六節では、本稿の結論と残された課題を述べる。

二　認識的デモクラシー論の基本的特徴

はじめに、認識的デモクラシー論の定義、意義、射程、位置づけ、論争敵、論証構造について簡潔に示す。H・ランデモアによれば、デモクラシーの認識的側面への関心は、（1）熟議民主主義論の文脈に内在していたデモクラシーの真理追跡機能への関心、（2）後期ロールズの政治的リベラリズムの議論において真理が争点とされないことへの疑問、（3）デモクラシーの全方位的な正当化に認識的側面からの根拠が欠かせないとする議論の提起、（4）デモクラシーの認識的メカニズムの解明が進展したことなどを通じて高まってきたとされる。[17] このような背景から生じてきた今日の認識的デモクラシー論はどのような特徴をもつのか。

（1）定義：民主的決定の正しさへの着目

今日の認識的デモクラシー論の最大公約数的な特徴は、民主的意思決定過程が真理追跡機能を提供することへの着目であるといえる[18]。本稿では、F・ピーターに従って、認識的デモクラシー論を、「民主的な意思決定の価値を、その政治的平等へのコミットメントゆえに評価するだけでなく、その知識を生み出す潜在力も含めて評価する議論」と定義する[19]。ピーターの定義を採用する利点は、今日の認識的デモクラシー論がもつ多様な特徴を包摂できる汎用性にある。

なお、手続独立の正しさへの言及が、認識的デモクラシー論の主要な特徴の一つであるとする議論もなされてきた[20]。しかし、近年では、手続独立の正しさの基準を、実体的に特定するのではなく、形式的な前提として設定する例が多くなっている[21]。

（2）意義：三つの期待

認識的デモクラシー論には、狭義、広義、架橋的の三つの意義が展望されている。第一に、認識的デモクラシー論の狭義の意義は、デモクラシーの認識的優位性を証明することにある。プラトンの議論を代表例として、デモクラシーが恣意的で認識的にも劣る結論を導いてしまうことへの危惧が伝統的に表明されてきた[22]。認識的デモクラシー論は、この伝統的な危惧を覆すことを試みる[23]。この試みが成功すれば、もう一歩踏み込んだ規範的な主張を行うことができる。

第二に、認識的デモクラシー論の広義の意義は、デモクラシーを帰結主義の要請にも配慮して正当化することにある。手続主義と総称される規範的民主主義論では、平等、参加、公正といった価値の促進が、デモクラシーの正統性の根拠とされてきた。認識的デモクラシー論の意義は、デモクラシーを正当化する根拠のリストの中に、正しさの実現という認識的根拠を加えることにある[24]。ここで「正しさ（correctness）」とは、事実命題にかかわる正しさ（truth）と価値命題にかかわる道徳的正しさ（rightness）の両方を含む概念とされる[25]。このような帰結の向上に正当化の根拠を求める立場は帰結主義と呼ばれる。認識的デモクラシー論の広義の意義は、帰結主義の要請にも配慮したかたちで、デモクラシーの正統性を支える議論を提供することにある。

第三に、認識的デモクラシー論の架橋的意義は、手続主義と帰結主義を架橋するメカニズムを示すことにある。熟議民主主義論において、手続主義の要請と帰結主義の要請は、熟議手続を通じて調和されると主張されてきた[26]。認識的デモクラシー論は、民主的手続を通じて帰結の改善がもたらされる因果メカニズムを示すことで、手続主義と帰結主義を架橋する意義がある。

ところで、認識的デモクラシー論は、デモクラシーの真理追跡機能を、何に対して用いるのであろうか。それを知るためには、認識的デモクラシー論の射程について知る必要がある。

（3）射程：政治的テーマ

認識的デモクラシー論において、民主的意思決定過程が真理追跡性に優れるのは、政治をめぐる課題であるとされる[27]。では、認識的デモクラシー論が、民主的意思決定過程の俎上に載せる政治的テーマとは具体的には何か。

エストランドにとって、政治的議論の対象は、根本悪（戦争、飢饉、経済的衰退、政治的衰退、疫病、民族浄化とこれらから類推される事柄が含まれる）[28]を回避するという「誰にとっても重要な道徳的判断」である[29]。ランデモアにとって、「政治の核心とは、人類が人間生活にともなうリスクと不確実性をひとつの集合的問題として扱う課題領域である」[30]。政治が扱う課題は、不確実性に満ちているため、あらかじめ担当者を選任できず、集合的な解決が求められるのである[31]。

結局のところ、認識的デモクラシー論者が民主的な意思決定について論じるのは、政治的テーマの性質（全員にとって重要な道徳的判断や不確実性への対処）が、少数者による意思決定に適さないからである。

（4）位置づけ：社会的認識論における位置

認識的デモクラシー論は、社会的協働や交流を通じて認識的改善が間主観的に生じることへの洞察に立脚している。この洞察を通じて、認識的デモクラシー論の社会的認識論としての性格が明らかになる。

社会的認識論とは、「社会的な関係性、役割、利害、制度が知識にもたらす意味についての概念的また規範的な研究」を指す。(32) とくに、認識的デモクラシー論は、制度による認識的な改善効果を比較するタイプの社会的認識論に分類される。(33) たとえば、認識的デモクラシー論は、規範的政治理論の文脈で統治にかかる制度構想のモデルを比較し、独裁制や寡頭制といった決定制度に対する民主的意思決定制度の認識的優位を説明しようと試みる。(34) もちろん、民主的意思決定は完全ではありえない。議論の焦点は、民主的意思決定制度が他の制度と比較して認識的に優れた結果を導く確率の高さに向けられている。(35) 認識的デモクラシー論の規範理論としての特徴は、制度を通じて、個人の能力や動機づけを高める方法について議論する点に求められる。(36)

(5) 論争敵：エピストクラシー

認識的デモクラシー論が最大の論争敵とするのが、「エピストクラシー（epistocracy）」すなわち知者による支配である。(37) エピストクラシーの主張は、「もし既存の認識的基準があるとしたら、それについてよく知る個人が存在するので、その知者が統治をすべきである」というものである。(38) この主張は、以下の三つの前提に分解することができる。

①既存の認識的基準が存在する
②知者（認識的基準を充足するために必要な手段についてよく知る者）が存在する
③知者が統治すべきである

認識的デモクラシー論は、上記の前提のいずれかに誤りがあることを主張して、知者の支配に対するデモクラシーの優位性を主張しようと試みる。

①に対する批判として、認識的デモクラシー論者は、正義、価値や道徳、不確実性にかかわる問題には、客観的な正しさを事前に想定できないことを根拠として挙げる。(39)

②が不適切であるとする議論には、専門家に対する集合知や多数決手続の認識的優位性、あるいは知者を選任する際の合意形成の困難を根拠とするものがある。(40) とくに、エストランドは、誰にとっても重要な道徳的判断をめぐる意思決定において、「知者としての地位は、政治的正当化が要求するような方法では一般的に受容可能でない」としてエピストクラシーを批判する。(41)

エストランドは、③についても「専門家をボスとすることの誤謬(expert boss fallacy)」に陥っているとして批判する。(42) 民主的正統性を評価する基準として、認識的基準のみが特権的地位をもつのではない。民主的正統性は、手続的基準をはじめとする他の基準によっても評価される。そのため、知者と統治者が一致する必然性はないとエストランドは述べる。

以上のように、認識的デモクラシー論は、エピストクラシーを論争敵として批判を加える。そして、認識的デモクラシー論自身の課題として、どのようにして「あらゆる種類の知者を特権化することなく知を取り入れるのか」という課題を設定する。(43) これに対する、認識的デモクラシー論の解答は、どのようなものであろうか。

(6) 論証構造：二つの論証

これまで、認識的デモクラシー論は、以下の二つの命題の論証を目指してきた。

(第一命題) ある種の民主的意思決定過程は、認識的価値を実現する

(第二命題) 認識的価値は、デモクラシーの民主的正統性の必要条件である

認識的デモクラシー論は、これら認識的機能と認識的価値に関わる二つの命題を合わせて次のような主張を展開してきた。

（中心的主張）ある種の民主的意思決定過程は、認識的価値の実現を通じてデモクラシーの民主的正統性の獲得に寄与する。[44]

ⅰ　第一命題の論証：狭義の理論

狭義の認識的デモクラシー論では、上記の第一命題のみが論証される。[45] 実際に、狭義の認識的デモクラシー論者からは、意思決定手続の認識的機能の解明を目的とし、価値の論争には関わらない立場が表明される。[46]

第一命題の真偽は、コンドルセの陪審定理などの数理モデルを援用することで与えられてきた。[47] 数理モデルは、モデリング分析のために用いられる。ここでモデリングとは、「モデルの構築や分析を通じて、現実世界を間接的に研究する手法のこと」を指す。[48] 数理モデル分析は、認識的デモクラシー論の第一命題の信頼性を担保する役割を担っている。本稿の主眼は、この第一命題の論証を検討することにある。

ⅱ　第二命題の論証：広義の理論

第二命題の妥当性は、とくに広義の認識的デモクラシー論において議論されてきた。広義の認識的デモクラシー論では、事象の解明に加えて、（もしくはそれ以上に）哲学的アプローチ固有の課題であるところの価値をめぐる問題の解明に関心が向けられる。広義の認識的デモクラシー論では、第一命題と第二命題を組み合わせて、「ある種の民主的意思決定過程は、認識的価値の実現を通じてデモクラシーの民主的正統性の獲得に寄与する」という規範的主張がめざされる。

第二命題をめぐっては、これまで、（1）認識的価値をデモクラシーの規範的正当化の必須条件とするのかについて、（2）認識的価値と他の手続的価値との関係性について議論が重ねられてきた。既存の議論には、デモクラシーの規範的正当化の根拠として、認識的価値をどれくらいの割合で含めるかをめぐり様々なバリエーションがある。[49] その詳細な検討は、別稿に譲り、本稿ではこれ以上立ち入らない。このように、認識的デモクラシー論の多様な先行研究は、これら二つの命題をめぐる検証の試みとして整理することができる。

三　数理モデル分析の外的妥当性の問題への取り組み

1　三つの解決策と理想化の概念を用いた整理

本稿の課題に戻ろう。認識的デモクラシー論の理論的展望に根拠を与えるのが、数理モデル分析の援用である。しかし、数理モデルには一般に、対象の特徴をどのように数学的に表現するかといったモデル固有の特性や意図的に加えられた歪みが含まれている。[50]また、多くの場合で、数理モデルと対象とが類似していないことは否定しがたい。

そこで、数理モデルの援用を正当化する何らかの解釈が必要とされる。そのための解釈が、理想化の概念である。理想化とは、現実世界から一連のモデリングの手続を通じてモデルを構築する際に、意図的にモデルに対して現実世界の対象とは異なる歪みを生じさせることを指す。[51]理想化には、複数の様式があるとされる。

本節では、認識的デモクラシー論が、外的妥当性の問題に取り組む過程で提示された三つの解決策に注目する。そして、これらの三つの解決策を、理想化の概念を用いて分類し、その特徴を明らかにする。さらに、これらの解決策が、モデル分析に期待される予測、説明、規範性といった複数の目的を実現しながら、外的妥当性の問題を解消できるのか検討する。

(1)　モデルを現実に完全一致させる解決策

第一の解決策は、数理モデルを現実世界に合わせて複雑化していくことを通じ、モデルと現実世界とのギャップを解消するアプローチである。その典型例は、ランデモアによる議論である。[52]

ランデモアは、民主的意思決定の理想像を理論的に提示する意図で、認知的分業に関する「多様性が能力に勝る定理」モデル（以下、ＤＴＡと略記）に言及する。[53]それにとどまらず、ランデモアは、ＤＴＡモデルを単純なモデルからスタートさせ、将来的には複雑なモデルにしていくアプローチを提唱する。具体的には、単純化されたＤＴＡモデルに、価値の多元性、戦略的行為、その他の阻害要因といった要素を再導入してモデルを複雑化することで、デモクラシーの現実世界における振る舞いを確かめることを展望する。[54]最終的に、モデルの妥当性は実証結果に照らして検証される必要があるとランデモアは述べる。[55]

ガリレイ的理想化

ＤＴＡモデルの複雑化を試みるランデモアの議論は、数理モデルをガリレイ的理想化とみなす立場に立脚している。ガリレイ的理想化（Galilean idealization）とは、「モデルを数学や数値計算で扱えるようにするために、単純化を目的としてモデルにゆがみを導入する行為である」。[56]ガリレイ的理想化においては、当初導入された歪みはやがて系統的に取り除かれ、理想化が解消されることがめざされる。[57]ガリレイ的理想化の特徴は、（１）数値計算を行いやすくする目的で導入されること、（２）より正確に対象を表現するためにモデル構築が継続されること、（３）計算可能性の改善を通じて理想化を解消して現実世界を鏡写しにした複雑なモデルを構築することが最終的にめざされる点にある。[58]

ガリレイ的理想化に対する批判

しかし、ガリレイ的理想化では、規範性および説明というモデリングの目的を実現できない場合がある。ガリレイ的理想化に対する第一の批判として、モデル分析に規範的な意味を見出すことができなくなる問題が指摘される。エストランドは、理想と現実との類似性を向上させることを「認識的ミラーリングの見方（epistemic mirroring view）」と呼び、この見方では現実世界における欠陥や課題を特定するための批判的距離が消滅して、規範的な意味が失われると批判する。[59]

第二の批判として、ガリレイ的理想化は、メカニズムについての説明力を高めない点を指摘できる。モデルと現実との相違をなくしていけば、モデルを用いた現実世界の現象の予測精度を高めることができる。[60]しかしながら、現実世界と同じように複雑なモデルは、メカニズムについての理解可能な説明を与えるという目的を十分に果たせなくなる。

(2) モデルの一部分を現実に一致させる解決策

第二の解決策は、数理モデルの成立条件の一部を現実的なものに変更し、モデルが説明力をもつ射程を拡張するアプローチである。その典型例として、C・リストとR・グッディンが行ったCJTの設定を現実的なものに拡張する試みや、社会的選択理論を中心に行われてきた多数の同様の試みを挙げることができる。

リストとグッディンは、従来二つの選択肢をめぐる過半数投票方式の数理モデルであったCJTを、三つ以上の選択肢についての単純多数決(plurality voting. 一人一票を投票し最多得票を得た選択肢が選ばれる方式)へと拡張することを試みている[61]。選択肢の数や投票方式の拡張だけでなく、集団の平均正答率が二分の一より大きいことを要求する条件を緩和する場合、オピニオンリーダーの介在により独立の判断が行われない場合、戦略投票が行われる場合など、これまでCJTモデルの拡張は複数試みられてきた[62]。これらに共通することは、モデルの拡張は一部分にとどまり、ランデモアのように現実世界と同じレベルにまでモデルを複雑化することをめざさない点である。

ミニマリストの理想化

リストとグッディンをはじめ多くの論者が取り組んできたCJTの拡張の事例において、数理モデルは投票手続のコアの部分のみを写し取ったものと解釈されている。この解釈は、ミニマリストの理想化と呼ばれるアプローチに立脚している。

ミニマリストの理想化(minimalist idealization)とは、「現象を生じさせる主要な因果的要素だけを含んだモデルを構築し、それを研究する行為のことをいう」[63]。ミニマリストの理想化を経たモデルは、現象の発生および現象の基本的特徴に差異を生む核となる因果的要素だけを含んでいる[64]。ミニマリストの理想化の特徴には、(1) 差異を生み出す核となる因果要因を捉えることを目的とすること、(2) 理想化が(現象の説明、現象間のパターン、因果的要素についての)科学的説明に役立つという理由で正当化されること、（3）最小モデルにさらに詳しい内容を付け加えてもパターンの説明が向上するとは考えないことが挙げられる。[65] ガリレイ的理想化が計算可能性の向上の都度モデルの複雑化に取り組み、理想化を解消しようとする一方で、ミニマリストの理想化はこれを試みない。その代わり、ミニマリストの理想化は、その単純化された要素間の関係性を説明することで、現象が生じるメカニズムについての理解に資する役割を果たす。

ミニマリストの理想化に対する批判

ミニマリストの理想化を行ったモデルは、説明や理解といった目的には有用性をもつが、現象の全体像の記述や現実世界における予測といった目的には役立たないことがある。

M・P・サフォンとN・ウルビナティの議論は、この点を指摘するものである。サフォンとウルビナティは、数理モデル分析を用いた認識的デモクラシー論の既存の議論は、知識や認知面での多様性をモデル化しているが、価値の多様性と合意不可能性という現実世界のデモクラシーが直面する要素を捨象しているとして、これを批判する。[66] また、現実世界の重要な一側面を捨象したモデルは、現実世界におけるデモクラシーの全体像を捉えきれていないために、現実世界におけるデモクラシーの認識的機能の予測にとって役立たない可能性がある。

（3）モデルと現実との相違を利用する解決策

第三の解決策は、モデルと現実世界との相違を、現実世界を改善するための規範的参照点として利用するアプローチである。この解決策をとる代表的な論者に、エストランドがいる。

エストランドは、モデルと現実世界との相違を、理想と現実との距離を測定するために利用することを提唱する。エストランドは、現実世界の理想からの逸脱を「均衡をはかるための逸脱（countervailing deviation）」と呼び現実に対する批判の参照点とする。[67] まず、エストランドは、理想的な熟議モデルを哲学的記述により提示する。この現実世界と異なる理想的モデルは、「テンプレートとして逸脱の水準を示し、測定し、もって認識的な治療的措置を媒介する」役割を担う。[68] 外的妥当性の問題を、理想からの逸脱を測る尺度として、規範的目的に利用するエストランドの議論は鮮やかである。

仮説的モデリング

エストランドは、規範的に望ましい条件をすべて備えた理想的な条件を用いて、哲学的に記述された熟議モデルを例化している。[69] ここで、モデル記述の例化（instantiation）とは、数理モデルのパラメーターに具体的な数値を入れることを意味する。[70] たとえば、ＣＪＴモデルは、多数決による認識的改善を得るのに必要な〇・五より大きい正答率の値を用いて例化されている。このような理想的条件により例化されたモデルは、現実世界との相違を知るための「テンプレート」として規範的目的のために利用される。しかし、このような理想的な環境で行われる熟議は、実際には存在しない対象である。

このように「存在しない対象をモデリングする行為のこと」を、仮説的モデリング（hypothetical modeling）と呼ぶ。仮説的モデリングの対象は、「可能的存在」である。仮説的モデリングでは、数理モデル、数値計算モデル、物理モデルを用いることができる。[71] これに哲学的に表現されたモデルを加えることもできるだろう。仮説的モデリングの特徴として、（1）現実のシステムの理解に役立てる目的で反事実的知識が導入されること、（2）可能的存在を対象とすること、（3）数理モデル、数値計算モデル、物理モデル、哲学的に表現されたモデルなどの複数のモデル表現が許容されることを挙げることができる。

仮説的モデリングが利用される理由は、「現実のシステムに関して完全に理解するには、実質的な反事実的知識が必要になる。…こうした知識は現実にあるものを超え、そうしたモデルの構造やふるまいが、この私たち自身の世界で例化されていた場合に世界は一体どうなっていたか、ということを教えてくれる」ことを期待するためである。[72] デモクラシーを対象とした仮説的モデリングにより、（1）デモクラシーが潜在的にもちうる機能、および、（2）その潜在的機能を実現させるために現実世界にあるどの条件を変更する必要があるのかについて、有効な示唆を得ることができる。

仮説的モデリングに対する批判

しかし、仮説的モデリングは、現実世界にあるデモクラシーの正当化をめざす際には寄与するところが小さい。仮説的モデリングは、現実世界における現象の予測や記述といったモデリングの目的には役立たないことがある。可能的存在としての理想的デモクラシーは、現実世界のデモクラシーとは異なる。そのため、可能的存在を対象とした仮説的モデルを援用しても、現実世界の現象を正当化することはできない可能性がある。

J・ブレナンの議論は、この点を指摘するものである。ブレナンは、CJTやDTAが理想的な条件で例化されていることを挙げて、認識的デモクラシー論者が頻繁に援用する複数の数理モデルは、その成立条件が現実世界において満たされないために、現実のデモクラシーが認識的に優れることの証明も、現実のデモクラシーについての記述も提供しないと批判する。(73)

2　理想化の異なる目的

認識的デモクラシー論にみられる三種類の理想化の様式は、以下に示すようにそれぞれ異なる目的を実現する。(74) これらの目的は、「表現的理想（representational ideals）」と呼ばれ、「理論的モデルの構築、分析、評価を左右するような目的となる」(75)。

①ガリレイ的理想化で実現される目的：　現象のすべての特性を高い精緻さで表現すること（完全性(76)）

②ミニマリストの理想化で実現される目的：　差異を生む因果要因だけをモデルに含めること（一意因果性(77)）

③仮説的モデリングで実現される目的：　現実的対象と非現実的対象の比較を可能にするような、最も広い適用範囲をもつ理論的枠組みを提供すること（可能的一般性(78)）。

単一のモデルでは、すべての理想化の目的（表現的理想）を同時に高水準で実現できない。[79] たとえば、ガリレイ的理想化がめざす対象の精緻な表現は、ミニマリストの理想化がめざす差異を生む因果要因だけを表現したモデルと対立する。あるいは、仮説的モデリングがめざす非現実的な対象をも含めた一般性の高いモデル表現は、ガリレイ的理想化がめざす現実世界の対象についての精緻な表現と対立する。[80] このような対立は解消しがたい。[81]

3 三つの解決策は外的妥当性の問題を解消できるか

認識的デモクラシー論が提示する三つの解決策により、外的妥当性の問題への懸念は解消されるのか。これまでの議論から、解消は困難であると考えられる。第一の理由は、三つの解決策のいずれかを採用することで、数理モデルによる分析がもつ予測力、説明力、規範性という強みのいずれかが犠牲になるためである。

第二の理由は、要求されるモデルと現実世界との類似性の程度が、読み手となるコミュニティの要請に応じて異なるからである。[82] 数理モデル分析が、対象に関して意味のある示唆を与えるためには、モデルが対象と重要な点において類似している必要がある。[83] しかし、モデルと現実世界とのアナロジーの成立可能性は、読み手の受容可能性に大きく依存しており、常に不合意にさらされる可能性がある。このように、既存の認識的デモクラシー論において提示された三つの解決策は、それぞれ単独では、予測、説明、規範性といった規範的政治理論がモデル分析に期待する複数の目的を同時に実現しながら、モデル分析の外的妥当性の問題を解消することが難しいと考えられる。

四 複数モデルの活用をめざして

1 認識的デモクラシー論に期待される研究プロジェクト

これまでの議論から、既存の三つの解決策は、いずれも単独ではモデル分析に期待される複数の目的を同時に実現しながら、モデル分析の外的妥当性の問題を解消することが難しいことが明らかになった。そこで本節では、認識的デモクラシー論が外的妥当性の問題に取り組む際に、有効と思われる研究の方向性について論じる。

認識的デモクラシー論に有効と思われる研究プロジェクトは、第一に、対象、理想化、モデル表現が異なる複数のモデル分析の結果を、研究プロジェクト全体として総合し、デモクラシーという複雑な現象を分析する課題に取り組むことである。第二に、複数のモデル間に共通する要因について探求することである。

2 「多重モデルによる理想化」

これまでの議論から、一つのモデルでは、複数のモデリングの目的を実現できない場合があることが明らかになった。これに対する一つの解決策は、複数のモデルを用いて複数の目的を実現することである。このアイデアを実現するのが「多重モデルによる理想化」の概念である。

「多重モデルによる理想化」とは、一つの複雑な現象について「互いに関係するが相いれないような複数のモデルを作るという行為」を指す[84]。一般に「多重モデルによる理想化」が必要とされる理由は、第一に対象がきわめて複雑であること、第二に単一のモデルではモデリングの複数の目的を同時に達成できない場合があることによる[85]。「多重モデルによる理想化」の特徴は、(1)それぞれのモデルが現象を生じさせる本質や因果構造について異なった主張をするのを許容すること、(2)単一の最もよいモデルを生み出すことを期待しないこと、(3)複数の異なる目的意識をもったモデル群を包摂することにある[86]。

「多重モデルによる理想化」の利点は次のとおりである。モデル分析において、きわめて複雑な現象を扱うときには、「あるレベルの現象に対して、主要な因果的要素をすべて含む単一の最小モデルが作れない場合がある。しかしそうした場合であっても、モデルの集合は作れる可能性がある。そのモデルのそれぞれが異なる要素を浮き彫りにし、それらが一緒になって、主たる因果的要素のすべてを説明する」ことができる[87]。これを通じて、「より真実に近い理論を導ける」可能性があると期待される[88]。

3　対立から総合へ

（1）既存の認識的デモクラシー論にみられる傾向

「多重モデルによる理想化」の概念が、認識的デモクラシー論の研究プロジェクトに与える示唆は重要である。これまでの認識的デモクラシー論には、複数の異なるモデルを対立させ批判の材料とする議論がみられた。たとえば、熟議モデルを擁護してCJTモデルを批判するエストランドの議論[89]、J・デューイのデモクラシーのモデルを擁護してCJTとDTAを批判するE・アンダーソンの議論[90]はその一例である。

しかし、「多重モデルによる理想化」の考え方に照らせば、モデルの違いを対立図式や批判の根拠としてきた既存の議論とは異なった、新たな研究の方向性が見えてくる。対象と理想化の様式を異にする各モデルは、デモクラシーという複雑な現象の全体像を表現するためのパーツとして、研究プロジェクト全体の中に統合され、その位置づけを与えられる必要がある。今日の認識的デモクラシー論に求められているのは、異なったモデル同士を批判するような議論ではなく、それぞれのモデルの位置づけを明らかにした見取り図を作成し、デモクラシーの認識的機能に関する未知の部分を埋めていく作業である。

（2）外的妥当性の問題に研究プロジェクト全体として取り組む提案

そこで、モデル分析の外的妥当性の向上を、認識的デモクラシー論の研究プロジェクトが全体として実現していくことの有効性を指摘したい。たとえば、CJT、DTA、熟議のモデルは、デモクラシーの多数決、問題解決、意見形成の側面に注目した、対象を異にするモデルである。これらのモデル分析の結果を蓄積し総合することを通じて、デモクラシーがもつ認識的機能という多面的で複雑な現象を、より包括的に把握することができる。これを通じて、モデル分析が全体として一般化可能性を高め、外的妥当性を向上させていくことができる。

また、対象、理想化、モデル表現を異にする複数の数理モデルを収集し、総合することで、モデル分析に期待される異なる目的を実現した分析が可能になる。たとえば、現実世界の予測には、ガリレイ的理想化を行った複雑なモデルを用いる一方で、メカニズムの説明は、ミニマリストの理想化を行ったモデルにゆだねるといった、数理モデルの使い分けを行う処方が有効である。そして、個別のモデル分析だけでは限界があった外的妥当性の向上という課題に、認識的デモクラシー論が、研究プロジェクト全体として取り組んでいくことが期待される。このように、「多重モデルによる理想化」の概念は、認識的デモクラシー論が、デモクラシーという複雑な対象を、モデルを用いて分析する際に求められるアプローチについての新たな理解を提供してくれる。

五　数理モデルの複数性と内的妥当性

1　数理モデルの複数性と内的妥当性の緊張関係

本稿の狙いは、認識的デモクラシー論の数理モデル分析のための研究設計を、科学哲学におけるモデリング理論を参照点として検討することにあった。検討を通じて、本稿は、モデル分析の外的妥当性の問題に対して、認識的デモクラシー論が提示してきた三つの解決策が、単独ではモデル分析に期待される予測、説明、規範性といった役割を犠牲にすることなく、外的妥当性の問題を解消しがたいことを明らかにした。

加えて、本稿は、複数のモデルの並存を許容しながら、これらのモデル分析の結果を総合していくアプローチが、デモクラシーという複雑な現象の包括的な把握に有効であることを指摘した。そして、認識的デモクラシー論が、このアプローチに研究プロジェクト全体として取り組むことを通じて、モデル分析の外的妥当性を高めていく提案を行った。

しかし、モデル分析の内的妥当性を確保しようとする際に、同一対象に対して前提や結論を異にする複数の数理モデルが存在していることは懸念となりうる。なぜなら、複数のモデルの存在は、モデル分析の不適切さを示唆している可能性があるからである。そのため、数理モデルの複数性と内的妥当性の間には、緊張関係が存在する。そこで本節では、数理モデルの複数性と内的妥当性との緊張関係を解消する方法を検討する。これを通じて、数理モデル分析の外的妥当性の問題に取り組む、もう一つの経路を指摘する。

2 「ロバストネス分析」

本稿は、数理モデルの複数性が、モデル分析の内的妥当性を高める資源になりうる可能性に着目する。数理モデルの複数性と内的妥当性の緊張関係は、数理モデルの複数性を、モデル分析の内的妥当性を高める資源と解釈することで、発展的に解消される可能性がある。

これを実現する手法が「ロバストネス分析」である。科学哲学において、「ロバストネス分析」は、複数あるモデルの中で、信頼性の高いもの、あるいは、モデルの中で信頼性の高い部分を見つけるための分析手法とされる[(91)]。「ロバストネス分析」は、バックアップ・システムを複数並列しておくことで、モデル固有の誤謬に左右されるリスクを低減する仕組みである。たとえば、「同一の結果が複数の独立の方法によって導かれるとき、それらの方法に含まれている間違いやバイアスが原因となって誤謬に行き着いてしまう確率は低くなる」だろう[(92)]。一つの現象についての複数の異なるモデルに共通する予測結果が存在すれば、それは現象における重要な特徴を捉えているということができる。

「ロバストネス分析」は、W・ウィムサットの提案を基本形として次の手順で行われる。①モデル群を調べて、モデルすべてで共通する結果すなわちロバストな特性を見つける。②その結果を生み出す共通の構造を探して、モデル分析を行う[(93)]。「ロバストネス分析」を通じて、モデルの中でとくに重要な要因と結果の頑強性が明らかになる。

J・クオリコスキーらは、「ロバストネス分析」の利点として次の二つを挙げる。「第一に、『ロバストネス分析』は、結果が特定の誤りから生じていないことを示すことによって、誤謬を退けてくれる。第二に、『ロバストネス分析』は、結果にとってどの要素が重要なのかを特定することを通じ、モデルを構成する多数の要素同士の相対的重要性についての主張を確証してくれる[(94)]」。つまり、「ロバストネス分析」は、複数のモデルに共通する特徴を、検証するに足る信頼性の高い仮説として提示することを通じて、モデル分析の内的妥当性を高めるのである。

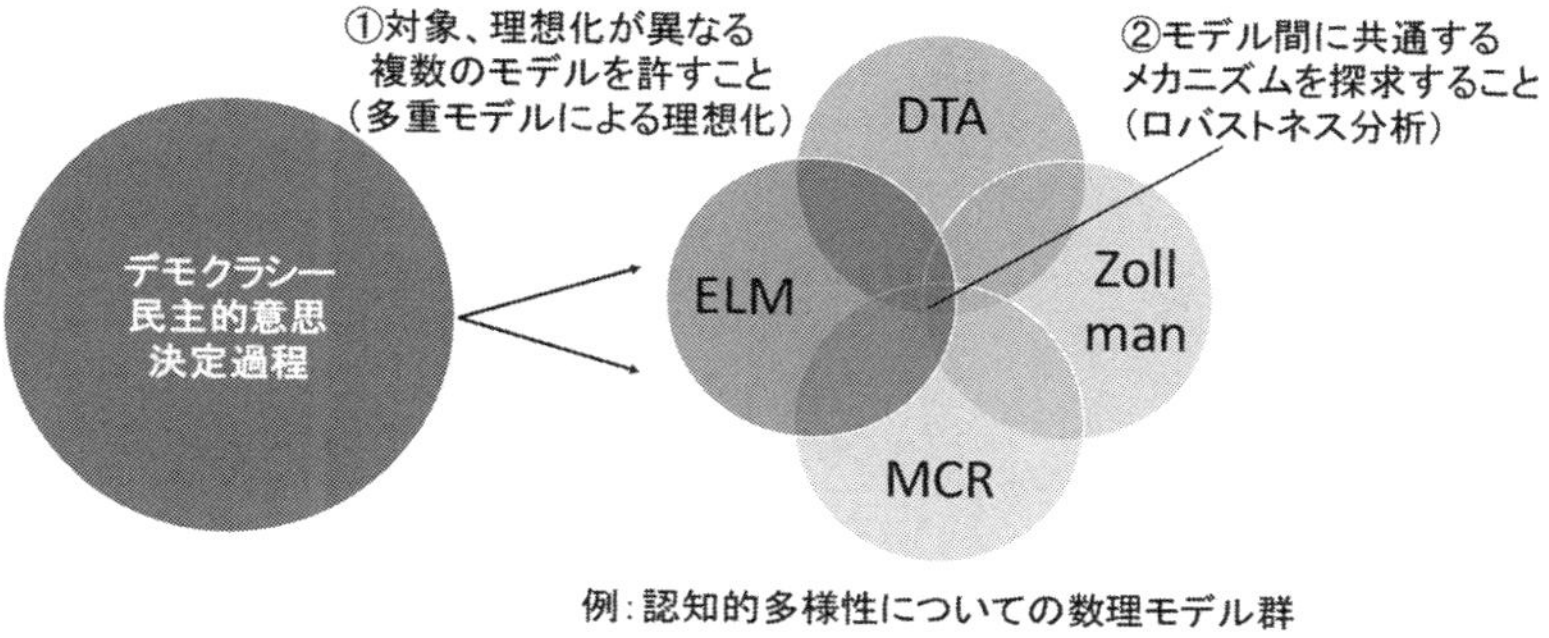

図１　認識的デモクラシー論に今後期待される研究課題

数理モデルの複数性を資源として、「ロバストネス分析」を通じて得られたモデル間に共通する要因は、個々のモデルに含まれる歪みに左右される度合いの低い、内的妥当性の高い分析結果であるといえる。さらに、多様なモデルと条件の下でデモクラシーの認識的機能を確認することができれば、その機能は真正なものである可能性が高く、現実世界や哲学的議論においても、この機能を観察および妥当なものとして承認できる可能性が高い。このようにして、内的妥当性の高いモデル分析の結果は、数理モデル分析の外的妥当性の向上の端緒となる信頼性の高い基盤を提供することを通じて、間接的に数理モデル分析の外的妥当性の向上に寄与する。[95] このような理由から、本稿は、認識的デモクラシー論に向けて、数理モデルの複数性を利用することでモデル分析の内的妥当性を高め、数理モデル分析の外的妥当性を間接的に向上させるアプローチの有効性を提起する。

以上、認識的デモクラシー論に今後期待される二つの研究課題を示した。これらを、図１に模式的に表すとともに、その分析例を示そう。デモクラシーには、多数決、問題解決、意見形成などの複数の機能がある。「多重モデルによる理想化」の概念は、機能Ａについて複数の数理モデルが存在することを許容する。さらに、我々は、機能Ａについての複数の数理モデルを対象に、「ロバストネス分析」を行うことができる。たとえば、認知的分業の認識的機能を説明する数理モデルとシミュレーション分析には、認知的分業を、各エージェントがもつヒューリスティックの多様性で表現したＤＴＡのほかにも、前例踏襲型と独自路線型のエージェントの行動様式の違いで表現したＥＬＭ（Epistemic Landscape Model）、エージェント間の探索状況についての情報共有を制限することで表現したZollmanのモデル、未探求の課題を解決したときの期待成功報酬を高めたインセンティブ制度で表現したMCR(Marginal Contribution / Reward Model)が存在する。[96] 理想化の程度は、MCRの抽象度が高く単純であり、シミュレーション分析を用いる他のモデルは相対的に抽象度が低く現象の複雑さを表現している。一方で、これらのモデルには、対象をモデル化する際の不適切さやモデル分析の誤りがそれぞれ指摘されている。[97] これらの歪みや誤りを含みうる複数の数理モデル群から、「ロバストネス分析」は、個別のモデルの特性に依存する程度の小さい、信頼に足るインプリケーションを引き出すことができる。実際に、これらのモデルを対象に「ロバストネス分析」を実施すると、不確実性が高く課題の構造が把握されていない場合には、素人集団の認識的優位性を確認できる。[98] その一方で、課題の予測可能性が高まるにつれ、知者と素人の混合が優れた認識的機能を生み出す可能性が示唆される。[99] この知見は、従来の認識的デモクラシー論の一部にみられたような、一つの代表的な数理モデルを対象とした分析では、得ることができないものである。

3 本稿の提案の理論的貢献

本稿は、複数の数理モデルの併用というアイデアに加えて、数理モデルの複数性を、「ロバストネス分析」を利用して、モデル分析の内的妥当性の向上へと変換し、外的妥当性のための信頼性の高い基盤を提供する提案を行った。以下では、本稿の提案に認められる理論的貢献について論じる。

(1) 外的妥当性の問題の軽減

複数の数理モデルの併存を許すことは、二つの経路を経て、認識的デモクラシー論の数理モデル分析の外的妥当性を高める。第一の経路は、対象や理想化の程度を異にする複数の数理モデルを利用して、現象の全体像を包括的に把握することを通じて、研究プロジェクト全体としてモデル分析の外的妥当性を高めるものである。

本稿は、第二の経路の可能性についても指摘した。すなわち、数理モデルの複数性を「ロバストネス分析」と接合することで、モデル分析の内的妥当性を高め、外的妥当性のための信頼性の高い基盤を提供する経路である。

Ｍ・ワイスバーグは、「多重モデルによる理想化」の概念が、「ロバストネス分析」と接合されることで、モデル分析の内的妥当性を高める可能性を示唆していた[100]。本稿のアプローチの意義は、数理モデルの複数性を、「ロバストネス分析」を通じてモデル分析の内的妥当性へと変換するだけでなく、内的妥当性の高いモデル分析は、外的妥当性を間接的に高めるためにも利用できると指摘して、既存のアイデアを発展させた点にある。このようにして、本稿は、数理モデルの複数性を利用した現象の包括的な把握および分析の内的妥当性の向上という経路を通じて、モデル分析の外的妥当性を向上させるアプローチを認識的デモクラシー論研究に対して提示することができた。

（２）数理モデルの複数性を活用する視点の導入

認識的デモクラシー論の既存研究には、数理モデルの複数性に対して、特定の数理モデルを擁護して他を批判する議論や統一モデルを探求することで数理モデルの複数性を縮減する議論がみられた。さらに、一つの数理モデルの分析にのみ依拠した議論も多くみられた[101]。

しかし、このような議論には、（１）現象の全体像を捉えきれない、（２）モデル分析に期待される複数の目的を果たせない、（３）モデルに固有の歪みを軽減できない欠点がある。本稿は、数理モデルの複数性を、モデル分析の内的妥当性と外的妥当性を高めるために利用するアプローチを提起することで、既存の認識的デモクラシー論において不足してきた数理モデルの複数性の活用という視点を補う貢献ができた。

（３）経験的研究との接続の支援

最後に、本稿の提案が、規範理論と経験的研究との接続という課題に対してもつ意義について論じる。規範理論には、経験的研究に対して実現すべき条件を絞り込んで提示する役割が期待されている[102]。本稿の提案は、規範理論の研究者が、数理モデル群の中で核となる要因を知ることを助ける。認識的デモクラシー論と経験的研究との接続をめざす際に、規範理論の研究者は、この数理モデル群の核となる要因についての知見を参照することで、経験的研究に対して、因果的に重要な条件群を効果的に絞り込んで提示することが可能になる。本稿の提起したアプローチには、このようにして規範的研究と経験的研究との接続を支援する貢献が期待される。

六　結論

認識的デモクラシー論は、デモクラシーの認識的機能を論証するために、数理モデル分析を援用してきた。しかし、本稿は、認識的デモクラシー論が立脚する数理モデル分析の援用という論証構造に、外的妥当性をめぐる問題が存在することを指摘した。

本稿は、認識的デモクラシー論が、外的妥当性の問題に対して、三つの解決策を提示してきたことを確認した。第一に、数理モデルを現実世界と同じレベルにまで複雑化させる提案があった。第二に、数理モデルの成立条件の一部を現実的なものに変更する提案があった。第三に、モデルと現実世界との相違を、現状を批判するための参照点とみなし、両者の相違を規範的に利用する提案があった。本稿では、これら三つの解決策を、モデリング理論における理想化の概念を用いて分類し評価した。その結果、いずれの解決策も、単独では、モデル分析に期待される複数の目的を同時に実現しながら、モデル分析の外的妥当性の問題を解消することが困難であることが明らかとなった。

数理モデル分析の外的妥当性の問題を乗り越えて、モデル分析に基づいて現実世界と規範的議論に対する示唆を得るために、認識的デモクラシー論は、どのようなアプローチを利用できるのか。本稿は、この問いに対する解答として、複数の異なるモデルによる説明を総合するアプローチを提示し、さらに複数のモデルに共通する要因を探求する「ロバストネス分析」に取り組むことの有効性を指摘した。本稿の貢献は、認識的デモクラシー論研究に対して、数理モデルの複数性を利用して、分析の包括性と内的妥当性を高めることを通じて、モデル分析の外的妥当性を向上させるアプローチを提示したことにある。

しかし、本稿の提案には限界もある。第一に、本稿の提案による外的妥当性の向上への寄与は、一部分では内的妥当性の確保を通じた間接的な寄与となる。第二に、まだ途上にある認識的デモクラシー論の数理モデル分析の研究蓄積をまって、実際に「ロバストネス分析」を行っていくことが今後の課題として残されている。第三に、「ロバストネス分析」は、事実についての確証を与えるものではない点である。「ロバストネス分析」を通じて得られるものは、個々のモデルに依存する度合いの低い仮説にすぎない[103]。しかし、「ロバストネス分析」の結果が重要なのは、我々が、その結果を、デモクラシーが潜在的にもっている認識的メカニズムに関する有力な仮説とみなすことができることにある。今後の研究進展によって得られる「ロバストネス分析」の結果は、我々がデモクラシーの認識的機能を理解する際に、焦点を当てるべき重要な要因を知るための有意味な参照点になるだろう。

【謝辞】

本稿は、日本政治学会二〇一七年度研究大会（二〇一七年九月二四日、於法政大学）での報告原稿を加筆、修正したものである。本稿の執筆にあたりコメントを下さった齋藤純一、志田基与師、田村哲樹、中井遼、谷澤正嗣、横田正顕先生、二名の匿名の査読者の先生、二〇一八年五月にパリで開催された認識的デモクラシー論の国際会議ＤＢＡＥＤ２０１８において本稿のアイデアにコメントを頂いた Richard Bradley, Franz Dietrich, Umberto Grandi, Hélène Landemore, Scott E. Page, Marcus Pivato, Kai Spiekermann先生に謝意を表する。本稿の不明は、すべて著者に帰すべきものである。研究資金はすべて私費を拠出した。

（1）Donald Thomas Campbell and Julian Cecil Stanley, *Experimental and Quasi-Experimental Designs for Research*, 2nd. print (Boston, MA: Houghton Mifflin Comp, 1967), p. 5. 内的妥当性は、形式的には、「ある実験Ｅにおいて、要因（群）Ａが結果Ｂをもたらしたと実験者が考えるときに、実際にＡがＢの原因（原因群の一つ）であるとき」と定義される。一方、外的妥当性は、「Ｅだけでなく、関心のある他の状況Ｆ、Ｇ、Ｈなどの集合においてもＡがＢを引き起こすとき」と定義される。Francesco Guala, "Experimental Localism and External Validity," *Philosophy of Science* 70, no. 5 (2003): p. 1198. ここでは、本稿の目的に沿って、

実験を数理モデルに、実験者をモデル作成者に読み替える。外的妥当性の概念の対象は広いが、本稿では、モデル分析の現実世界における有効性と哲学的議論における有効性を合わせて外的妥当性の問題と総称し、他方、モデル分析内部での因果関係の確認にかかわる問題を内的妥当性の問題と総称する。

（2）ランデモアは、認識的デモクラシー論者であると自認している複数の理論家の名前を挙げている。その中には、ランデモア自身のほかに、D・エストランド、C・ニノ、T・クリスチアーノ、G・ガウス、R・グッディン、J・オバー、R・タリッセ、F・ピーター、あるいはJ・ハーバーマスが含まれている。Hélène Landemore, *Democratic Reason: Politics, Collective Intelligence, and the Rule of the Many* (Princeton, NJ: Princeton University Press, 2013), pp. 1, 44.

（3）ここで援用とは、既存の数理的証明とモデル分析の結果を規範的議論の論拠として利用することを意味する。

（4）例えば、Bryan Caplan, “The Myth of the Rational Voter and Political Theory,” in *Collective Wisdom: Principles and Mechanisms*, ed. Hélène Landemore and Jon Elster (Cambridge: Cambridge University Press, 2012), pp. 319-37; Jason Brennan, *Against Democracy* (Princeton, NJ: Princeton University Press, 2016). また、*Critical Review* 26, no. 1–2 (2014) に所収の経験的研究者からの批判論文を参照。

（5）David M. Estlund, *Democratic Authority: A Philosophical Framework* (Princeton, NJ: Princeton University Press, 2008), pp. 172–3, 231–2; cf. Elizabeth Anderson, “An Epistemic Defense of Democracy: David Estlund’s Democratic Authority,” *Episteme* 5, no. 1 (2008): p. 133.

（6）Hélène Landemore, “Inclusive Constitution Making and Religious Rights: Lessons from the Icelandic Experiment,” *The Journal of Politics* 79, no. 3 (2017): pp. 762–79.

（7）Hélène Landemore, “Yes, We Can (Make It Up on Volume): Answers to Critics,” *Critical Review* 26, no. 1–2 (2014): p. 199.

（8）ここでは、先行研究を参考に、モデル分析に期待される目的を次のように定義する。予測の目的は、将来や未知の現象を数値的にあるいは言明的に推測することにある。説明の目的は、経験的現象についての検証可能なあるいは理解可能な説明を提供することにある。規範性の目的は、ある対象が理想的には実現しうる最適条件とその帰結を示すことで、対象の現状を診断し改善の処方を描くための基準を提供することにある。Scott E. Page, *The Model Thinker: What You Need to Know to Make Data Work for You* (New York, NY: Basic Books, 2018), p. 15; Jonathan Baron, “Normative Models of Judgment and Decision Making,” in *Blackwell Handbook of Judgment and Decision Making*, ed. Derek J. Koehler and Nigel Harvey (Malden, MA: Blackwell

Publishing, 2004), pp. 19–21. 認識的デモクラシー論における数理モデル分析には、J・ロールズが示した政治哲学の四つの役割のうち、二つの役割を担うことが期待される。まず、社会の諸制度の合理性を示す役割を、デモクラシーの認識的機能についての説明と予測の提示を通じて担うことが期待される。加えて、諸制度の実現可能性の地平を示す役割を、現実世界のデモクラシーの認識的な改善のための基準と処方を描くという規範性の実現を通じて担うことが期待される。これらを通じ、デモクラシーという制度とそれに向けられた不満との和解を図るものである。John Rawls, *Justice as Fairness: A Restatement*, ed. Erin Kelly (Cambridge, MA: Belknap Press of Harvard University Press, 2001), pp. 3–5（田中成明他訳『公正としての正義 再説』、岩波書店、二〇〇四年、六―九頁）. なお、予測、説明、規範性の選定は、広瀬の規範的政治理論における形式的な分析の役割についての指摘を参考にした。Iwao Hirose, "Why Be Formal?," in *Political Theory: Methods and Approaches*, ed. David Leopold and Marc Stears (Oxford: Oxford University Press, 2008), p. 73（山岡龍一他訳『政治理論入門：方法とアプローチ』、慶應義塾大学出版会、二〇一一年所収、一〇三頁）. 広瀬の議論は、個人による判断と意思決定の分析を対象としているが、本稿はその射程を集合的な判断と意思決定の議論に拡張した。

（9）例えば、Abigail Thompson, "Does Diversity Trump Ability? An Example of the Misuse of Mathematics in the Social Sciences," *Notices of the AMS* 61, no. 9 (2014): pp. 1024–30; Jason McKenzie Alexander, Johannes Himmelreich, and Christopher Thompson, "Epistemic Landscapes, Optimal Search, and the Division of Cognitive Labor," *Philosophy of Science* 82, no. 3 (2015): pp. 424–53; Manuela Fernández Pinto and Daniel Fernández Pinto, "Epistemic Landscapes Reloaded: An Examination of Agent-Based Models in Social Epistemology," *Historical Social Research* 43, no. 1 (163) (2018): pp. 48–71; Patrick Grim et al., "Diversity, Ability, and Expertise in Epistemic Communities," *Philosophy of Science*, (Forthcoming).

（10）Bennett Holman et al., "Diversity and Democracy: Agent-Based Modeling in Political Philosophy," *Historical Social Research* 43, no. 1 (163) (2018): pp. 259–84.

（11）例えば、単一モデルの分析としてChristian List and Robert E. Goodin, "Epistemic Democracy: Generalizing the Condorcet Jury Theorem," *Journal of Political Philosophy* 9, no. 3 (2001): pp. 277–306. 代表的モデルの分析としてHelène Landemore, *Democratic Reason* (Princeton, NJ: Princeton University Press, 2013). 統一モデルの探求としてMarcus Pivato, "Epistemic Democracy with Correlated Voters," *Journal of Mathematical Economics* 72 (2017): pp. 51–69. 特定のモデルを擁護する議論としてElizabeth Anderson, "The Epistemology of Democracy," *Episteme* 3, no. 1–2 (2006): pp. 8–22.

（12）ランデモアには、モデリング理論について部分的な言及がある。Landemore, "Yes, We Can (Make It Up on Volume)," pp. 200–2. しかし、ランデモアは、数理モデル分析の目的を仮説構築に求める一方で、それに必要な方法論については論じていない。Ibid., p. 199. 最近になって、S・ペイジも複数のモデルによる分析の必要性を「複数モデル思考（many-model thinking）」として提唱したが、ペイジは認識的デモクラシー論におけるモデル分析の方法論の提示を意図しておらず、システマティックな分析手法の提案も行っていない。Scott E. Page, *The Model Thinker* (New York, NY: Basic Books, 2018).

（13）松元雅和『応用政治哲学：方法論の探究』、風行社、二〇一五年、三六頁。

（14）Michael Weisberg, *Simulation and Similarity*, Oxford Studies in Philosophy of Science (Oxford: Oxford University Press, 2013), p. 103（松王政浩訳『科学とモデル：シミュレーションの哲学入門』、名古屋大学出版会、二〇一七年、一五九頁）.

（15）William C. Wimsatt, *Re-Engineering Philosophy for Limited Beings: Piecewise Approximations to Reality* (Cambridge, MA: Harvard University Press, 2007), p. 46.

（16）Weisberg, *Simulation and Similarity*, p. 174（二七四頁）.

（17）Hélène Landemore, "Beyond the Fact of Disagreement? The Epistemic Turn in Deliberative Democracy," *Social Epistemology* 31, no. 3 (2017): p. 278.

（18）例えば、Joshua Cohen, "An Epistemic Conception of Democracy," *Ethics* 97, no. 1 (1986): p. 34; Iris Marion Young, "Difference as a Resource for Democratic Communication," in *Deliberative Democracy*, ed. James Bohman and William Rehg (Cambridge MA: MIT Press, 1997), p. 400; List and Goodin, "Epistemic Democracy: Generalizing the Condorcet Jury Theorem," p. 280; Estlund, *Democratic Authority*, p. 39; Landemore, *Democratic Reason*, p. 6にこの特徴を確認できる。

（19）Fabienne Peter, *Democratic Legitimacy* (New York: Routledge, 2009), pp. 3, 110.

（20）Cohen, "An Epistemic Conception of Democracy," p. 34; Landemore, *Democratic Reason*, p. 44.

（21）例えば、List and Goodin, "Epistemic Democracy: Generalizing the Condorcet Jury Theorem," pp. 277-306.

（22）Josiah Ober, "Democracy's Wisdom: An Aristotelian Middle Way for Collective Judgment," *American Political Science Review* 107, no. 1 (2013): p. 104.

（23）Landemore, *Democratic Reason*, p. 6.

（24）Ibid., p. 8.

(25) Ibid., p. 208. ただし、道徳的正しさを含めるかは論争的である。
(26) Cohen, "An Epistemic Conception of Democracy," p. 34.
(27) Landemore, *Democratic Reason*, p. 13.
(28) Estlund, *Democratic Authority*, pp. 162–3.
(29) David Estlund, "Beyond Fairness and Deliberation: The Epistemic Dimension of Democratic Authority," in *Deliberative Democracy*, ed. James Bohman and William Rehg (Cambridge, MA: MIT Press, 1997), p. 183.
(30) Landemore, *Democratic Reason*, p. 13.
(31) もっとも、ランデモアは、多人数による集合的解決をめざすときには、代議制による意思決定を想定している。Landemore, "Democratic Reason: The Mechanisms of Collective Intelligence in Politics," in *Collective Wisdom: Principles and Mechanisms*, ed. Hélène Landemore and Jon Elster (Cambridge: Cambridge University Press, 2012), p. 262.
(32) Frederick F. Schmitt, *Socializing Epistemology: The Social Dimensions of Knowledge* (Lanham, MD: Rowman & Littlefield, 1994), p. 1.
(33) タイプⅢの社会的認識論と呼ばれる。Alvin Goldman and Thomas Blanchard, "Social Epistemology," in *The Stanford Encyclopedia of Philosophy*, ed. Edward N. Zalta, (2015), (Accessed 20 May 2015) http://plato.stanford.edu/archives/sum2015/entries/epistemology-social/.
(34) Landemore, *Democratic Reason*, pp. 11–2.
(35) List and Goodin, "Epistemic Democracy: Generalizing the Condorcet Jury Theorem," p. 280; Landemore, *Democratic Reason*, p. 8.
(36) Cohen, "An Epistemic Conception of Democracy," p. 35.
(37) Estlund, "Beyond Fairness and Deliberation: The Epistemic Dimension of Democratic Authority," p. 183; Estlund, *Democratic Authority*, p. 7.
(38) Estlund, "Beyond Fairness and Deliberation: The Epistemic Dimension of Democratic Authority," p. 181; cf. Estlund, *Democratic Authority*, p. 30.
(39) 正義Estlund, "Beyond Fairness and Deliberation: The Epistemic Dimension of Democratic Authority," p. 173. 価値や道徳Ibid.,

p. 183. 不確実性Landemore, *Democratic Reason*, p. 13.

（40）集合知の認識的優位性の指摘としてLandemore, *Democratic Reason*. 多数決手続の認識的優位性の指摘としてJoshua Cohen, "An Epistemic Conception of Democracy," *Ethics* 97, no. 1（1986）: pp. 26–38; Christian List and Robert E. Goodin, "Epistemic Democracy: Generalizing the Condorcet Jury Theorem," pp. 277–306. 合意形成の困難の指摘としてEstlund, "Beyond Fairness and Deliberation: The Epistemic Dimension of Democratic Authority," p. 183.

（41）Estlund, *Democratic Authority*, pp. 7, 165.

（42）Ibid., p. 40.

（43）Ibid., p. 7.

（44）この主張は、ランデモアが認識的デモクラシー論の一般的な主張を整理する際に提示した内容を著者が再構成したものである。Landemore, *Democratic Reason*, p. 6. ここでは民主的正統性を、民主的決定の受容可能性と解する。Peter, *Democratic Legitimacy*, p. 56.

（45）Landemore, *Democratic Reason*, p. 6.

（46）List and Goodin, "Epistemic Democracy: Generalizing the Condorcet Jury Theorem," p. 279.

（47）例えば、Cohen, "An Epistemic Conception of Democracy," p. 35; Robert E. Goodin, *Reflective Democracy*（Oxford: Oxford University Press, 2003）, chaps. 5, 6; Landemore, *Democratic Reason*, p. 9.

（48）Weisberg, *Simulation and Similarity*, p. 4（五頁）.

（49）Estlund, *Democratic Authority*, p. 102; Peter, *Democratic Legitimacy*, p. 129を参照。

（50）Weisberg, *Simulation and Similarity*, p. 98（一五一頁）.

（51）Ibid., p. 98（一五一頁）.

（52）Landemore, "Yes, We Can（Make It Up on Volume）," p. 200. ランデモアは、自身の立場をガリレイ的理想化であるとするが、一面ではミニマリストの理想化とも考えられるとして、あいまいな立場をとっている。Ibid., pp. 200–1. ここでは、ランデモアの議論の中で、ガリレイ的理想化の立場が強く出ている個所を一例として指摘した。

（53）Landemore, *Democratic Reason*, p. 9.

（54）Landemore, "Yes, We Can（Make It Up on Volume）," p. 201.

(55) Landemore, *Democratic Reason*, p. 9; Landemore, "Yes, We Can (Make It Up on Volume)," p. 201.

(56) Weisberg, *Simulation and Similarity*, p. 99（一五二頁）.

(57) Ibid., p. 99（一五三頁）.

(58) Ibid., pp. 99–100（一五二—五頁）.

(59) Estlund, *Democratic Authority*, p. 173.

(60) ただし、モデルとデータとの当てはまりが過剰に良いこと（overfitting）は、そのモデルを用いて異なるサンプルの予測を行う際の予測精度を低下させうる（過剰適合の問題）。

(61) List and Godin, "Epistemic Democracy: Generalizing the Condorcet Jury Theorem," pp. 277–306.

(62) Ibid., n. 25, 26, 27, 28.

(63) Weisberg, *Simulation and Similarity*, p. 100（一五五頁）.

(64) Ibid., p. 100（一五五頁）.

(65) Ibid., pp. 100–3（一五五—九頁）.

(66) Maria Paula Saffon and Nadia Urbinati, "Procedural Democracy, the Bulwark of Equal Liberty," *Political Theory* 41, no. 3 (2013): pp. 445–50.

(67) Estlund, *Democratic Authority*, pp. 173, 199.

(68) Ibid., pp. 173-6. エストランドは、このアプローチを「認識的逸脱の視点（epistemic departure view）」と呼ぶ。Ibid., p. 173. 他方で、エストランドは、「認識的ミラーリングの視点」を自身では採用しない。Ibid., p. 173.

(69) エストランドは、理想的な熟議の状態を、ハーバーマスの用語から区別して「モデル熟議（model deliberation）」と呼ぶ。Ibid., p. 174.

(70) Weisberg, *Simulation and Similarity*, p. 37（五四頁）.

(71) Ibid., pp. 121-2（一八九—九〇頁）.

(72) Ibid., p. 128（二〇〇頁）.

(73) Jason Brennan, *Against Democracy* (Princeton, NJ: Princeton University Press, 2016), p. 174.

(74) Weisberg, *Simulation and Similarity*, pp. 105–10（一六三—七一頁）.

(75) Ibid., p. 105（一六三頁）.
(76) Ibid., pp. 105, 111（一六四、一七二頁）.
(77) Ibid., pp. 107, 111（一六七、一七二頁）.
(78) Ibid., p. 110（一七〇頁）. 可能的一般性（p-generality）は、「現実の対象に限らず、特定のモデルで捉えられる可能な対象（possible targets）の数」を問題にする。一方、現実的一般性（a-generality）は、「ある特定のモデルがあてはまる現実の対象（actual targets）の数」を問題にする。Ibid., pp. 109–10（一七〇頁）.
(79) Ibid., p. 103（一六〇頁）.
(80) John Matthewson and Michael Weisberg, "The Structure of Tradeoffs in Model Building," *Synthese* 170, no. 1 (2009): pp. 183–4.
(81) Richard Levins, "The Strategy of Model Building in Population Biology," *American Scientist* 54, no. 4 (1966): p. 431.
(82) Mary B. Hesse, *Models and Analogies in Science*, 2nd. ed. (Notre Dame, Indiana: University of Notre Dame Press, 1966), p. 85（高田紀代志訳『科学・モデル・アナロジー』、培風館、一九八六年、八三頁）.
(83) Weisberg, *Simulation and Similarity*, p. 142（二三一頁）.
(84) Ibid., p. 103（一五九頁）.
(85) Levins, "The Strategy of Model Building in Population Biology," p. 431.
(86) Weisberg, *Simulation and Similarity*, pp. 103–5（一五九―一六三頁）.
(87) Ibid., p. 104（一六二頁）. また、「多重モデルによる理想化」とミニマリストの理想化には強い類似関係があるとされる。Ibid., p. 104（一六二頁）.
(88) Ibid., p. 104（一六一頁）.
(89) Estlund, *Democratic Authority*, pp. 223–36.
(90) Anderson, "The Epistemology of Democracy," pp. 12–4.
(91) Wimsatt, *Re-Engineering Philosophy for Limited Beings*, p. 46.
(92) Jaakko Kuorikoski, Aki Lehtinen, and Caterina Marchionni, "Economic Modelling as Robustness Analysis," *The British Journal for the Philosophy of Science* 61, no. 3 (2010): p. 544.
(93) Weisberg, *Simulation and Similarity*, p. 158（二四九頁）.

(94) Kuorikoski, Lehtinen, and Marchionni, "Economic Modelling as Robustness Analysis," p. 543. 背景理論、技術、測定方法、実施条件を変えながら行われる実験は、「ロバストネス分析」の一例とされる。Ibid., p. 544.

(95) Campbell and Stanley, *Experimental and Quasi-Experimental Designs for Research*, p. 19.

(96) Michael Weisberg and Ryan Muldoon, "Epistemic Landscapes and the Division of Cognitive Labor," *Philosophy of Science* 76, no. 2 (2009): pp. 225-52; Kevin J. S. Zollman, "The Communication Structure of Epistemic Communities," *Philosophy of Science* 74, no. 5 (2007): pp. 574-87; Philip Kitcher, "The Division of Cognitive Labor," *The Journal of Philosophy* 87, no. 1 (1990): pp. 5-22; Michael Strevens, "The Role of the Priority Rule in Science," *The Journal of Philosophy* 100, no. 2 (2003): pp. 55-79.

(97) 注9を参照。

(98) Holman et al., "Diversity and Democracy," p. 270.

(99) Holman et al., "Diversity and Democracy," pp. 267-71; Weisberg and Muldoon, "Epistemic Landscapes and the Division of Cognitive Labor," p. 251.

(100) Weisberg, *Simulation and Similarity*, p. 174 (二七四頁).

(101) 注11を参照。

(102) Diana C. Mutz, "Is Deliberative Democracy a Falsifiable Theory?," *Annual Review of Political Science* 11, no. 1 (2008), p. 524.

(103) ワイスバーグは、これを「低いレベルの確証 (low-level confirmation)」と呼ぶ。Weisberg, *Simulation and Similarity*, p. 170 (二六八頁).

〔政治思想学会研究奨励賞受賞論文〕

理に適ったケア関係と二つの自律

石山将仁

一　序

フェミニズムの理論家、とりわけE・F・キテイをはじめとするケアに注目する論者（以下、ケア論者）は既存の政治理論において看過されてきたいくつかの点、すなわち人々は脆弱性を抱えており、依存が人間にとって不可避な事態であるということや、ケア労働がジェンダー化されてきたことなどを議論の俎上に載せた。こうしたケア論者からの批判の一つは、リベラリズムが想定する「自律（autonomy）」ないし「自律的（autonomous）」な自己という観念に向けられている。その一方で、フェミニストの多くは自律の価値や意義を一定程度認めてもいる。[1] そうであるのならば、問われるべきは自律と依存は両立可能であるのか、また自律とケアはどのような関係にあるのかという点である。

本稿の目的は、自律とケア関係の間にある連関を明らかにすることである。すなわち、自律と依存は両立するものであり、理に適った（reasonable）ケア関係によって人格的（personal）自律が促進され、そうした理に適ったケア関係を形成するために道徳的（moral）自律が必要とされることを明らかにする。簡潔に言えば、道徳的自律とは正／不正に関する自己統治を意味し、人格的自律とは、不正ではない範囲内での自らの人生における重要な選択に関する自己決定を意味する。

先行研究を踏まえながら、自律やケアについて理論的な背景を述べたい。まず自律とフェミニズムの関係である。[2] M・フリードマンによれば、「一九七〇年代においてフェミニストは自律の理想を称賛し、その女性解放のポテンシャルを称揚した」。しかしながら、一九八〇年代から一九九〇年代初頭にかけてフェミニストは、「メインストリームの〈自律の〉構想は過度に個人主義的である」という批判を展開する。すなわち「そうした自律の構想は自己が非社会的なアトムであることを前提とし、社会関係の重要性を無視し、……ある種の自立（independence）を促進する」という批判が展開された。[3]

こうした批判の中でもケア関係に着目した立場からなされるものがある。その代表的な論者は、キテイや岡野八代、M・A・ファインマンである。彼女らは共通して、依存という観点から議論を立てている。すなわち、依存せざるを得ない者や、その人に対してケア（労働）を行う者、またその両者の関係性を主題に据え、リベラリズムに対して批判を展開している。そうした彼女らの批判の中の一つとして、〈自律という観念から依存という事実が排除されている〉という批判がある。本稿ではこうした批判をケア論的批判と呼ぶ。[4]

フェミニズムからの一連の批判を踏まえ自律の再定義を試みる研究が生まれ、「関係論的（relational）自律」と呼ばれる構想が示されている。[5] この「関係論的」という用語は、「人々は社会的に埋め込まれた存在であり、行為者のアイデンティティは社会関係の文脈によって形成され、人種や階級、ジェンダー、エスニシティといった社会的決定要因によって形作られる」という意味を持つ。[6] 関係論的自律は自律が個人主義的であるという批判に対する応答として意義のあるものである。例えばフリードマンらは社会関係が自律を促進する場合も阻害する場合もあることを指摘しており、自律を個人主義的に遂行されうるものとして捉えるのではなく、社会関係との連関で位置づけている。[7]

しかしながら、これまでの関係論的自律に関する研究には大きく分けて二つの限界がある。第一に、これらの研究のほとんどがケア論的批判には応答できない。というのも、そこで説明される社会関係は依存関係やケア関係に限定されているわけではなく、それらの関係の特殊性を捉えることができないからである。確かに社会関係を重視するという点ではケア論的批判は自律が個人主義的であるという批判の一部である。だが、ケア論は自律という観念から排除されている存在、すなわちケアする側とされる側、および両者の関係に焦点を当てている。ケア論的批判に応答するためには、そもそも他者に依存する人やケア労働を行わなければならない人は自律的でありうるのか、ありうるとすればいかなる意味においてなのかということが問われなければならない。

ケア論的批判への応答になりうる例外的な研究としてC・マッケンジーのものがある。(8) 彼女の研究は自律と脆弱性の関係を検討し、脆弱性への対応が自律の促進には必要であると主張するものである。しかし、彼女の研究においても、依存関係にあることは自律と背反するものではないかという疑問が払拭されていない。これに対して、本稿は「自立」と「依存」の意味の分析を通じて、ケア論者も共有できる自律の構想を示すものである。

第二に、先行研究では人格的自律の関係論的な理解が議論されている一方で、道徳的自律とケア関係との連関も、また道徳的自律の関係論的な理解も示されていない。(9) 本稿は理に適ったケア関係の形成に道徳的自律が要請されることを示し、その上でその関係論的な説明を試みることで、これまでの研究の欠缺を補完する。

ここで本稿の目的や関心に対して想定されるケア論からの三つの批判に応答する。第一に、ケア論者との問題関心が共有されていないという批判がありうる。ケア論者はケア関係にまつわる不正義を批判し、これまでのリベラルな正義論、とりわけJ・ロールズのそれを改訂する（キテイ）、あるいはリベラリズムに取って代わるフェミニズムを打ち出す（岡野）ことを目的としてきた。たしかに本稿は正義を主題としてはいないが、ケア論と問題関心を共有していないわけではない。ケア関係においてケアされる側が虐げられず、またケアする側が過重な負担を課されないケア関係を形成するために、本稿は理に適ったケア関係という観念を提示する。この点で本稿はケア論の問題意識を引き継いだものである。

第一の批判を免れたとしても、第二の批判、すなわちケア論はジェンダー化された依存労働という社会における不正義を議論の俎上に載せているにもかかわらず、本稿はケアする側・される側の二者関係の不正義に議論を矮小化しているという批判があるかもしれない。だが、ケア関係が一般的他者ではなく、具体的他者との間で結ばれることを強調してきたのは当のケア論者であった（ex. LL p. 53／一三〇頁）。ケア関係のまさに当事者たちが被るかもしれない自律という意味での自由の侵害の経験や可能性から議論をはじめ、理に適ったケア関係を構築しようとすることは、社会の不正義を問うてゆくためのイニシャル・ステップに相応しい。さらに、本稿は関係論的道徳的自律の構想を示すことで社会の不正義を問うための理論装置を用意している。他者との関係は具体的な他者との関係から一般的な他者との関係までレイヤーがあり、その関係のあり方に応じて関係論的道徳的自律は個別の不正義から社会の不正義まで射程に収めることができる。

第三に、自律という観念を持ち出したとしてもケア論にとって何ら新しい知見を付け加えることはないという批判がありうる。しかし、（関係論的）道徳的自律という構想はケア論を補完する役割を果たす。たしかにキテイが示す正義原理や責務（obligation）論は望ましいケア関係とは何であるのかを示してはいる。だが、その関係をどのように形成するのかを示してはいない。本稿はこの構想を用いて、理に適ったケア関係の形成のために必要とされる道徳的思考を説明する。

このように、本稿はケア論との問題関心を共有しつつ、具体的他者との関係を出発点として、自律の検討を通じてケア論を補完することを目指すものである。

以上を踏まえ本稿の構成を示す。第二節において主にキテイの議論を参照してケア論的批判を明確にする。第三節では道徳的自律および人格的自律という構想を示し、これらの構想の検討を通じてケア論的批判に応答する。第四節・第五節では二つの自律の構想がケア関係とどのように関連しているのかを明らかにする。第四節では人格的自律の条件を考察し、ケア関係によって人格的自律が促進されうることを示す。その上で、ケアする側もされる側も相互に支配を行わないことを要請する理に適ったケア関係という観念を提示する。第五節では理に適ったケア関係の形成に必要な道徳的自律を明らかにする。その中において、個人主義的ではない関係論的道徳的自律を説明する。

二　ケア論的批判——E・F・キテイを中心に

本節ではキテイの主著である『愛の労働』を基にして自律に対するケア論からの批判を検討する。第1項では彼女の基本的主張、すなわち〈依存は人間が免れ得ない所与の条件である〉という主張を確認する。第2項、第3項ではケア論的批判を二つに分けて検討する。一つ目の批判は、〈依存者からの制約なく財の獲得を目指す者としての自律的行為者という想定からはとりわけ依存労働者の観点が排除されているし、このような自律の理解は日常の言説において抑圧的な効果を及ぼしうる〉というものである。二つ目の批判は、〈自己統治という意味での自律においては依存する者もケアを行う者も排除されており、それは自律が自立を前提とし、依存と両立しないということに由来する〉というものである。たしかにキテイが中心的な主題として扱っているのは平等の問題である。だが、この二つの項によって、彼女はリベラルが主張する平等の前提にある自律（自律的な個人）に対して批判を向けていること、そしてその批判の内容が明らかとなる。

1　キテイの基本的主張

まずキテイの用語の定義を確認したい。彼女がいう「依存しているということ」とは「ある種の能力、すなわち自分自身で生き、維持することに必須の能力を欠く」ことを意味している（LL p. 46／一〇八頁）。彼女は、「依存者の世話をするタスク（the task of attending to dependents）」を「依存労働（*dependency work*）」と呼び、そうした労働に従事する人々を「依存労働者（*dependency workers*）」と呼ぶ。この依存労働者が労働の対象とする人は「被保護者（*a charge*）」と呼ばれる。依存労働者と被保護者の間の関係が「依存関係」である。彼女は、「被保護者は、援助がなくては、所与の環境で——おそらくあらゆる環境で——生き残ることや機能することができないため、被保護者は他者のケアと庇護（protection）を得るために他者の保護下に置かれる（*in the charge*）必要がある」としており、被保護者の定義を限定している（LL pp. 30-31／八三―八四頁：強調原文）[10]。

本稿では、こうした限定的な意味での依存労働や依存関係といった概念を含むものとして、「ケア労働」や「ケア関係」という概念を用いる。ケアを〈他者の脆弱性に対して対応すること〉と定義し、そうしたケアをする側とケアされる側の関係をケア関係と呼び、脆弱性に起因して他者のケアを受ける状態を〈他者からのケアに依存すること〉と呼ぶ[11]。

キテイの基本的主張は〈依存は人間が免れ得ない所与の条件である〉ということである。人は乳幼児期や老年期だけではなく、病気や障碍によって他者に依存せざるを得ない場合があるゆえ、「依存は例外的な状況にすぎないのではない」（LL pp. 29-30／八一―八二頁）。すなわち、「私たちはみな一定期間、依存している」（LL p. 4／三四頁）。それにもかかわらず、こうした「人間の条件における依存」（LL p. 29／八一頁）は、「特定の社会の構想、すなわち相互利益と自己利益のために自発的に選んだ責務によって人々が結びつけられているような社会の構想」（LL p. 27／七八頁）において見落とされてきた。それは誰かに依存しなければならない人々（被保護者）と、そうした人々に対してケアを行わなければならない人々（依存労働者）が看過されてきたことを意味する。こうした問題意識が彼女の自律に対する批判へと繋がっていく。

2 自律批判(1)

キテイは自律を二つの意味で用いている。一つ目は依存者からの制約なく財の獲得を目指すという意味であり、二つ目は自己統治（self-governance）という意味である。彼女の見解によれば、それぞれの意味での自律から依存という事実が排除されている。本項では前者の意味での自律に対するケア論的批判について、次項では後者の意味でのそれについて、キテイを軸としながら岡野やファインマンの議論にも触れつつ検討する。

キテイは「自律的な個人」という概念を依存労働者に対置して用いており、自律的な個人は他者から制約されることなく財の獲得を目指すプレイヤーであることが可能であるとしている。これは以下の引用が示すところである。

> 自律的な個人は財の提供者（provider）であって、依存労働者ではない。……機会の平等というイデオロギーは、自律的な個人が社会的財をめぐるプレイヤーであると想定している（LL p. 48／一一一頁：強調引用者）。

「自律的な個人」とは異なり、依存労働者は被保護者に対してケアをしなければならないため、決して「自由で、平等な、合理的に自己の利益を追求する存在」ではありえず（LL p. 41／一〇一頁）、「社会的財をめぐるプレイヤー」としては「足枷を付けられた状態で〔財の獲得のための〕レースに参入する」ことになってしまう（LL p. 48／一一一頁）。

これに対して自律的な個人は依存労働を他者〔特に女性〕に担わせることでその負担から免れ、他者に制約されることなく財の獲得に乗り出すことができる。すなわち、他者からの制約なく財を追求すること〔「自律的な個人」であること〕が可能であるのは、現実的には依存労働がジェンダー化されているからである。キテイは以下のように主張している。

> リベラルな政治的・経済理論の中では、公的空間（[t]he public space）は大部分、依然として自由で、平等な、合理的に自己の利益を追求する存在者の領域のままとなっている。その〔公的〕空間に参入したとしても被保護者に対する責任（responsibility）から依存労働者は自由になるわけではない。拘束を受けない合理的な自己利益の実現は、非依存的で（non-dependent）、自立的な（independent）労働者にとっては、可能なものとして想定されている。〔しかし〕その実現は、被保護者に対する責任が主要なものとして残される依存労働者にとっては、不可能なものである（LL p. 41／一〇一頁）。

ここで彼女は、人々が乳幼児の時には被保護者であったことや、高齢化や病気によって被保護者になりうることを問題にしているというよりは、むしろリベラルな政治的・経済理論における人格の構想から依存労働者の観点が抜け落ちていることを問題にしている。キテイの基本的主張、すなわち〈依存は人間が免れ得ない所与の条件である〉が正しいならば、自律的な個人という人格の構想から依存という事実が排除されているのは問題である。

このような自律的な個人という想定は、依存労働者が財の獲得に際して不利な立場に置かれているという事実を無視しているだけではない。キテイによれば、「社会的財をめぐる自由競争に参加するよう平等に位置づけられた、自律的で利己的な個人によって構成されているという社会の構想は……二次的依存を覆い隠す」(LL p. 47／一〇九頁：強調引用者)。依存労働者は財の提供者に依存しなければ、被保護者と自分のために必要な財や資源を得ることができない。それゆえ、依存労働者は財の提供者に対して交渉力が弱くなり、権力の非対称性が生じるため、キテイが「二次的依存」と呼ぶ財の提供者に対する依存労働者の従属が生じる(LL pp. 42-46／一〇二―一〇九頁)。依存労働者は依存労働を行わなければならないだけでなく、それに必要な資源を獲得するために財の提供者に従属しなければならない。自律的な個人という想定はこのような依存労働者の状況にも反するものである。

以上の理由からキテイは「自由で平等な自律的な行為者によって構成されているという社会の構想は、依存の重要性をとり逃してしまい、依存労働者のニーズにあまり応えられない(LL p. 50／一一五頁：強調引用者)」と結論付けるのである。

キテイと同様の批判を岡野も展開している。彼女は、「リベラルな主体の自律性」の特徴として、(1)「市民社会以外の領域での責任を担うことは、自律を損なうと考えられている」、(2)「経済的に自立している」、(3)「自己利益をもつ自己中心的・自己本位の存在である」という三点を挙げている。[12] 一つ目の特徴づけは、リベラルな自律的主体は依存労働を他者(特に女性)に押し付けていることを意味する。岡野によれば、「あたかも自らを一般的他者の如く規定することは、偶然運良くケアしてくれる者が存在していたことを傲慢にも忘却」することであり、「無責任な者たち」は「キテイが痛烈に批判するように、他者の配慮と労働を必要とする者たちを、だれかに任せよう」としてきた。[13] 二つ目と三つ目の特徴づけは経済と関係しており、自律的な人々を他者から制約されることなく財の獲得を目指すプレイヤーと見なす先のキテイの捉え方と軌を一にする。

現実的に近代家父長制というイデオロギーの下、あるいは男性優位のジェンダー秩序の下、男性は女性に依存労働を押し付けてきた。それゆえ、キテイと岡野は正しくも、財の獲得を目指す自律的行為者は負担となる依存労働を担わず、多くの場合それを女性に押し付けてきたという批判を展開している。そして、こうした経済と結びつけられた自律という観念からは、依存という事実、特に依存労働者の観点が排除されていると捉えている。

このような自律の観念が問題となるのは、とりわけ日常の言説においてである。ファインマンが指摘するように、経済的に依存せざるを得ない状況下にある人々（例えば福祉を頼りにするシングルマザー）が当人の努力不足として非難される背景には、この自律の観念がある。[14] 依存をいわゆる「自己責任」の問題に還元し、依存する者を二級市民としてスティグマ化するためのレトリックとして、この自律の観念は抑圧的な効果を及ぼしうる。

3 自律批判(2)

キテイは自律を自己統治と解している箇所もある。そして、彼女は自己統治としての自律を通常の状態と捉えるべきではなく、依存という不可避の事実（彼女の基本的主張）に自律の観念は感応的でなければならないと主張している。これは以下の引用に表れている。

> たしかに自己統治という意味での自律は格別重要なものである。しかし、こうしたカント主義的考慮は人格のより適切な代表・表象（representation）、すなわち自己統治に対する責務を伴う制約として依存を認めうる人格の代表・表象に向かわなければならない。……社会秩序のデザインを選択するに当たっては、自己統治をする成人という条件――リベラルなカント主義的モデル――も……人格の「通常の」条件として用いられるべきではない。そうではなく、十分に幅の広い人間の機能が「通常の」条件である（LL pp. 92-93／二一二頁：強調引用者）。

キテイはこうした批判を現代リベラリズムの代表的論者であるロールズに向けている。彼女によれば、ロールズの議論には五つの想定があり、[15]「これらの想定のそれぞれにおいて、依存に対する関心が除外されている」（LL p. 81／一八七頁）。自律と関係する想定は、その中の一つ、すなわち「『すべての市民は全生涯を通じて（over course of a complete life）

十分に協働する社会のメンバーである』という理念化に訴えかけられ、また投影されている規範」である（LL p. 81／一八七頁）。彼女は「全生涯を通じて」という部分に注目する。たとえ「全生涯を通じて」という言葉の意味を「個人が十分に協働するのを期待することが理に適っているような期間に十分に協働する社会のメンバーであること」（LL p. 89／二〇五頁）とロールズに好意的に理解したとしても、それでもなおロールズの想定には二つの困難がつきまとう。第一に、原初状態の当事者が自身を依存者や依存労働者でありうると考える保証はない。第二に、仮に当事者がそうした自己認識を持ったとしても、依存者という他者のニーズを考慮に入れる保証はない（LL p. 89／二〇六―二〇七頁）。

キテイによれば、十分に社会的協働が可能な市民というロールズの想定は「自律は私たちに尊厳を付与する人間存在の特徴であるというカント主義的立場」に由来する。そして「この立場は、十分に協働する社会のメンバーとして機能する能力がないということは人間の生における例外であって、通常の状態（a normal variation）ではないという虚構を助長している」（LL p. 92／二一二頁：強調引用者）。要するに彼女は自己統治としての自律を十分に社会的協働が可能であることと捉えている。そして、市民として自律的であることを「通常の状態」とすることによって、依存という事実が「例外」として捨象され、身体的脆弱性を抱えるがゆえに社会的協働が困難な被保護者や、依存労働を担わなければならないゆえにそれが困難な依存労働者の観点が抜け落ちてしまっている、と主張している。

前項で確認した一つ目の批判がとりわけ依存労働者の観点の欠如を問題にしていたのに対して、この批判は依存労働者だけでなく、被保護者の観点の欠如も問題にしている。実際に彼女は、ロールズが「二種類の人格」、すなわち「他者に依存する人々と、依存者のニーズに対して世話をする人々」を排除していると述べている（LL p. 78／一八〇―一八一頁）。

こうしたキテイの批判も岡野に共有されている。岡野は自律を「自らの力で見いだした原理に従って道徳的判断を下し得ることと定義」[16]し、I・カントが想定する自律的主体の問題を指摘している[17]。さらに彼女は「自立的independent, self-reliant」という用語を「物理的・経済的な意味において使用」するとして、自律と自立を区別している[18]。また彼女は「自律的な判断をするために自立しているはずだ――自立していなければならない――[19]」としており、自立を自律が可能になるための前提条件と見なしている。

岡野は「リベラルな責任論は、政治的主体の自律性を求めるために個人が自立的であることをこれまでになく強く要請し、責任主体となり得ない者を予め排除する論理を構築する」として、リベラリズムを批判している[20]。彼女に従えば、リベラリズムが「予め排除」してきたのは、自立的ではない依存する人々である。というのも、リベラリズムは「公的な領域においてすべての市民は、自律的な判断をするために自立しているはずだ――自立していなければならない――という前提」を置いてきたからである[21]。

4 ケア論的批判から明らかになる問題

ここまでキテイの基本的主張を確認し、ケア論的批判を二つに分けて検討してきた。二つの批判の主旨を整理すれば以下となる。第一に、財の獲得を目指す者という意味での自律的行為者という想定からは、とりわけ依存労働者の存在や二次的依存という問題が排除されており、このような自律の理解は日常的の言説において抑圧的な効果を及ぼしうる。第二に、自己統治という意味での自律においては、自律が自立を前提とし、依存と両立しないゆえに、依存する者もケアを行う者も排除されている。

第一の批判は妥当なものである。自律を再考するに当たり、自律的な個人を他者からの制約なく財を追求する行為者と捉えてはならない。依存労働を引き受け、二次的依存の問題を捉えられるかどうかが妥当な自律の構想と言えるための試金石となる。

第二の批判は以下のように整理することができる。

前提1：自律が可能となる条件として自立が必要である。
前提2：自立と依存は両立し得ない。
結論：自立を前提とする自律からは依存が排除されている。

たしかに自立と依存は一見背反する概念に見えるかもしれない。しかし、本当にケア論者が主張するように自立と依存は両立し得ないのかという点や、他者からの依存労働やケアに依存することが依存することの全てなのかという点は改めて問われなければならない。

次節以降では、こうしたケア論的批判を踏まえ、キテイの基本的主張に従い、依存という事実に感応的な自律の構想を模索していく。

三　道徳的自律と人格的自律

前節ではケア論的批判を検討した。本節では自律を概念（concept）分析することで、二つの構想（conceptions）、すなわち道徳的自律と人格的自律を示し（第1項）、自律と自立の関係性を検討した上で（第2項）、ケア論的批判への応答を試みる（第3項）。

1　自律の二つの構想

自律は非常に多様な意味で用いられ、論者によってその意味は異なる。(22) それゆえ、自律の概念を厳密に示すことは困難であり、その諸構想を検討することが有益である。

自律概念は道徳的自律と人格的自律という二つの構想に分けることができる。最初に本稿での二つの構想の定義を述べると、道徳的自律とは正／不正に関する自己統治であり、人格的自律とは正の範囲内での、あるいは少なくとも不正ではない範囲内での、自らの人生における重要な選択に関する自己決定である。以下ではD・メイヤーズやJ・ラズの議論を参照しながらこの二つの構想を検討していく（SSPC pp. 13ff. & MF pp. 369ff.）。

まず道徳的自律についてである。メイヤーズによれば道徳的自律はカントに由来する自律の構想である。「伝統的なカント主義的形態では、道徳的自律は人が自身で選んだ規則（rule）に従うことから成り立っている」。この規則は、「人々が理性的存在者として引き受ける」道徳的なものであり、「普遍化可能な規則」と呼ばれる。「道徳的に自律した個人は自身の原理を選ぶが、その原理は他のすべての人々も採用する理由があるものとなる」。加えて、「道徳的に自律した人々は自身の道徳的確信の確立に対して責任を負っているだけではなく、一般的な道徳的信念をテストするために使うことのできる規準を所有してもいる」。こうした意味で道徳的自律は「自己統治（self-governing）」と解される（SSPC p. 13）。

メイヤーズはこうしたカントの自律の説明から、道徳的自律の一般的な特徴を以下のように二つ抽出する。

第一に、道徳的に自律した人々は自己統御的である（self-regulating）。道徳の基礎はそうした人々の内にあり、そうした人々は道徳が要請するものを自ら発見することができる。第二に、道徳的解決にどのように到達するにせよ、道徳的に自律した人々は自身の結論を責務（obligations）として捉える（SSPC p. 14）。

一点目は道徳的な規則の立法の段階を、二点目は規則から生じる責務の遵守の段階を表していると言うことができる。それゆえ、「道徳的自律は許容されうる振舞いの境界を定める」（SSPC p. 14）。

しかし、メイヤーズは規則の役割をプロスペクティヴに理解するだけで、レトロスペクティヴには理解していない。規則を導き、それを責務として引き受けるというのは、規則を将来の行為の指針としている。だが、規則はこうしたプロスペクティヴな役割を担うだけではない。自らの行為が道徳的に許容されうるものであったのかどうかということを批判的に反省する際の指針としても規則は機能し、レトロスペクティヴな役割も担う。それゆえ、道徳的自律には第三の特徴、すなわち自らの行為が道徳的に許容されるものであったかどうかを規則にしたがって批判的に反省するという特徴を加えることができる。

上記の説明を踏まえ、道徳的自律を以下のように整理できる。道徳的自律は行為の正／不正に関する一連の道徳的推論のプロセスである。このプロセスには⑴立法、⑵遵守、⑶反省という三つの段階がある。[23] 道徳的に自律した人は、⑴自ら道徳的規則を導き出し、⑵その規則を責務として引き受け、⑶規則を参照して自らの行為を反省する人である。

道徳的自律においては合理的行為者が想定されている。だが、ここでの合理性は獲得する財の最大化を追求するという経済的合理性を意味するのではない。もしそうならば、第一のケア論的批判を招くことになる。そうではなく、これは道徳的な推論プロセスにおける論理的一貫性を意味する。財の獲得を目指す者としての自律的行為者という意味は道徳的自律には無いし、道徳的自律が想定する合理的行為者にもない。道徳的自律における立法の段階にせよ、反省の段階にせよ、道徳的な推論が行われるが、そこで自己利益に捕らわれて自らに都合の良い結論を導かないためにも、推論プロセスにおける合理性は必要となる。（道徳的自律に対して想定されるケア論者からの批判は本稿第五節で検討を行う。）

道徳的自律と人格的自律は以下のように異なる。道徳的自律は道徳的に許容される行為の境界を定めるものであり、それゆえ「ある行為は命令的なものである（mandatory）」が、「残りの行為は個人の（personal）裁量に委ねられている」。例えば進学や進路、就職、結婚、出産等々、どうすればよいか道徳によって一義的に決まらない事柄は数多ある（SSPC pp. 14-15）。そしてメイヤーズは以下のように述べている。

> 道徳的に許容される行為のカテゴリーは私［メイヤーズ］が人格的自律と呼ぶものの範囲を構成する（SSPC p. 15）。
>
> 人格的に自律的な（personally autonomous）行為者が道徳的に許容されている領域内でしたいと思うことをする際、そうした行為者は自らの生をコントロールする（SSPC p. 19）。

道徳的自律と人格的自律はこのように対象となる行為領域が異なる。

メイヤーズと同様にラズも「人格的自律は……道徳的自律という……観念と混同されるべきではない」と指摘する。彼も「〔道徳的自律〕は以下のようなカント主義的な考え方に由来する。その考え方とは、道徳は自己立法による原理

(self-enacted principles) で構成されているというものである」としている。これに対して、人格的自律は「自身の生を選択する人々の自由」を意味する (MF p. 370 n. 2)。彼は人格的自律を以下のように説明する。

人格的自律という理想の背後にある支配的な考えは、人々は自分自身の生を作るべきだというものである。自律的な人は自分自身の生の(部分的な)作者である。人格的自律の理想は、人々がある程度自分自身の運命をコントロールするという見解、すなわち人々の生の初めから終わりまで連続した決定を通じて運命を創り出すという見解である (MF p. 369)。

メイヤーズとラズの説明を踏まえれば、人格的自律とは、正の範囲内での、あるいは少なくとも不正ではない範囲内での、自らの人生における重要な選択に関する自己決定のことであると言える。(24)

2 自律と自立

前項では道徳的自律と人格的自律という二つの構想を示した。それではこれらの自律の二つの構想は自立とどのような関係にあるのであろうか。また自立と依存はどのような関係にあるだろうか。

ラズは「自律の条件」として、「適切な知的能力 (appropriate mental abilities)」、「十分な範囲の選択肢 (an adequate range of options)」、「自立 (independence)」という三つを挙げている (MF p. 372)。ここでラズが言う「自律」は人格的自律を意味しており、「自律の条件」をより正確に表現するのならば、人格的自律が可能になるために必要な条件となる。ラズが挙げた適切な知的能力と十分な範囲の選択肢という二つの必要条件について、ならびに彼が挙げていない「自己信頼 (self-trust)」という必要条件については第四節第1項で検討を行う。本節ではケア論的批判に応答するため、自立に焦点を当て検討していく。最初にラズの議論を導きとしながら人格的自律と自立の関係を明らかにし、それを踏まえた上で道徳的自律と自立の関係を明らかにする。

ラズは自立を「強制（coercion）」や「操作（manipulation）」がない状態としている（MF pp. 377-378）。まず「強制は人の選択肢を減少させる」（MF p. 377）。強制で意味されるのは適切な範囲を下回るくらいに選択肢の幅を狭めることだけではない。他に十分な選択肢が残されていても、特定の選択肢を選ばないようにすることも強制である。ラズは明確に述べていないが、これは以下のことを意味している。選択肢を一定の範囲に限定するという意味での強制は、十分な範囲の選択肢という第二の条件を毀損することとなる。また特定の選択肢だけを選ばせないという意味での強制も人格的自律を毀損する。

例えばジェンダーバイアスのかかった父親がいる家庭における女性（その父親の娘）の職業選択を考えてみよう。その女性は将来医師になりたいと考えている。だが、その父親は女性は看護婦になるものであって、医師を目指すべきではないと考え、医学部受験に反対している。女性には看護師になるという選択肢だけでなく、芸術系の進路や文系の大学へ行くという選択肢も残されている。女性には一定程度の選択肢は残されているが、まさに医学部に進学するという選択肢のみが禁止されている。こうした場合に女性は人格的自律を追求することはできない。

次に「操作は、強制とは異なり、人の選択肢に干渉しない」が、「人が決定に辿り着く仕方や、選好を形成する仕方、目的を決める仕方を歪める」（MF pp. 377-378）。ラズは具体的にどういう場合が操作に当たる事例なのかを明らかにしていないが、例えばA・センなどが指摘する「適応的選好形成」は操作が働く事例の一つと考えられる[25]。

こうした「強制や操作はある人の意志（will）を他の人の意志に服させることである」（MF p. 378）。他者の意志に服することは自らの生を自らの意志で営むことを阻害する。ここでポイントとなるのは、自立が依存と対比的に捉えられていない点である。より正確に言うならば、〈他者からのケアに依存すること〉は自立的であることと対置されているわけではない。自立的であることの対概念は、齋藤純一の表現を援用するならば、〈他者の意志に依存すること〉である[26]。すなわち、〈他者の意志に依存していないこと〉という意味での自立は、〈他者からのケアに依存すること〉と両立する。

ここまで人格的自律と自立の関係を検討した。それでは道徳的自律と自立はいかなる関係にあるのだろうか。道徳的自律には人格的自律よりもさらに広い意味での自立が必要である。人格的自律にとっての自立は〈他者の意志に依存しないこと〉を意味していた。だが道徳的自律にはそれに加えて、文化・宗教・慣習からの影響を排する必要がある。より正確に言えば、これらが道徳的な考慮において参照されることがあったとしても、正／不正の根拠や理由であってはならない。というのも、例えば、もし男性優位のジェンダー秩序にある社会の文化を正／不正の根拠や理由とするならば、それは他者に対する正当化根拠を欠いた正／不正の規則を導き出すことになるからである。

翻って言えば、人格的自律は、それらが不正でない限り、影響を受けてよい[27]。むしろ、影響を一切受けないということはあり得ないであろう。というのも、それらは自らのアイデンティティを形成し、自身の望ましい生の在り方を形成するものであるからである。無論、社会関係はこうしたポジティヴな役割を果たすだけではない。先のような社会における女性蔑視という慣習が人々の選好や価値観の形成に負の影響を及ぼす場合もある。

ポイントとなるのは、人格的自律と同様に、道徳的自律においても否定されているのは〈他者の意志に依存すること〉であって、〈他者からのケアに依存すること〉ではないという点である。他者からのケアに依存したとしても、それ自体は道徳的自律を歪めることにはならない。ケア関係が他者の意志に依存するような関係に転化するような状況が道徳的自律も人格的自律も阻害することになる。

こうした自立の捉え方について三点補足する。一つは、他者の意志に服さない、あるいは他者の意志に依存しないということは、他者の意志を一切無視するということを意味しないという点である。自立は強制や操作によってある人の意志が歪められることを拒絶するものである。だが、当人の意志が他者のそれと衝突することはありうる。その場合に、例えばコミュニケーションを通じて意志が変更・修正されることはある。こうした事態を自立は退けるものではない。それゆえ、より正確に言えば、自立は〈他者の恣意的な意志に依存しないこと〉を意味する[28]。

二つ目は、〈他者の意志に依存すること〉と〈他者からのケアに依存すること〉の概念上の関係についてである。両者は部分的に重なり合う関係にある。ケア関係以外の関係でも他者の意志に依存せざるを得ない状況は生じうる。またケア関係は他者の意志に依存しない形でも、依存する形でもありうる。とりわけ重度の障碍を抱える者や乳幼児は必然的に他者の意志に依存する形でのケア関係にある。このような場合、ケアする側の意志は他者に対して正当化できない恣意的なものであってはならない。他者の恣意的な意志に依存しないケア関係を形成するために要請される道徳的自律に関しては第五節で論じる。

三つ目は、ケアする側の自立についてである。本節は〈他者からのケアに依存すること〉と〈他者の意志に依存すること〉の区別の明確化を目的としているため、もっぱらケアされる側の依存に焦点を当ててきた。だが、ケアする側には自立が不要だと主張したいわけではない。ケアする側は先に見たように財の提供者の意志に依存せざるを得ない状況（二次的依存）や、ケアされる側の人の意志に依存せざるを得ない状況（支配関係）に置かれることがある。二次的依存に関しては次項で、支配関係に関しては第四節第3項で扱う。

3　依存を排除しない自律の構想

本節のこれまでの分析によって、前節第4項で整理したケア論的批判に応答を行うことができる。第一の批判に対する応答は以下となる。まず道徳的自律にしても、人格的自律にしても、財を追求する行為者とは無関係の構想である。[29] 次に、これらの構想が依存労働を果たすような人格を含意するものであるのかという問いであるが、これについては二つの目の批判に応答する際に明らかにする。そして二次的依存の問題を捉えることはできるのかという点に関しては以下のように説明できる。二次的依存は財の提供者の意志に依存することであるゆえに、二次的依存の状態にあることは二つの自律の構想の条件としての自立の状態にはないことを意味する。人格的自律の観点からしても、道徳的自律の観点からしても、二次的依存は自律の条件を侵害するものである。

第二の批判に対する応答は以下となる。その批判には二つの前提があった。一つ目は〈自律が可能となる条件として自立が必要である〉という前提であり、二つ目は〈自立と依存は両立し得ない〉という前提であった。

まず自律を道徳的自律として理解するにせよ、人格的自律として理解するにせよ、前提1は真である。自律の条件としての自立は〈他者の意志に依存しない〉ことを意味する。これは前項で示した。

次に、前提2は依存をどのように理解するかによって異なってくる。依存を〈他者の意志に依存すること〉と理解するならば、前提2は真となる。一方、〈他者のケアに依存すること〉と理解するならば、偽となる。ケア論者は後者で理解し自律と自立を結びつける形で批判を行っていたと言うことができる。しかし、自律の前提である自立が要請しているのは〈他者の意志に依存しないこと〉であり、〈他者のケアに依存しないこと〉ではない。

これによって明らかになったことは、道徳的自律の場合であっても、人格的自律の場合であっても、自律的な人は他者のケアには依存する者でもありうるということである。ケア論者が問題としていた自律的な人は（被保護者を含む）依存者ではあり得ないという点にはこれによって反論できた。しかしながら、（第一の批判でも言われていたように）自律的な人は依存労働を行わない人であるという点もケア論は批判していた。

自律的な人がケア労働を行うかどうかに関しては、責務としてのケア労働であるのか、責務ではないケア労働であるのかに応じて、どちらの自律の構想の射程の問題であるのかが異なる。[30] まず責務ではないケア労働の場合、それは人格的自律に関係する。責務でないのであれば、道徳的自律とは切り離して考えなければならない。責務ではないケア労働を行うかどうかは各人の生における選択ないし自己決定に委ねられる。責務でない以上、ケア労働を行わないことは人格的に自律的な人々を道徳的に非難することはできない。

次に責務としてのケア労働の場合、それは道徳的自律に関係する。本節では道徳的自律には立法・遵守・反省の三つの段階があることを確認した。立法の段階において、特定の状況・条件で他者に対するケア労働がなされなければならないということが導かれる場合、そのケア労働は責務として現れ、現実としてそうした状況に置かれたのならばそれを遵守しなければならない。そして、こうした責務としてのケア労働が生じていたかどうか、生じていたのであればその責務を果たしたのかどうかが批判的に反省されなければならない。

まとめると、責務としてのケア労働は道徳的に自律した人々によって果たされうる。もし果たされないのであれば、それは道徳的な非難の対象となる。一方、責務ではないケア労働は人格的に自律した人々によって果たされうる。だが、責務でない以上、もし果たされなかったとしてもそれは道徳的な非難の対象ではない。無論、責務としてのケア労働はその責務がある者自身の手によって直接なされなければならないわけではない。責務があるにもかかわらずケア労働をケアワーカーなどの第三者に委託せず、何も適切な対応をとらないことは非難されるが、責務がある者自身がケア労働を行わないことは非難されない。

以上、ケア論的批判に耐えうる自律の構想を示した。次に問われるべきは、それぞれの自律の構想が依存関係を含むケア関係とどのような関係にあるのかという点である。

四　理に適ったケア関係によって促進されうる人格的自律

本節ではケア関係が人格的自律に与えるインプリケーションを示す。そのためにまず人格的自律が可能となるための条件を検討し、次に脆弱性とケア関係について概観する。その上で、人格的自律を規準とした理に適ったケア関係という観念を提示する。この理に適ったケア関係という観念の意義は、ケアする側もケアされる側も相互に（恣意的な）意志に服さないよう保護されることを求める点にある。

1　人格的自律が可能になるための条件

第三節においてラズが「自律の条件」として、「適切な知的能力」、「十分な範囲の選択肢」、「自立」という三つを挙げていることを述べ、自立については検討を行った。本項ではまず自立以外の二つの条件を確認し、さらに「自己信頼」が第四の条件となることを示す。

まず、知的能力は、「十分に複雑な種類の意図を形成し、その遂行を計画する」ことを可能にするために、人格的自律にとって必要となる。ラズによれば、そうした知的能力には「最小限の合理性や、目標の実現に必要となる手段を理解する能力、行為を計画するために必要となる知的能力（faculties）など」が含まれる（MF pp. 372-373）。自らの生における重要な選択に関して自己決定を為すに際して、人は時として非合理的であるかもしれないし、誤りうるが、こうした能力が必要なことには異論の余地が無いであろう。

次に、十分な範囲の選択肢についてである。ラズは「十分な範囲の選択肢」を「選択肢の適切性（the adequacy of options）」と言い換えており（MF p. 373）、選択肢には量だけではなく、質も必要とされる。選びうる選択肢が取るに足らないものしかない場合や、選びうる選択肢が多くあったとしてもどれを選んでも悲惨な結果にしかならないような場合、どのような自己決定を為したとしても、それは人格的自律にはならない。

人格的自律に必要なものとして、これら三つに加えて、自分自身に対する肯定的な感情（自己肯定感）も挙げることができる。[31] 例えば、T・ゴーヴィアは「自己信頼（self-trust）は、メイヤーズが記述するところの……自律の構想の必要条件である」という主張をしている。[32] 彼女によれば、自己信頼は以下の四つの特徴を有する。第一に、「自分自身の動機や能力についてポジティヴな信念を有することができる」。第二に、「自分自身を誠実性のある人格（a person of integrity）として見なすことができる」。第三に、「進んで自分自身に依拠する（rely or depend on）ことができ、自分自身の決定に付随するリスクや、そうした決定の帰結に対する脆弱性を受け入れる」。第四に、「自分自身を前向きに見るという一般的傾向（disposition）を持つことができる」。これら四つの特徴をそなえた人が自らを信頼していると言うことができる。[33]

「他の人々や社会的世界、物理的世界は多くの点で私たちに挑戦を投げかける」ために、「自らの判断や能力、動機、行為が疑問に付される、あるいは問題となる」ような状況は多々生じる。[34] こうした状況において自己信頼は重要な意味を持つ。というのも、もし自己信頼が脅かされるならば、「私たちはいとも簡単に他者の提案や批判に屈し、社会的慣習に直面した際には崩れ落ち、障害（obstacles）を打ち負かす際に自発力（initiative）を欠くことになる」からである。[35] 「自己信頼なしでは、人は自分自身で考えたり、決めたりすることはできず、それゆえ自律的な人間存在として機能することはできない」。[36] 要するに、自らの善の構想を追求するに際して、自己信頼を欠く場合、それは〈他者の意志に依存すること〉に繋がる、というわけである。

自己信頼の毀損は、少なくとも二つのルートで生じうる。第一に、制度的なルートである。制度が「普通」の在り方を規定することで、「普通」ではない在り方を劣ったもの、あるいは間違ったものとしてスティグマ化し、それによって自己信頼が毀損される場合がある。例えば、同性愛者間の結婚が公的に認められないことは、異性愛者間の結婚を「普通」の結婚の在り方と見なし、同性婚を「普通」ではない結婚の在り方と見なすに等しい。また、かつて日本では非嫡出子の相続分を嫡出子の半分とする法律があった。この法律は非嫡出子を法的権利の上で不当に扱っているだけではなく、「普通の」親子関係の在り方を規定することで非嫡出子を「普通」ではないと見なすに等しい。このように制度が「普通」の在り方を規定することはしばしば「普通」でない人々に負のレッテルを貼ることとなり、その人たちの自己信頼が毀損されうる。

第二に、非制度的なルートである。いくつか例をあげよう。すでに見たように福祉に頼る者はしばしば二級市民としてスティグマ化される。また性的・人種的マイノリティはマイノリティというだけで差別的な態度や振舞いを被ることも多い。他にもいわゆる片親の家庭の子供に対する偏見や特定の職業に対する蔑視は存在する。このようにある種の社会規範は特定の人々に対して抑圧的なものであり、その人たちの自己信頼が毀損されうる。

無論、制度的・非制度的なルートを問わず、差別や偏見によって自己信頼が必ず損なわれるというわけではない。身近な人間関係の助けによって、あるいは自分自身の力によって、自己信頼は維持されうる。また自己信頼はゴーヴィアも指摘するように有るか無いかのどちらかということではなく程度の問題であるし、事柄や状況によってもその程度は異なる。(37) それゆえ、どういった差別や偏見が自己信頼を完全に毀損し、人格的自律を困難にするのか、どの程度の自己信頼が人格的自律にとって必要であるのかということは一義的に決まらない。さらに言えば、自己信頼に充ち満ちた人が実際にどれほどいるのかも定かではない。しかし、重要なことは、自己信頼の欠如は〈他者の意志に依存する〉蓋然性を高めるゆえに、人格的自律の条件である自立を脅かすものであるということである。(38)

2　ケアと人格的自律

身体的・精神的脆弱性は人格的自律の条件を毀損する場合が多い。本項では身体的・精神的脆弱性に対するケアによってそうした毀損が防がれる、あるいは改善される在り方を示し、ケアは人格的自律を促進しうると主張する。

身体的脆弱性は幼児期や高齢期、病気や怪我の期間に生じるものであり、その程度は多様にありうる。身体的脆弱性を抱えている人に対してなんらケアが無い場合、十分な範囲の選択肢という人格的自律の条件が脅かされうる。恒常的に歩行が困難であるが、車椅子を利用することで移動が可能である人を例にとろう。その人自身だけでは電車などの交通機関の利用は難しいものかもしれず、それによって職業や余暇の過ごし方も限定されてしまい、人格的自律に必要となる選択肢はいわゆる「健常者」と比べて限定的なものとなる。しかし、例えば駅員による介助によってその人が移動できる範囲は広がり、選択肢の幅は広がる[39]。自宅から職場までの移動が可能となることで、職業の選択肢の幅や余暇において享受できる選択肢の幅は改善される。このように身体的脆弱性に対するケアは人格的自律を促進しうる。

精神的脆弱性とは、例えば、従軍によって生じたトラウマ、ハラスメントに起因する鬱病、自傷行為を恒常的に繰り返すような状態などである。これらはそれぞれ程度の差がある。将来に対して不安を抱えた人が常に自殺を選ぶわけではない。それゆえ、精神的脆弱性を抱える人に対するケアは、心療内科医による治療から友人が弱っている人の話を聞くことまで含む、広範な営みである。精神的脆弱性が自律の条件を毀損するルートは二つある。一つは、精神的脆弱性が合理的推論を困難にする状態を生み、能力という条件を毀損するルートである。もう一つは、自らの善の構想に対する不安によって自己信頼を失うというルートである。先に述べたように自己信頼の毀損は〈他者の意志に依存する〉蓋然性を高める。精神的脆弱性に対するケアはこうした自律の条件の毀損を防ぐ、あるいは改善することを可能にするため、人格的自律を促進しうる。

3　理に適ったケア関係

前項ではケアが人格的自律を促進するケースを示した。しかし、ケア関係にあることは必ずしもプラスに作用するわけではない。というのも、〈他者の意志に対する依存〉を生み出すケア関係もあるからだ。キテイは正しくも、依存関係は支配関係に転化する危険性を孕んでいると指摘している。彼女の定義では、「支配（domination）」とは「他者の最善の利益に反して、かつ道徳的正統性のない目的で権力を行使すること」である。支配関係は依存労働者によってだけではなく、被保護者によっても生じうる。依存関係において依存労働者が被保護者に対して虐待をする事例は想像に難くない。それゆえ、一見すると依存労働者によってのみ支配関係が生じるように思えるかもしれないが、現実にはそうではない。「依存労働者も被保護者もどちらも依存関係を支配関係に変えてしまう可能性がある」。というのも、「依存労働者に対する被保護者の依存、およびその関係を通じて作られるつながりによって、依存労働者は、自分というものをなくしてしまうような虐待にさらされやすい」からである。それゆえ彼女は「〔依存〕関係を支配関係にしないことは、依存労働者と被保護者に等しく生じる責務である」と結論付ける（LL p. 34／八九―九〇頁）。

このようにキテイは、ケア関係が必ずしもポジティヴに作用するわけではなく、その原因はケアする側だけでなく、される側にもありうることを指摘している。本稿では望ましいケア関係を理に適ったケア関係と呼ぼう。キテイの表現を用いるのならば、理に適ったケア関係とは道徳的に正統な仕方で権力が行使されているケア関係である。本稿が「理に適っている（reasonable）」と呼ぶのは、ケア関係のあり方に関して人々が理由（reason）を提示し合い、参照する点を強調するためである。ケア論は他者との関係を重視しているが、それであればこそ他者に受容可能な理由に基づいて、恣意性を排する形でケア関係を形成しなければならない。（依存者は必ずしも理由に基づいて主張を行えるわけではないが、この点に関しては第五節で関係論的道徳的自律を明らかにする際に論じる。）

キテイは正統／非正統を分かつ規準が何であるのかを示していないので、以下ではケア関係における適理性（reasonableness）の規準が何であるのかを示そう。その規準は少なくとも二つ考えられる。一つはケアそれ自体を目的とする観点から示される規準であり、もう一つはケアを人格的自律という目的のための手段とする観点から示される規準である。本稿は前者を退けるものではないが、ケアに内在する価値について検討するものではない。ここでは後者に焦点を当てよう。その適理性を消極的に表現すると、人格的自律の諸条件を侵害するようなケア関係は理に適っていないといえる。ケアする側もされる側も双方ともに相手の自立という条件を毀損することがありうる。それゆえ、積極的に表現すると、他者を自らと同じく人格的自律を追求する平等者であると見なし合うこととなる。ケアする側はケアされる側を人格的自律の追求者として、またケアされる側はケアする側をそれとして、互いに見なし合うことが理に適ったケア関係である。

一定のケアが人格的自律を促進するということ以上に本節で強調したのは、こうした人格的自律を規準とする理に適ったケア関係は、ケアする側もケアされる側も相互に支配を行わないことを要請するという点である。ケアされる側がケアする側から虐待を受けることがあってはならないのは当然として、ケアする側がケアされる側の恣意的な意志に服し、隷従しないためにも、この適理性の規準は存する。[40]

五　理に適ったケア関係の形成に必要な道徳的自律

本節では理に適ったケア関係を形成するための道徳的自律を示す。まずその概略を示し、次に関係論的道徳的自律について説明を行う。その上で想定される主要な反論に応答する。

理に適ったケア関係はどのように形成されるのかについて、道徳的自律の三段階（立法・遵守・反省）に沿って説明しよう。まず立法の段階において、どのようなケア関係が理に適っているかという規則が導かれる。すなわち、ケア関係における適理性の規準を導き出すのが立法の段階である。前節でケア関係の適理性の規準を一つ示したが、そうした道徳的推論が行われるのがまさにこの立法の段階である。次に、遵守の段階では、適理性の規準を満たす形でケア関係を形成する責務が生じている。だが、適理性の規準を満たすようにケア関係を築こうと試みても、実際にそうなっている保障はどこにもない。それゆえ、反省の段階で、現に今あるケア関係が適理性の規準を満たしているかどうかを批判的に捉え返さなければならない。

理に適ったケア関係の形成のために道徳的自律を遂行しなければならない。というのも、先に述べたように理に適ったケア関係における適理性の規準は人格的自律を追求する者として互いを見なし合うことであり、もし道徳的自律を遂行しないのであれば、他者を人格的自律の追求者と見なさないことになるからである。他者の人格的自律を阻害したり、侵害したりしないように立法や遵守の段階はあり、また実際にそうしていないかを振り返って検討するために反省の段階はある。

こうした道徳的自律が求められるのはケアする側だけでなく、ケアされる側にも求められる。前節で確認したように、ケア関係を理に適っていないものに変容させる危険性は、ケアする側だけではなく、ケアされる側にもあるからである。ケアされる側もケアする側と同様、理に適ったケア関係とはどのような関係であるのかを推論し、理に適ったケア関係の形成を目指し、実際にそうなっているかどうかを反省しなければならない。

以下では、こうした道徳的自律の概略を踏まえた上で、関係論的道徳的自律とはいかなる観念であるのかを説明する。本稿がこれまで道徳的自律として論じてきた際に前提としていたのは、その主体が個人であるということだ。ケアする側もされる側も個人的な道徳的推論によって、理に適ったケア関係を形成していく。しかし、個人の認知能力の限界という問題がある。ケアする側にもケアされる側にもそれぞれに認知的バイアスはあるし、一個人が辿れる道徳的推論には限界がある。ケアする側とされる側の双方のコミュニケーションによってその限界は一定程度乗り越えられるかもしれないが、それでもなお、両者が閉鎖的なケア関係にあるゆえに生じる認知的バイアスもある。さらにケア論の観点からとりわけ重要な問題となるのは、重度の知的障碍を抱える者や乳幼児はそもそもそうした道徳的推論を行うことができないということである。たしかにこうした問題に対して個人主義的道徳的自律の観点から応答するのは困難である。そこで道徳的自律を関係論的に理解することでこの問題への応答を試みる。以下では、関係論的道徳的自律について、理に適ったケア関係の形成という観点から論じる[41]。

関係論的道徳的自律とは、人々の関係性の中で道徳的自律を達成することである。ここでいう「関係論的」という用語は「個人主義的」と対比されている。個人主義的と対比的な他の用語としては「集合的（collective）」を挙げることができるが、そう呼称しないのは、集合的道徳的自律と称した場合にその行為主体の単位が一定の集合となるのに対して、関係論的道徳的自律は間主観的に遂行されるものだからである。

それでは関係論的道徳的自律を担うのはどのような範囲の人々であろうか。理に適ったケア関係を形成していくのは、ケアの直接的な両当事者、すなわちケアする側とされる側だけではない。先に述べたように個人の推論能力には当然限界があるし、また当事者同士の関係自体が原因となって認知的バイアスを引き起こしうる。それゆえに、理に適ったケア関係の形成は、当事者だけではなく、他者に開かれていることが要請される。

具体的にどのような人々に開かれるか、そしてその人々はより具体的にはどのように道徳的自律を遂行するのかは、少なくとも二つの観点から考えられる。一つは実際に行われるケアに携わる人々の観点からであり、もう一つは道徳的行為者の観点からである。

前者の観点において、関係論的道徳的自律はケア関係にある当事者とその周囲の人々によって遂行される。例えば、家庭内での介護においてはその当事者の兄弟姉妹親戚などが、介護施設においてはその施設の全スタッフがそれに当たる。こうした個別的な場面においては、個別的な規則が共同して定められ（立法の段階）、実際に役割が分担され、それを担い（遵守の段階）、それが適切に遂行されたのか、そして当初定めた個別的な規則が妥当なものであったのかについて各人が意見を出し合うことによって吟味される（反省の段階）。

こうした個別的なケア関係の場面における関係論的道徳的自律は以下のようなケア論者の関心に合致する。すなわち、他者との抽象的なあるいは一般的な関係ではなく、個別具体的な関係に対する関心である。[42] それゆえ、関係論的道徳的自律に対して、個別性を無視しているという批判は当たらない。

一般的な関係を対象とするのは後者の観点においてである。道徳的行為者としては、ケア関係一般に対して道徳的自律を遂行する。すべての道徳的行為者がケア関係の当事者やそれに携わる者の立場になりうると想定して、共同して道徳的自律の三段階を遂行する。すなわち、共同して理に適ったケア関係に関する一般的な道徳的規則を導き出し（立法の段階）、共同して人々が負っている責務を果たし（遵守の段階）、それが適切に遂行されたのか、そして当初定めた道徳的規則が妥当なものであったのかについて共同して意見を出し合うことによって吟味される（反省の段階）。キテイはロールズの正義の二原理に加えて第三原理を提案しているが（LL p. 113／二五四頁）、こうした原理を共同して導出するのであれば、それはここでいう立法の段階に相当する。また彼女は人々の脆弱性を基底とした責務論を主張しているが（LL pp. 64-65／一五二頁）、それは遵守の段階に相当する。

こうした関係論的道徳的自律に対しては依然として以下のような批判が残るだろう。すなわち、道徳的推論に関して限界を抱える人々であっても共同することによってその遂行ができることを認めたとしても、そこで前提とされているのは一定水準の推論を働かせることができる人であって、重度知的障碍を抱える人は想定から排除されている、という批判である。たしかに誰かが意見を提示し、理由を示すことによって立法や遵守、反省という営みが生じうる。しかし、それがケア関係の当事者によってなされることを関係論的道徳的自律は要請しない。重度知的障碍を抱える人がコミュニケーションするならばどのようなことを主張するのかということを共同して勘案していく営みが関係論的道徳的自律である。先にこれが間主観的に遂行されると表現したのはこのことを意味する。翻って言えば、重度知的障碍を抱えていない人であっても、必ずしも論理的に意見を主張する必要はない。各人が自らの経験や感情の表明を行い、人々が共同してそれを広く受容可能な意見に昇華していく作業が、関係論的道徳的自律には内包されている。

別の批判として、道徳的自律によって導かれるケアの責務はケア論が要請するそれに対応しているのか、というものが想定される。だが、道徳的自律における責務の捉え方は必ずしもキテイの脆弱性モデルとの親和性が悪いものではない。ここでは彼女の責務論を一旦正しいものであると仮定して、その上で親和性を示そう。彼女は、R・グディンに従い、約束のような契約や同意を責務の根拠とする自発性モデルを批判し、脆弱性を責務の根拠とする脆弱性モデルを採用する（LL pp. 54-65／一三三―一五三頁）。もし道徳的自律における立法の段階において、カント（主義）に倣い定言命法ないし普遍化可能性テストを用いるとしたら、そこには自発性の契機はない。たしかに自らの意志によって道徳法則（規則）を遵守しようとする点にはその契機が存在する。しかし、当の道徳法則はその自発性にかかわらず、すでに立法されたものである。それゆえ、定言命法ないし普遍化可能性テストを用いることは自発性モデルに該当せず、脆弱性モデルを採用することが可能である。

結論

ここまでの議論をまとめよう。第二節では依存を人間の条件とするキテイを中心としたケア論者の自律批判を検討した。第三節では、道徳的自律と人格的自律という二つの自律の構想を示した上で、それらの条件となる自立を検討することによってケア論的批判に応答を行い、自律と依存が両立することを明らかにした。第四節では人格的自律の条件を検討した上で、理に適ったケア関係は人格的自律の条件を損なう脆弱性に対応することができ、人格的自律を促進しうると述べた。第五節では理に適ったケア関係が形成されるためにはケアする側にもされる側にも道徳的自律が必要とされると主張した。そして、個人主義的道徳的自律が抱える問題点を指摘し、関係論的道徳的自律を提示した。

本稿は道徳的自律を関係論的に捉えることで、個別的なケア関係から一般的なケア関係までも議論の射程に収めている。だが、ケア論者が述べるような社会制度の具体的な再編については言及していない。また本稿はケア論者にも受容可能な自律の構想の提示を目的としており、責務論に関しては暫定的にキテイの脆弱性モデルとの親和性を指摘するに留め、その批判的検討を行ってはいない。これらを今後の課題としたい。

※以下の著作については略号を用いて引用箇所を本文中に明記した。なお訳文は必ずしも邦訳に従っていない。

LL: E. F. Kittay, *Love's Labor: Essays on Women, Equality, and Dependency*, Routledge, 1999（岡野八代・牟田和恵（監訳）『愛の労働あるいは依存とケアの正義論』白澤社 二〇一〇年）.

MF: J. Raz, *Morality of Freedom*, Oxford University Press, 1986.

SSPC: D. Meyers, *Self, Society, and Personal Choice*, Columbia University Press, 1989.

（1）本稿で主だって扱うE・F・キテイは自律に対する批判者であるが、「たしかに自己統治（self-governance）という意味での自律は格別重要なものである」という点は認めている（LL, p. 92／二一二頁）。また、リベラルが前提とする自律的主体に批判を向ける岡野も、「道徳的な意味において『他人に依存』しない、つまり自律的であろうとすることは、たしかに女性たちがその運動の目的としてきたことの一つであった」という事実を認めている（岡野八代『フェミニズムの政治学：ケアの倫理をグローバル社会へ』みすず書房 二〇一二年 一〇五頁）。

（2）自律に対するフェミニズムからの一連の批判を整理したものとして、C. Mackenzie & N. Stoljar, "Introduction: Refiguring Autonomy," in C. Mackenzie & N. Stoljar（eds.）, *Relational Autonomy: Feminist Perspectives on Autonomy, Agency, and the Social Self*, Oxford University Press, 2000; M. Friedman, "Feminism in Ethics: Conceptions of Autonomy," in M. Fricker & J. Horsby（eds.）, *The Cambridge Companion to Feminism in Philosophy*, Cambridge University Press, 2000, Ch. 11が挙げられる。ただし、これらの先行研究において依存を主題に据えたキテイのようなケア論者からの批判はどこにも位置づけられてはいない。

（3）M. Friedman, *Autonomy, Gender, Politics*, Oxford University Press, 2003, p. 81.

（4）「ケア論的批判（care critiques）」という表現自体はすでに他の論者によっても用いられている（Mackenzie & N. Stoljar, op. cit., p. 8）。だが、そこで言及されている論者はN・チョドローやV・ヘルド、J・ネデルスキーであり、本稿で扱うキテイなどではない。それゆえそこで言われているケア論的批判は、依存者や依存労働者を議論の中心に据えたキテイらの批判とは一線を画す。

（5）関係論的自律に関する諸研究を概観したものとしてはC. Mackenzie & N. Stoljar, op. cit.; N. Stoljar, "Feminist Perspectives on Autonomy," in E. N. Zalta（ed.）, *The Stanford Encyclopedia of Philosophy*, Metaphysics Research Lab, Stanford University, 2015（Summer 2013（first archived））.（https://plato.stanford.edu/archives/fall2015/entries/feminism-autonomy/ 二〇一八年八月三〇日アクセス）

（6）C. Mackenzie & N. Stoljar, op. cit., p. 4.

（7）M. Friedman, op. cit.; N. Stoljar, op. cit.; C. Mackenzie, "The Importance of Relational Autonomy and Capabilities for an Ethics of Vulnerability," in C. Mackenzie, W. Rogers & S. Dodds（eds.）, *Vulnerability: New Essays in Ethics and Feminist Philosophy*, Oxford University Press, 2014, Ch. 1.

（8）Ibid.

（9）ネデルスキーは自律を立法と結びつけており、この点で本稿の道徳的自律の一要素を含むものと解されるが、あくまで彼女のそれは自らの善の構想に関するものであるため人格的自律を意味する（cf. J. Nedelsky, *Law's Relations: A Relational Theory of Self, Autonomy, and Law*, Oxford University Press, 2011, Ch. 3）。

（10）キテイは依存の「最も顕著な事例」を検討することで、「あらゆる人間相互のつながりが正しく理解され、そしてこれらのつながりがどのようにすべての道徳的・政治的概念に反映されるべきかが理解される」と考えている（LL pp. 29-30／八二頁）。

（11）キテイは依存労働によって生じる関係を依存関係と呼ぶため、依存関係にはそうした労働が前提とされている。だが、ケア関係においてはケア労働が含まれる場合もあれば、そうでない場合もある。例えば病院や家庭での老人の介護は有償無償にかかわらずケア労働の一例である。またキテイの用語法においてもそれは依存労働となりうる。一方、例えば足を捻った友人に肩を貸すというような軽度な身体的脆弱性への対応は、キテイの用語法でも依存労働ではないし、またケア労働と呼ぶことも相応しくない。

（12）岡野 前掲書 一〇一頁。

（13）同書 四四頁。

（14）M・A・ファインマン『ケアの絆：自律神話を超えて』岩波書店 二〇〇九年 十八、二五頁。

（15）五つの想定とは、「（ⅰ）秩序立った社会の概念的な境界線を決定する正義の環境／（ⅱ）『すべての市民が全生涯を通じて十分に社会的協働が可能な成員である』という理念化に適用され、かつ投影されている規範／（ⅲ）自らを『正当な要求を自ら生み出しうる者』とみなす自由な人格という構想／（ⅳ）正義の実現に必要な人格の道徳的能力、すなわち、正義の感覚と、自らの善の構想能力。および、これらの道徳的能力にもとづき、諸個人の福祉を比較する指標となる社会的基本財のリスト／（ⅴ）協働に加わる人々が平等であることを想定する社会的協働の構想」である（LL p. 81／一八七頁）。

（16）岡野 前掲書 三六一頁 註九。

（17）同書 一六九―一七三頁。

（18）同書 三六一頁 註九。

（19）同書 四〇頁。

（20）同書 三三―三四頁：強調引用者。

（21）同書 四〇頁。

（22）G・ドゥオーキンによれば、自律は、「自由」「自己支配ないし主権」「意志の自由」「尊厳、統一性、個人性、自立、責任、自らを知ること self-knowledge」「自己主張の質」「批判的反省性」「責務からの自由」「外的因果性の不在」「自身の利益を知ること」「個人間比較の不可能性」といった様々な意味で用いられている（G. Dworkin, *The Theory and Practice of Autonomy*, Cambridge University Press, 1988, p. 6)。

(23) 道徳的自律の三段階というのは、次の有福の指摘から着想を得ている。有福によれば、カントにおいて「意志の自律とは、……道徳法則自身を意志の規定根拠として自らに課し（立法）、これに従って自ら行為し（行政）、自らの行為をこれに従って自ら判定する（司法）という意味において、『積極的意味』における自由を内容としている」（有福孝岳「善意志の倫理学」一八一―一八二頁 有福孝岳・牧野英二（編）『カントを学ぶ人のために』世界思想社 二〇一二年 第三章 第二節）。

(24) ただし、ラズは人格的自律における自己決定の対象を本稿のように重要な事柄に限定していない（MF p. 374）。

(25) ラズは「強制や操作は意図的行為である」としており（MF p. 378）、操作の捉え方が狭いという問題がある。たしかにとりわけ強制は誰かの意図的行為であるし、操作もそうした場合があるだろう。しかしながら、（経済）システムあるいは社会構造によってなされる操作は特定の主体の意図的行為ではない。

(26) 齋藤純一『不平等を考える：政治理論入門』ちくま新書 二〇一七年 一〇六―一〇七頁。齋藤は「他者の意思に依存すること」（強調引用者）としているが本稿では意志とする。

(27) Cf. M. Friedman, op. cit.

(28) 恣意性の規準は何か、別言すれば、強制が正当化されるのはいかなる場合であるかはパターナリズムの問題であるが、この点に関しては別稿に譲る。自律とパターナリズムに関する文献としては、例えばG. Dworkin, *The Theory and Practice of Autonomy*, Cambridge University Press. 1988.

(29) 歴史的にリベラルは自律と経済的自立を結びつけてきたという批判がありうるが、そうした結びつきを切り離すのが本稿の提案である。

(30) 責務としてのケア労働とそうでないケア労働の峻別は責務の根拠とは何かという論点を惹起するが、本稿はこれを論じるものではない。ケア論者に受容可能な自律の構想を示すことが目的であるので、この点は脆弱性をその根拠とするキテイの責務論（脆弱性モデル）に則る（LL ch. 2／第二章）。つまり、脆弱性モデルにおいて責務とされる依存労働が責務としてのケア労働に相当する。無論、彼女の責務論の妥当性は検討されなければならないが、それは本稿の域を越え出るので、第五節で彼女の責務論と道徳的自律の親和性を指摘するに留める。キテイの責務論に対する批判として例えばS. Dodds, "Dependence, Care, and Vulnerability," in C. Mackenzie, W. Rogers & S. Dodds (eds.), op. cit., Ch. 7.

(31) 自分自身に対する肯定的感情は本稿で取り上げる自己信頼以外にも、「自己尊重（self-respect）」や「自己評価（self-esteem）」を挙げることができる（e.g. J. Anderson & A. Honneth, "Autonomy, Vulnerability, Recognition, and Justice," in J. Christman & J.

Anderson（eds.）, *Autonomy and the Challenges to Liberalism*, Cambridge University Press, 2005, Ch. 6）。本稿では自己信頼を人格的自律の条件としたゴーヴィアの研究を取り上げ、他の自己肯定感に関しては別稿に譲る。

（32）T. Govier, "Self-Trust, Autonomy, and Self-Esteem," *Hypatia*, Vol. 8, No. 1（1993（winter））p. 111.

（33）Ibid., pp. 105-106.

（34）Ibid., p. 106.

（35）Ibid., p. 106.

（36）Ibid., p. 112.

（37）Ibid., p. 106.

（38）ラズはこうした感情を人格的自律の条件に加えてはいないが、全く言及していないわけではない。彼は、強制や操作による「実際の帰結」がどうであれ、「強制や操作は強制される人々や操作される人々に対して軽視や軽蔑すらも表現するような象徴的意味を有している」と述べており（MF p. 378）、強制や操作という行為そのものが他者に対してネガティブな意味を有することを問題としている。

（39）選択肢の幅の改善は誰か特定の人物によって改善されうるだけでなく、設備や制度によっても改善されうる。例えば駅構内において車椅子の利用が可能なエレベータが設置されることによって、歩行が困難な人の移動は階段を使わずともその人自身によって可能となる。だが、ここでは〈ケア〉と人格的自律の関係を問題としているので、そうした〈ケア〉を行う主体がいることに焦点を当てる。

（40）註28でも言及したが、人格的自律が正当に制約されることはありうる。だがここで重要なことは、ケアされる側が虐待のようなケアを受けないための規準として、同時にケアする側が過重なケア労働を課されないための規準として、人格的自律が機能する点である。

（41）関係論的道徳的自律は理に適ったケア関係の形成だけに必要とされる観念ではないが、本稿はそうした一般的な説明を試みるものではない。

（42）例えばキテイは「愛情や配慮からなる結びつきは依存労働者と被保護者を結びつける。この結びつきは、一般化された他者との間にではなく、入れ替え不可能で具体的な他者との間にあるものである」と述べており（LL p. 53／一三〇頁）、他者との個別具体的な関係性に力点を置いている。

2017-18 Spinozana 16

ISBN978-4-906502-85-1
2018 年 9 月 30 日発行

スピノザーナ
スピノザ協会年報
16

【講演 1】《ピート・ステインバッカース連続講演》「スピノザ『エチカ』のラテン語テクスト新版について」（笠松和也訳）／「スピノザの生涯と著作についてわれわれが知っていること」（寅野遼訳）／「スピノザにとって生きるに値する人間的な生とはどのようなものか」（大野岳史訳）

【講演 2】ベルナール・ポートラ「スピノザ『エチカ』における性・愛・幾何学」（立花達也訳）

【論文】加藤喜之「デカルト哲学をめぐる論争：ヨハネス・クラウベルクとバルーフ・スピノザ」

【翻訳】ジョヴァンニ・リカータ「スピノザとヘブライ語の「普遍的な知識」——『ヘブライ語文法綱要』における脱神秘化および文法的思惟」（秋田慧訳）

【公募論文】立花達也・雪本泰司「一元論における優先性と部分性：現代形而上学とスピノザのあいだで」／笠松和也「『形而上学的思想』における生命概念をめぐって」

本体 2,200 円 + 税

発行　スピノザ協会
発売　学樹書院

151-0071
渋谷区本町 1-4-3
Tel.: 03-5333-3473
Fax: 03-3375-2356
http://www.gakuju.com
contact@gakuju.com

◆書評

近世政治神学の探究

●――田上雅徳

住田博子『カルヴァン政治思想の形成と展開――自由の共同体から抵抗権へ』（新教出版社、二〇一八年）

一六世紀の宗教改革運動は、これにかかわる者たちに、「政治共同体をどう神学的に説明すべきか」という課題を突き付けた。また、この運動がコンフェッショナリズムを誘発するようになると、「自分たちの信仰を否定する為政者にどう対処するべきか」という問題も浮上する。これらに対して、ジュネーヴで活躍したジャン・カルヴァンとその後継者たちの提示した回答を再構成し、吟味したのが本書ということになる。

問題の所在を述べる序章と全体の総括を行う終章との間に挟まれた五つの章の構成は以下の通りである。第一章はジュネーヴの宗教改革を、特にサヴォワおよびベルンとの外交史の中で位置付ける。第二章では、「神への服従の自由を内容と」し「人間をしてその本来の姿へと回復せしむる」、この時代に特有で、かつ論争的なカルヴァンの自由観が分析される。彼の教会観が同時代の宗教改革急進派との対決の中で練り上げられたものでもあることを第三章で述べた上で、第四章で著者はふたたびジュネーヴの現実に立ち返り、教会とジュネーヴ市政府との協働の実態を精査する。第五章で本書は、カルヴァンの衣鉢を継ぐ所謂カルヴィニストたちの政治思想を検討するが、その中ではたとえば、この時代の政治思想史叙述に大きな影響を与えたクェンティン・スキナーの所説が見直されることとなる。

右に示したアウトラインからも予想されるように、本書が取り上げたテーマは奇をてらう類いのものではない。だが、オリジナルな視点の保持に自覚的であろうとする著者は、たとえば「契約神学」や「領域教会」といった、より宗教に引き付けた諸概念を駆使して論を展開する。

たとえば「契約神学」を鍵概念にすると、どのような政治思想叙述が可能になるのか。著者は、カルヴァンとカルヴィニズムにおいては、人間と神との関係、および人間と人間との関係を契約の視点から捉える傾向が強かったとする。神学史的には常識に属する指摘であるが（だからこそ著者には、対神関係と対人関係を契約的に把握「しない」神学のモデルに言及してもらいたかった）、このとき、契約を媒介にして人間同士が作り上げる共同体そのものが、個人以上に、神と向き合う当事者だと目された点が重要である。ところで、カルヴァンその人にあっては、共同体とそれを秩序づける為政者との関係をめぐる問題は、「教会内の人間による契約抵触行為は、教会内で矯正されるべき対象であり、切り捨ての対象ではな」いとする立場から、先鋭化することがなかった。けれども、後のカルヴィニストたちになると、為政者も契約共同体の一員として捉える見解が強まる。そして結果として、神の意に適わない統治活動を行う為政者を他の契約仲間が質そうとする動機の下で、カルヴィニズムの抵抗論が構築可能になったとされる。

また、再洗礼派と呼ばれる当時の宗教改革急進派が著した「シュライトハイム信仰告白」に対するカルヴァンの論駁書に注目したことで、宗教改革の神学に即した教会をジュネーヴの改革者が形成しようとするとき直面した困難は、よりクリアな像を結ぶこととなった。つまり、マックス・ウェーバーの有名な所説を持ち出すまでもなく、滅びに予定されている共同体構成員の存在を覚えつつも、まさに神の超越的な予定ゆえに、カルヴァンは滅びる者と救われる者とのふるい分けを自らに禁じなくてはならなかった。その結果、再洗礼派のような破門の行使は徹底することができず、教会は救いに予定されている「神の民」だとの擬制を貫く必要が彼には生じるのである。

もちろん、ここでの困難は、救済意識とそれを反映した生活を共同体構成員に期待する宗教の論理と、何も宗教的な動機だけで人びとがそこに定住しているわけではない所与の空間を秩序づけなくてはならない政治の論理との狭間に立ち続けようとした、カルヴァンその人のポジショニングに由来している。著者の言葉でいい直すなら、「信者個々人の自覚的信仰を問うことなく地理的領域内の全ての住民を教会のうちに収め」ようとする領域教会制度の本質から生じるアポリアである。けれどもそれを、教会という宗教共同体を自発的結社として捉えて疑わない私たちは、往時の政教関係でしか見られない無理筋として済ますことができるのだろうか。

共同体構成員に然るべき自覚を促しつつも、それを満たし得ない構成員も包摂しながら統合を図ることは、国家と呼ばれる政治共同体が、いまも取り組んでいる課題である。その意味で、領域教会制度に伴う困難は今日もアクチュアリティを失ってはいない。事実、近現代の国家は学校等を整備して「市民教育」を国民に課すわけだが、その関連でいえば、宗教的そして政治的規律化の舞台として領域教会を理解することで、著者の研究の地平は新たな広がりを見せるのではないか。実際、コンフェッショナリズムの時代は、史上稀に見る民衆教化の時代でもあって、当時、キリスト教各宗派が量産していた「カテキズム（信仰問答／信仰告白）」は、政治思想的分析に値する第一級の資料となるであろう。

最後に。前述したように「シュライトハイム信仰告白」に言及したことで、再洗礼派とカルヴァンとのコントラストを浮かび上がらせることに本書は成功した。だが、著者自身も触れているように、カルヴァンその人の当該信仰告白の理解には看過できないバイアスがあるし、何より、再洗礼派を成り立たせていたのは政治的包摂の論理を拒否した人びとだけではなかった。たとえば、為政者の存在どころか兵役も肯定したとされるバルタザール・フープマイアーは、著者によってどう位置づけられるのか。こうした論点も意識した記述が加わるならば、宗教改革期の政治思想は一層の奥行きをもって、私たちの目に映ってくるはずである。

◆書評

政治思想史からキリスト教思想史を捉え直す

●――藤田潤一郎

小田英『宗教改革と大航海時代におけるキリスト教共同体――フランシスコ・スアレスの政治思想』（文生書院、二〇一七年）

あとがきによれば、本書の基は博士論文である。大学院に入った著者に研究対象としてスペインの政治思想を提案したのは、指導教授であった（599――以下括弧内の数字は同書の頁数）。それから十年の歳月を経て結実した研究成果たる本書の正題は極めて野心的である。

「宗教改革」、「大航海時代」、「キリスト教共同体」という三つの重要な主題とスアレスの政治思想を織り合わせた本書は、本文、参考文献、索引を合わせると六五〇頁を超える浩瀚な書であり、限られた紙幅でその内容を要約することは困難である。

二部構成に結論と補論を加えた本書は、スアレスについてのモノグラフではない。正題と副題はそのことを示す。第一・二部のタイトルを繋ぐのは、正題にもある「キリスト教共同体」である。キリストの「神秘的からだCorpus mysticum」と不可分――ローマ・カトリック教会における化体説――の「キリスト教共同体」は、西洋古代末期から中世を貫くキリスト教思想史上の根本思想であるがゆえに、解釈者が宗教改革との間にいかなる連続性あるいは断絶性を有していると捉えているかが問われる。

ならば、古代末期から中世におけるキリスト教共同体についてまず論じることが必要であろうが、第一章は「中世の両権論とスアレス理論」であり、キリスト教共同体それ自体を主題化してはいない。第一章では、「まず、キリスト教共同体の概念についてより詳しく説明する必要がある」と述べている（55）。だが、直後に「ここでは、スアレスの解釈を説明する」と続ける著者が、「この［キリスト教共同体の］概念の特徴として二点指摘」する内容にはスアレスのテクストからの引用はなく、注もない。これでは中世盛期（スコラ学）キリスト教共同体概念の説明にも、スアレスの説明にもなっていない。次頁冒頭に、「布教により狭義の教会やキリスト教共同体が拡大する」、「布教論は両権論の主要な構成要素」（56）とあることから、本書はキリスト教共同体を与件とした両権論の政治思想史的考察であると言えよう（権力に着目する著者が「両剣論」を用いない理由は十頁注1にある）。

もとより、キリスト教共同体を巡る思考は、聖書解釈に基づいて展開される。たとえば、第二章にてスアレスを論じる過程で著者が引用するのは、ケリュグマ伝承と関わるマタイ二八章一九節である。「あなたがたは行って、あらゆる国の人々を弟子としなさい」（165）。邦訳の各聖書にある「弟子にしなさい」はギリシア語本文（mathêteusate――ネストレ＝アーラント二八版）に沿った訳だが、スアレスが依拠したであろうウルガータでは「教えなさい（docete）」である。復活したイエスが十一人の弟子に語った言葉が、「あらゆる民を教化しなさい」と解釈されたからこそ、「その［教会の］頭」たるキリストの後継者である「ペテロや教皇」（69）が、正確にはペテロに由来するローマ司教座を継承する教皇が「全世界において布教の権利を持つ」（165）。

著者は、布教論を「近世の両権論における本質的な側面の一つ」（56）と言明する。だが、古代の旧新約聖書、キリスト教共同体を巡る中世のテクストに対するいかなる理解に基づいて、近世のスアレスは「カトリック教会だけがこの［布教の］命令を実行する権利を持つ」（165）という結論に達すると同時にインディアス布教のあり方を批判した（165、注223）のであろうか。

事は、キリスト教徒ひいてはカトリック教会から見た信仰と不信仰という問いに係わる。著者が「サラマンカ学派の中でも独自な」スアレスの主張と指摘する、キリスト教君主と異教君主の間での戦争の権利の対等性の主張（163-164）の典拠は、トマス・アクィナスの『神学大全』第Ⅱ-2部に関する講義の為のノートと思われる（164、注219及び602）。著者は、「自然法において何らかの基礎や一定の関わりを有さず、しかも異教君主に相応の仕方で適合しないほどにキリスト教君主に固有であるような戦争の権限は全く存在しない」と訳す。だが、二重否定の文章中の qui non habeat fundamentum aliquod vel certe proportionem cum lege naturali は、「何らかの基礎をもたない、すなわち自然法にしかと関係づけられてはいない」である。vel の前後の語が cum lege naturali に掛っているのではない。スアレスには、戦争の宣言・権利（titulus）の基礎こそキリスト教君主にも不信仰の君主にも等しく適用される自然法であるという理解がある（著者は infidelitas と haeresis を混同している）。彼にとって教皇は布教の権利を有するが、異教徒に信仰の受容を強制できない（165）理由は、テクストに内包されている。ここに、トマスとスアレスとの、或いは中世自然法と近世自然法の相違が垣間見える。

ところで、マタイ二八章一九節に先立つのはイエスの次の言葉である。「わたしは天と地の一切の権能を授かっている」（一八節の新共同訳――一九節は「だから」から始まる）。ギリシア語本文の exousia を、新共同訳とフランシスコ会訳は「権能」、口語訳と新改訳 2017 は「権威」と訳し、「権力」を採用していない。ウルガータでは、potestas である。「本書における鍵概念」が「間接的権力 potestas indirecta」であると述べる（57）著者が考えるほど、キリスト教思想史における potestas は一義的ではない。exousia 或いは potestas こそ、イエスと、彼が天の国の鍵を授けた（マタイ 16・19）ペテロ及びその後継者を繋ぐ。中世から近世のテクストを扱う研究であるにも拘わらず、鍵概念を「間接的権力」とすることで、「反ローマ陣営やラディカルな教皇主義者との論争の中で」（544）スアレスが potestas indirecta を重視した思想史的な背景を追うことを却って妨げた印象を受ける。

しかしながら本書が、数多の一次文献を多大な労力を払って読み、紡ぎ出した労作であることを評者は毫も疑わない。近世西欧政治思想史研究として広く読まれることを希望して、擱筆する。

◆書評

移行と自由の政治哲学的課題

●――網谷壮介

金慧『カントの政治哲学――自律・言論・移行』(勁草書房、二〇一七年)

カントの実践哲学は「前代の道徳哲学〔…〕における社会的契機を全く見失ってしまった」と福田歓一が断じてから半世紀が経った(「政治理論における「自然」の問題」一九六二年)。この間、忘れ物に気づいたかのごとく、現代の政治理論家はカントを批判的に継承し、カント研究者も政治思想研究を精力的に進めてきた。本書はこうした動向を見据えつつ、カントと現代理論の双方に取り組んだ労作である。第I部ではカントが扱われ、第II部ではアーレント、ロールズ、ハーバマスのカント解釈が批判的に検討されている。その際本書は「現代における熟議デモクラシーの議論を先取りするような洞察」(二一六)を見出すという方針を掲げ、実際、カントが市民の自由な言論活動を重視していた点を説得的に示している。加えて実践理性についても、論理的一貫性だけを道徳の基準とするものではなく、行為の理由を他者に示し、他者からの問い直しに晒されねばならないという公開性の基準をも含むと解釈されている。実践理性から政治的自律、世界市民法にいたるまで、自己立法と他者との言論交換の双方がカントを貫く思考であると示されるとき、その実践哲学の社会的契機はもはや見失われえないほど瞭然となる。カント政治哲学とその現代的展開について知りたいと思う人であれば、まず紐解くべき一冊が届けられたと言えよう。

すでに斎藤拓也氏による適切な要約を含む書評があり(『社会思想史研究』第四二号、二〇一八年)、紙幅の制約もあるため、本稿では重要論点である第I部の移行と自由の概念に限定して論じることをお許しいただきたい。なお本稿は二〇一八年一月二七日に早稲田大学で行われた合評会での報告に基づいている。

まず、本書は「移行」に着目してカントの政治思想を再構成している。カント法哲学において移行とは、自然状態から法的状態を規範的理念として演繹することを意味する。しかし本書はむしろその政治哲学的意味を強調する。副題の三幅対に即せば、政治的「自律」は人民主権の制度的表現であり、理念としての法的状態の根幹をなす。しかし、現実の政治社会を理念としての法的状態へと「移行」させるためには、市民の不断の「言論」実践が必要になる。というのも公共的言論は法の妥当性を吟味すると同時に、権利侵害を発見し、法を改善する機能を果たすからである。このように規範的な制度構想と市民の言論活動を結びつけて移行を理解しようとする点に、本書の政治哲学上の重要な貢献がある。

ただし解釈上の問題がないわけではない。第一に、カントにおいて自然状態からの脱出は義務だが、その論拠の解釈には首肯できない。本書によれば「自然状態においても人は権利という概念を承認している」ということの「論理的帰結」(八)から、自然状態の脱出が要請される。しかしこの解釈は、権利を保障してほしいなら自然状態を脱出せよという仮言命法を正当化できても、定言的な義務、他人を強制することも許容されるといわれる脱出義務は正当化できないだろう。むしろ、自然状態が単にアプリオリに法を欠くということだけで、カントは脱出義務を導出しているのではないか。第二に、専制から共和制への移行の意味が曖昧である。筆者によれば、専制と共和制は人民立法と権力分立の有無という制度編成の違いで区別されるが、他方「カントは、純粋な共和制と区別される「代表性の精神に適う統治様式」(ZeF 352)が可能であることを」も示している(一五)。それは、君主が市民の言論に耳を貸し、人民意志を尊重するよう統治するというものである。こうして「カントは、言論の自由を介して法制定に人民の意志を反映させることに共和制への変革の望みを託している」(一六)。それでは結局、共和制への移行とは何を意味するのか。本書ではその曖昧さが取り除かれているとは言いがたい。

次に、共和主義的自由への近年の批判に鑑み、カントの自由概念にもさらなる批判的考察が必要かもしれない(※)。カントが生得的権利としてあげた自由は、他者の選択意志の強制からの独立である。筆者はこれを、同意を与えた法則以外にはしたがわない自由と解している。問題は、人民主権を制度化した共和制を正当化する際、こうした自由概念にどこまで依拠できるかという点である。これはテクスト解釈のみならず政治哲学上の論点でもある。

筆者によれば、カントの生得的自由とは単に「干渉がないという状態」ではなく「恣意的な干渉に晒されない地位」によって成立する(九九)。確かに、自然状態で気のいい隣人とうまくやっていけたとしても、それは「他者の善意や選択といった偶然的な要素に依存した結果」にすぎないだろう(七)。しかし共和制下でも、他の人が私の同意する法律に投票しない限り、私は他者に強制される。これは、投げたコインが地面に立ったときにだけ望みどおりにさせてくれる主人のもとで、奴隷として暮らすのと変わらないのではないか。あるいは、筆者によれば共和制で重要なのは、法律への実際の同意ではなく同意可能性である(九〇)。したがって、もし私が法律に同意していなくても、同意できたはずだと判断されるなら、その法律への服従は他者による強制とは解されない。だがそれでは強制とは何なのか。自律=自由概念とともに強制概念の再検討が要請されているのではないか。

現代の理論を意識して研究してこられた筆者が、こうした規範理論の議論に応答されれば、カントを通じた政治哲学のいっそう実りある展開が期待できると思われる。

※以下は次を参考にした。Niko Kolodny, Being Under the Power of Others, in Y. Elizar and G. Rousselière (eds.), *Republicanism and Democracy*, Cambridge, forthcoming. http://sophos.berkeley.edu/kolodny/BeingUnderThePowerOfOthers5.pdf. DL:2018.12.9.

◆書評

漸進的改革者としての新たなコンドルセ像

●――安藤裕介

永見瑞木『コンドルセと〈光〉の世紀――科学から政治へ』（白水社、二〇一八年）

コンドルセという思想家の真髄はどこにあったのだろうか。理性万能を振りかざす科学主義者だろうか、あるいは人類の無限の完成可能性を夢みた進歩主義者だろうか。本書が描き出すのは、このいずれとも異なるコンドルセ像である。それは、旧体制から革命に向かう激動の時代状況のなかで現実を見据えつつ、しかし未来への希望を捨てなかった漸進的改革者としての新たなコンドルセ像である。ダランベールによって科学の世界へと導かれ、テュルゴとともに政治の世界へと身を投じることになった彼は、やがてアメリカ独立革命という光景を目の当たりにすることで、人間の可謬性を織り込んだ精緻かつ柔軟な政治制度構想を思い描くに至る。この一七八〇年代後半に着想された具体的な制度構想は、公教育論や憲法構想とも密接に関連しながら革命期へと引き継がれた。本書は、こうしたコンドルセの思想的歩みを丹念に辿りつつ、彼の抱いた政治秩序構想の全体像を明らかにした意欲作である。

まず第一章では、科学と政治の結びつきが論じられる。数学者としてその経歴をスタートさせたコンドルセであるが、数学的厳密性にこだわったダランベールと異なり、真理には様々なレベルがあることを認識していた。コンドルセが確率論とその応用研究に没頭したのも、彼が蓋然性としての真理に着目したからである。不確実性を伴う人間の判断において、多数決は蓋然性を高めて「信念の根拠」を確保するための最適な方法だと考えられた。コンドルセが公教育や出版の自由によって知識の普及を目指したのも、こうした観点と深く関わっている。

一七七〇年代には、同じく科学と政治の架橋を目指していたテュルゴと行動を共にし、「公共の幸福」への熱意に駆られて、フランス国内の行政改革に奔走する。しかしながら、高等法院や特権階層の抵抗によって改革は一進一退を繰り返し、混迷を極めた。そうしたなか、大西洋の向こう側で起きた独立革命によってアメリカが新たな模範としてコンドルセの意識をとらえる。身分制の不在と平等の原理、人間の自然権の尊重、市民による政府の監視など、多くの参照項がコンドルセの目に希望となって映った。以後、アメリカの注意深い観察者となったコンドルセは独自の政治制度構想を温めていく（第二章）。

その最たるものが一七八〇年代後半に構想されていた地方議会論である。「イングランド国制の偏見」が混入しているとしてアメリカ連邦憲法を評価しなかったコンドルセは、二院制ではなく一院制の議会を理想とした。立法府の分割による権力の均衡には、「団体の精神」や「党派の精神」が付き物だからだ。この点で、コンドルセは徹底して反モンテスキューであった。それでは、立法府の暴走をどうやって防ぐのか。コンドルセは重層的に構成された地方議会が国民議会を監視する仕組みを構想する。面白いのは、下位の議会が上位の議会を統制するという工夫である。なかでも「市民の真の代表」たる地区議会はとりわけ重視される。貴族政や野心的な少数者の支配を警戒する一方で、コンドルセが希望を託したのは下から順に積み上げられていく多数の市民たちの意見とその洗練であった。この点で民衆への知識の普及は重要であり、地方議会論に付随して公教育論も説かれた（第三章）。

さらに革命期のコンドルセは、人権宣言や憲法においてさえ後世に修正の余地が残ることを示唆した。時代の変化とともに何度も人間の自然権という原点に立ち返りつつ、社会構成員の世代交代による正統性の問い直しが必要だと考えていたのだ。ただし、それは一部の少数者による修正ではなく、多数の人々の協働、すなわち「集合的理性」による時間をかけた見直しを意味した（第四章）。

こうして見ると分かるように、コンドルセの政治秩序構想は一貫した視座の下に全体として見事に連関している。真理に近づくことが蓋然性を高めることだとすると、できるだけ多くの人々の判断が必要となる。そのため知識は少数者に独占されてはならず、公教育や出版の自由を通じて人々の間で「知の交流」が活性化されねばならない。そして、真理は誰の独占物にもならない以上、またいかなる人間も超人的にそれに到達できない以上、多くの市民が時間をかけて徐々に下から「信念の根拠」を積み上げていくしかない。コンドルセは、一部の特権階級に特別な役割を認めることも、古代の立法者のような超人的知性を持ち出すことも、さらには開明的な君主が上から急速な改革をおこなうことも良しとはしなかったのである。

ところで、本書が描くこの漸進的改革者としてのコンドルセ像は、あたかも「体系の人」を批判したアダム・スミスの精神と重なるかのようである。スミスは『道徳感情論』第六版（一七九〇年）において、自らの理想の統治計画に魅せられた独善的な為政者を「体系の人」と呼んで批判した。そして本書によれば、ほぼ同時期のコンドルセもまた地方議会の構想を練るなかで、各地域固有の事情や「一般に受け入れられている偏見や慣習」に配慮して改革を進めることの重要性を説いている。革命の初期において、コンドルセが一足飛びの国民議会創設ではなく地方議会の段階的再編を目指した理由もここにある。では、こうした漸進的改革者としての一七八〇年代のコンドルセ像と一七七〇年代の穀物取引論争で全国一律の自由化を唱えたコンドルセ像はどのように接合されるのか、あるいはどのような思想の転換がその間に生じたのか、アメリカ独立という出来事だけがその転換を説明する要素なのか、さらなる探究心をくすぐられたのは評者だけではあるまい。本書を画期としてコンドルセの政治思想研究は今後大いに進展を見せるであろう。

◆書評

価値多元論からシオニズムまで——バーリン思想の全体像

●——松本礼二

森達也『思想の政治学——アイザィア・バーリン研究』（早稲田大学出版部、二〇一八年）

アイザィア・バーリンの政治思想の研究。日本語で書かれたものとしては最初の本格的モノグラフといえよう。むろん、バーリンの人と思想は日本の学界に早くから知られてきた。主要な著作は翻訳されており、「二つの自由概念」を中心に、個々の作品、特定の論点に触れた研究は少なくない。だが、バーリンの思想と学問を全体として論じた研究書はこれまでになかった。

バーリンの多様な著作群を統一的に読み解き、全体像を与えるべく、著者は二〇世紀ヨーロッパの激動を生きた彼の人生行路をたどり、次いで彼の思想の核心を「価値多元論 value pluralism」に求め、直接にこれを論じた（政治）哲学的著作に限らず、思想史研究や政治的実践をもこの観点から考察する。もとより、こうした接近法は著者の独創的着眼とは言えない。帝政ロシア治下のラトヴィアにユダヤ人として生まれ、ロシア革命に遭遇して英国に亡命、二つの世界大戦と冷戦を通じて全体主義に対峙したバーリンの歴史的実存は、自由の意味を問い続けたその思想的営為と分かち難く結びついている。伝記的事実とその解釈について、著者はイグナティエフによる評伝に多くを負っており（「序論」）、その書評を補論として付している。価値多元論が積極的自由と消極的自由の区別と並んで、バーリンの自由主義の理論的焦点たることは、多くの論者の一致するところであろう。だが、著者もしばしば言及するジョン・グレイの研究がそうであるように、価値多元論の哲学的検討への集中は、バーリンの豊かな思想史研究を切り捨てることになりがちである。

これに対して、著者は、初期の論理実証主義批判にバーリンが純粋哲学から思想史に軸足を移す論理的前提を見出す（1章）。論理実証主義者たちが無意味あるいは情緒の表明に過ぎないとして切り捨てた「第三クラス」の言明、つまり、論理による証明ではなく信念に訴えて説得するほかない命題こそが思想史や哲学史の大半を占めるとして、バーリンは思想史研究に向かったというのである。続く2〜4章は価値多元論とそれに密接に関わる「品位ある社会」というバーリンのリベラルな政治構想の理論的検討である。著者は英米における政治哲学の展開の中でバーリンに加えられたさまざまな批判や論評に対して、おおむねバーリン擁護の立場から応答を試みている。そこに浮き上がるのは、冷戦のイデオロギー対立の文脈の中で形成されたバーリンの自由主義が自由世界の社会と文化のその後の変容の中で読み直され、ポスト冷戦期にまで有意性を保持し得た息の長さであり、それを可能にしたバーリンの思考の柔軟さと奥深さである。消極的自由の擁護にも拘わらず、集団的帰属の意義を問うてやまなかったバーリンの思想は、彼の世代の自由主義者としては例外的にアイデンティティー・ポリティックスや多文化主義に親和的であり、価値多元論はポスト・モダン的な読解を招く余地がある。ローティやコノリーに引きつける著者のバーリン読解に対しては異論があり得るであろう。バーリン自身、「ポスト・モダン」のラベリングには当惑するかもしれない。だが、著者のこうした読み方は、ナショナリズムやシオニズムといった集団的帰属に関わるバーリンの実践的関心を彼の自由主義理論とどこまで整合的に理解できるかという関心に発している。これらの問題を扱う5章以下の後半部こそ、著者の主張の籠められた本書の核心部分といえよう。

5章は価値多元論の思想史的源泉を対抗的啓蒙、特にヘルダーの歴史主義に求めるバーリンの一八世紀思想やロマン主義についての思想史研究の検討である。あくまで啓蒙の合理主義とコスモポリタニズムの世界にとどまろうとするカッシーラーの解釈と対比しつつ、著者はバーリンのヘルダー論がナショナリズム問題への切実な取り組みにつながることを強調する。そして、バーリンにおいてナショナリズム論は彼自身のアイデンティティーに関わるシオニズムへのコミットメントと不可分である。著者は、ロシア語を話すユダヤ家庭に育ち、東方ユダヤ人（アシュケナージ）世界における啓蒙（ハスカラー）と敬虔（ハシディズム）の両方の伝統を負うバーリンのロシア＝ユダヤ的背景を明らかにした上で、モーゼス・ヘスにシオニズムの原点を見出し、ヴァイツマンに傾倒してイスラエル建国に関わっていく思想的道程を描き出す。バーリンの思想をどこまでも内在的に理解しようとする著者の姿勢はシオニズムについても変わらないが、現代イスラエルの右傾化とパレスティナの抵抗を論ずる最終章になると、サイードの批判に対してバーリンの左派シオニストの立場を擁護するのはさすがに難しく、バーリンの晩年の苦境が描かれる。

理論的難点や矛盾を含めて、バーリンの思想を豊富な情報量と着実な論理によって読み解き、全体像を描いた本書のメリットは大きい。一つだけ疑問を言えば、「価値多元論」といっても、プラトン的伝統に訣別した近代の哲学的価値多元論とヘルダーに淵源する文化的多元論とは区別する必要があるのではないか。自らの属する文化に生きることと異なる文化を尊重することとは両立可能であろう。これに対して、一元論からの訣別は、グレイの言うように、価値の問題を究極的には「ラディカルな選択」に委ねることになろう。この点をバーリン以上にドラスティックな形で提起したのがウェーバーの「神々の闘争」であること、言うまでもない。著者はバーリンの価値多元論とウェーバーの論理との関係というよく提起される問題について、第三者を通じてバーリンがウェーバーについて知識を得ていた可能性を示唆するが、これはそうした事実の次元で答えられる問題ではない。バーリン研究に関して、今なお次々と出てくる情報の探索に熱心なのは著者の美点だが、それが理論的考察の回避につながるとすれば問題であろう。

◆書評

社会的選択理論からリベラル・デモクラシーの擁護へ

●――松元雅和

斉藤尚『社会的合意と時間――「アローの定理」の哲学的含意』(木鐸社、二〇一七年)

本書は、社会的選択理論の大家K・アローを社会契約論のひとつとして批判的に発展継承させることを試みた労作である。社会的選択理論は、個人選好を情報的基礎として一定の社会選好を導こうとする、経済学および政治学の一分野である。学説史的には、厚生経済学が効用の科学的客観性をめぐり見直しを迫られるなか、社会の望ましさを判定する規範経済学の一部門として登場した。アローのほか、A・センやわが国の鈴村興太郎教授がこれまで研究を世界的に牽引してきた。

著者は、こうした研究蓄積に棹差しながらも、「時間」という独自の切り口から社会的選択理論の新境地を切り開こうとしている。なぜ「時間」なのか。その理由は、民主的正統性の基盤となる全員一致の合意を探求するにあたり、社会的決定の通時的側面に注目することが不可欠だからである。アローに始まる従来の社会的選択理論は、「決定」という瞬間に焦点を当て、合意の可能性あるいは不可能性を論じてきた。しかし、世代を超えて長期にわたり継続するという社会の特徴を踏まえるなら、そこに個人的・集合的な時間軸を織り込むことが不可欠だというのが、本書の問題提起である。

本書は大きく四部構成から成る。第一部「アロー『社会的選択と個人的評価』(SCIV)の解釈」では、アローの一般可能性定理がリベラル・デモクラシーの可否という政治学的テーマに関して、どのような含意をもっているかが明らかにされる。社会的選択理論において個人選好順序から社会選好順序を導出するために用いられる社会厚生関数は、定義域の非限定性・無関連対象からの独立性・非独裁性・パレート原理という、それぞれは異論の余地の少ない条件が同時に課されると存在しえなくなる。こうした否定的結論を導くアローの定理の前提には、その時々の選好を重視するポピュリズムや価値相対主義が含まれていることが明らかにされる。

続く第二部「アローの定理とリベラル・デモクラシー」では、センやロールズとの比較も交えながら、リベラル・デモクラシーの複数の構想が吟味される。さらに、司法審査に代表される立憲主義的側面と、パレート原理に代表される人民主権的側面をいかに整合させるかに関して、R・ドゥオーキン、S・ホームズ、B・アッカーマン、J・ルーベンフェルドら法学者の民主主義論が遡上に載せられる。憲法論と民主主義論の接続は、国内外でもすでに多くの論者によって取り組まれているが、こうした知見が社会的選択理論のような経済学に親和的な領域とも関連するというのは興味深い。

第三部「個人の人格と個人選好」は本書の独創的な部分である。アローの定理に含まれる、個人選好の集計にまつわる困難を克服すべく、「持続」の観念を備えた人格論が、フランスの哲学者H・ベルクソンを手がかりに提示される。具体的には、個々の選好に先立ち、またそれを通時的に繋ぐ人格の存在が、無限分割問題（ゼノンのパラドックス）を援用した背理法的論証によって示される。次に、こうした「持続」の観念を数理的に分析することで、数的連続性とは区別される直観的連続性という観念が解明される。

最後に、第四部「リベラル・デモクラシー論における全員一致の仮定」では、以上の検討を通じて析出された持続する人格の構想を武器に、リベラル・デモクラシーにおいて立憲主義と人民主権を整合させる課題が再考される。すなわち、永遠性への希求を通じて内在道徳を備える人格を主体として、基本的人権の尊重を内容とする社会契約が結ばれる。この過程で「人民」という集合的アイデンティティが形成され、その時間的継続性により社会の存続が担保される。こうして、アローの定理が当初抱えていた横溢な射程と否定的結論を乗り越える社会的合意のあり方が示され、リベラル・デモクラシーの理論的基盤を論証するという本書の企図が達成される。

このように、本書は規範経済学の一部門である社会的選択理論を縦糸としながらも、自由（意志）論や時間論、世代間問題など、多種多様な横糸が織り成す成果となっている。ともすれば学問の専門分化に伴って没交渉に陥りがちな経済学・政治学諸分野において、アローの内在的評価を出発点としつつ、リベラル・デモクラシーの擁護という自身の問題関心を追求した結果、こうした独創的な研究成果に結実していることは、評者にとっても新鮮な驚きであった。これは、経済学と政治学を横断して研究歴を積み重ねてきた著者の強みを充分に発揮するアプローチでもあったと言えるだろう。

ただし同時に、広範な分野と内容を含んでいるがゆえに、本書の全体像を見通すことは（おそらく著者が意識する以上に）難しく、既存研究のなかに位置づけにくい結果になってしまっているかもしれない。例えば、本書がアローに沿って用いる、価値相対主義や現在主義の意味を伴った「ポピュリズム」概念は、今日の政治学の定義からすればかなり独特である。すでに豊饒な射程をもつ本書からすればない物ねだりかもしれないが、例えば現代民主主義論の先行研究を紹介しつつ、本書の独自性を位置づけることで、その意義がより明快になったものと思われる。

もちろん以上の指摘は、本書が取り組む、人民主権や基本的人権の尊重の原則を織り込んだリベラル・デモクラシーの成立可能性という根本的な問題意識の重要性を減ずるものではない。本書が本学会の会員にも幅広く読まれ、社会契約や立憲主義、個人の尊厳といった政治思想の古典的問いに新たな一石を投じる契機となることを期待したい。

◆書評

「歴史の終わり」の「苦い含意」

●――金田耕一

有賀誠『臨界点の政治学』（晃洋書房、二〇一八年）

本書には、著者が九〇年代から一〇年代に発表した十一編の論考が収められている。リベラリズムと民主主義の問題を検討した四編、批判的法学研究の可能性を探る三編、正戦論をめぐる三編、そして政治と精神分析を論じた補論から構成される。一貫するテーマはリベラル・デモクラシーの限界とポストリベラリズムの可能性である。言うまでもなくここ数十年にわたって、リベラリズムの限界についての問いは政治理論における中心的テーマであった。しかもフクヤマの「歴史のおわり」論とグローバリズムの進展が、ポストリベラリズムをめぐる議論を促進してきた。著者は多くの理論家の仕事を丹念に撚り合せながら、ポストリベラリズムの理論的地平を描き出そうと試みる。しかしいずれの論考においても、そこには理論的隘路が待ち受けており、最終的には「臨界点」に突き当たることを著者は指摘する。本書に通奏するのは、「歴史のおわり」のもつ「苦い含意」である。それは政治理論、さらには「政治という営み」がもつアポリアに由来していることに、最後に読者は気づくことになるだろう。

コミュニタリアニズムによるリベラリズム批判を、著者は真正面から受けとめる。共同体から切り離された合理的主体としての抽象的個人が、自己の善について道徳的判断をなしうるという想定は現実離れしている。言語行為において発話主体がつねに言語体に帰属し状況づけられており、それこそが個人の発話行為を可能にする前提であるのと同じように、具体的存在としての個人は共通の伝統や生活に根ざして道徳的な判断や選択をおこなう。しかし、著者はコミュニタリアニズムを全面的に支持するわけではない。歴史や伝統といった共同体的基礎がなんらかの合意を保障するわけではなく、つねに解釈の不協和が存在するからである。こうして政治は、様々な解釈が競合する「闘技場」と化す。

闘技場と化した政治を、法の支配によってコントロールすることは困難である。リベラリズムにおける法は、すべての個人を平等に扱い、各人の善の構想に対して中立的であり、ルールに即して公平な判断をするものとされている。しかし批判的法学研究は、現実の法の運用が実際には政治的イデオロギーを隠蔽するものであることを暴露する。そこから批判的法学は、法体系そのものが政治的議論に開かれ、つねに変革可能なものであることを目指す「スーパーリベラリズム」を提唱する。人間に固有の本質は、「コンテクスト内在的」でありながら同時に「コンテクスト超越的」である。法を含めたあらゆる社会秩序・社会的配置は政治的に作られた「人工物」(「社会的構築物」)である以上、「再想像と再構築」が可能である。「構造破壊性」を内在したラディカルな政治としてのスーパーリベラリズムは、リベラリズムのように秩序の安定維持に腐心するのではなく、紛争を歓迎し、破壊と変革を追求しつづける。しかし、ここにも問題があると著者は指摘する。なぜコンテクスト破壊が善であるか、を説明する論理が欠落しているからである。それが善であると言うためには、破壊の前後の価値を通約しうる尺度が必要だが、スーパーリベラリズムにはそれが欠けている。著者は、変革を主導する「想像力」もまた、結局は共同体の歴史や伝統に根ざすものであり、集合的基盤を必要とすることを指摘する。結局そこに立ち現れるのは、さまざまな解釈でしかない。こうしてまた振り出しに戻る。

したがって、ポストリベラリズムの理論が立脚するのは解釈学的地平である。もはやなんらかの「真理」に基礎づけられた普遍的な政治原理を期待できないとすれば、可能なことは共通の歴史や伝統を「解釈」することをつうじて変革の可能性を提示することだけである。言語行為がつねに未来に開かれているように、政治的解釈も未来の可能性を含んでいる。しかしそれはけっして政治を導く普遍的原理にはなりえない。しかも闘技場としての政治はすべての解釈に開かれているわけではない。共同体の歴史や伝統はしばしば神話化され、「異なった声」に耳を傾けようとしない。また闘技には見えない参加資格があり、それを満たさない者を他者化する。闘技場それ自体が他者によって揺さぶられ、政治的なものが闘技から敵対へと転換することもあるのである。

したがってポストリベラリズムは、みずからを支えることさえ困難なほどきわめて不安定な地盤に依って立っている。それはニヒリズムと決断主義、危険な熱狂、秩序の崩落、そして暴力の瀬戸際にある。著者は、ロールズ的個人の物語はもちろんサンデル的共同体の物語も、ナイーブに受容することができない。信頼に足る水先案内人としてのウォルツアーのうちに、「政治的なもの」を見据えるラディカルな理論的ポテンシャルを見出していることは確かだが、それが「パンドラの箱」を開く危険性も指摘する。しかし著者は、なおも政治的希望を手離していないようである。この希望は、いかなる普遍的原理によっても解放されることはないという諦念と、現実を傍観するのではなく投錨するほかないという信念に支えられている。基礎づけなき政治を、個人の「内面的規範意識」、共同体への「忠誠と反逆」(丸山)、権力の巧みな「ハンドリング」といった「作法」をもって生き抜くことに、著者は一縷の希望を託しているように見える。

著者と同世代の研究者は、啓蒙のプロジェクトの失敗を宣告した「ポストモダン」の思想的洗礼を受けた世代でもある。その宣告をたんなる知的遊戯としてではなく生真面目に受けとめ、政治哲学的意味を考えてきた著者の思考の基底には、リベラリズムをめぐる論争が捉えきれなかった「政治的なもの」の認識がある。それは「語りうるもの」の向こうにある「語りえないもの」、あるいは「大文字の〈他者〉」である。それは啓蒙の悲劇の源泉なのか、新たな解放の源泉なのか。その「問い」に正面から向き合うことを、著者に期待したい。

◆書評

国家主義とコスモポリタニズムの対抗を超えて

●——伊藤恭彦

上原賢司『グローバルな正義——国境を越えた分配的正義』（風行社、二〇一七年）

「グローバルな正義」は現代政治哲学の巨大な論争点である。この論争はジョン・ロールズ以降の現代正義論の諸論点を深めることに大きく貢献している。同時に、世界的な貧困問題をはじめとした地球規模問題を念頭においた、すぐれて実践的で政策志向的な内容も含んでいる。他方で従来の正義論とは異なり、正義を一つの共同体内部に妥当する規範とは捉えず、共同体を横断する規範と考えようとしている点で大きな論争を巻き起こしてきた。そのため、グローバルな正義の規範内容のみならず、前提とする世界像（地球像）、さらには正当化の方法などをめぐって、非常にバラエティに富んだ議論が噴出しているのも事実である。その中で正義の対象を特定の共同体（国家）の成員に限定する国家主義と正義の範囲を共同体に限定しないコスモポリタニズムという二陣営が大きく形作られ、両者の間で活発な論争が展開されてきた。さらに近年では、この二つの立場を乗り越えようとする議論も登場してきている。

本書はこのような世界的な論争状況を踏まえ、国家主義とコスモポリタニズムを超える新たなグローバルな正義論を理論的に提示した、意欲的かつ重要な研究書である。本書は国家主義とコスモポリタニズムを超えるグローバルな正義論を理論的に構築するために、これもまた近年の規範理論で自覚的に区別される「理想理論」と「非理想理論」の次元の違いに注目している。その違いは正義にかなった理想的社会状態に関する理論と現実の不正に満ちあふれた状況での行為指針となる理論の違いである。

本書の内容を簡単に紹介しておこう。第一章では国家主義とコスモポリタニズムの対抗を軸にグローバルな正義をめぐる論争状況が整理される。続く第二章と第三章では、国家主義とコスモポリタニズムが、それぞれ非理想理論レベルで抱える問題点を、援助の義務、消極的義務違反と非遵守問題を素材に検討される。本書の中心となる第四章では国家主義とコスモポリタニズムの対立を超えるために「複数国家からなる一つの世界」という事実の基底性が提示される。この事実を踏まえるならば、制度に関する正義の二元的把握が可能になる。制度に関する正義の二元的把握とは、各国家という制度の内外に関する作用（国内的な社会正義と国家間の相互行為的正義）と世界全体を覆うグローバルな制度の作用に分けて正義を把握することである。この把握を通して、国家主義とコスモポリタニズムそれぞれの正義の別個の射程が明らかになる。続く第五章と第六章では、グローバルな制度の下で国家間の協働によって生じる財の分配に関わるグローバルな正義規範が検討される。そして国家ではなく個人を分配の取り分の主体とするグローバルな分配的正義が提示される。

本書の学術的意義を確認しておきたい。本書の最大の意義は、グローバルな正義に関する国際的な論争、特に国家主義とコスモポリタニズムの対抗を乗り越える理論的視座を提示した点にある。国家主義とコスモポリタニズムについて、前者を非理想主義、後者を理想主義とするような単純な段階論的な議論を排し、非理想理論として両者の適用次元の差異を明らかにしたことは重要な学術的成果だと言ってよいだろう。さらに、この成果を生み出すプロセスにおいて、グローバルな正義をめぐって論じられてきた、各国家の援助義務の捉え方やグローバルな正義の非遵守問題など、代表的論点についても一定の理論的な見通しを与えた点も意義が大きいだろう。グローバルな正義を論じるにあたり、必ず準拠しなくてはならない重要な研究書として高く評価できる。

以上の学術的価値を踏まえた上でも、なお、検討されるべき論点があると思われる。それは本書が依拠する「複数国家からなる一つの世界」という事実のリアリティである。事実として世界をこのように把握することに異論を唱える者はいないだろう。しかし、現実の国際社会では、国家のみならず国際機関や民間団体などのアクターが国際社会で複雑な相互行為を繰り返し、新たなグローバルな制度が形成されたり、逆に既存の制度が機能不全に陥ったりしている。つまり国家間の相互行為的正義とグローバルな正義の相互関係こそが、現在のグローバルな正義（不正義）の最大の問題ではないかと思われる。「複数国家からなる一つ世界」はグローバルな正義をめぐる理論的対立を克服するための装置として有効だが、非理想的世界の動態を踏まえたグローバルな正義を構想する上ではやや静態的に思える。超大国の単独主義により「複数国家からなる複数の世界」に分裂しつつある現実の中で、環境正義の一環であるパリ協定の瓦解も予測される。他方で航空券連帯税では国家、国際機関、NGOを巻き込んだ複雑な相互行為の中でグローバルな薬品市場をめぐる新たなグローバル・ガバナンスの形成も期待できる。本書が見事に峻別してみせた国家間の相互行為的正義とグローバルな制度の正義との動態的把握が、現在、求められるグローバルなレベルの正義論のように思える。

とはいえ依然として解決の方途が見えていない貧困をはじめとした地球規模問題を現実的に導く規範、さらには世界的に実践が広がり深まっているSDGsの推進を大きく後押しする規範として、本書が提示した、非理想世界でのグローバルな正義の実践的な重要性は極めて高いことも確認しておきたい。乱暴な単独主義、偏狭な自国中心主義、さらには地球の内外で拡散する暴力の現実に失望せず、正義にかなった地球社会を構築していく上で、本書が提示した理論的な成果は極めて重たい。シニシズムに陥りがちな現代人に是非とも紐解いてもらいたい一冊である。

◆書評

アーレントとマルクスの親和性と相違

●——齋藤純一

百木漠『アーレントのマルクス——労働と全体主義』（人文書院、二〇一八年）

本書は、アーレントによるマルクスの「誤読」こそが、彼女の全体主義論と近代社会論とを結びつけ、それらの理解を深める鍵であることを丹念に論じた労作である。実際、アーレントは『全体主義の起原』（一九五一年）と『人間の条件』（一九五八年）の間の一時期、マルクス研究に集中的に取り組んでおり、その影響は、『過去と未来の間』（一九六一年）や『革命について』（一九六三年）にも及んでいる。その時期のマルクス解釈がどのようなものであったかは、『カール・マルクスと西欧政治思想の伝統』（佐藤和夫編・アーレント研究会訳、大月書店、二〇〇二年）から知ることができる。

本書によれば、アーレントによる「誤読」は些細なところではなく、マルクスの思想の根幹にかかわるところに見出される。たとえば、彼女は、「自由の王国」が始まるのは労働一般が廃止されるときであり、「社会化された人間」は同一の利害関心をもつかのように解している。しかし、マルクス自身のテキストに照らせば、「自由の王国」にあっても「アソシエイトした労働」は存在し（廃棄されるのは「疎外された労働」である）、「社会化された人間」は単一性ではなくむしろ複数性によって特徴づけられる存在として解釈するのが妥当である（一二〇、一四九—五〇頁）。要するに、アーレントが「労働と政治からの二重の解放」と特徴づけた社会は、マルクス自身の描く共産主義社会には当てはまらない。

本書は、このような「誤読」を指摘するにとどまらず、むしろそれを「生産的誤読」（三二頁）としてとらえ返し、近代社会批判をめぐって、マルクスとアーレントの間に「親和性」が看取できることを強調する。マルクスこそがアーレントにとって「近代社会の問題の核心を掴んでいた思想家」であった、という見方である（二九六頁）。

その「問題の核心」とは、近代社会が「成長」、「膨張」、「運動」によって駆動される、安定性を否定する社会であるという認識である。マルクスがそこに見出した資本の「自己増殖運動」は、アーレントが「社会的なもの」の本質的特徴を「自然なものの不自然な成長」としてとらえる際の着想を与えている。本書によれば、この制約なき（増殖）運動は、アーレントにおいて、資本制社会と帝国主義に当てはまるだけではなく、それらを全体主義と結びつける鍵概念でもある。つまり、資本主義は「余計なもの」を「生産・蓄積する」、帝国主義はそれを「排出・排斥する」、そして全体主義はそれを「最終廃棄する」運動体にほかならない（三三、二四九頁）。

このように、本書は、アーレントが、「社会的なもの」を存立させる機制は「余計なもの」を生産‐廃棄する、絶えざる「過程」＝「運動」にあるという基本的な認識を得るうえで、マルクスの近代社会批判に負っていることを論証する。その上で、本書は、アーレントとマルクスの違いも正当に指摘する。マルクスには、「世界疎外」という近代の本質的経験、つまり、絶えず拡張する生命過程に呑み込まれる社会は世界への配慮や世話からも遠ざけられるという経験を真剣に受けとめる見方は欠けていた。ここから本書は、安定し、永続する世界を（再）構築する活動様式である「仕事」（製作）を労働から区別し、活動様式の諸領域を分節化したアーレントのマルクス批判を再評価する。

本書は、アーレントとマルクスの見えにくい「親和性」に光を当てるとともに、とくに生命‐労働と世界‐仕事に関する両者の違いにも目を配っている。とはいえ、次の違いも決定的ではなかったかと思われる。それは、「必然性」と「自由」の理解に関する違いである。アーレントが「自由の王国」を半ば揶揄するかのように描いたのも、それが歴史的必然性を通じて現れるとされているからであり、彼女が『全体主義の起原』に続いて「マルクス主義の全体主義的要素」を露わにしようとしたのは、全体主義支配の根幹をなす必然的な運動法則の肯定がマルクス自身の思想にも明らかに認められるからである。本書も言及しているが、デイナ・ヴィラも強調するように、アーレントにとって目的論的な思考は徹底して退けられるべきものだった（一七二頁）。他のようにあり、他のようにあろうとする偶発性としての自由は、マルクスの思想にはない。アーレントが、『人間の条件』や『過去と未来の間』において、マルクスをプラトン、アリストテレス以来の哲学的伝統の系譜（の最後）に位置づけたのも、彼の思想もまた偶然性としての自由に対して否定的であったためである。世界を安定化させる法（実定法）がそうした自由を許容し、むしろ促すものであるのに対して、歴史の運動法則としての「法」がそうした自由を肯定することはない。かりに「自由の王国」に一定の政治が認められうるとしても（一三〇―三一頁）、生産の調整・統制をはかる政治は、法のもとで法を更新していく政治とはやはり異質である。

最後にもう一点付言したい。資本主義と全体主義の結びつきを理解する際に本書が「モッブ」（mob）に注目していることは興味深い。マルクス主義がプロレタリアートに歴史の運動を担う階級主体を見たのに対して、アーレントは「全階級、全階層からの脱落者」としてのモッブが果たした役割を強調した。二一世紀のいま、そうした「脱落者」が再び政治化しつつあることは本書も示唆するとおりである。ただし、『人間の条件』の議論では、モッブとしての大衆は姿を潜め、代わって「勤め人」（job-holders）としての大衆――職業上の機能を唯々諾々と遂行する人々――の脱政治性が重視される。本書は、大衆社会が全体主義の要素を宿していると論じるが、その際に「モッブ」と「勤め人」との関係はどのように理解されるべきなのだろうか。もう少し立ち入って論じてほしかったことの一つである。

◆書評

熟議民主主義社会の構想

●――山田　陽

田村哲樹『熟議民主主義の困難――その乗り越え方の政治理論的考察』（ナカニシヤ出版、二〇一七年）

本書は熟議民主主義の規範理論研究を先導する著者が、その最新文献を消化し熟議民主主義の理論的可能性を追求する充実した研究書である。近年展開する主要論点に関して考え得る批判と応答を広範にカバーし、その問題関心と論点が簡潔丁寧に整理検討されている。熟議民主主義論研究の最新動向と課題を提示した貴重な貢献といえるだろう。

本書各章が主題にする論点は多様だが、その問題関心は共通している。すなわち、熟議民主主義を構想する上で「阻害要因」となり得る現実的・理論的困難にいかに応答し得るかである。そしてその応答を通じて熟議民主主義の理論的可能性を解明しようとしている。具体的には「分断」「個人化」「労働中心性」といった社会的現実や、「理性／情念の二項対立」「自由民主主義」といった理論的制約を阻害要因と考え、これら「困難」に対し「反省性」「多層化」「熟議民主主義のためのナッジ」「熟議システム」といった概念を使い応答を試みている。

特に著者は熟議民主主義の理論的構成要素である「反省性」を、「困難」を解消・回避する根拠として重視している。例えば、「ポピュリズム」や東浩紀「民主主義2.0」構想よりも熟議民主主義が理論的に優位である根拠として「反省性」を挙げる（第二章）。また、理性的論証を熟議の内実とし情念の表出を熟議の阻害要因とする「理性か情念か」の対立図式を解消する根拠として「反省性」を挙げる（第四章）。

たしかに熟議民主主義は、敵対関係を構築し煽る政治手法を批判し、いわゆる「分断政治」とは別の「共通理解」「和解」を志向する政治構想であるから、その中核に社会的「反省」がある。それは「理由の検討」「相互正当化」といった熟議実践の機能でもある。しかしこうして分断社会に熟議民主主義構想を対置したあと課題となるのは、いかに反省を促進し得るかであろう。例えば、宗教的・文化的に根深い対立が存在する社会でも市民的・政治的次元という共通性が存在し得て、この次元を基盤に熟議を構想し得ると指摘するとき（第一章）、何が人々を市民的次元へ導くのか。熟議が分断社会を和解・共存へ媒介するとすれば、いかに熟議を始めるかその条件が問われるだろう。

この課題に応え得る視点として著者が主張する「熟議民主主義のためのナッジ」は示唆に富む。著者は熟議民主主義を促進するアーキテクチャ（制度設計）という視点を設定し「熟議民主主義のためのナッジ」を主張する（第五章）。例えば、「労働中心」社会が政治生活の意義を見失わせ熟議民主主義の阻害要因になり得るとすれば、ベーシック・インカムは有償労働から市民を分離し自由時間を与えることで熟議に参加する動機を充填する可能性がある、つまり間接的条件（ナッジ）になり得ると主張する（第三章）。こうした文脈で熟議民主主義の主体性・自律性と矛盾しない（むしろ可能にする）、熟議民主主義における「許容されるパターナリズム」を論究する。これは人々を熟議へ誘う人間的条件を探究し、熟議を選好する選択アーキテクチャをいかに構想し得るかという課題を提示したといえる。

こうした著者の主張と理論的探究で着目されるのは、熟議民主主義の理論的射程を広範囲にとって、私生活・社会生活の規範と位置づける点だ。特にそれは熟議民主主義を親密圏に適用可能な理念とみる点や（第六章）、熟議システム概念を自由民主主義を超える概念と捉える点に見出せる（第八章）。

著者は熟議民主主義を日常生活の意思決定を支える規範でもあると主張する。親密圏も集合的決定の単位であって、一個の完結した熟議体とみなせるという。従来は既存の慣習等の見直しや政治・社会改革をもたらす問題提起の源泉として親密圏を位置づける傾向にあった（「親密圏〈からの〉熟議」）。しかし著者は親密圏自体を熟議の場と捉え、制度的・市民的公共圏に限らず親密圏内部にも熟議民主主義の理念を適用できると考える（「親密圏〈をめぐる〉熟議」）。

この主張で注目されるのは、熟議の阻害要因として親密圏の構造特性（非公開性・非制度性・不平等性）を指摘している点だ。この権力構造を解消・回避できなければ、熟議過程は民主的意見形成・意思決定実践として不公正といえる。著者は「個人的なことは政治的」の論理を踏襲し自由民主主義の公私区別に内在する権力性や抑圧的側面を親密圏の政治的除外に見出す。それゆえ熟議民主主義を政治過程構想として限定せず日常生活と社会生活を支える規範として位置づけることで、個人化社会に対応する可能性を探究している。

この視点は著者が熟議システムを、自由民主主義の枠を超える射程をもつ概念として捉える点にも見出せる。著者は、諸政体を類型化し自由民主主義も包含する上位概念として熟議システムを構想し得ると論じる。

たしかに熟議民主主義は既存の自由民主主義体制を再考し相対化する立論でもある。議会制・政党制・選挙といった諸制度の限界や機能不全を解消するには新たな政治システムを構想する必要があるかもしれない。この展望を与える意味で著者の熟議システム理解には重要な問題提起がある。しかし他方で自由民主主義の上位概念として熟議システム独自の価値を構想するには課題が残るのではないか。例えば熟議に関与する「市民的」態度は、自由主義と民主主義の価値を尊重する共同性を基礎にしているのではないか。自由と平等は熟議システム概念の条件でもあるはずだ。

とはいえ熟議自体は自由民主主義とは別の価値を内包し得る概念で、その意味で従来の自由民主主義の政治制度とは別の展望を与える可能性がある。今後の著者の熟議システム論の展開に期待したい。

◆書評

〈豪傑〉の誕生——不朽を夢みた人々の心性史

●——大久保健晴

島田英明『歴史と永遠——江戸後期の思想水脈』(岩波書店、二〇一八年)

広範な史料を渉猟し、それを精緻に読み解く卓越した歴史学者としての能力を背景に、徳川中期から幕末に至る壮大な思想史を流麗な文体で描きあげた本書は、間違いなく後世まで読み継がれる、二〇一八年の政治思想研究を代表する作品の一つである。

戦後、近世日本の政治思想史は、丸山眞男『日本政治思想史研究』の持続的影響もあり、伊藤仁斎や荻生徂徠など徳川初期の研究が中心であった。しかし近年、眞壁仁氏や前田勉氏、濱野靖一郎氏、高山大毅氏らにより、徂徠以降の徳川中・後期政治思想史を主題とする、大部の優れた研究書が刊行された。むろんそれぞれの書物は、個々に固有の価値を持っており、決して一括りに評すべきではない。しかしなお今日、一八—九世紀を対象とする日本政治思想史研究が目覚ましい発展を遂げていることは確かであろう。そこに、新たな輝きを放つ研究成果が加わった。

徳川政治体制は、戦乱の末に成立した軍事政権である。それ故、泰平の世が訪れると、武士達は功名を挙げる戦闘の機会を奪われた現状に、鬱屈した思いを抱いた。また科挙のない日本では、学問の研鑽を通じて統治に携わる道も閉ざされていた。そんな世の中で、いかに有限の生を超え、「歴史の上に永く語り継がれる存在」となるか。近世の学者や志士達の「脳裡に巣食った夢」を、著者は「永遠性獲得願望」と呼ぶ。本書はこの「永遠性獲得願望」を鍵概念に、彼らが遺した日記や手紙、著作を丁寧に読解することにより、荻生徂徠以後の徳川時代の学藝の実り豊かな成果に新たな光を当て、幕末政治思想につながる水脈を明るみに出す。

大きく二部構成からなる本書の第一部は、荻生徂徠から頼山陽までを対象とする。著者は近世思想史の分水嶺を、徂徠学に求める。隣国の正統を傲然と拒み、数千年にわたる「道」の混迷を解く、その営みを自ら「天寵」と評した荻生徂徠。弟子達はそんな徂徠の学問を「千古を度越する」「豪傑」の偉業と称揚した。続く「ポスト徂徠期」に入ると、折衷学派から国学、蘭学に至る迄、「徂徠体験」を共有した野心溢れる「豪傑」達が躍動し、「思想・文藝の市場」は活況をみせた。いかに己の機軸を打ち出し、不朽を得るか。文華開ける諸学繚乱の一八世紀、折衷家も性霊派も「一様に徂徠を非難するが、彼らはみな徂徠の子」であった。

それに対し、反「豪傑」の立場から「新奇」を戒め、「学統」を重んじたのが、寛政正学派である。彼らが関わった学制改革により、全国的な学問所ネットワークが構築された。だが、藩校の普及が直ちに儒者達の望む政治参加につながったわけではない。
そこに、「リリカルな叙事文」で日本の歴史を描き、江戸の漢文脈を塗り替える人物が現れた。寛政正学派の薫陶を受けるも己の不遇を嘆き、名声を求め文藝の市場に参入した、頼山陽である。いかなる政治的偉業も、文士が歴史書に記すことで初めて永遠となる。山陽は「文士」として、「不朽」の名を得ようとした。
ところが、幕末の動乱期に入ると、頼山陽の史書の愛読者達は、「文士」ではなく「志士」として、政治的実践を通じて歴史に参画する道を選ぶ。歴史は〈描く〉ものから〈作る〉ものとなる。ここから第二部は、幕末政治思想が扱われる。英雄豪傑に憧れ、死の間際まで史書と向き合った、吉田松陰。「勢」を巧みに制することで「歴史は作り得る」と考えた、真木和泉。両者はともに、自らの行動が歴史に刻まれ不朽となることを期待し、死と永遠の美学に身を投じた。他方で森田節斎は、危機の時代に生きる「文士」として、彼ら「志士」の名を歴史に書き残すことを誇りとした。そしてこの「永遠性獲得願望」は、明治期に至り、一方で靖國神社の創設に、他方で内村鑑三の「後世への最大遺物」に流れ込む。こうして深い余韻を残しながら、本書は幕を閉じる。

さて本書の読み方だが、『歴史と永遠』という主題の主旋律だけを辿ろうとすると、些か肩透かしにあう。既に中田喜万氏も書評（『日本思想史学』第五〇号）で指摘するように、そこでは徳川期の歴史観や時間意識を分析することは最初から放棄されている。「不朽」とはどれくらい先が意識され、いかなる宇宙観や世界認識に根ざしているのか、といった哲学的考察もほぼなされない。同様に、本書では多くの儒者や志士をはじめ、国学者や蘭学者の言説が取り上げられるが、彼らが練り上げた学問体系や政治構想は、主たる考察の対象とはならない。例えば第五章のタイトルは「内乱の政治学　真木和泉」だが、真木の政策論が分析されるのは、僅か二頁である。また同じ章の第一節「彗星を観るひと」では、幕末期に彗星が多数出現したことが取り上げられ、「多くの人々が死臭のなかで夜空を見上げ、得体の知れない鮮烈な印象に身を震わせた」と叙情的に描かれる。決して誤りではない。しかし既に一九世紀前半より蘭学者の間では、西洋天文学の影響のもと、彗星が天変地異の兆しではなく、「天象の常」（吉雄俊蔵口授『遠西観象図説』）であることは半ば常識であった。そして彼らが提供する世界地理や西洋事情の学識は、真木や松陰ら幕末志士達の世界認識にも流れ込んでいる。このことに思いを馳せれば、より重層的な幕末思想史の風景が見えてくるはずである。

だがここにこそ、本書の特質と意義がある。著者はおそらくこれらの課題を認識していた。その上であえて本書では、徳川期を生きる文士や志士達の、体系的な哲学や学識、政策論（海防論）の奥に潜む、必ずしも論理化されない「心性」や「気分」の揺らぎを、詩文や日記、碑銘など茫漠とした文書群の内側から読み取ることに注力した。これがいかに困難な作業であるか、政治思想史研究に従事する誰もが知っていよう。本文に差し込まれた無数の挿話から、浩瀚な「注」の細部に至るまで、本書には徳川期の豊穣な時代の息吹が宿っている。日本政治思想史研究の可能性をさらに押し拡げた、画期的な作品である。

◆書評

戦後の丸山眞男における変化と持続

●――山辺春彦

都築勉『丸山眞男、その人　歴史認識と政治思想』（世織書房、二〇一七年）

本書は、二〇〇七年までに執筆された丸山眞男論を集成したものであり、『戦後日本の知識人　丸山眞男とその時代』（世織書房、一九九五年）刊行後になされた著者の丸山研究の展開を示すものである。ただし、この一〇年の間に進展を見た丸山をめぐる研究の成果や資料状況の変化が本書の議論に織り込まれていないことに留意する必要があり、実質的には前著『丸山眞男への道案内』（吉田書店、二〇一三年）が著者の最新の丸山研究となる。

評者の見るところでは、本書における著者の方法は、戦中から戦後（本書が対象とするのは主に六〇年安保まで）の政治・社会・思想状況の中で丸山の発言の意味や関心の所在を捉えようとするものである。丸山の議論を解釈する際も、それがふまえていた同時代の状況や議論を確認した上で、丸山が何を目標にし、何を意図していたかを明らかにしようとする態度が貫かれている。したがって、こうした文脈との関連づけを十分に行わない丸山論に対しては違和感が表明される。

このような接近方法は、一つには丸山自身の政治観から根拠づけられている。著者によれば、流動的で多様な方向へ発展してゆく可能性をもつ状況に対し、自分が望む方向を選択・決断し、その実現に向けてなされる働きかけによって動かされるものとして政治を捉えるのが丸山の考えであり、丸山の特に時事的な発言もまた、政治状況を一定の方向に制御しようとする性質をもつものであった。丸山の時論は、それがどのような政治的波紋をもたらすかを考慮に入れた上でなされているのであり、抽象的な解釈によってはその真意を捉えきれないのである。

それでは、著者は戦中と戦後という時代をどのように捉えているだろうか。まず、戦後が相対的に連続性をもつものとして捉えられる一方、戦中と戦後の非連続性が強調される。戦中と戦後の断続は、第一に民主主義のあり方においてみられる。戦争中の総動員体制の下では、「事実上の民主化は進展しつつあったとしても、権利上の民主主義はいささかも確立されていなかった」（九二頁）。第二の相違点は戦後における自由主義化である。これを著者は「多様な私的領域の確保」（一〇二頁）、「経済や文化の領域」の「自立」（二〇八頁）、あるいは「人びとの私的利益の追求を肯定する運動」（一〇四頁）として提示する。つまり、政治を限定・相対化し、また政治を職業としない主体が政治に関与する基盤が成立したところに戦後という時代がもつ画期的意味が存すると著者は見る。

そして、「公」と「私」、「政治」と「非政治」という二つの要素を統一した「戦後民主主義」像を描き出した思想家として位置づけられるのが丸山であり、その担い手とされたのが「市民」である。著者は、丸山のいう「市民」を、公益と一致する私益しかもたない「公民」と同一視する理解の不十分さを指摘し、職業生活や文化的な諸活動など、私的領域に自己の基盤をもち、そこで独自の私的利害関心を培うという側面も重視されていたことに注意を促している。

他方で、戦後に関しても連続面だけが強調されるわけではなく、一九五〇年代半ば頃を境として「第一の戦後」と「第二の戦後」を区別する必要が説かれている。技術革新や経済成長、教育水準の向上、中間層の増大などを背景とする大衆社会論や中間文化論の提唱など、「戦後精神史」についても一九五七年前後に大きな転換を見る著者は、それが、つとに指摘されてきた同時期の丸山の関心における変化と関連していたとする。五〇年代後半の丸山の思想と学問に生じたさまざまな転換の中で、とりわけ本書で重視されているのは、一つは決定論的な見方や普遍的な発展段階論にもとづいて歴史を認識する方法に対して懐疑的になったことであり、いま一つは中間団体ないし中間層の再評価である。

問題は、こうした変化が、前述した丸山の「戦後民主主義」論とどのような関係にあるのかということである。結論からいえば、戦中期に淵源し、敗戦を契機に成長した「市民」の精神が、六〇年安保において定式化される展開を促進した要素として、五〇年代後半の変化を位置づけることができるというのが著者の回答である。歴史観の変化については、真理によって歴史の行方があらかじめ定まっているという見方から離脱することで、予測不可能な要素が存在するゆえに選択や決断の自由とそれに伴う責任の引き受けを基礎とする政治固有の論理の強調をもたらしたとする。また、中間団体は私的領域における非政治的活動の砦となることで、「市民」たちが自己の関心からパート・タイム的に公的領域に参加するという民主主義のあり方を支える役割が期待されている。

したがって、六〇年安保における丸山の「戦後民主主義」論は、敗戦以来の課題が「第二の戦後」の成果に裏づけられるところに成立したものと捉えられる。著者は六〇年安保を「占領軍の日本民主化によって先取りされた制度を定着」（二〇一頁）させた政治的経験と位置づけているが、その意義に思想的な表現を与えることによって「戦後日本の政治社会の存立根拠を示す物語」（一〇五頁）を提供したというのが、本書の丸山評価である。

以上、副題の「歴史認識と政治思想」にそって本書の内容を概観してきた。ここに示された著者の丸山研究の成果は、六〇年安保までの丸山を考える際に必ず参照されるべきものとして、研究史上に位置づけられるであろう。

著者の堅実な研究手法に敬意を表しつつ、最後にあえて気になった点を挙げるならば、同時代の状況と丸山の議論を関連づける際に、推測に依拠している箇所が残っていることである（一一頁、九三頁など）。こうした点を含め、同時代の文脈の中で丸山の議論を検討する研究の深化を期待したい。

◆書評

「長い革命」として「維新革命」を捉え直す

●――望月詩史

苅部直『「維新革命」への道――「文明」を求めた十九世紀日本』(新潮社、二〇一七年)

著者の問題意識は明確である。「江戸時代と明治時代」の枠組みは、「一八六八年」を境とする断絶を強調するあまり、そこに至る過程とその後の変化を正確に捉えられない。そこで、「十九世紀日本」としてこの時期の思想の展開を捉え直す。

さて、明治維新は「維新革命」と呼ばれるほどの変革だったが、著者はレイモンド・ウィリアムズの書名に倣い「長い革命」と表現する。その起点を十八世紀中頃に見出すからである。この時期から徐々に社会の構造と人々の意識に変化が生じ、また、「文明」との遭遇」(一五頁)と著者が表現する人々の多様な経験も相俟って、最終的に「維新革命」をもたらした。だが、著者は一つの疑問を提示する。なぜ人々は自らが経験しつつある変革を「文明」や「文明開化」と呼び、しかも肯定的にそれらを捉えたのか。この問題は、従来の維新研究でも問われた。だが、それらの研究は、民衆が「文明」を歓迎していた事実を軽視し、西洋の「才」のみならず「魂」にも価値を見出す人物を見落としていたという問題点があった。

そこで著者は、まず、「文明」を受容する基盤が徳川時代に思想的に整備されていたこと、続けて、その中に為政者の世襲や身分制に対する人々の不満が含有されていた事実を明らかにする。結論からいえば、著者は前者について、徳川時代の思想に西洋思想と共通する要素が存在することに当時の知識人が気づいたからこそ、西洋の civilization を「文明」と呼び、その受容を可能にしたと解釈する。後者については、「維新革命」を単に武家から朝廷への政権交代と理解するのは不十分と評価する。問われるべきなのは、「革命」が廃藩置県という身分制の解体にまで到達した理由であり、尊王論や攘夷論の台頭という説明は、この問いに明確な答えを与えない。それよりも、表面には現われない人々の身分制に対する不満などの動きが徳川時代から生じていたと理解する方が説得的であると指摘する。

ところで、「十九世紀日本」の思想を再検討するに当たり、著者が着目したのが、同時代人の「維新革命」の受け止め方である。はじめに竹越三叉『新日本史』を取り上げる。彼は「維新革命」の直接の原因を徳川時代の社会に生じた種々の変化に見出していたが、この捉え方は既に福澤諭吉が『文明論之概略』で提示していた。曰く、人々の「智徳」の発達に伴い「門閥を厭ふの心」が芽生え始め、そして、攘夷論などに触発されつつ不満が高まった結果、幕府が打倒され、さらに身分制の解体にまで達した。

以上の歴史観に依拠しながら、徳川時代の人々の意識変化について主に歴史観と経済（商業）観を対象に検討する。まず、十八世紀に「古」に範を求める儒学者の歴史観（尚古主義）に変化があらわれ、それが新しい歴史観（進歩史観）と部分的に重なりあった。著者は特に、「古」より「今」を重んじる意識に注目する。この意識に影響を及ぼしたのが当時の経済成長だった。例えば、本居宣長は奢侈を警めつつも、今の世の中がよくなっているという「素朴な進歩史観」（一一一頁）を表明し、また、経済発展を賛美しないが商業を卑しいと見たりその縮小を唱えたりすることもなかった。彼が世の中の動きを循環法則で捉える伝統的な見方で奢侈の風俗を理解せず、成長する生物や「産霊」のエネルギーを「時世の勢」に重ねており、しかも、この「勢」に抗えないと認識したからである。経済成長の実感が人々の間に広がるにつれて、「長い革命」は静かに動き始めたと著者は解釈する。

もう一つの問い（「維新革命」が身分制の解体に至った理由）について、福澤が『文明論之概略』で廃藩置県の要因として「時勢」に言及したことに注目する。そして、彼にとって「時勢」が社会の「智徳」の総量と関連づけられていること、その変化が「勢」の正体と捉えていた点を踏まえて、次のように結論付ける。人々の「智徳」の発達に伴い、「自由」や「平等」の意識が成長した結果、より「自由」で「平等」な社会を西洋諸国の中に見出した。だからこそ、人々は「文明（開化）」を歓迎し、身分制の解体をも支持したのである。

前述のように、本書は「十九世紀日本」の思想の読み直しを目的とするが、「忘れられた思想家」を取り上げる、あるいは「新史料」の発見を強調するものではない。けれども、これは本書に独自性が欠落していることを意味しない。著者ならではの思想の「読み」が随所に提示されているからである。例えば、徳川時代の経済（商業）観を探る場合に言及されることが多い人物（例えば本多利明や佐藤信淵）が登場しない。そこに「国益」や「ナショナリズム」など近代的価値を過去の思想に見いだそうとするアプローチとは一線を画す意図が垣間見える。また、「勢」の観念に言及する箇所では、「状況追随的」とか「現実主義的」などの表現を用いない。こうした著者の思想の「読み」は、読者にとって非常に刺激的である。

最後に、本書を読みながら気になった点を一つ挙げたい。それは「勢」と「天」の関係である。例えば、儒学で重んじられる観念の一つである「気」については、市場価格が「人気」により決定されるという認識を紹介しつつ、儒学の語彙で「今」の現象、特に活発な経済活動を説明する傾向があったと指摘する。これは「気」が集まり「勢」が作り出されるという発想にもつながる。ならば、同じく儒学で重んじられる観念の「天」を媒介とする「勢」の理解もあり得たのではないか。一方で、「勢」が重視されるにつれて「天」の意味が変化し、規範としての性格が動揺し始めたようにも思えるがどうであろうか。

二〇一八年度学会研究会報告

◇二〇一八年度研究会企画について

企画委員長　辻　康夫（北海道大学）

二〇一八年度（第二五回）の政治思想学会研究会は、「政治思想とダイバーシティ」を統一テーマとして、甲南大学（岡本キャンパス）において、五月二六日（土）、二七日（日）の二日間にわたって開催された。

今日、多様なアイデンティティをめぐる政治への関心が、世界的に高まっている。移民・難民をめぐる問題は、EUやアメリカの政治を根本から揺さぶっている。「Me too運動」など女性差別の告発、アメリカ黒人による警察のレイシズムへの抗議運動、アメリカやカナダの先住民によるパイプラインの敷設反対運動など、アイデンティティ主張と結びついた政治的衝突は枚挙に暇がない。

長らく単一民族神話が支配した日本においても、一九九七年にはアイヌ民族の存在が法律によって認められた。さらに二〇〇八年には、「先住民族の権利に関する国連宣言」をうけて、国会・政府はアイヌ民族を「先住民族」として正式に認知することになった。また同性カップルの法的保護が、世界的に広がりつつあるなかで、日本においても、自治体レベルで同性パートナーを認知し支援する動きが広がり、民間企業も取り組みを開始しつつある。大学院生がアウティングを苦にして自殺した事件は社会の注目を集め、とくに研究教育機関である大学のありかたが問われることになった。トランスジェンダーの問題の認知も徐々に広がりつつある。長年タブー視されてきた外国人労働者の導入も、本格的に始まろうとしている。他方で、このような動向に対しては、ポピュリズムと結びついたヘイトの強まりや、移民排斥運動のようなバックラッシュも見られる。このように、世界および日本において、アイデンティティの多様性をめぐる世間の関心は、大きな高まりを見せている。

アイデンティティをめぐる政治は、思想、権力、物質的利害が交錯する領域であり、その分析にあたっては、政治思想・政治理論からのアプローチが重要な部分を占める。すなわちこの領域では政治思想研究の貢献が社会的に要請されていると考えられる。本学会は二〇〇九年の研究会において、類似の統一テーマを設定したことがあるが、この間の社会の変化や、学界における研究の進展をふまえて、あらたな企画をおこなった次第である。

ところで、今回「ダイバーシティ」の語をタイトルに掲げた意図について一言しておきたい。「ダイバーシティ」は、政治学の領域では人種、エスニシティ、ジェンダー、宗教などアイデンティティの多様性を指してごく一般的に使われる言葉になりつつある。例えば、二〇一五年のアメリカ政治学会の統一テーマは、

「ダイバーシティ再考」であり、このタイトルのもとに多様な政治学の企画が行われた。日本でも「ダイバーシティ」の語は頻繁に使われるようになったが、海外に比べれば、その意味はまだ限定されている。すなわち日本では、公共施設や行政サービスにおけるマイノリティへの配慮、企業内での多様な人材活用、あるいは新しい市場の開拓戦略など、非政治的な意味で用いられることが多く、政治と結びついて使われることが少ない。今回はこのような、矮小化された理解をこえて、「ダイバーシティ」が権力・支配の問題であり、政治学に対して根本的な意義を持つことを示したいというのが、ねらいのひとつであった。

企画にあたっては、このような意図から、「ダイバーシティの政治」の意義を拡張するような、スケールの大きなシンポジウムを組織することを心がけた。「シンポジウムⅠ」では、西洋と日本の初期近代における差異と秩序の問題をとりあげた。「シンポジウムⅡ」では、文明の表象と覇権主義の関係をテーマに設定し、中国、フランス、ドイツの研究者に報告を依頼した。「シンポジウムⅢ」では、近代国家における権力とアイデンティティをめぐる諸問題を取り上げた。

また今回の研究会では、海外研究者による基調講演を企画した。講師のアン・フィリップス教授は、長年、フェミニズムや多文化主義の研究において世界をリードしてきた著名な研究者であり、基調講演の講師としては最適な方をお招きすることができた。講演ではアイデンティティをめぐる政治思想の展開の歴史と現状、今後の展望について、ご自身の研究活動と重ね合わせてお話しいただいた。

皆様のご協力を得て、いずれも充実した企画になったが、逆に、狭義の多文化主義（キムリッカ、テイラーなど）などの議論は、基調講演にゆだねて、あえて割愛することになった。また企画の幅を広げるために、二名の非会員に報告を依頼した。本学会に優れた研究者が多いなかで、これらの点は難しい選択であったが、ご理解をたまわれば幸いである。

自由論題報告にも多くの応募をいただき、企画委員会で審査し、十一名の会員に報告をお願いした。分野の近い報告をあつめて三つの分科会で報告が行われたが、いずれの分科会においても、充実した報告と討論が行われた。

本研究会の企画から実施にいたるまで、多くの皆様のご協力をいただいた。報告・討論を依頼したほとんどの方が、ご快諾くださり、充実した報告・討論を準備してくださった。また司会者の方々には、準備から当日の進行にいたるまでの管理をしていただいた。小畑俊太郎会員をはじめとする甲南大学の皆様には、会場を提供し、当日の運営を周到にサポートしていただいた。また当日参加された多くの方が、積極的に討論に加わってくださった。心から御礼を申し上げる次第である。

【シンポジウムⅠ】

初期近代における秩序・支配・差異

司会　川出良枝（東京大学）

統一テーマとの関係で本シンポジウムが果たす課題とは、いわゆる「近代国家」の建設途上の時代において、支配や差異の問題がどのように論じられていたかを分析することにより、現代政治におけるダイバーシティの問題を逆照射する点にある。高山大毅会員（駒澤大学）「『復初』・『接人』・『振気』——曾澤正志齋と古賀侗庵を中心に」、中村敏子会員（北海学園大学）「ホッブズの母権論——女性の『自然的力』と合意」の二つの充実した報告と中田喜万会員（学習院大学）による討論、フロアからの多数の質問により、豊かで凝縮したセッションとなった。

高山報告は、既存のやや単純な図式が、曾澤正志齋と古賀侗庵の二人を対立的に捉え、前者を積極的に、後者をやや否定的に捉える傾向をもつことに疑義を唱える。仁斎学・徂徠学の延長にある曾澤は、なるほど「接人」（人付き合いの意）を重視し、他者との関係を重視する制度構想を担った。だが、同時に、祭祀によって「気」を壮んにし、沈滞を打破し、社会を活発化することの必要性を説くなど、「振気」（なんらかの刺戟を与えることで士気・元気・正気を奮い立たせることの意）に連なる議論も展開し、仁斎や徂徠にはみられなかった新たな方向性を示していた。この傾向を先鋭化したのが古賀侗庵に他ならない。その背景としては、それまでの「泰平」の謳歌、「柔和」の肯定という傾向に対し、寛政改革期には、上からの綱紀粛正・士風刷新の機運が高まったことがあげられる。しかし、報告者によれば、「振気」にはこうした体制側のニーズという側面の他に、反体制的な過激な政治行動（要人暗殺など）につながる側面や、言論の活発化を促し、ひいては、明治以降の「自由」の受容の土台を提供したという側面も含まれる。以上の議論をふまえ、「接人」と「振気」の関係を二項対立、あるいは単線的図式で捉えるべきではないと結論づけられた。

中村報告は、初期近代イングランドにおける女性と政治との関係を考察し、ホッブズの女性観の革新性を明らかにした。フィルマーの父権論とホッブズの母権論とが以下に見るような点において対照的な関係に立つことが示された。すなわち、まず権力の起源については、前者が「創世記」に基づき、神が男性（父）に授権したとみるのに対し、後者は女性のもつ自然的力の行使（母のみが産み、保育する）とみる。支配の持続性については、前者が父が子を生み出した自然的帰結とみて、子の父への自然的従属を強調するのに対し、後者は子（被支配者）の合意の契機が必要だとみる。子は支配に対する選択権をもつのである。この合意に関して、報告者は、ホッブズがローマ法の合意に関する法理を活用したことを強調する。自然状態における人間の平等を主張するホッブズは、ジェンダーや親子間にもそれを適用し、さらに、女性の肉体的特性を自然的力として肯定し、それを権力の根拠とした。それは、女性が自然的に男性に劣るものだと主張するそれまでの観念に画期的な転換をもたらした。ただし、ホッブズは女性の解放を求めたわけではなく、夫と妻の間の婚姻に関する合意により母権を父に委譲するという論理によって、最終的には家においても、国家においても父権的支配を正当づけた。だが、報告者は、ジョン・ロックとの比較により、ホッブズの議論の革新性は明らかだと結論づける。

　討論者として登壇した中田会員は、まず高山報告の骨子を「元気があれば何でもできる」という日本の某政治家の有名な文句とからめて洒脱にまとめ、以下の三点のコメントを提起した。武士に親和性の強い「士気を振るう」という表現と、民百姓も含めた人民全体の気を奮い起こす（「人気」「民心」を振う）という表現との関係をより明確にすべきではないか。古賀侗庵を海外情報に敏感な柔軟な思想家とみなす近年の研究に対する本報告のスタンスを補足してほしい。侗庵から重野安繹の武士道論への影響があり得るのか。これについては、高山会員から古賀門の斎藤拙堂の『士道要論』を媒介にしてつながる可能性がある、等の応答があった。

　中村報告に対する三点のコメントは以下の通りである。ホッブズが「性契約」によって父権を正当化したとしても、契約である以上それを破棄する（離婚する）ことで従属関係から離脱する可能性を想定していたのではないか（関連し、フロアから離婚を否定的に捉えた初期J・S・ミルとの比較、という質問があった）。経済の先進地イングランドでは、当時既に近代的な小家族が存在し、ホッブズはそうした変化をふまえていたのではないか。君主政の弱点である王位継承という問題に関して、ホッブズが血統の断絶や女王の即位を経験したイングランドで「父系相続による王国」を説くのは無理があるのではないか。関連し、フロアからホッブズの母権論にはエリザベス一世の正統性を示す意図があったのではないかという質問があり、議論はさらに深まった。

　最後に、高山会員に、「男＝陽、女＝陰」という図式を批判したホッブズに相当する江戸の思想家はいたのか、中村会員に、マナーや儀礼によって、男女関係を円滑にしようとした、いわば「接人」論に相当するイングランドの議論を紹介して欲しい、という異分野交流を鼓舞する提案が中田会員からなされ、議論は大いにもりあがった。

　フロアからは、市場という要素と曾澤の議論の関係、幕末・明治期における「振気」と「やわらかさ」の混合具合、ホッブズ自身にフィルマーあるいは同時代の父権論を自覚的に論駁する意図があったのか、ホッブズにおける国家の防衛という観点と男女平等の関係等々、司会者の手に余る本格的な質問がよせられた。すべてを時間内で消化できなかったことだけが惜しまれる。

【シンポジウムⅡ】

グローバルな覇権と「文明」

司会　大久保健晴（慶應義塾大学）

シンポジウムⅡでは、「グローバルな覇権と『文明』」を主題として定め、ダイバーシティをキーワードに、グローバル化が進む現代の国際社会における民族、人種、宗教を巡る諸問題について、政治思想研究の視座から検討を行った。報告は、平野聡会員（東京大学）による「グローバルの『夢』と『孤独』——中国近現代における覇権と『普遍』」、今野元会員（愛知県立大学）による「『一九六八年の精神』と『一九九〇年の精神』——ドイツ連邦共和国に於ける『普遍』と『特殊』」、菊池恵介氏（同志社大学：非会員）による「欧州多文化主義の危機——新自由主義の覇権と排外主義の台頭」、の三つである。その後、討論者の辻康夫会員（北海道大学）からコメントが提示された。

平野会員の報告は、近年のグローバリズムの動揺を、中国研究を通じて読み解くものであった。平野会員によれば、米国は最近、中国共産党体制を全面的な対抗相手と見なすようになったが、これはひとえに、「中国夢」の政治が米国あるいは《西側》の価値観を否定し、「中国の智慧を活かした真のグローバリズム」を創出しようとしているからである。なぜ、このようなことになったのか。米国及び《西側》をはじめとした「外界」は、中国の改革開放以来長らく、中国が発展すれば、他の自由化・民主化を実現した途上国と同じく、自ずと《西側》が描いたグローバリズムの良き構成者となると期待した。しかし中国共産党は、グローバリズムによって得られる利益や外国への影響力拡大に着目しつつも、《西側》への同一化は厳しく拒んでいる。そこには、「外界」がこのような中国の強硬姿勢を低く見積もってきたという問題がある。この背後にあるのは、後発国の発展のためには集権こそ有利であるという発想であり、共産党が「富強」を実現することで、「古い歴史を誇り、本来強者・普遍だった」中国の立場が一貫して容れられなかった近現代の世界史を超克しようとする願望である。それは、かつてアジア主義的「超克」で失敗した日本にとっても示唆的な問題である、と平野会員は言う。

今野会員の報告は、現代ドイツの思想状況を、「一九六八年の精神」と「一九九〇年の精神」という、相対立する二潮流の併存状態と見るものであった。「一九六八年の精神」とは、一九四五年に至るドイツ史を、西欧的＝「普遍的」価値に対する「特殊」ドイツ的立場からの叛逆であるとし、前者への全面帰依及び後者の廃絶を呼号する立場である。これに対し「一九九〇年の精神」とは、「特殊」ドイツの廃絶への異議申立で、端緒は「歴史家論争」など一九八〇年代にあるが、一九九〇年のドイツ国民国家復活に追い風を得、近年はグローバル化への反動として顕在化しつつある。移民法制定、シリア難民の審査受入に見えるように、「一九六八年の精神」はメルケル政権期に入って保守政党すら甘受する理念となり、ドイツは欧州で西欧的＝「普遍的」価値を学習する側から説教する側に回り、欧州の「道徳的征服」を成し遂げた。しかしドイツ覇権に対する周辺諸国の反撥は強く、イギリスはEU脱退を表明し、フランスではマリーヌ・ル・ペンが大統領職に王手をかけ、東欧でも難民受入への不満が渦巻いている。今野会員によれば、ドイツ国内においても、ザラツィン論争、ペギーダ問題などのように、「一九六八年の精神」への異議申立が止まず、遂に「ドイツのための選択肢」が野党第一党になり、この対立の今後の見通しは付かないという。

三番目は、菊池氏の報告。近年のヨーロッパでは、不法移民の取締まり強化や多文化主義の見直しなど、移民・難民政策の転換が各地で叫ばれている。その大きな推進力となっているのが、反EU・反移民を唱える「右派ポピュリズム政党」の台頭である。このような動きが、一国にとどまらず、東欧や北欧を含む、欧州全域に拡大しているのはなぜか。菊池氏は報告を通じて、ヨーロッパにおける排外主義台頭の背景を、三つの視角から描き出す。一つ目は、市場統合・通貨統合のインパクトと金融危機後の厳しい緊縮政策の影響。二つ目は、階層格差の拡大に伴う投票率の低下と主要政党の求心力の低下。三つ目は、政党間の票争いを背景とする「移民問題」の争点化。一般にポピュリズム問題は、難民危機やテロリズムとの関連で論じられる傾向があるが、この報告ではむしろ過去三十年の政治に焦点が当てられた。すなわち今日の閉塞状況の原因は、新自由主義政策により、階層格差や地域格差の拡大を招く一方、「移民」というスケープゴートを作り出すことで、人々の不満の矛先をそらしてきた政治のあり方にある、と菊池氏は指摘する。

討論者の辻康夫会員からは、共通の論点として、ポスト冷戦期におけるナショナルな自己定義と「普遍的」な「文明」の行方について問題提起がなされた。その上で、平野報告に対して、現今の中国に西洋型の人権やデモクラシーを「国際基準」として要求することが困難である場合、中国の伝統的な統治の手法や、政治文化を活用しながら、アカウンタビリティを確保する方策はあるのか、質問がなされた。今野報告に対しては、同会員の教皇ベネディクトゥス一六世研究との関連を視野に、ヨーロッパ統合とキリスト教との関係について、ドイツ史の観点からどう検討できるのか質疑がなされた。菊池氏との間では、近年の「植民地共和国論」を背景に、レイシズムを巡る事態打開の鍵は経済格差の是正にあるのか、それとも連帯を生み出すような文化的な政策が必要となるのか、議論が交わされた。

これらを受けて、全体討論ではフロアから多数の質問が寄せられ、エルンスト・ノルテの議論を「一九九〇年の精神」と捉えることの意義や、ベルギーに象徴される言語と政治の関連について、活発な討議が展開された。

【シンポジウムⅢ】

近代の統治権力とアイデンティティ・他者

司会　岡野八代（同志社大学）

シンポジウムⅢでは、統一テーマである「ダイバーシティ」を、現代のネオ・リベラリズム的な統治合理性をむしろ補完／強化する概念ではないかとの批判的考察を可能にするために、近・現代政治思想史における「他者」に焦点を当てることが試みられた。

第一報告・林葉子会員（大阪大学）「性管理政策としての公娼制度とその存廃をめぐる論争」では、近代日本政治思想史研究の「外」に置き忘れられてしまっていたかのような公娼制度が、近代統治機構の一翼を担っていた衛生問題として捉え直された。

林報告が鋭く問うたのは、「近代公娼制度」は内務省・地方行政、さらに占領地においては軍隊が実施したことに明らかなように、その存廃をめぐる議論や廃止を求める社会運動は、男性たち――帝国議会議員・帝国大学教授ら――によって担われてきたにもかかわらず、なぜ、これまで女性運動・女性史における主題だと捉えられてきたのか、そのことによって、わたしたちは何を見失ってきたかである。

近代国家の枢要を占める衛生管理、人口政策の一つであった公娼制をめぐる論争史は、現在において捉えられがちな「買売春問題」を超えて、近代統治権力が人口一人ひとりの質と、人口全体の量を確保するために、セクシュアル・アイデンティティ（強制的異性愛制度）、ジェンダー・アイデンティティ（家父長制）を、家族制度と対になりながら構築していったプロセスをめぐる論争である。そして、その論争の途上において、帝国日本を支える健全な兵士像、健全な家族像が、病者や障がい者をすでにつねに、予め排除してきた。

林報告では、「「帝国」とその植民地主義を根本から問うことをせずに、買売春問題や性暴力問題だけを解決することはできない」と結論づけられたが、報告が問うのは、ジェンダー・セクシュアリティ問題に直面することなく、政治思想史の主要テーマを論じることはできない、ということではなかったか。

林報告が明らかにしたように、均質な国民的身体からなる社会を形成しようとする近代的な統治の中枢に、暴力装置が位置している。第二報告・上野成利会員（神戸大学）「暴力批判論のために――政治思想研究の視座によせて」では、〈道具的暴力批判〉を展開したアーレントを問いの起点として、ベンヤミン、ホルクハイマー／アドルノ、そして、シュミット、ムフらの思索を通じて、暴力を政治的目的に奉仕する手段としてみる近代的政治の文法が、批判的に検討された。

そもそも、「手段としての暴力」の本質を、法措定的暴力に見いだしたベンヤミン以降、近代主権国家がいかに合法的支配を謳おうとも、秩序や法を措定し、維持するためにも暴力がつねに発動していることは自明となった。それだけでなく、ホルクハイマーたちが明らかにしたように、本来「自己保存」の手段にすぎない理性が、中立性を装うことで、暴力的たらざるを得ないことや、人間主体の深奥に、暴力発動の契機があることも、見過ごされてはならない。そのうえで、政治の契機としての友／敵の境界線を主権国家の境界線に同定してしまうシュミット批判を経由して、アゴニスティックな政治を提起する現代思想家ムフは、無限の暴力を誘発しかねない敵との対峙に代わる、対抗者という概念を提示することによって、複数の価値観が不協和を起こしつつも、殲滅しあわない民主主義を目指すことになる。

上野報告では、暴力論批判の系譜を辿りながら、異他なるものの間に生じる不協和音を、忌避することなく引き受けることの重要性が現代政治の課題として提起された。第三報告・清水晶子氏（東京大学・非会員）「非規範的・非典型的身体とダイバーシティの他者」では、先の報告を受け、リベラルな――ムフも厳しく批判する――包摂的な政治が強要する同化を避けつつも、いかに他者性・個別性・非同一性が、非暴力的な政治に接続可能なのかについて、主にジュディス・バトラーの議論を中心に論じられた。

清水報告では、二一世紀に入り、国際人権レジームのなかでLGBTイシューの主流化が推し進められていると同時に、新たな課題として、ネオ・リベラリズム体制への取り込みや、レイシズムとの共犯関係が問われ始めている事態において、「好ましいダイバーシティ要員」と「好ましくない多様性」の分断、そして後者の排斥という新たな課題に直面していることが論じられた。統一テーマで掲げられた「ダイバーシティ」が固定的なアイデンティティを措定しがちであるに対し、クィアという、差異・個別性と普遍性のあいだの矛盾や対立の経験を活かしつつ、他者の傍らにあること、すなわち「にも関わらずの隣接性」の実践が、いかに実現しうるのかが問われた。生存に不可欠なサポートが奪われている集団を加速的に生み出している現代社会において、多様性をめぐる緊張関係に、わたしたちは直面している。

三つの報告に対する討論者である山本圭会員（立命館大学）は、三報告を「同一性の暴力」、「他者に開かれたデモクラシー」、「多様な差異と資本への奉仕（ダイバーシティ）との関係」といった共通項にひきつけながら、単一だと想定されがちな「身体」をめぐる政治との関係性が問われた。また、「「弱い」身体の包摂の両義性」（林報告）、「ミメーシスによる同一性への危険性」（上野報告）、「普遍と個別の緊張は調停すべきなのか」（清水報告）という問いが提起された。

シンポジウムⅢは、政治思想研究における「他者」と向き合いつつ、統一テーマである――政府によっても推進されようとしている――「ダイバーシティ」が批判的に検討され、国家統治のもつ同一性の暴力と対峙してきた思想が展開される場となった。報告者ならびに討論者、企画委員長初めとした関係者に対し、ここに記してお礼に代えさせていただく。

〔自由論題　分科会A〕

司会　長妻三佐雄（大阪商業大学）

本分科会では、谷雪妮会員（京都大学）「日本における『民族心理学』の受容と展開――大正期を中心に」、水谷仁会員（愛知県立大学）「二〇世紀初頭ドイツにおける政治的実存の追求」――二〇世紀ドイツ思想研究における新たな視座」、内田智会員（早稲田大学）「現代デモクラシー論における認知的多様性の意義――信頼、熟議、そして民主的理性」、深貝保則（横浜国立大学）「オープンサイエンスのサイエンスとポリティクス」の四報告が行われた。

谷会員の報告は、大正期を中心に日本における「民族心理学」の受容と展開について考察したものである。ドイツにおける「民族心理学」の発展を概観した後、大正期の思想家として佐野学と平野義太郎に焦点をあて、両者における「民族心理学」の受容と展開が検討された。佐野は「『民族』的心理」と「『国民』的心理」とを区別して、「労働階級」を「上代以来の民族の心性」の継承者であると位置づけた。また、平野が「非土俗的」「非民族的」として民法を批判して、日本の慣習や習俗を取り入れた民法の必要性を主張していたことなどを手がかりに、平野における国家と民族の問題が検討された。

水谷会員の報告は、「政治を契機として実存の実現を志向する思想」を「政治的実存追求の思想」と呼び、この概念を中心にして二〇世紀初頭ドイツの政治思想の特徴を明らかにすることをめざしたものである。「世界大戦哲学」が「国家による戦争遂行のためのイデオロギーとして作用する」ことに注目する研究を踏まえながらも、「政治的理念としての政治的実存の追求」の側面も有していたことが指摘された。会場からは、第一次大戦後に実存的な契機はどのように展開したのか、宗教的実存主義と政治的実存主義が連動しているのかなどの質問が寄せられた。

内田会員の報告は、①「デモクラシーは愚鈍な他者による政治体制ではなかろうか」②「認知的価値をデモクラシーに求めることはデモクラシーの否認をもたらすのではないか」という二つの疑念に対して以下の点を論証することをめざしたものである。第一にデモクラシーが「愚者の支配」ではないことを論証すること、第二に「認知的価値を『政治的』次元において認めること」がデモクラシーの是認を導くこと、この二点である。会場からは、デモクラシーを肯定することが議論の前提にされているのではないか、などの質問が寄せられた。

深貝会員の報告では、情報ネットワーク化が進む中でオープンサイエンスは「手段的なトゥール」の問題に限定されない、『知』の創出と交換、および帰属」をめぐる問題であることが提示された。メディアやコミュニケーション手段の発達が「知」のあり方に及ぼした影響を長期的な視野のもとで考察し、その中でオープンサイエンスについて検討された。

いずれの報告も充実した報告であり、会場からも多くの質問が寄せられ、活発な議論が行われた。報告者および参加者の方々に心から感謝申し上げたい。

〔自由論題 分科会B〕

司会 梅田百合香（桃山学院大学）

本分科会では、上田悠久会員（早稲田大学）による「ホッブズのデモクラシー論――古代、初期近代、現代」、古田拓也会員（慶應義塾大学）による「ネオ・ローマ的自由の何が間違っているのか」、上村剛会員（東京大学）による「議会の司法権という問題系――一七六九年ミドルセックス選挙の政治思想史的意義」、稲村一隆会員（早稲田大学）による「J・S・ミルにおけるソクラテス弁証術の受容と言論の自由――『論理学大系』第四巻第四章と『自由論』第二章」の四つの報告が行われた。

上田報告では、ホッブズの『法の原理』『市民論』『リヴァイアサン』および関連著作において、彼のデモクラシー論がどのように発展したかが検討され、現代デモクラシーに対するホッブズの意義が問われた。そして、議会が国民の代表であり国王への助言者であるという議会派の主張を否定したホッブズの議会批判は、立法が行政に従属し三権分立が根本的に破綻している今日のデモクラシーのあり方に対し、様々な観点から立法府の存在意義を問うものであることが指摘された。

古田報告では、クェンティン・スキナーが実践的意義を持つと主張する「ネオ・ローマ的自由」の歴史の議論について、その変遷を辿ることにより、アイザイア・バーリンの自由論との対抗、および政治思想史と政治理論の緊張関係の見直しが検討された。結論として、「ネオ・ローマ的自由」論はスキナーのレトリック的政治観により支えられているが、この政治観は政治思想史では有効な方法であっても、政治理論では機能しないことが指摘された。

上村報告では、一七六九年のミドルセックス選挙を焦点に、庶民院議会の議事録とパンフレット群の分析を通して、議会の司法権すなわち議会が司法上の地位によって行動することの是非に関する論争が検討された。そして、この一七六九年のミドルセックス選挙は、議会の司法権および立法権と司法権の異同という論点を深化させ、一つの政治思想史上の転機をもたらし、その後、混合政体論の変奏としての議会主権論と権力分立論とが二つの対抗的国制論として理解されるようになったということが指摘された。

稲村報告では、J・S・ミルの初期の著作『論理学体系』、とくに第四巻第四章「哲学的言語の要件と定義の原理について」の議論に着目し、ミルがいかにソクラテスの弁証術を受容し、『自由論』第二章において「思想と討論の自由」を擁護するのにそれをどのように利用したかについて検討がなされた。そして、ミルはソクラテス弁証術の受容を通じて、意見を批判する否定的議論に積極的な役割を見出し、日常言語を尊重する経験主義的な弁証論者として、慣習的見解を知識に至る出発点と捉えたことが指摘された。

四名の若手研究者による力のこもった刺激的な報告で、フロアには多数の来場者があり、多くの質問やコメントが寄せられ、活発な議論が交わされた。報告者および参加者の皆様に感謝申し上げたい。

〔自由論題　分科会C〕

司会　小田川大典（岡山大学）

本分科会では、河村真実会員（神戸大学）「リベラルな多文化主義における権利論の再構成：アラン・パッテンを手掛かりに」、田中将人会員（早稲田大学）「初期ロールズの神学・道徳・政治思想」、白川俊介会員（関西学院大学）「政府は『退出の権利』を制限できるか：『頭脳流出』とグローバルな正義」という三つの報告と、それぞれについての質疑応答がなされた。

河村報告は、ウィル・キムリッカの多文化主義理論に対するパッテンの批判を手がかりに、リベラルな多文化主義における「具体的な制度・権利」と「根拠となる原理」の双方について考察する試みであった。報告によれば、パッテンは、キムリッカの「主意主義的多文化主義」を、その本質主義的な文化概念にまで遡って批判的に検討することを通じて、キムリッカの理論が抱えていた権利付与対象の狭隘性や内部少数派への抑圧可能性などの問題点を克服し、リベラリズムの解釈を深化させる「関係論的多文化主義」の構想を提示している。質疑応答では、関係論を採った場合の国家と様々な下位集団の関係が主な論点となった。

田中報告は、ロールズ・アーカイブ公開後の研究を踏まえ、プリンストン時代とコーネル時代の著作を手がかりに、初期ロールズの思想形成の内実を明らかにする試みであった。報告によれば、プリンストン時代に、情動主義に抗すべく、〈科学としての倫理学〉を構想しながらも、「背景や経験」の違いによって発生する人びとの不一致という問題に直面していたロールズは、コーネル時代に、後期ヴィトゲンシュタインの影響の下、「間人格的な正しい関係」において示される「道徳感情」に「正義の自然的基礎」を見出す、ある種の道徳心理学に辿り着いたが、それは当時の一部のキリスト教倫理学者の見解とも平行関係にあった。質疑応答の主な論点は、後期ヴィトゲンシュタインの影響を踏まえた場合にロールズ像がどう変わるのかという問題であった。

白川報告は、医療従事者の貧困国から富裕国への「頭脳流出」を事例として、政府による「退出の権利」の規制の正当性について、グローバルな正義の観点から考察する試みであった。報告によれば、そうした「頭脳流出」を認めることは、貧困国の医療を劣悪化させる一方で、人材育成における富裕国のフリーライドを放置してしまうことになるが、例えば遵法責務論に依拠して政府による「自由な移動の権利」の規制を正当化することは難しい。むしろ人びとの「健康に対する権利」を保護するためには、そのためのグローバル・ガバナンスの整備と、貧困国の医療従事者が富裕国に移動せざるをえない状況を作り出しているグローバルな社会構造の匡正に努めるべきだというのが報告の結論であった。質疑応答では、グローバルな分配的正義と高度技能人材の「退出の権利」の規制の関係について、多層的な議論が行なわれた。

今回のように自由論題報告を複数の会場で実施する場合は、各報告の間に移動と休憩のための時間を設ける等、会員が選択的に参加できるような工夫を強く希望する。

【海外研究者招聘講演】

アン・フィリップス教授（ロンドン・スクール・オブ・エコノミクス）

差異を承認する

――理由とリスク――

フィリップス教授政治思想学会基調講演について

企画者代表　**辻　康夫**（北海道大学）

本講演は、2018 年 5 月 26 日、2018 年度研究会の基調講演として行われたものである。講師のアン・フィリップス教授は、LSE（London School of Economics and Political Science）の政治学部およびジェンダー研究所において、政治理論を担当し、長年、世界のフェミニズム研究をリードしてきた。とくに差異と代表をめぐる彼女の議論は、高い評価を獲得してきた。さらに近年では、フェミニズムと多文化主義の関係をめぐって、精力的な研究を行っている。実践的な含意を意識しつつ、高い理論的水準で行われるフィリップス教授の研究は、理論・実務のいずれに携わる者にも豊かな示唆を与えるものであり、政治理論研究のあるべき姿のひとつを示していると思われる。

本講演では、ご自身の多岐にわたる研究活動と、同時期の学界の展開をふりかえり、今後の政治理論研究の方向を展望していただいた。アイデンティティの政治についてのフィリップス教授の今日の立場が、よくわかるものになっている。公演原稿は平易な英文であり、英語の原文のまま掲載する。田村哲樹会員には、講演当日のコメントにもとづく解説を執筆していただいた。

フィリップス教授の招聘は、本学会の海外研究者招聘事業によるものであるが、2018 年度大会の統一テーマが「政治思想とダイバーシティ」に決まったため、基調講演の講師として招聘することになった。講演会では、田村会員に

充実したコメントをご用意いただき、またフロアからもたくさんの質問をいただき、活発な議論を行うことができた。皆様のご協力に厚く御礼申し上げたい。

本講演の企画にあたっては、飯田文雄・代表理事、事務局担当・鏑木政彦理事に格別のご尽力をいただいた。また開催校である甲南大学の皆様には、運営にあたって多大なご支援をいただいた。心より御礼申し上げたい。

Recognising Difference

Reasons and Risks

Anne Phillips

We are all familiar, as academics, with that difficult-to-answer question: what exactly is it that you do? When I am asked this nowadays, I usually describe myself as a feminist political theorist. I sometimes add that all my work is engaged in some way with questions of equality. Over the last thirty years, I have worked on democracy and political representation; the relationship between equality, diversity and difference; tensions between feminism and multiculturalism; problems associated with humanism. But this is just a list, and does not of itself give much sense of my political and intellectual trajectory. Indeed, like most academics, I have not found the time to reflect much on that trajectory myself. I therefore very much welcome the opportunity that has been given to me at this conference to reflect on the connections – and possible disconnections – between the different phases of my work, and what have been the major political and intellectual influences.

My starting point was not in feminism but in Marxism and colonial history. I was a student in London in the early 1970s: first doing an MSc in West African Politics at the School of Oriental and African Studies; later a PhD with Geoffrey Kay at the City University, London, on what I came to describe as 'The Makeshift Settlement: Colonial Policy in British West Africa'. This was the time of the anti-Vietnam war protests; Britain had withdrawn from most of its colonies in Africa and Asia, but as many scholars were pointing out, that formal decolonisation had not meant the end of imperial relationships; and it was a time of considerable resurgence of interest in Marxism. (I seem to recall that there was a similar resurgence around the same time in Japan.) Some of that focused on the so-called young Marx, the more humanist seeming Marx of the *Economic*

and Philosophic Manuscripts; others dismissed that early Marx as romantic and pre-scientific, and looked instead to arguments in *Das Kapital*. I was one of those who took inspiration from both aspects, but participated, like many of my generation, in one of the *Capital* reading groups that sprang up in the early to mid-1970s.

These groups were often inspired by the work of Louis Althusser and Etienne Balibar on *Reading Capital*, (1) but they were not sectarian. For me, it was the first experience of the kind of close reading of texts that characterises the best of political theory. (I recall that we took eighteen months to read *Volume One*, meeting regularly for two hours each week, and I still have the folder with the copious notes I took in preparation for each meeting.) When you do that kind of close reading, asking questions about the meaning of every paragraph, you can never become sectarian: everything lends itself to multiple interpretations.

My PhD thesis was a study of colonial policy in British West Africa, based on Colonial Office archives in London, but it was also a contribution to the Marxist and neo-Marxist literature on underdevelopment, dependency and imperialism, and was later published as *The Enigma of Colonialism*. (2) Much of the anti-imperialist literature of the time argued that capitalism had actively *under*developed those parts of the world it turned into colonies or neo-colonies, through the extraction of raw materials, mechanisms of unequal exchange, or the destruction of manufacturing industries. I argued that this literature assumed too readily, first, that 'capital' had a plan; and then, that it had the capacity to carry its plans out. In reality, the fragility of the colonial states, and their dependence on local chiefs for support in collecting taxes, raising forced labour, and maintaining order, often forced the colonial powers to back down from initially more ambitious projects. Instead, for example, of introducing private property in land, wage labour, and the conditions for capitalist accumulation, the colonial powers in Africa commonly froze the colonies in a kind of limbo – a half way house between what they had been before and what they now failed to become. They did, that is, *underdevelop*, but not in ways that particularly promoted capitalism.

I would write that thesis very differently now: in particular, were I

writing it now, I would immerse myself much more in the history of resistance to colonial power, in the politics on the ground, rather than relying as I did on what colonial officials thought about the risks of such resistance. But two aspects continue through to my later work. First, the investigation gave me an abiding suspicion of the notions of tribalism or primordial ethnic division that are so often employed in commentary on African politics. It also gave me an abiding suspicion of progressivist arguments that read history through the inevitable unfolding of a logic – whether this be a logic of capitalism or of modernity or of enlightenment ideals. History is full of both continuities and discontinuities, and whatever advances we make, in relation to democracy or equality or freedom, can always be reversed.

This period of immersion in Marxist debates – the early to mid-1970s – was also the time of the women's liberation movement. This became a hugely important influence on my thinking. I cannot recall a time when I did not think of women and men as equals. But feminism added to that a clearer understanding of the many *obstacles* to equality: legal obstacles; economic obstacles; cultural obstacles; but also the many internal obstacles that help sustain the power of gender, the notions of masculinity and femininity that shape and constrain the ways we think of ourselves, and that so much regulate our behaviour. I came to understand much better why something that seemed so obviously right – the equality of the sexes – was nonetheless so far from achievement.

One of the features of feminist thinking, both then and now, is that it tends to cut across the usual academic disciplines, drawing variously on history, anthropology, social, political, cultural and economic theory. And while I have, over the decades, come to situate myself more and more firmly within *political* theory, I continue to attach importance to an engagement with literatures beyond this field. James Tully, who gave the keynote at the *Conference for the Study of Political Thought* last year, is a model in this respect: someone who combines deep scholarship in the history of political ideas with a wide knowledge of literatures in history, philosophy, anthropology, social theory; and whose work is always engaged with pressing political issues. In my view, too much of contemporary political theory proceeds in isolation from discoveries and

developments in other disciplines; and too much proceeds in isolation from the often very complex ways in which political challenges unfold.

The pressing political issues that have driven my own work mostly revolve around questions of equality, diversity and difference: not, I would stress, identity politics, and I will come back later to reasons why I query this label. But from the work on colonialism onwards, I have been very conscious that claims about fundamental difference get employed to mask inequality. I have also been conscious, on the other side, that refusing to acknowledge difference is one of the standard ways in which inequality is sustained. History provides many examples of the hypocrisy in claims about groups being 'separate but equal', or 'equal but different': one thinks of justifications for the apartheid system in South Africa, or for racial segregation in the United States. One might think also of nineteenth century justifications for denying women the vote, that talked of women as the keepers of the moral conscience, those whose 'natural' sphere was home and family, elevated (yet simultaneously despised) figures who would be soiled by too much involvement in the worlds of politics and work.

When we consider examples like these, it may seem obvious that we should refuse arguments about difference: that we should insist on being treated as equals *regardless* of our sex, race, sexuality or religion, and should claim the same rights, opportunities and recognition, simply because we are human beings. In this version of equality, whether we are male or female, black or white, straight or gay or lesbian or transgender: all these should be regarded and treated as irrelevant.

This is one compelling way to think about equality, and there *are* circumstances - perhaps many circumstances - where equal treatment is indeed best achieved by ignoring or even concealing difference. A number of studies in Europe, for example, have demonstrated that people with Asian or Arabic or African sounding names are less likely to be shortlisted for jobs, even when their qualifications are as good or better than those who do get called for interview. One plausible strategy for equalising opportunities is then to remove any information from the application forms that might indicate ethnic origin, to make the application process as 'race-blind', and indeed 'gender-blind', as possible. I recall a story - possibly apocryphal - about the first black Fellow appointed

to one of the Oxford colleges: the college in question selected people entirely on the basis of their written work, and did not then realise until the successful candidate turned up for the first college dinner that he was black. (Presumably in this case his name was not African sounding.) I also know of a case where a woman shortlisted for a senior policy position in the UK had, by chance, a first name that could be either male or female: it was clear when she turned up for interview that no-one had imagined her being a woman, and also pretty clear that she would not have been shortlisted had this been evident from her application form. (In fairness, I should add that this was many years ago.)

Sometimes the best route to equality is to ignore or conceal difference. But for every situation where race-blind, culture-blind, or gender-blind policies look the best way forward, there is another where refusing to take difference into account makes it impossible to promote equal treatment. As generations of feminists have argued, and generations of multiculturalists after them, an equality that simply refuses to acknowledge difference can also be deeply problematic.

One example that Amartya Sen sometimes gives is that it isn't really equality if we offer everyone an equal share of resources, but ignore the fact that someone in a wheelchair may need *additional* resources in order to achieve the same level of mobility. An example that feminists often give is that you do not really treat your employees equally when you insist that each is entitled to exactly the same amount of leave, no-one to any more, no-one to any less; but ignore the fact that some of those workers – all of them women – will get pregnant, and will then need additional periods of leave in order to achieve the same level of equality in the workplace. (I should stress that feminists mostly argue that *parental* leave – leave to enable workers to take time out to care for their young children – should be shared between mothers and fathers; it is only as regards the leave specifically attached to pregnancy and the immediate post-birth weeks that equality requires an acknowledgement of difference.) Or to take a classic multicultural example, Charles Taylor has argued that giving French speakers in Quebec the 'same' rights as English speakers to have their children educated in the language of their choice does not sufficiently address the differences in their situation. In particular, it does not address the fact that in

a continent dominated by English-speakers, where so much of the media and so many of the job opportunities depend on fluency in English, the French language is in a more vulnerable position. (3) Without more active intervention, possibly involving restrictions on the use of English, the community of French speakers is likely to decline. In these examples, equality is not best promoted by ignoring our sex or our level of disability or our cultural/ linguistic identity: we may need policies that start from the difference in order to arrive at the equality.

These are relatively simple illustrations, pointing to differences that may need to be taken into account if we are serious about equality. I say 'may need': the implication is not that public policy has to aim at a strict equality of outcome for all groups. As Bhikhu Parekh argues, 'although society has a duty to treat all its citizens equally, its ability to do so is necessarily limited'. Apart from anything else, every country has a dominant language, 'and no language is culturally neutral'. (4) But the idea that equality might, in certain contexts, mean differential rights is now widely accepted within both the feminist and the multicultural literature.

Thus both Will Kymlicka and Parekh have argued that marginalised minority groups might need special representation rights in order to ensure that their voices are equally heard in the formation of public policy. (5) Iris Marion Young, whose work on 'the politics of difference' has been a major influence on my own, has challenged the ideal of impartiality, arguing that, in many contexts, the seeming fairness of impartiality reinforces an unfair status quo. Her key point is that those in positions of privilege tend to take their own perspectives as the norm, as the standard against which to judge others' deviations. They think they are being impartial, when in truth they are universalizing their own particular – partial – concerns. In a society where some are privileged and others oppressed, calling on people to set aside their differences ends up as a defence of the status quo. (6)

In *The Politics of Presence*, I argued – in similar vein – that we cannot treat the gender or ethnicity of political representatives as irrelevant, and particularly not when we are faced with legislative assemblies in which the overwhelming majority are male, or from the majority ethnic group. (7) The argument here is not strictly for *differential* rights: when people argue, for

example, for a gender quota, this is usually framed as a requirement that parties achieve a minimum level for candidates of both sexes, so at least X% of women and at least X% of men. What the argument does, however, is challenge the understanding of equal rights as 'rights *regardless* of race or gender', insisting, to the contracy, that we need to take both gender and race into account in selecting our political representatives. I would not claim that there is now a consensus in favour of this position, but do think that political theorists are less inclined than before to think that the demands of equality are sufficiently met by refusing to attach significance to gender or race. They are now more inclined to see equality as compatible with, and often requiring, some recognition of difference.

The more complicated question is what it means to talk of 'recognising difference', and here I want to say a bit more both about why the notion of identity politics can be misleading, and why feminist and multicultural theory sometimes point in different directions. There has been considerable discussion in recent years about tensions between feminism and multiculturalism. The tension arises most obviously because some of the policies proposed to address the marginalisation of cultural or linguistic or ethnocultural groups end up strengthening the authority of (usually male, and often socially conservative) community leaders. This can then increase the marginalisation of women within the minority group. In 1999, Susan Moller Okin posed the question 'Is Multiculturalism Bad for Women?' (8) ; in 2001, Ayelet Shachar argued that 'well-meaning accommodations aimed at mitigating power inequalities between groups [so, for example, between majority and minority cultural groups] may end up reinforcing power hierarchies within them' [for example, between men and women, or old and young] . (9) Many others have contributed to these debates, and there is now an extensive literature on this.

I have spent a lot of time over the last twenty years thinking about these issues, and have written on them in both *Multiculturalism without Culture* and *Gender and Culture*. (10) In the process, I have come to think that the real tension is not between feminism and multiculturalism (though there *are* of course many points of tension in specific policies) , but between approaches that solidify difference, and those that query the presumption of difference.

The multicultural literature, perhaps particularly from Taylor's work onwards, has promoted the idea that minority or marginalised groups are calling for recognition: for recognition of their distinctive concerns, which may well differ from those of the majority community; and for recognition of their status as equals, without this being made to depend on them accommodating themselves to all the majority norms. Axel Honneth's work on recognition, though not so centrally concerned with cultural or linguistic diversity, has also been an important influence here. (11)

One of the difficulties I find with the notion of recognition is that it can encourage the view that there is some pre-existing 'thing' out there waiting to be recognised: some group, or some identity, that suffers from *mis*recognition and calls for this to be reversed. I see a danger, in this, that cultures become reified, treated as things. Thus, in *Multiculturalism without Culture*, I make an argument for forms of multicultural policy that do not, in the process, either treat 'cultures' as unified and fixed bodies of practices and beliefs, or represent people as mere ciphers of their culture, as if all their beliefs and actions can be simply deduced from their membership of a particular cultural group. In societies containing a multiplicity of ethnocultural groupings, I see some form of multiculturalism as dictated by the commitment to equal citizenship. But I do not think of this in terms of 'recognition'. Nor do I see it as a kind of 'identity politics', in which people call for their identities to be recognised by others.

For as long as I can remember, I have been suspicious of the kind of generalisation that talks of 'women' or 'men' or 'lesbians' or 'black people', but also that talks of 'the British', 'the French', 'the Irish', 'Catholics', 'Protestants', 'Muslims', 'Jews'. These grand generalisations, gathering together under one supposed identity so many different and distinct people, are always to be treated with suspicion. One can, of course, make a certain sense of them. If we live, as we do, in societies structured by gender, then it follows that there will be not just different roles and occupations, but different expectations, self-images, ways of thinking of and expressing oneself, associated with being male and female. And given that countries have histories, in the course of which particular practices and attitudes and linguistic habits are formed, it also follows that there will be some distinctive patterns associated with different countries. But in any

more solid sense, the idea of national characteristics has always been a puzzle to me; and while there are, of course, cultural differences, I want to resist the idea that we can plausibly talk of 'British culture' or 'Japanese culture', without any further qualification as regards whether we are talking about women or men, rich or poor, gay or straight, city or country, North or South, and so on. I resist the idea that we can talk about what 'the British people' or 'the Japanese people' think and do, without any of these further qualifications.

And here there has perhaps been more of a divergence between some of the trends in feminist – and also queer – theory, and some of the trends in multicultural theory. The dominant approach in gender theory today is very much against any essentialism of gender. It is not just that feminists contest the notion of us being born into two biologically defined groups, with distinct and different skills and qualities: as Simone de Beauvoir put it, 'one is not born, but rather becomes, a woman'. (12) But the dominant feminist approach today also contests more socially constructed essentialisms. This is partly because of what is known, following the work of Kimberle Crenshaw, as intersectionality: a focus on the *multiple ways* of being a woman and being a man, associated with our location in class, racial, national or sexual hierarchies. (13) That so many of us exist at the intersection of these different hierarchies makes it implausible to talk of how 'women', as a whole, or 'men', as a whole, behave.

The anti-essentialism also reflects what Judith Butler and others describe as the performativity of gender. (14) The idea of gender as performativity might sound like just another way of talking about gender roles. But roles suggests something already written out for us to step into: it suggests that there is a male role and a female role, already existing social positions that we then have to fit ourselves into. And this is, I think , how much of the experience of gender feels: you feel yourself pressured to conform to a role that someone else has written out for you. But framing this as *performativity* (rather than performance) draws attention to our own participation in sustaining and recreating the gender that then oppresses us, through our ways of acting and speaking and walking and holding our bodies, and the endless repetitions of these gender norms. When we think of gender in this way, it becomes, in one sense, more inescapable. Much of the performativity of gender is unconscious; we don't even realise we are doing

it; and if we did realise, we not be able simply to change all our ways. But in another sense, this way of thinking about gender allows us to see the possibility of transgressions, of the perhaps small variations in the repetitions that can, over time, create space for something new. Like intersectionality, this approach then alerts us to the multiple ways of being a woman or being a man. It makes it less plausible to think of 'women' or 'men' as defined by some pre-existing or essential identity calling out to be acknowledged.

In this respect, I believe multicultural theory could take more of a lesson from feminist theory. I do not mean by this that those working on multiculturalism indulge in stereotypes about 'the British people' or 'the Japanese people': it is, to the contrary, one of the key contributions of multicultural theory that it alerts us to the dangers of presuming a monoculture, and the importance of recognising the diversity of cultural norms in most contemporary societies. Nor do I mean to say that multicultural theorists are all committed to a kind of cultural essentialism, to a view of cultures as static or homogeneous or organised around essential defining practices and beliefs. (Will Kymlicka has a recent essay where he criticises me for wrongly – as he believes – accusing him of a kind of cultural essentialism, and insists this is very far from his own position. (15)) But when people pose questions about the rights of minority cultures, or ask what kinds of accommodations are justified in favour of minority cultural groups, they do conjure up a version of culture that has a greater fixity and homogeneity than I see as justified. This tendency is reinforced when people slip into thinking that the goal of multiculturalism is the 'recognition' of minority culture. Work on gender is now highly alert to the *multiple* ways of being a woman or being a man. Work on race has long challenged the idea that there are distinct races, characterised by differences in their genetic make-up, and most critical race theorists today will talk in terms of groups being *racialised*, rather than constituting 'races'. Work on culture, by contrast, lags somewhat behind. Despite the protestations, I see it as overly attached to the idea of distinct and separate 'cultures'.

There are, indeed, cultural differences: anyone moving between Britain and Japan, for example, will be aware of often very different social norms governing our interactions. HSBC produced an entertaining series of videos on

cultural differences some years ago (as part of demonstrating what a global brand they are) . I recall one which featured a lively group of (I think) Italians in a restaurant in some Nordic country, possibly Iceland, who ended the meal giving a large tip to the waiter, and then were mortified because the waiter looked insulted by the tip. The Italians assumed he was insulted by the tip being too small, and so kept piling more and more money onto the table; the waiter was in fact insulted even to be offered a tip – in his country, this was regarded as demeaning, as treating him like a servant – and he became more and more insulted as more and more money was pushed in his direction. These are stereotypes, based as most stereotypes are, on *some* reality, but when we simplify them into claims about what is the norm in this culture or that culture, we risk either exaggerating difference, or exoticising difference, or treating people – to quote anthropologist Lila Abu-Lughod –'as robots programmed with "cultural" rules'. (16) Kwame Anthony Appiah makes some similar points in his book *The Ethics of Identity*. (17) When we write about culture and cultural difference, we need to be very aware of these risks.

This brings me to the final set of issues I want to discuss. As you will have gathered, I am critical of ways of thinking about equality that fail to address difference. But I am also critical of ways of thinking about difference that simplify, exaggerate, exoticise, or assume too readily that cultures are separate and distinct, untouched by mutual interaction. Against this, I want – and again I quote Abu-Lughod in her article 'Writing Against Culture' – to hold on to the idea that 'others live as we perceive ourselves living … as people going through life agonizing over decisions, making mistakes, trying to make themselves look good, enduring tragedies and personal losses, enjoying others, and finding moments of happiness'. (18) In this respect, people are not so different the world over. Making that point, however, exposes one to another kind of risk: to the risk of imposing one's own, ethnocentric, view of what it is to be human or to live a human life, to the risk of assuming that everyone *is* very much the same, and that everyone is much like me.

This point was made forcefully to me by one of my colleagues at LSE, Leigh Jenco, who works on 19th and 20th Chinese political thought, and is a leading figure in the growing field of comparative political theory. (19) Leigh

Jenco is (like me) critical of the way cultures are essentialised, treated as discrete and isolated from one another: her own work has explored debates among Chinese intellectuals in the late 19th and early 20th centuries about borrowing ideas from the West, so she has been looking at the opposite of enclosed, separate cultures. But she is also very insistent that one needs to engage with different traditions on their own terms, not try to read everything through one's own lenses, or impose one's own categories on what may be very different moral or intellectual traditions of debate.

This brings me to the worries about universalism. Our normative positions are always (I believe inevitably) shaped by our location in particular norms of thinking and debate, such that our ideas, for example about what constitutes inequality, will always be vulnerable to the suspicion that we have falsely projected as universal what is in fact a more parochial and culturally inflected set of beliefs. This broadly epistemological argument was part of the basis for earlier arguments about political representation: it is partly because our ideas *are* shaped by experience that we cannot feel confident in a system of political representation in which the decisions that regulate our lives are taken by those who are overwhelmingly male or overwhelmingly from one ethnocultural group. Shaped by is not the same as determined by, and this epistemological position does not commit me to cultural relativism, or the view that the norms that emerge within one society must never be employed in judging any other. And part of the reason it does not commit me to this is precisely that I reject stronger, more reified, versions of culture that represent cultures as isolated and homogenous, protected from contact with one another by some impermeable seal.

This more fluid understanding of culture does not, however, as entirely dissolve the worry. In recent feminist debates, the greater sensitivity to intersections of class, race, gender, sexuality, and nation has sometimes combined with a greater sensitivity to the risks of cultural imperialism to generate a partial paralysis about normative claims. This has been especially the case for those most committed to transnational dialogue, hence most aware of the potential pitfalls, for whom it has sometimes become hard to affirm with any confidence that this practice or that law oppresses women. One is always

vulnerable to the objection that one is simply applying one's own local standards of what is right and wrong, and this can lead to a rejection of normative theory per se. Where it does so, I see this as a problem.

That said, there is now much helpful work on these issues. Serene Khader, to give one example, is about to publish a book on *Decolonizing Universalism: Towards a Transnational Feminist Ethic*, [20] where she argues that we need to be able to separate out the ability to identify what is wrong – to identify, for example, instances of sexist oppression – from the impulse to propose a singular blueprint for what is right. Others, like Linda Zerilli in *The Abyss of Freedom*, have drawn on Hannah Arendt's lovely phrase about 'thinking without a bannister' to argue that we cannot refuse to exercise judgement, but should refuse to see our judgments as grounded in or secured by universal principles that we can then just apply to particular cases. [21] In my own most recent book, *The Politics of the Human*, I have argued for ways of thinking about equality that do not depend on substantive claims about what it is to be a human being, or what qualities, as humans, we share; and I hope, by this, to move us away from the search for justifications or foundations or guarantees. [22] Debates on these matters will continue, and this conference is for me a wonderful opportunity to engage with theorists who are addressing a similar range of issues, but with what I anticipate to be both similar and different concerns. I very much look forward to your comments and questions.

Note

(1) Louis Althusser and Etienne Balibar, *Reading Capital* (London: New Left Books, 1970).

(2) Anne Phillips, *The Enigma of Colonialism* (London: James Currey, 1989).

(3) Charles Taylor, 'The Politics of Recognition', in Amy Gutmann (ed.), *Multiculturalism and the Politics of Recognition* (Princeton: Princeton University Press, 1992).

(4) Bhikhu Parekh, *Rethinking Multiculturalism: Cultural Diversity and Political Theory* (Basingstoke and London, Macmillan, 2000): 263.

(5) Parekh, *Rethinking Multiculturalism*; Will Kymlicka, *Multicultural Citizenship: A Liberal Theory of Minority Rights* (Oxford: Oxford University Press, 1996).

(6) Iris Marion Young, *Justice and the Politics of Difference* (Princeton: Princeton University Press, 1990).

(7) Anne Phillips, *The Politics of Presence* (Oxford: Oxford University Press, 1995).

(8) Susan Moller Okin, 'Is Multiculturalism Bad for Women?' in J. Cohen, M. Howard and M. C. Nussbaum (eds.), *Is Multiculturalism Bad for Women?* (Princeton: Princeton University Press, 1999).

(9) Ayelet Shachar, *Multicultural Jurisdictions: Cultural Differences and Women's Rights* (Cambridge: Cambridge University Press, 2001): 4.

(10) Anne Phillips, *Multiculturalism without Culture* (Princeton: Princeton University Press, 2007); *Gender and Culture* (Cambridge: Polity Press, 2010).

(11) Axel Honneth, *The Struggle for Recognition: The Moral Grammar of Social Conflicts* (MIT Press, 1996).

(12) Simone de Beauvoir, *The Second Sex* (New York: Vintage Books, 1973), 301.

(13) KImberle Crenshaw, 'Demarginalizing the Intersection of Race and Sex: A Black Feminist Critique of Antidiscrimination Doctrine, Feminist Theory and Antiracist Politics', *University of Chicago Legal Forum*, 1989: 139-167.

(14) Judith Butler, *Gender Trouble: Feminism and the Subversion of Identity* (London: Routledge, 1990).

(15) Will Kymlicka, 'The Essentialist Critique of Multiculturalism: Theories, Policies, Ethos', in Varun Uberoi and Tariq Modood (eds.), *Multiculturalism Rethought: Interpretations, Dilemmas and New Directions* (Edinburgh: Edinburgh University Press, 2015).

(16) Lila Abu-Lughod, 'Writing Against Culture', in Richard G Fox (ed.), *Recapturing Anthropology: Working in the Present* (Santa Fe: School of American Research Press, 1991): 158.

(17) Kwame Anthony Appiah, *The Ethics of Identity* (Princeton: Princeton University Press, 2005).

(18) Abu-Lughod, 'Writing Against Culture': 158.

(19) Leigh Jenco, *Changing Referents: Learning Across Time and Space in China and the West* (New York: Oxford University Press, 2017). See also, edited with Murad Idris and Megan C Thomas, *Oxford Handbook of Comparative Political Theory*, forthcoming Oxford: Oxford University Press.

(20) Serene Khader, *Decolonizing Universalism: Towards a Transnational Feminist Ethic*, Oxford, Oxford University Press, 2018.

(21) Linda M G Zerilli, *Feminism and the Abyss of Freedom* (Chicago: Chicago University Press, 2005).

(22) Anne Phillips, *The Politics of the Human* (Cambridge: Cambridge University Press 2015).

〔解説〕

アン・フィリップス「差異を承認する――理由とリスク」について

田村哲樹

はじめに

アン・フィリップス教授は、ジェンダーと文化を主たる対象としながら、両者の緊張関係、平等と差異との関係、そして民主主義理論の諸問題に取り組んできた政治理論家である。彼女の著作の中では、女性や民族的少数者の立場が政治において十分に反映されるためには、平等の理念ではなく（「理念の政治」）、女性という存在そのものが適切に代表されなければならないと説いた、『存在の政治（The Politics of Presence)』（1995年）が著名であろう。しかし、この著作に限らず、しばしばリベラリズムや正義論の視座からアプローチされるような諸トピックに対して、民主主義理論の観点から接近する点に、フィリップス教授の特徴がある。また、ジェンダーと文化との緊張関係（intersectionality）の問題にも積極的に取り組み、その中で特に「文化」を非本質主義的に捉えることの重要性を主張している。

本講演「差異を承認する――理由とリスク（Recognising Difference: Reasons and Risks)」は、そんなフィリップス教授が、1970年代からの自身の学問的歩みを振り返りながら、上記の諸問題を論じる内容となっている。恐らく、フィリップス教授がこのような形で自らの歩みを振り返ったものが活字化されることは珍しいと思われる。その意味で、本講演は貴重なものである。

以下では、講演当日に私が行ったコメントをもとにして、いくつかのポイントを提示することで、読者が本講演の内容を理解するための補助線としたい。

1. 初期におけるマルクス主義への没入と、近年の著作へのその影響

冒頭でも述べたように、今日では、フィリップス教授の名は、とりわけフェミニズムに関係するトピックにおいてよく知られている。しかし、講演において、フィリップス教授は、研究の出発点はフェミニズムではなく、マルクス主義と植民地史であったと述べている（アルチュセールらの『資本論を読む』の読書会への参加のエピソードは、興味深い）。フィリップス教授によれば、彼女の近年の仕事へのその影響は、次の二点に認められる。一つは、部族主義ないし原初的なエスニックな分断という考え方への懐疑である。もう一つは、歴史を何らかの「論理」の必然的な展開として見るような進歩主義的な発想への懐疑である。この二つの懐疑は、本質主義的な思考への懐疑という点では共通している。

このような反本質主義的な思考へのコミットメントは、確かに近年の著作においても明確に認められる。たとえば、本講演でも述べられているように、2015年刊行の『人間の政治（The Politics of Human）』(1) では、「人間であること」についての何らかの私たちが共有する（とされる）実体的な主張に依存しないような、平等の考え方が探究されている。それは、フィリップス教授自身が述べているように、「正当化、基礎づけ、保証」の探究から離れることを意味する。

フィリップス教授の著作には、このような「ポスト基礎づけ主義的」と呼べるような立場を見て取ることができる。それを、「ポスト・マルクス主義的」と呼んでもよいだろう。なぜなら、彼女は、マルクス主義との出会いとそれに対する批判的考察を経て、この立場に到達しているからである。実際、「ポスト・マルクス主義」を自称したエルネスト・ラクラウやシャンタル・ムフらは、伝統的なマルクス主義の経済決定論を根底的に批判し、経済の論理に対して政治の（強いて言えば「論理」の）優位性を唱えた (2)。「ポスト基礎づけ主義的」な政治理論を提唱するオリヴァー・マークハルトもまた、ラクラウなどに大きく影響を受けている (3)。近年のフィリップス教授の、とりわけ平等論における、非常にポスト基礎づけ主義的ないし「政治的」な立場には、初期のマルクス主義への（批判的）関心が反映していると考えることができるのである。

2.「ポスト基礎づけ主義的」なアプローチと、「存在の政治」との関係

このようにフィリップス教授の議論の「ポスト基礎づけ主義的」な性格を強調することは、フィリップス教授の著作をある程度知る読者には、困惑をもたらすかもしれない。なぜなら、フィリップス教授は、とりわけ性的ないし民族的な少数者の「存在の政治」の提唱者として、よく知られているからである(4)。フィリップス教授は、こうした少数者の立場が政治において正当に考慮されるためには、当事者でなくとも誰かによってその立場が代表されればよいとする「アイデアの政治」ではなく、当事者本人が政治の場に存在することが必要だと主張し、「存在の政治」を擁護した。そうだとすれば、「存在の政治」を提唱するフィリップス教授と、「ポスト基礎づけ主義的」なアプローチを採るフィリップス教授との関係を、どのように理解すればよいのだろうか。

この疑問は、文化・集団に関するフィリップス教授の議論を見る場合に、より明確なものとなる。なぜなら、本講演でも述べられているように、フィリップス教授は、文化を実体的なものとして理解することを批判し、集団のアイデンティティの「承認(recognition)」という考え方を不適切なものとして批判しているからである(5)。「存在の政治」を提唱するフィリップス教授は「文化」や「集団」の支持者であるように見えるが、「ポスト基礎づけ主義的」なフィリップス教授は、それらの批判者であるように見える。どちらが「本当の」フィリップス教授なのだろうか。

しかし、フィリップス教授は、このような見方自体が妥当ではないと述べるだろう。講演においてフィリップス教授は、しばしば言及されるフェミニズムと多文化主義との緊張関係について考察する中で、「真の緊張関係」は「差異を固定化するアプローチと、差異の想定を問い直すアプローチとの間」にあると述べている。ここから推測されるのは、フィリップス教授にとって、「存在の政治」論は、ジェンダーや文化における「差異」の自明視を問い直すための、ある種のツールないし戦略なのであろう、ということである。たとえば、「女性」は、女性という「集団」にあらかじめ属しているのではなくて、「女性という集団」として当然のものとして社会的に構造化されている。「存在の政治」は、そのような自明視＝社会的な構造化を変化させるための手がかりなのである。

3.「ポスト基礎づけ主義的」かつ「規範的」な思考はいかにして可能か？

最後に指摘しておきたいのは、「ポスト基礎づけ主義的」アプローチを特徴とするフィリップス教授の政治理論が、どのようにして規範を語ることができるのか、という問題である。筆者は、「政治理論」（ないし政治哲学）を、政治における規範や価値の正当性の論証に従事する規範的政治哲学と、政治の固有性・独自性を論証しようとする政治の政治理論という、二つのタイプに区別できると述べてきた(6)。両者は、単に異なる政治理論であるだけではなく、しばしば緊張関係に立つ。すなわち、「政治」の固有性・独自性を強調すればするほど、特定の規範や価値の正当性を弁証することは困難になるのである。このことは、フィリップス教授自身にも当てはまる。すなわち、フィリップス教授は、「ポスト基礎づけ主義的」な立場に依拠したままで、どのようにして「平等」という規範的概念を正当化することができるのだろうか。

この問題に対する、フィリップス教授自身が示唆する「解答」は、十分なものとは思われない。たとえば、講演の中でフィリップス教授は、セリーヌ・カダー（Serene Khader）の議論を参照して、「何か間違っているもの」を特定する能力と、「何が正しいかについての特定の青写真を提示しようとする衝動」とは区別できると述べている。この区別に依拠するならば、ポスト基礎づけ主義と規範的正当化とを両立させることができるかもしれない。あるいは、『人間の政治』で提起される「クレイム・ベースド」のアプローチも(7)、この両立のための提案であると見ることができるかもしれない。しかし、いずれも不十分である可能性が高い。「間違っているもの」を同定するためには、そのための実質的な基準が必要である。また、単に人々の「クレイム」を基礎とするというだけでは、当該クレイムが現状とは異なる意味で「望ましい」ことを弁証することはできない(8)。

このように述べるからといって、筆者に明確なアイデアがあるわけではない(9)。それでも、一つだけ述べておけば、フィリップス教授のクレイム・ベースドな考え方を継承しつつ、「規範性の基準をもっぱら「超越的契機」に求めるアプローチによって、ポスト基礎づけ主義と規範的正当化との緊張関係を調停することができるかもしれない。このアプローチでは、その内実は何であれ、現在の社会において人々の間に共有されている規範を超越する何らかの契

機を有しているクレイムは、「規範的」であると想定される。もちろん、「超越的」であることを同定するためには、何らかの基準が必要である。ただし、あるクレイムが「超越的」であると述べることは、特定の「正しさ」や「間違い」についての基準を適用することとは異なる。もしも「基準」があるとすれば、それは、既存の実践や意味づけから距離を取っていること、ということになるだろう(10)。その意味で、このアプローチで行われる作業は、特定の規範の「正当化」ではなく（既存の規範の）「反省」だと考えることもできる。このような考え方に依拠するならば、「ポスト基礎づけ主義的」でありつつも「規範的」なアプローチが可能になるかもしれない。

(1) Anne Phillips, *The Politics of Human*, Cambridge University Press, 2015.
(2) Ernesto Laclau and Chantal Mouffe, *Hegemony and Socialist Strategy: Towards a Radical Democratic Politics*, 1985.（西永亮・千葉眞訳『民主主義の革命――ヘゲモニーとポスト・マルクス主義』ちくま学芸文庫、2012 年。）
(3) Oliver Marchart, *Post-foundationalist Political Thought: Political Difference in Nancy, Lefort, Badiou, and Laclau*, Edinburgh University Press, 2007. Oliver Marchart, *Thinking Antagonism: Political Ontology after Laclau*, Edinburgh University Press, 2018.
(4) Anne Phillips, *The Politics of Presence*, Oxford University Press, 1995.
(5) See also, Anne Phillips, *Multiculturalism without Culture*, Princeton University Press, Anne Phillips, *Gender and Culture*, Polity, 2010.
(6) 田村哲樹・松元雅和・乙部延剛・山崎望『ここから始める政治理論』有斐閣、2017 年。田村哲樹「政治／政治的なるものの政治理論」井上彰・田村哲樹編『政治理論とは何か』風行社、2014 年。
(7) Phillips, *The Politics of Human*, pp. 133-135.
(8) なぜなら、「クレイム」内容の「望ましさ」をどのように判断するのかという問題が残るからである。フィリップスは、クレイムが「権利を否定ないし正義を剥奪された人々によってもたらされる」ことを重視していると思われる（Phillips, *The Politics of Human*, p. 135）。これは、直感的には疑いようのない立場であるように思われる。しかし、ここでの問題は、ポスト基礎づけ主義的な立場を維持しつつ、なおもそのようにしてもたらされる「クレイム」が「望ましい」と言うことができるのか、ということである。
(9) 現在、田畑真一・玉手慎太郎・山本圭編『政治において正しいとはどういうことか――ポスト基礎付け主義と規範の行方』と題する論文集が出版準備中である（勁草書房より、2019 年 4 月刊行予定）。私も同書に「熟議民主主義における『正しさと政治』」と題する論文を寄稿している。
(10) 以上のように述べる時、筆者は、「規範とは、現実を相対化し、対抗し、いまあ

るものとは異なる『可能な現実』を提示するものである」と、また、「規範理論がめざすことは、たんに、すでにあるものの中の共通部分を見つけ出すことではない。多くの場合はむしろ、すでにあるものの中には存在しない、新しい意味世界を作り出すことであり、人々の意味世界がそれに応じて必要な変容を遂げることである」と述べる、盛山和夫の議論を念頭に置いている（盛山和夫『社会学とは何か——意味世界への探究』ミネルヴァ書房、2011 年、228 頁、241 頁）。

執筆者紹介〔掲載順〕

高山大毅
一九八一年生。東京大学大学院総合文化研究科准教授。博士（文学）。『近世日本の「礼楽」と「修辞」──荻生徂徠以後の「接人」の制度構想』（東京大学出版会、二〇一六年）、「林鵞峰の問答体」（『駒澤国文』第五五号、二〇一八年）。

平野　聡
一九七〇年生。東京大学大学院法学政治学研究科教授。博士（法学）。『清帝国とチベット問題──多民族統合の成立と瓦解』（名古屋大学出版会、二〇〇四年）、『「反日」中国の文明史』（ちくま新書、二〇一四年）。

上野成利
一九六三年生。神戸大学大学院国際文化学研究科教授。『暴力』（岩波書店、二〇〇六年）、「フランクフルト学派──唯物論のアクチュアリティ」（齋藤純一編『岩波講座　政治哲学5　理性の両義性』岩波書店、二〇一四年）。

上田悠久
一九八九年生。早稲田大学政治経済学術院助教。博士（政治学）。「ホッブズの「助言」論と熟慮・熟議──『リヴァイアサン』における統治の構想」（『政治思想研究』第一六号、二〇一六年）。

白川俊介
一九八三年生。関西学院大学総合政策学部准教授。博士（比較社会文化）。『ナショナリズムの力──多文化共生世界の構想』（勁草書房、二〇一二年）、「リベラル・デモクラシーを下支えする「公共精神」をどこに求めるか──新自由主義的世界におけるネイションの規範的重要性の再評価」（杉田敦編『デモクラシーとセキュリティ──グローバル化時代の政治を問い直す』法律文化社、二〇一八年）。

石野敬太
一九八六年生。早稲田大学政治経済学術院助手。「アリストテレス『政治学』における「最善の生」」（『西洋古典研究会論集』第二六号、二〇一七年）、「アリストテレス政治哲学における権利概念」（田上孝一編『権利の哲学入門』社会評論社、二〇一七年）。

塩原　光
一九九〇年生。九州大学大学院地球社会統合科学府博士後期課程。「戦後日本の知識人論と「進歩的文化人」批判」（『地球社会統合科学研究』第八号、二〇一八年）。

長島皓平
一九九四年生。慶應義塾大学大学院法学研究科後期博士課程・日本学術振興会特別研究員DC1。「逆境のメシア──ジョルジョ・アガンベンの政治神学的基礎」（『法学政治学論究』第一一三号、二〇一七年）、「アガンベンのメシアニズム」（『政治学研究』第五五号、二〇一六年）。

小林卓人
一九九二年生。早稲田大学大学院政治学研究科博士後期課程・日本学術振興会特別研究員ＤＣ２。

内田　智
一九八三年生。早稲田大学政治経済学術院招聘研究員（特別研究員）。「熟議デモクラシー、国境横断的なその制度化の課題と可能性——欧州における討論型世論調査の試みを一例として」（『年報政治学』二〇一三—Ⅱ、二〇一四年）、「国際社会におけるデモクラシーの可能性」（齋藤純一・田村哲樹編著『アクセス デモクラシー論』日本経済評論社、二〇一二年）。

坂井亮太
一九八三年生。朝日大学法学部専任講師。博士（法学）。「『推論的ジレンマ』と熟議の分業——認知的多様性の観点からの処方」（『年報政治学』二〇一五—Ⅱ、二〇一五年）、Deliberation against Manipulation: Can Deliberative Democracy Propose Solutions to William Riker's Criticisms of Political Manipulation in Democracy? *The Waseda Study of Politics and Public Law* (101) 17-33, 2013.

石山将仁
一九八六年生。早稲田大学大学院政治学研究科博士後期課程。「ジョセフ・ラズにおける二つの正統性」（宮台真司監修・現代位相研究所編集『悪という希望——「生そのもの」のための政治社会学』教育評論社、二〇一六年）。

田上雅徳
一九六三年生。慶應義塾大学法学部教授。博士（法学）。『入門講義 キリスト教と政治』（慶應義塾大学出版会、二〇一五年）、「ルターとカルヴァン——近代初期における身体性の政治神学」（川出良枝編『岩波講座 政治哲学1 主権と自由』岩波書店、二〇一四年）。

藤田潤一郎
一九六九年生。関東学院大学法学部教授。博士（法学）。『政治と倫理——共同性を巡るヘブライとギリシアからの問い』（創文社、二〇〇四年）、『存在と秩序——人間を巡るヘブライとギリシアからの問い』（創文社、二〇一六年）。

網谷壮介
一九八七年生。獨協大学講師。博士（学術）。『カントの政治哲学入門——政治における理念とは何か』（白澤社、二〇一八年）、『共和制の理念——イマヌエル・カントと一八世紀末プロイセンの「理論と実践」論争』（法政大学出版局、二〇一八年）。

安藤裕介
一九七九年生。立教大学法学部准教授。博士（政治学）。『商業・専制・世論』（創文社、二〇一四年）。*The Foundations of Political Economy and Social Reform: Economy and Society in Eighteenth Century France*（共編著、Routledge,

2018).

松本礼二
一九四六年生。早稲田大学名誉教授。『トクヴィルで考える』（みすず書房、二〇一一年）、「アーレント革命論への疑問」（川崎修・萩原能久・出岡直也編『アーレントと二〇世紀の経験』慶應義塾大学出版会、二〇一七年）。

松元雅和
一九七八年生。日本大学法学部准教授。博士（法学）。『応用政治哲学――方法論の探究』（風行社、二〇一五年）、『人口問題の正義論』（共編著、世界思想社、二〇一九年）。

金田耕一
一九五七年生。日本大学経済学部教授。博士（政治学）。『メルロ＝ポンティの政治哲学――政治の現象学』（一九九六年、早稲田大学出版部）、『現代福祉国家と自由――ポスト・リベラリズムの展望』（新評論、二〇〇〇年）。

伊藤恭彦
一九六一年生。名古屋市立大学大学院人間文化研究科教授。博士（法学）。『貧困の放置は罪なのか――グローバルな正義とコスモポリタニズム』（人文書院、二〇一〇年）、『タックス・ジャスティス――税の政治哲学』（風行社、二〇一七年）。

齋藤純一
一九五八年生。早稲田大学政治経済学術院教授。『政治と複数性――民主的な公共性にむけて』（岩波書店、二〇〇八年）、『不平等を考える――政治理論入門』（ちくま新書、二〇一七年）。

山田　陽
一九八〇年生。神奈川大学・神奈川工科大学非常勤講師。「熟議は代表制を救うか？」（山崎望・山本圭編著『ポスト代表制の政治学――デモクラシーの危機に抗して』ナカニシヤ出版、二〇一二年）。

大久保健晴
一九七三年生。慶應義塾大学法学部教授。博士（政治学）。『近代日本の政治構想とオランダ』（東京大学出版会、二〇一〇年）、*The Quest for Civilization: Encounters with Dutch Jurisprudence, Political Economy and Statistics at the Dawn of Modern Japan* (translated by David Noble, Brill, 2014).

山辺春彦
一九七七年生。東京女子大学丸山眞男記念比較思想研究センター特任講師。博士（政治学）。『丸山眞男講義録』別冊一・別冊二（いずれも共編、東京大学出版会、二〇一七年）。

望月詩史
一九八二年生。同志社大学法学部准教授。博士（政治学）。『新編　同志社の思想家たち』上巻（晃洋書房、二〇一八年、共著）、「*The Oriental Economist*研究序説――創刊初期を中心に」（『同志社法学』第六九巻第三号、二〇一七年）。

田村哲樹

一九七〇年生。名古屋大学大学院法学研究科教授。博士（法学）。『熟議民主主義の困難――その乗り越え方の政治理論的考察』（ナカニシヤ出版、二〇一七年）、共著 "Deliberative Democracy in East Asia: Japan and China," in André Bächtiger, John S. Dryzek, Jane Mansbridge, and Mark E. Warren (eds.), *The Oxford Handbook of Deliberative Democracy* (Oxford University Press, 2018).

アン・フィリップス Anne Phillips

一九五〇年生。ロンドン・スクール・オブ・エコノミクス（LSE）政治学部教授。*The Politics of Presence* (Clarendon Press, 1995), *Our Bodies, Whose Property?* (Princeton University Press, 2013).

辻　康夫

一九六三年生。北海道大学大学院法学研究科教授。「後期近代におけるコミュニティ再建」（『北大法学論集』第六九巻第四号、二〇一八年）、「コミュニティ再建と行為主体性」（『北大法学論集』第六九巻第六号、二〇一九年）。

●政治思想学会規約

第一条　本会は政治思想学会（Japanese Conference for the Study of Political Thought）と称する。

第二条　本会は、政治思想に関する研究を促進し、研究者相互の交流を図ることを目的とする。

第三条　本会は、前条の目的を達成するため、次の活動を行なう。

（1）研究者相互の連絡および協力の促進

（2）研究会・講演会などの開催

（3）国内および国外の関連諸学会との交流および協力

（4）その他、理事会において適当と認めた活動

第四条　本会の会員は、政治思想を研究する者で、会員二名の推薦を受け、理事会において入会を認められたものとする。

第五条　会員は理事会の定めた会費を納めなければならない。会費を滞納した者は、理事会において退会したものとみなすことができる。

第六条　本会の運営のため、以下の役員を置く。

（1）理事　若干名　内一名を代表理事とする。

（2）監事　二名

第七条　理事および監事は総会において選任し、代表理事は理事会において互選する。

第八条　代表理事、理事および監事の任期は二年とし、再任を妨げない。

第九条　代表理事は本会を代表する。

理事は理事会を組織し、会務を執行する。

理事会は理事の中から若干名を互選し、これに日常の会務の執行を委任することができる。

第十条　監事は会計および会務の執行を監査する。

第十一条　理事会は毎年少なくとも一回、総会を召集しなければならない。

理事会は、必要と認めたときは、臨時総会を招集することができる。

総会の招集に際しては、理事会は遅くとも一カ月前までに書面によって会員に通知しなければならない。

総会の議決は出席会員の多数決による。

第十二条　本規約は、総会においてその出席会員の三分の二以上の同意がなければ、変更することができない。

付則　本規約は一九九四年五月二八日より発効する。

【論文公募のお知らせ】

『政治思想研究』編集委員会では、第二〇号の刊行（二〇二〇年五月予定）にむけて準備を進めています。つきましては、それに掲載する論文を下記の要領で公募いたします。多数のご応募を期待します。

1　投稿資格

査読用原稿の提出の時点で、本会の会員であること。また原則として修士号を取得していること。ただし、『政治思想研究』本号に公募論文もしくは依頼論文（書評および学会要旨などは除く）が掲載された者は、次号には応募することができない。

2　応募論文

応募論文は未刊行のものに限る。ただし、インターネット上で他者のコメントを求めるために発表したものはこの限りではない。

3　エントリー手続

応募希望者は、二〇一九年七月十五日までに、編集委員会宛（kimura@law.kyushu-u.ac.jp）に、①応募論文のタイトル（仮題でも可）、②執筆者氏名、③メールアドレス、④現職（または在学先）を知らせること。ただし、やむを得ない事情があってこの手続きを踏んでいない場合でも、下記の締切までに応募した論文は受け付ける。

4　審査用原稿の提出

原則として、電子ファイルを電子メールに添付して提出すること。

締切　二〇一九年八月三十一日

メールの「件名」に、「公募論文」と記すこと。

次の二つのアドレスの両方に、同一のファイルを送付すること。kimura@law.kyushu-u.ac.jp　nenpoeditor@yahoo.co.jp

5　提出するもの：ファイルの形式は、原則として「Word」にすること。

（1）論文（審査用原稿）

審査における公平を期するために、著者を特定できないように配慮すること（「拙稿」などの表現や、特定大学の研究会や研究費への言及を避けること。また、電子ファイルのファイル情報（プロパティ欄など）の中に、作成者名などが残らないように注意すること）。

ファイル名には、論文の題名をつけること。題名が十五文字を超える場合には、簡略化すること（ファイル名には著者の名前を入れないこと）。

例：「社会契約説の理論史的ならびに現代的意義」→「社会契約説の意義.doc」

（2）論文の内容についてのA4用紙一枚程度のレジュメ

（3）以下の事項を記載した「応募用紙」

（「応募用紙」は本学会ホームページからダウンロードできるが、任意のA4用紙に以下の八項目を記入したものでもよい）。

①応募論文のタイトル、②執筆者氏名、③連絡先の住所とメールアドレス、④生年、⑤学部卒業年（西暦）月、⑥修士以上の学位（取得年・取得大学）をすべて、⑦現職（または在学先）、⑧主要業績（五点以内。書誌情報も明記のこと）。

6　**審査用原稿の様式**

（1）原稿の様式は、一行四〇字、一頁三〇行とし、注や図表等も含め、全体で二七頁以内とする（論文タイトルとサブタイトルを除く。また、この様式において、字数は、改行や章・節の変更にともなう余白も含め、三万二四〇〇字以内となる）。二七頁を超えた論文は受理しない。なお、欧文は半角入力とする。

（2）論文タイトルとサブタイトルのみを記載した「表紙」を付けること。

（3）本文及び注は、一行四〇字、一頁三〇行で、なるべく行間を広くとる。注は文末にまとめる。横組みでも縦組みでもよいが、A4用紙へのプリントアウトを想定して作成すること。詳しくは「執筆要領」に従うこと。

（4）図や表を使用する場合には、それが占めるスペースを字数に換算して、原稿に明記すること。使用料が必要なものは使用できない。また印刷方法や著作権の関係で掲載ができない場合もある。

7　**審査**

編集委員会において外部のレフェリーの評価も併せて審査した上で掲載の可否を決定する。応募者には十月下旬頃に結果を通知する。また編集委員会が原稿の手直しを求めることもある。

8　**最終原稿**

十二月初旬に提出する。編集委員会から修正要求がある場合には、それに対応することが求められるが、それ以外の点については、大幅な改稿は認めない。

9　**転載**

他の刊行物に転載する場合は、予め編集委員会に転載許可を求め、初出が本誌である旨を明記すること。

10　**ホームページ上での公開**

本誌に掲載された論文は、原則としてホームページ上でも公開される。

以上

【政治思想学会研究奨励賞】

本賞は『政治思想研究』に掲載を認められた応募論文に対して授与されるものである。

・ただし、応募時点で政治思想に関する研究歴が一五年程度までの政治思想学会会員に限る。
・受賞は一回限りとする。
・受賞者には賞状と賞金（金五万円）を授与する。
・政治思想学会懇親会で受賞者の紹介をおこない、その場に本人が出席している場合は、挨拶をしてもらう。

【執筆要領】

1 入稿はWord形式のファイルで行うこと。ただし特殊なソフトを使用しているためPDF形式でなければ不都合が生じる場合は、PDF形式も認める。

2 見出しは、大見出し（漢数字一、二……）、中見出し（アラビア数字1、2……）、小見出し（(1)、(2)……）を用い、必要な場合にはさらに小さな見出し（i、ii……）をつけることができるが、章、節、項などは使わないこと。

3 注は、文末に（1）、（2）……と付す。

4 引用・参考文献の示し方は以下の通りである。

①洋書単行本の場合

K. Marx, *Grundrisse der Kritik der politischen Ökonomie*, Diez Verlag, 1953, S. 75-6（高木監訳『経済学批判要綱』（一）、大月書店、一九五八年、七九頁）.

②洋雑誌掲載論文の場合

E. Tokei, Lukács and Hungarian Culture, in *The New Hungarian Quarterly*, Vol. 13, No. 47 (1972) p. 108.

③和書単行本の場合

丸山眞男『現代政治の思想と行動』第二版、未來社、一九六四年、一四〇頁。

④和雑誌掲載論文の場合

坂本慶一「プルードンの地域主義思想」、『現代思想』第五巻第八号、一九七七年、九八頁以下。

5 引用・参考文献として欧文文献を示す場合を除いて、原則として数字は漢数字を使う。

6 「、」や「。」、また「 」（ ）等の括弧類は全角のものを使う。

7 校正は印刷上の誤り、不備の訂正のみにとどめ、校正段階での新たな加筆・訂正は認めない。

8 『政治思想研究』は縦組みであるが、本要領を遵守していれば横組み入力でも差し支えない。

9 「書評」および「学会研究会報告」は、一ページの字数が二九字×二四行×二段（すなわち二九字×四八行）という定型を採用するので、二九字×○行という体裁で入力する。

10 その他、形式面については第六号以降の方式を踏襲する。

二〇一八—二〇一九年度理事および監事（二〇一八年五月二六日、総会において承認）

［代表理事］
川出良枝（東京大学）

［理事］
飯田文雄（神戸大学）
梅森直之（早稲田大学）
大澤麦（首都大学東京）
小田川大典（岡山大学）
鹿子生浩輝（東北大学）
苅部直（東京大学）
木村俊道（九州大学）
向山恭一（新潟大学）
杉田敦（法政大学）
辻康夫（北海道大学）
中田喜万（学習院大学）
野口雅弘（成蹊大学）
早川誠（立正大学）
森川輝一（京都大学）
山岡龍一（放送大学）
宇野重規（東京大学）
大久保健晴（慶應義塾大学）
岡野八代（同志社大学）
重田園江（明治大学）
鏑木政彦（九州大学）
木部尚志（国際基督教大学）
権左武志（北海道大学）
菅原光（専修大学）
田村哲樹（名古屋大学）
堤林剣（慶應義塾大学）
長妻三佐雄（大阪商業大学）
萩原能久（慶應義塾大学）
松田宏一郎（立教大学）
安武真隆（関西大学）

［監事］
犬塚元（法政大学）
梅田百合香（桃山学院大学）

政治思想とダイバーシティ（政治思想研究　第19号）

2019年5月1日　第1刷発行

編　者　政治思想学会（代表理事　川出良枝）
学会事務局　〒658-8501　兵庫県神戸市東灘区岡本8－9－1
甲南大学法学部　小畑俊太郎研究室内
E-mail：admin-jcspt@konan-u.ac.jp
学会ホームページ：http://www.jcspt.jp/

発行者　犬塚　満
発行所　株式会社 風　行　社
〒101－0064　東京都千代田区神田猿楽町1－3－2
Tel.・Fax. 03-6672-4001／振替 00190-1-537252

印刷／製本　中央精版印刷株式会社
装丁　古村奈々

ISBN978-4-86258-126-6　C3031　